上海投保联盟系列教材

证券实务案例
精选与详解

ZHENGQUAN SHIWU ANLI JINGXUAN YU XIANGJIE

鲁春义 周新辉 曹雷／主编

图书在版编目(CIP)数据

证券实务案例精选与详解 / 鲁春义, 周新辉, 曹雷主编. — 上海: 立信会计出版社, 2021.11
ISBN 978-7-5429-6724-4

Ⅰ. ①证… Ⅱ. ①鲁… ②周… ③曹… Ⅲ. ①证券投资 Ⅳ. ①F830.91

中国版本图书馆 CIP 数据核字(2021)第 224142 号

策划编辑　　方士华　冯　晶
责任编辑　　方士华

证券实务案例精选与详解
ZHENGQUAN SHIWU ANLI JINGXUAN YU XIANGJIE

出版发行	立信会计出版社	
地　　址	上海市中山西路 2230 号	邮政编码　200235
电　　话	(021)64411389	传　　真　(021)64411325
网　　址	www.lixinaph.com	电子邮箱　lixinaph2019@126.com
网上书店	http://lixin.jd.com	http://lxkjcbs.tmall.com
经　　销	各地新华书店	
印　　刷	上海万卷印刷股份有限公司	
开　　本	787 毫米×1092 毫米	1/16
印　　张	19.5	插　　页　1
字　　数	480 千字	
版　　次	2021 年 11 月第 1 版	
印　　次	2021 年 11 月第 1 次	
印　　数	1—3 100	
书　　号	ISBN 978-7-5429-6724-4/F	
定　　价	58.00 元	

如有印订差错, 请与本社联系调换

本书编委会

编委会主任： 程丽萍　万　菁

编委会成员： （按姓氏笔画排序）

马胜谷　王　慧　王贞贞　王晓彤　王靖虎　冯付良
邬卫中　刘俊玮　刘雪瑾　羊　扬　孙　吉　杨　玺
杨　慧　李笑恬　吴一凡　吴淼淼　何　勇　余　斌
余晨怡　张　磊　张　蕾　张赳夫　张前程　陈　晟
陈晶晶　金　俊　周　彬　周　瑞　姜振茂　徐小娟
凌殿舒　葛　金　蒋懿敏　程　忠　谢雅琼　戴　偲
魏　雷

主编单位： 上海立信会计金融学院

指导单位： 上海证监局　上海证券交易所　上海市证券同业公会

支持单位： 国泰君安证券股份有限公司
　　　　　　海通证券股份有限公司
　　　　　　上海申银万国证券研究所有限公司
　　　　　　光大证券股份有限公司
　　　　　　上海东方财富证券投资咨询有限公司
　　　　　　上海东方证券资产管理有限公司

FOREWORD 前言

  本书通过案例的形式展示我国证券行业的相关业务,以及各业务涉及的理论知识,为高等学校金融投资类课程提供教学参考,为各类投资者提供经验借鉴。本书首先对证券行业相关风险事件处置(信息披露、内幕交易、违规配资等)案例进行分析,并简要介绍当前正在开展的证券行业文化建设工作,然后对证券行业涉及的主要业务,包括承销保荐业务(首次公开发行并上市、上市公司再融资、债券发行等),并购重组财务顾问业务(重大投资、收购兼并、关联交易、资产重组、债务重组等),证券公司资产管理业务(集合资产管理、定向资产管理、专项资产管理等),证券投资咨询业务(研究报告发布、证券投资顾问等)以及融资融券业务等,结合实务案例予以阐述。

  本书的案例分析具有以下特点:

  首先,内容比较全面。目前,已有的同类案例分析主要集中在证券投资领域,而本书则主要从专业角度,按照最新修订的《中华人民共和国证券法》规定的证券业务范围,描述证券行业目前正在从事的大部分业务。其次,三方合作编撰。本书采取的是在证券行业监管部门与行业协会指导下,证券经营机构专家筛选提供最新内部典型案例,再由高校专业教师进行案例分析的编写模式。最后,实务与理论融合。一方面,在案例展示过程中,本书将案例陈述与案例分析相结合;另一方面,在案例展示之后,本书对该案例所涉及的知识点和相关理论进行梳理和总结,并在此基础上对该案例进行深入分析和延伸拓展。

  本书在上海证监局指导下,联合上海立信会计金融学院、上海证券交易所、上海市证券同业公会以及上海地区证券经营机构共同编撰。各证券机构业务专家筛选提供最新内部典型案例,上海立信会计金融学院教师进行案例的编撰解析,上海证监局、上海证券交易所与上海市证券同业公会领导和专家全程指导。本书第一模块"证券市场及

前 言

行业基础知识"由上海证券交易所的何勇、张赳夫和光大证券股份有限公司的邬卫中、冯付良、蒋懿敏、李笑恬、王靖虎、徐小娟提供资料,由周新辉编纂;第二模块"承销保荐业务"和第三模块"并购重组财务顾问业务",由国泰君安证券股份有限公司的陈晟、王慧、吴淼淼、陈晶晶、张磊、王晓彤、张前程、王贞贞、周瑞、羊扬、周彬、张蕾、余晨怡、姜振茂提供资料,由曹雷编纂;第四模块"证券公司资产管理业务"由上海东方证券资产管理有限公司的杨玺、凌殿舒、刘雪瑾、刘俊玮、魏雷、孙吉提供资料,由周新辉编纂;第五模块"证券投资咨询业务"由上海东方财富证券投资咨询有限公司的葛金、程忠、马胜谷、戴偲以及上海申银万国证券研究所有限公司的余斌提供资料,由鲁春义编纂;第六模块"融资融券业务"由海通证券股份有限公司的谢雅琼、吴一凡、杨慧提供资料,由鲁春义编纂。编撰之后,海通证券股份有限公司的王建业、国泰君安证券股份有限公司的许业荣、上海申银万国证券研究所有限公司的张磊等专家参与修改。在本书编撰过程中,上海立信会计金融学院金融学院副院长程丽萍,上海市证券同业公会秘书长张伟、副秘书长万菁、研究发展部主任金俊给予全程指导。全书由鲁春义统稿。

本书力求准确、详尽、通俗易懂地阐释案例及相关理论知识,但是因时间和水平有限,如有疏漏之处,敬请读者批评指正。

本书编者
2021 年 9 月

CONTENTS 目录

第一模块　证券市场及行业基础知识 … 001
第一部分　证券市场及行业概述 … 003
第二部分　证券市场及行业违规监管案例与解析 … 018
案例1　A证券公司违规提供客户证券账户受处罚 … 018
案例2　F资产管理公司非法从事场外配资被惩处 … 028
案例3　证券从业人员私下接受证券委托买卖遭重罚 … 032
案例4　投行夫妻从事内幕交易被严惩 … 037
案例5　做市乌龙指　秒损近百万 … 043

第二模块　承销保荐业务 … 049
第一部分　承销保荐业务概述 … 051
第二部分　首次公开发行上市业务案例与解析 … 060
案例1　一加一大于二——某医用设备制造公司分拆上市案例 … 060
案例2　红筹企业回归——科创板"A+H"第一股 … 069
案例3　科创板"话题之王"的A股回归之路 … 077
第三部分　上市公司再融资业务案例与解析 … 084
案例1　"协议转让+定向增发"XX汽车入主YY高科 … 084
案例2　XX生态再次变更实控人背后——能否真正走出困境 … 092
案例3　A公司可转债引出的控制权之争 … 102
第四部分　债券发行业务案例与解析 … 111
案例1　积极探索金融扶贫，践行国家战略 … 111
案例2　标准化票据的运用与风险 … 118
案例3　从《债券纠纷纪要》看XX建设债券风险处置 … 127

第三模块　并购重组财务顾问业务 ·· 135
第一部分　并购重组财务顾问业务概述 ·· 137
第二部分　并购重组财务顾问业务案例与解析 ·· 144
案例1　B公司发行股份及支付现金跨境收购T公司 ··································· 144
案例2　影视行业并购重组及其监管 ··· 149
案例3　传媒公司并购上海B传媒公司中的资产评估造假 ···························· 155

第四模块　证券公司资产管理业务 ·· 165
第一部分　资产管理业务概述 ··· 167
第二部分　一般资产管理业务案例与解析 ··· 185
案例1　非交易过户打新业务的前世今生与隐忧 ·· 185
案例2　T上市公司的员工持股计划 ··· 197
案例3　创新封闭式产品——D资管模式能否延续 ···································· 207
案例4　ESG资管产品方兴未艾 ··· 218
第三部分　专项资产管理业务案例与解析 ··· 229
案例1　消费金融与资产证券化 ··· 229
案例2　REITs业务的发展 ·· 240
案例3　资产证券化与区块链 ·· 249

第五模块　证券投资咨询业务 ·· 257
第一部分　证券投资咨询业务概述 ··· 259
第二部分　研究报告发布业务案例与解析 ··· 262
案例　某家电龙头公司研究 ·· 262
第三部分　证券投资顾问业务案例与解析 ··· 272
案例　荐股羊皮下的"杀猪盘"骗局 ··· 272

第六模块　融资融券业务 ·· 281
第一部分　融资融券业务概述 ··· 283
第二部分　融资融券业务案例与解析 ··· 287
案例1　老范的投资历程与两融风险控制 ·· 287
案例2　"'融'字当头,适格为先"的投资者适当性制度 ···························· 295

第一模块

证券市场及行业基础知识

第一部分 PART 1

证券市场及行业概述

一、证券市场运行

(一) 证券市场功能

自 20 世纪 80 年代中期以来,在党中央、国务院的决策部署和正确领导下,中国证券市场经历了从无到有、从小到大的逐步发展过程,目前市场体系日益健全,市场结构不断优化,市场功能逐步发挥,为我国的改革开放和经济发展作出了重大贡献。

证券市场的功能主要包括三个方面(见图 1-1-1):①融资与投资功能。证券市场为资金不足的企业和机构筹集资金,又为个人与机构投资者提供投资渠道,联通投融资两端。②市场定价功能。证券价格是其所代表的资本价格的体现,证券市场的买卖交易提供了资本的合理定价机制。③资源配置功能。证券市场通过证券价格引导资本流向预期报酬率较高的证券,而其背后一般是经营良好、发展潜力巨大的企业,或者是来自新兴行业的成长性

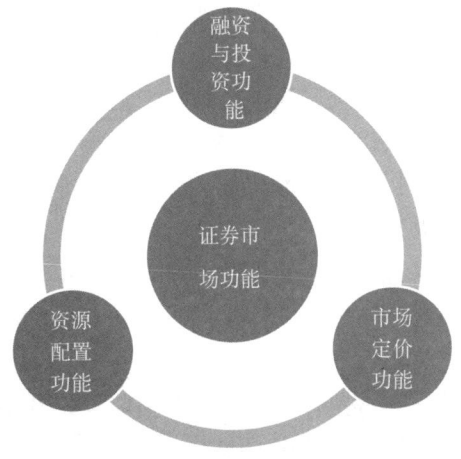

图 1-1-1 证券市场的基本功能

企业,从而实现资源合理配置。

(二) 证券市场体系

证券市场是所有证券发行和交易的场所。证券市场按证券发行与交易的方式实现筹资与投资的直接对接,以解决资本的供求矛盾和资本结构调整的难题。根据产品结构划分,证券可以分为股票、债券、商品期货、股票期货、期权、利率期货等产品。下面主要介绍其中的股票市场和债券市场。

1. 股票市场

1984年,中国资本市场真正意义上的股票——飞乐音响股份有限公司股票公开发行;1986年,中国工商银行上海市分行信托部设立了第一个证券柜台交易业务场所,这两件大事成为中华人民共和国股票市场发行与交易的起点。1990年11月26日,上海证券交易所(简称上交所)成立,并于12月19日正式开业。同年12月1日,深圳证券交易所(简称深交所)试营业。沪深证券交易所的成立标志着中华人民共和国股票市场的正式诞生。此后,中国股票市场历经30余年发展壮大,现已形成多层次的股票交易市场,市场规模不断扩容,投融资功能不断加强,发行、上市、交易、退市等机制也不断得以完善。

(1) 沪深主板。沪深主板包括上海证券交易所主板和深圳证券交易所主板。2021年4月6日,深交所主板和中小板合并。主板市场对上市公司的要求比较高,上市企业多为大型成熟企业,具有较大的资本规模以及稳定的盈利能力。主板市场是资本市场中最重要的组成部分,在很大程度上能够反映经济发展状况,有"国民经济晴雨表"之称。

(2) 创业板。创业板是为了适应新经济的要求和高新技术产业发展的需要而设立的市场。2009年10月30日,创业板首批28家公司上市。2020年8月24日,创业板改革并试点注册制,创业板注册制首批18家公司成功上市。创业板改革并试点注册制,吸收了科创板注册制改革的良好实践。改革后的创业板主要服务成长型创新创业企业,支持传统产业与新技术、新产业、新业态、新模式深度融合。

(3) 新三板。新三板是全国中小企业股份转让系统(简称全国股转系统)的俗称。在场所性质和法律定位上,全国股份转让系统与证券交易所是相同的,都是多层次资本市场体系的重要组成部分,但定位主要是为创新型、创业型、成长型中小微企业发展服务。2013年1月16日,全国中小企业股份转让系统正式挂牌运营。2019年10月,中国证券监督管理委员会(简称中国证监会)启动以设立精选层为核心的新三板综合改革。2020年7月27日,新三板精选层设立暨首批企业晋层,成为新三板发展的里程碑。

(4) 科创板。2018年11月5日,国家主席习近平在首届中国国际进口博览会上宣布,在上海证券交易所设立科创板并试点注册制。设立科创板并试点注册制是资本市场提升服务科技创新企业能力、增强市场包容性、强化市场功能的重大改革举措。科创板主要服务于符合国家战略、突破关键核心技术、市场认可度高的科技创新企业。2019年7月22日,科创板首批25家公司上市。

这些年来,中国股票市场规模不断扩大。特别是在2005年股权分置改革后,中国上市公司数量与市值规模得到不断扩大。截至2020年12月,我国沪深两市上市公司总数达到4 154家,总市值突破79.72万亿元,居全球第二位,仅次于美国,约占当年名义GDP的78.5%。

2. 债券市场

从1981年财政部恢复发行国债开始至今的40年间,中国债券市场已基本形成以政府债、金融债、企业债"三驾马车"为主,现券买卖与回购交易"两个轮子"相辅相成的债券市场大框架,形成了包括交易所市场、银行间市场和券商市场三个子市场在内的多层次市场体系。我国的债券主要可分为利率债和信用债两类。其中,利率债是以国家或地方政府信用为基础发行的债券品种,主要为国债、地方政府债、央票、政策性银行债,其余均为信用类债券,如金融债、企业债、公司债、中短期票据等。

2020年12月,我国债券市场存量为116.72万亿元。作为直接融资的渠道之一,债券融资规模的增长为实体经济提供更多资金支持。其中,政府债券存量规模最大,为46.09万亿元,占总存量的39%;其次是金融债券,存量为41.51万亿元,占比36%;公司信用类债券存量为28.95万亿元,占比25%。另外,国际机构债券和中央银行票据仍有小部分存量,分别为1588亿元和150亿元。2014—2019年债券市场主要债券品种发行量变化情况如图1-1-2所示。

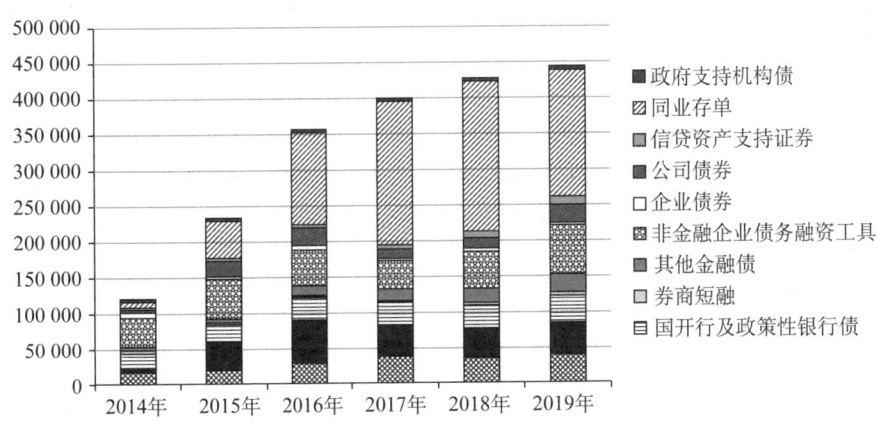

图1-1-2 2014—2019年债券市场主要债券品种发行量变化情况（单位:亿元）

数据来源:中央结算公司、上海清算所、上交所、深交所。

(三) 证券市场参与主体

证券市场的参与主体包括证券发行人、证券投资者、证券市场中介机构、证券监督管理机构、证券市场自律组织等五大主体。

1. 证券发行人

证券发行人是指为筹措资金而发行债券、股票等证券的发行主体。证券发行人包括政府及其机构、企业(公司)和金融机构。

2. 证券投资者

证券投资者是指以取得利息、股息或资本收益为目的,购买并持有有价证券,承担证券投资风险并行使证券权利的主体。根据投资者身份,证券投资者可以分为机构投资者和个人投资者。机构投资者主要包括政府机构类投资者、金融机构类投资者、合格境外机构投资者(Qualified Foreign Institutional Investor,QFII)、合格境内机构投资者(Qualified Domestic Institutional Investor,QDII)、企业和事业法人类机构投资者以及基金类投资者。

个人投资者是证券市场最为广泛的投资者。

3. 证券市场中介机构

证券市场中介机构是指为证券发行、交易提供服务的各类市场机构,包括证券公司和证券服务机构等。其中,证券服务机构包括会计师事务所、律师事务所,以及从事证券投资咨询、资产评估、资信评级、财务顾问、信息技术系统服务的机构。

(1) 证券公司。证券公司是指依照《中华人民共和国公司法》(简称《公司法》)和《中华人民共和国证券法》(简称《证券法》)的规定,并经国务院证券监督管理机构批准设立的专门经营证券业务,具有独立法人地位的有限责任公司或者股份有限公司。

(2) 律师事务所。律师事务所是服务于证券法律业务,即接受当事人委托,为其证券发行、上市和交易等证券业务活动提供制作、出具法律意见书等文件的法律服务。

(3) 会计师事务所。会计师事务所是对证券、期货相关机构开展财务报表审计、净资产验证、实收资本(股本)的审验、盈利预测审核、内部控制制度审核、前次募集资金使用情况专项审核等业务的机构。其中,证券、期货相关机构是指上市公司、首次公开发行证券公司、证券及期货经营机构、证券及期货交易所、证券投资基金及其管理公司、证券登记结算机构等。

(4) 资信评级机构。资信评级机构是评价有价证券(含股票、债券的优劣等级以及有价证券发行者的还本付息能力)的机构。这些机构对发行证券的企业所处的产业部门,企业本身的经济金融状况及证券的收益率、安全性和担保情况等进行合理分析后,就各个因素逐个打分,予以加权,然后评定出各个等级。

4. 证券监督管理机构

中国证监会是国务院直属的证券监督管理机构,依法对证券市场实行监督管理。

5. 证券市场自律组织

《证券法》规定,证券业协会是证券业的自律性组织,证券交易所履行自律管理职能。《证券登记结算管理办法》规定,证券登记结算机构实行行业自律管理。

二、证券公司业务

(一) 证券公司基本功能

证券公司是证券市场中最主要的中介机构之一,对证券市场的运行起着重要的作用,主要是为证券的发行与交易等提供服务。证券公司提供的服务包括为证券市场投融资两端提供专业化中介服务,如证券经纪、投资咨询、保荐与承销等;作为机构投资者直接参与证券市场投资;提供资产管理、证券及其他金融产品投资管理服务等。

(二) 证券公司主要业务

1. 证券经纪业务

证券经纪业务又被称为代理买卖证券业务,是指证券公司接受客户委托代客户买卖有价证券的业务。在证券经纪业务中,证券公司只收取一定比例的佣金作为业务收入。证经纪业务分为柜台代理买卖证券业务和通过证券交易所代理买卖证券业务。

2. 证券投资咨询业务

证券投资咨询业务是指从事证券投资咨询业务的机构及其咨询人员为证券投资人或者客户提供证券投资分析、预测或者建议等直接或者间接有偿咨询服务的活动。其基本业务形式包括：①证券投资顾问业务，即证券公司、证券投资咨询机构接受客户委托，按照约定，向客户提供涉及证券及证券相关产品的投资建议服务，辅助客户作出投资决策，并直接或者间接获取经济利益的经营活动。②发布证券研究报告，即证券公司、证券投资咨询机构对证券及证券相关产品的价值、市场走势或者相关影响因素进行分析，形成证券估值、投资评级等投资分析意见，制作证券研究报告并向客户发布的行为。

3. 财务顾问业务

财务顾问业务是指与证券交易、证券投资活动有关的咨询、建议、策划业务。财务顾问业务具体包括：为企业申请证券发行和上市提供改制改组、资产重组、前期辅导等方面的咨询服务；为上市公司重大投资、收购兼并、关联交易等业务提供咨询服务；为法人、自然人及其他组织收购上市公司及相关的资产重组、债务重组等提供咨询服务；为上市公司完善法人治理结构、设计经理层股票期权、职工持股计划、投资者关系管理等提供咨询服务；为上市公司再融资、资产重组、债务重组等资本营运提供融资策划、方案设计、推介路演等方面的咨询服务；为上市公司的债权人、债务人对上市公司进行债务重组、资产重组、相关的股权重组等提供咨询服务；中国证监会认定的其他业务形式。

4. 证券承销与保荐业务

证券承销是指证券公司代理证券发行人发行证券的行为。发行人向不特定对象公开发行的证券，法律、行政法规规定应当由证券公司承销的，发行人应当同证券公司签订承销协议。发行人申请公开发行股票、可转换为股票的公司债券，依法采取承销方式的，或者公开发行法律、行政法规规定实行保荐制度的其他证券的，应当请具有保荐资格的机构担任保荐机构。证券公司从事证券发行上市保荐业务，应当向证监会申请保荐业务资格，并负对发行人进行尽职调查的义务，对公开发行募集文件的真实性、准确性、完整性进行核查，向中国证监会出具保荐意见，并根据市场情况与发行人协商确定发行价格。

5. 证券自营业务

证券公司自营业务是证券公司以营利为目的、以自有资金或依法筹集的资金为本公司买卖证券、通过买卖价差获得盈利的一种经营行为。证券公司开展自营业务时，可以自己的名义和自有资金或者依法筹集的资金，为本公司买卖在境内证券交易所上市交易的证券，在境内银行间市场交易的政府债券、国际开发机构人民币债券、央行票据、金融债券、短期融资券、公司债券、中期票据和企业债券，以及中国证监会批准或者备案发行并在境内金融机构柜台交易的证券，以获得盈利。只有中国证监会批准经营证券自营业务的证券公司才能从事证券自营业务。

6. 资产管理业务

根据2018年4月发布的《关于规范金融机构资产管理业务的指导意见》，资产管理业务是指银行、信托、证券、基金、期货、保险资产管理机构、金融资产投资公司等金融机构接受投资者委托，对受托的投资者财产进行投资和管理的金融服务。金融机构为委托人利益履行诚实信用、勤勉尽责义务并收取相应的管理费用,委托人自担投资风险并获得收益。

根据《证券期货经营机构私募资产管理业务管理办法》,资产管理计划按照下列规定确定资产管理计划所属类别:①固定收益类,主要为投资于存款、债券等债权类资产的比例不低于资产管理计划总资产80%者;②权益类,主要为投资于股票、未上市企业股权等股权类资产的比例不低于资产管理计划总资产80%者;③商品及金融衍生品类,主要为投资于商品及金融衍生品的持仓合约价值的比例不低于资产管理计划总资产80%,且衍生品账户权益超过资产管理计划总资产20%者;④混合类,主要为投资于债权类、股权类、商品及金融衍生品类资产的比例未达到前三类产品标准者。

中国证券业协会统计数据显示,截至2020年年末,全国有135家证券公司,证券行业总资产8.90万亿元,净资产2.31万亿元;证券行业净资本1.82万亿元,其中核心净资本1.60万亿元。证券行业2020年度实现营业收入4 484.79亿元,实现净利润1 575.34亿元。

(三) 证券市场对外开放

1. 合格境外投资者

2002年11月8日,中国证监会和中国人民银行联合下发《合格境外机构投资者境内证券投资管理暂行办法》,标志着合格境外机构投资者(QFII)制度在中国内地的确立和实施。QFII有关制度,是在资本项目尚未完全开放和本币还未能完全自由兑换的情况下,有限度地引进外资,开放资本市场的一项过渡性制度。境外基金管理机构、保险公司、证券公司等机构投资者由此得以投资中国证券市场。2011年12月16日,中国证监会、中国人民银行、国家外汇管理局发布《基金管理公司、证券公司人民币合格境外机构投资者境内证券投资试点办法》,标志着人民币合格境外机构投资者(RQFII)制度正式开始试点。试点范围从最初的中国香港扩大到现有的19个国家和地区,拓宽了离岸人民币资金的投资渠道,增加了境外金融机构对人民币的需求。2020年9月25日,经国务院批准,中国证监会、中国人民银行和国家外汇管理局公布了《合格境外机构投资者和人民币合格境外机构投资者境内证券期货投资管理办法》(简称《QFII、RQFII办法》),自2020年11月1日起施行。2020年9月30日,证监会发布配套规则《关于实施〈合格境外机构投资者和人民币合格境外机构投资者境内证券期货投资管理办法〉有关问题的规定》。根据《QFII、RQFII办法》及配套规则,新增允许QFII、RQFII投资全国中小企业股份转让系统挂牌证券、私募投资基金、金融期货、商品期货、期权等,允许参与债券回购、证券交易所融资融券、转融通证券出借交易。这是QFII制度推出近20年来的重大突破。2002年QFII试点推出初期,QFII总额度为100亿美元;2006年QFII的资格门槛降低后,2007年QFII总额度增加到300亿美元;2012年4月、2013年7月,QFII总额度又先后增加到800亿美元、1 500亿美元;2019年1月,QFII总额度进一步增加至3 000亿美元,整体呈迅速上升趋势。2020年9月25日,《QFII、RQFII办法》正式取消了QFII、RQFII额度限制。

2. 合格境内投资者

2007年6月18日,中国证监会发布《合格境内机构投资者境外证券投资管理试行办法》(简称《QDII试行办法》),允许基金管理公司、证券公司等为境内居民提供境外理财服务,自

2007年7月5日起施行。合格境内机构投资者(QDII)是指符合《QDII试行办法》规定的条件,经中国证监会批准在境内募集资金,运用所募集的部分或者全部资金以资产组合方式进行境外证券投资管理的境内基金管理公司和证券公司等证券经营机构。境内机构投资者开展境外证券投资业务,要求由境内商业银行负责资产托管业务,可以委托境外证券服务机构代理买卖证券,并由中国证监会和国家外汇管理局依法按照各自职能对境内机构投资者境外证券投资实施监督管理。根据国家外汇管理局网站公布数据,QDII从2007年9月末刚起步时的40家机构、总额421.7亿美元,增长至2020年11月末的169家机构、总额1 166.99亿美元。

3. 外资证券公司

2002年6月,中国证监会颁布《外资参股证券公司设立规则》,并于2007年12月、2012年10月两次修订,对境外股东出资及境外投资者依法受让、认购内资股份的合资证券公司作出了规定。2018年4月28日,《外商投资证券公司管理办法》经征求意见后正式颁布,《外资参股证券公司设立规则》同时废止。《外商投资证券公司管理办法》允许外资控股合资证券公司,放开合资证券公司业务范围,明确将境内股东实际控制人身份变更导致内资证券公司性质变更的合资公司纳入适用范围,并完善了境外股东需符合的条件。2018年11月30日,瑞银证券成为我国首家外资控股证券公司。2019年3月13日,中国证监会批准设立摩根大通证券(中国)有限公司,野村东方国际证券有限公司两家外资控股券商。2020年3月13日,证监会宣布自2020年4月1日起取消证券公司外资股比限制,符合条件的境外投资者可根据法律法规、证监会有关规定和相关服务指南的要求,依法提交设立证券公司或变更公司实际控制人的申请。2020年12月,高盛公司启动收购合资公司高盛高华公司100%股权的程序,高盛高华证券大概率将成为首家外资独资券商。证券业务的国际化一方面将引入更多的海外人才和管理经验,另一方面也会带来更激烈的竞争,促进行业整体服务能力提高。

4. 证券公司设立境外分支机构

2018年9月25日,中国证监会发布《证券公司和证券投资基金管理公司境外设立、收购、参股经营机构管理办法》。其主要内容包括:一是维持适当门槛,支持机构"走出去",要求机构诚实守信、合规经营、财务状况及资产流动性良好、内部控制有力。二是规范业务范围、完善组织架构,要求境外机构突出主营业务,规范下设机构,限制返程投资,并给予现有机构24个月过渡期以达到法规要求。三是督促母公司加强管控,完善境外机构管理,要求母公司完善对境外机构法人的治理,建立健全境外机构重大事项集体决策制度、管理制度和相关合规管理、风险管理和内部控制体系。四是加强持续监管,完善跨境监管合作,细化相关信息报送要求和相关机构及人员的法律责任,加强与境外监管机构的信息交流,有效防范和处置跨境金融风险。由此,国内证券公司开始拓展海外市场。

2021年1月15日,中国证监会发布《关于修改、废止部分证券期货规章的决定》《关于修改、废止部分证券期货制度文件的决定》,将证券公司在境外设立、收购子公司或者参股经营机构的管理方式由行政许可改为备案管理。该修改涉及的原法规文件为中国证监会2018年发布并施行的《证券公司和证券投资基金管理公司境外设立、收购、参股经营机构管理办法》,其中第八条提到针对券商设立境外子公司应符合的5个条件,包括"财务状况及资产流动性良好,证券公司净资产不低于60亿元人民币"等硬性门槛。证券公司境外设立子公司条件大幅"松绑",流程也由审批制变为备案制。

5. 对外互联互通机制

我国证券行业通过建立沪深港通、沪伦通、中日 ETF 互通等互联互通机制,为国际投资者参与沪深证券交易所市场提供了重要渠道,进一步丰富了证券市场国际化产品,有序地吸引外资和开放资本市场。国内证券公司积极谋求海外上市,中外合资证券公司也努力抢占境内市场,基本形成了有序的多方合作、竞争共赢的多元化发展格局。

随着资本市场对外开放力度不断加大,越来越多的海外投资者更加关注中国市场,中国资本市场真正走上了全球资本市场的大舞台。

三、证券行业文化建设

文化是一个国家和民族的灵魂。一项充满活力、充满生机、充满持久力的事业一定需要有相应的文化作为支撑。行业文化是由行业自身特质逐渐形成,在行业从业者身上得以普遍体现的价值规范和行为特征。良好的行业文化不仅能为从业人员提供价值观念的引领和行为规范的指导,也能为行业打造良好环境,助力行业蓬勃发展。我国证券市场走过了几十年的发展历程,取得了辉煌成就,证券行业文化建设也在持续推进。

(一)证券行业文化建设背景

2008 年美国次贷危机引发全球金融风暴后,金融危机所引发的讨论和思考逐渐让"金融伦理学"(Finance Ethics)这一新兴领域受到关注。所谓金融伦理,就是依靠社会舆论、人们内心信念和风俗习惯,协调和控制金融体系内部各利益主体之间以及金融与社会之间伦理关系的原则和规范。基于此,包括证券业在内的整个金融行业都要探讨如何推进行业文化建设,如金融机构应该体现哪些社会责任制度、开发哪些对社会负责的服务产品、如何形成一套体现对社会尽责的经营管理体系等一系列客观问题。

证券行业文化是证券行业持续发展的核心要素之一。为进一步规范行业文化建设,2019 年 8 月,中国证监会印发《建设证券基金行业文化、防范道德风险工作纲要》,指出证券经营机构作为企业文化建设的第一责任人,要切实履行行业文化工作体系建设的主体责任。2019 年 11 月,中国证监会党委书记、主席易会满出席证券基金行业文化建设动员大会时发表讲话,进一步明确了以"合规、诚信、专业、稳健"为核心的行业文化理念,为证券业健康发展提供了指引。易主席指出,各证券公司必须坚持正确的发展方向,持续积淀和涵养行业生态,守正笃实加快推进证券业文化建设,为资本市场长期稳定健康发展提供价值引领、精神支撑和制度基础。

长期以来,国内各证券公司依旧普遍存在重业务轻文化、文化建设表面化形式化、文化建设与经营管理"两张皮"、注重组织内部管理而忽视社会责任等现实问题,未能结合自身实情实现制度创新,而将行业文化理念纳入企业战略愿景和员工考核体系的更是凤毛麟角,因此行业文化理念在证券经营机构遭遇落地难、深化难等突出问题。此外,相当一部分证券公司在行业文化理念践行方面存在理念滞后的问题,具体表现为在行业文化与企业文化的不同层面缺乏体系化整合、行业文化建设同管理实践割裂、行业文化要求无法实现向企业管理行为转化等。在实践中,证券企业管理层与员工往往忽视企业文化的关键效用,把企业文化仅仅当作形式化的表现,企业缺乏持之以恒推进文化建设的耐心和实践。基于此种情况,对于证券公司而言,当务之急是应实现对行业文化内涵的完整认知,在洞悉证券行业文化内涵的基础上,将行业文化理念深度融合进企业经营发展所依托的管理思想,将行业文化与企业文化深度融合,完善行业文化工作体系建设,从而使行业文化真正地成为企业核心竞争力的关键组成要素。

因此,打造系统化、标准化的文化建设机制,建设专业化、特色化的企业文化制度,同时结合各证券公司自身实情,实现制度创新并将行业文化理念纳入企业战略愿景、考核体系等已成为现阶段各证券公司的当务之急,只有从制度、战略、考核等多方面融合深耕才能在证券经营机构加速落实行业文化理念。

(二) 证券行业文化建设意义

中国证券业协会在官网开立证券行业文化建设专题栏目,上线证券行业文化建设系列报道、行业廉洁文化建设等多项板块,加强行业文化建设宣导力度。同时,中国证券业协会联合媒体陆续推出多期"证券业文化建设高管谈"栏目,邀请国内证券公司高管就文化建设相关话题分享经验与智慧,弘扬行业文化理念、凝聚行业价值观,为引领行业高质量发展提供价值引领和文化支撑。各证券公司纷纷加快行业文化建设步伐,努力围绕行业文化建设的路线图和重点举措打造自身特色品牌,引领公司创新发展,提高公司的竞争优势。

1. 行业文化建设将促进证券公司完善公司治理理念

一方面,通过推动行业文化建设的不断发展,各证券公司将逐步完成行业文化建设与公司治理、公司章程、经营管理相结合,同时将文化建设纳入公司章程、将文化建设融入公司发展战略等,找到行业文化建设的立足点、切入点和着力点,切实塑造良好的行业文化环境,促进公司发展。另一方面,行业文化建设将促进各证券公司实现党的领导与公司治理的有机结合,从而把握好企业良好发展的实现路径和关键环节,以文化建设保障公司发展的创造性、坚定性、稳定性,并贯穿经营管理全过程。

2. 行业文化建设将促进证券公司塑造企业文化理念

企业文化是企业在变革发展中,逐渐形成的被企业全体员工一致认同并自觉遵守的,一种能够规范员工行为的价值观念、行为准则。不同企业的文化外延及表现各有不同,企业文化具体体现为企业员工整体的思想、心理和行为方式,并且通过企业的生产、经营、组织和活动外化为企业经营的重要组成部分。而"合规、诚信、专业、稳健"要求的行业文化理念的深入推进过程将逐步引导证券公司将行业文化建设融入企业文化,加快行业文化与各证券公司企业文化进行有机结合的过程,从而帮助证券公司塑造基于行业文化基因的新企业文化,促进公司文化、业务的双向发展。

3. 行业文化建设将促进证券公司完善制度体系建设保障

在行业文化建设过程中,中国证券业协会聚焦制度体系建设保障,引导证券公司切实加强制度体系建设,着力构建科学有效的制度体系,切实保障行业文化建设落实落地。例如,通过将文化内容贯彻在各项制度中,将文化理念转化为制度要求,细化制度为操作流程,逐步完善各证券公司各项制度,如在合规制度方面,通过健全合规咨询、合规宣导、合规检查、合规审查、合规考核、合规问责、利益冲突管理、信息隔离墙、反洗钱等专项合规管理制度和工作机制,形成了较为完整的合规管理制度体系;在用人制度方面,通过选人用人的监督管理、领导班子的基本管理等方面细化制度各项要求,推动选人用人工作更加精准科学、务实高效,增强制度执行力,同时对现有的制度及流程进行再评估、再修订,根据实际管理需要及时作出更新有优化;在考核激励方面,通过以绩效管理办法、员工奖惩制度为核心修订相关制度,加速探索业务发展和员工收入周期的适度匹配,促进公司良久健康发展,并实现业务的稳健发展与员工收入的强关联,从而为塑造专业、稳健部分行业文化氛围作出贡献。

4. 行业文化建设将促进各证券公司强化品牌建设

行业文化建设过程离不开形式多样、生动鲜活的宣传方式。行业文化建设是打造各证券公司文化品牌,推动品牌文化建设深入人心的良好时机。各证券公司可通过打造新的品牌文化活动,落实落细行业文化建设,凝聚员工共同的价值追求与精神力量,提高员工的认同感与归属感。

5. 行业文化建设将促进各证券公司丰富管理机制

推动行业文化建设发展的过程亦是引导证券公司完善经营管理机制和经营管理环节,加强人才机制、问责机制、培训机制建设,着力构建科学有效的制度体系的过程。例如,从人才流动机制、问责机制、培训学习机制、人才选拔机制、员工持股计划等着手,可以促进行业文化建设与日常经营管理有机结合,而各项人才机制的完善与建设,扩大了目前行业各方面的人才储备,为打造专业化的行业文化氛围打下了基础;各项激励机制的出台,激发了证券公司员工的创业拼搏热情;各项问责机制的明确,提升了各个证券公司合规管理效能,保障了各项业务正常运行以及经营管理活动的规范性,为创建合规的行业文化氛围提供了支撑。

6. 行业文化建设将督促各证券公司积极履行社会责任

行业文化建设是促进各个证券公司维护公司、行业声誉的有利抓手。例如,通过加强投资者教育基地建设,建立健全的投资者教育机制,广泛开展各类型的宣传教育活动,充分发挥各个信息平台的舆论引导和宣传教育功能,维护公司声誉,增强投资者风险意识,梳理负责任的企业、行业形象等方式,可以调动各证券公司全员积极履行社会责任,并将提升公司履行社会责任、引导健康舆论生态等。

(三)证券行业文化建设要点

在证券监管部门指导下,证券行业围绕开创行业文化建设新格局,用文化力量引领方向、促进发展、塑造形象这一目标不断努力探索。行业文化建设的相关措施和主要抓手应遵循以下四个基本要点:

(1)合规是底线。合规经营始终是证券公司生存发展不可逾越的底线,在行业文化建设过程中,各证券公司要将合规理念融入其企业文化理念中,结合公司自身的发展战略,形成各具特点的企业文化理念,在行业逐渐树立起倡导和推进合规文化建设之风。

(2)诚信是义务。诚信建设是资本市场基础制度建设的重要内容,有了信任才有资本市场的未来。各证券公司应认真贯彻证券行业核心价值观，将以诚信经营为本与其企业文化进一步进行有机融合，从而以信誉为立身之本，取信于客户、取信于市场、取信于社会，合力构建良好的行业诚信文化环境。

（3）专业是特色。证券行业是门"手艺活"，专业是行业机构安身立命之本。证券公司只有坚持以专业服务创造价值的理念，结合各证券公司战略转型发展需要、公司经营管理实际等，以适应资本市场未来形势为导向来塑造专业文化，才能增强公司的核心竞争能力、提高公司品牌价值。

（4）稳健是保证。金融是经营风险的行业，金融的本质就是要把握好风险和收益的平衡，金融创新和业务发展必须要有边界。各证券公司只有秉承合规稳健的经营理念，通过塑造稳健文化氛围，持续打造稳健的经营风格，才能在如今日益严峻复杂的金融环境下，为营造稳中求进的行业氛围起到促进作用。

（四）证券行业文化建设特点

证券公司是行业文化建设的重要主体，在经营业务工作中需要牢牢守住合规、稳健标尺，诚信展业、守正创新，积极担当社会使命，积极为社会服务、为实体经济服务。证券行业文化建设主要有以下特点：

（1）落实行业文化建设要求，塑造企业文化理念。一方面，各证券公司结合公司自身的发展战略，形成各具特点的企业文化理念，在行业逐渐树立起倡导和推进合规文化建设之风。另一方面，各证券公司认真贯彻证券行业核心价值观，将以诚信经营为本与其企业文化进一步进行有机融合，从而以信誉为立身之本，取信于客户、取信于市场、取信于社会，合力构建良好的行业诚信文化环境。同时，各证券公司秉承合规稳健的经营理念，在通过塑造稳健文化氛围持续打造稳健的经营风格上，坚持以专业服务创造价值的理念结合其公司战略转型发展需要、公司经营管理实际等，以适应资本市场未来形势为导向来塑造专业文化，增强公司的核心竞争能力、提高公司品牌价值。

（2）将行业文化理念与公司日常经营、制度建设等相结合。为把握好行业文化建设的实现路径，切实将行业文化建设落地落细，在行动上见真章、求实效，目前各证券公司出台相关制度用于配合企业文化的落地，形成合力促进行业文化建设。从战略层面与企业文化结合的制度，到公司人才建设制度、考核激励制度、风险防范制度等，各证券公司均形成了有助于企业文化建设的制度体系。

（3）结合行业文化要求，形成适应自身的关键要素。各证券公司深入学习贯彻行业文化要求，落实合规、诚信、专业、稳健文化要求，结合实际形成各具特色的文化，并重点关注和着力推进社会责任、客户、人才、价值、创新等关键要素。

（4）建立履行社会责任和维护声誉文化的具体制度。各证券公司正逐步形成将履行社会责任和维护声誉文化纳入相关制度及考核的标准化动作，积极参加扶贫帮困等社会公益活动，组织开展各种形式的结对帮扶活动与捐赠工作，发挥金融专业优势，打造全新维度的扶贫模式，聚焦定点贫困地区的实际需求，全力开展脱贫攻坚工作，并不断加强投资者教育，为营造负责任、有担当的行业风气作贡献。

四、我国证券市场监管现状

(一) 市场法治化建设

1. 初始阶段:改革开放至 1992 年

1984 年 10 月,上海市人民政府批准实施《关于发行股票的暂行管理办法》,这是中华人民共和国在有关证券方面的第一个地方政府规章。1987 年 1 月,中国人民银行上海市分行颁布《证券柜台交易暂行规定》,明确股票上市的监管规范。

2. 发展阶段:1992 年至 2012 年

1992 年 10 月,国务院证券委员会(简称国务院证券委)和中国证监会宣告成立,标志着中国证券市场统一监管体制正式开始形成。其后,国家相继出台了一系列证券市场监管相关的法律与法规:1993 年 4 月 22 日,国务院发布《股票发行与交易管理暂行条例》,这是集中规范我国证券市场的第一部专门性行政法规;1993 年 12 月 29 日,全国人大通过《公司法》,为资本市场的发展奠定制度基础;1997 年 3 月 14 日,全国人大通过修订后的《中华人民共和国刑法》(简称《刑法》),第一次将证券犯罪写入《刑法》;1998 年 12 月 29 日,全国人大通过《证券法》,在法律层面明确了资本市场的地位;2003 年 1 月 9 日,中华人民共和国最高人民法院出台《最高人民法院关于审理证券市场因虚假陈述引发的民事赔偿案件的若干规定》,第一次系统性地对证券市场民事纠纷出台司法解释;2003 年 10 月 28 日,全国人大通过《中华人民共和国证券投资基金法》(简称《证券投资基金法》);2004 年 1 月 31 日,国务院发布《关于推进资本市场改革开放和稳定发展的若干意见》;2005 年 10 月 27 日,全国人大对《公司法》《证券法》进行了全面修改。

3. 成熟阶段:2012 年至今

2012 年 12 月 28 日,全国人大对《证券投资基金法》进行了全面修改。2013 年 11 月 12 日,中共十八届三中全会通过《中共中央关于全面深化改革若干重大问题的决定》,指出要健全多层次资本市场体系,推进股票发行注册制改革,多渠道推动股权融资,发展并规范债券市场,提高直接融资比重。2013 年 12 月 28 日,全国人大对《公司法》进行了重大修改。2014 年 5 月 8 日,国务院发布《国务院关于进一步促进资本市场健康发展的若干意见》。2019 年 1 月 28 日,经党中央、国务院同意,中国证监会公布《关于在上海证券交易所设立科创板并试点注册制的实施意见》。2019 年 3 月 1 日,中国证监会和上交所发布设立科创板并试点注册制相关制度规则,标志着注册制改革落地。2019 年 12 月 28 日,全国人大对《证券法》进行了全面修改,此次修法的重点、亮点包括:一是对证券发行注册制度作了比较全面系统的规定;二是显著提高违法违规成本;三是着重完善投资者保护制度。2019 年修订的《证券法》于 2020 年 3 月 1 日正式施行,标志着中国资本市场发展进入了一个新的历史阶段。2020 年 4 月 9 日,中共中央、国务院发布《关于构建更加完善的要素市场化配置体制机制的意见》,提出要推进资本要素市场化配置。2020 年 12 月 26 日,第十三届全国人大常委会第二十四次会议审议通过了《中华人民共和国刑法修正案(十一)》,并于 2021 年 3 月 1 日起正式施行。本次刑法修改,是继《证券法》修改完成后涉及资本市场的又一项重大立法活动,是贯彻落实习近平法治思想、建设中国特色社会主义法治体系的重要举措,体现了党中央、全国人大对资本市场的高度重视、亲切关心和大力支持,表明了国家"零容忍"打击证券期货犯罪的坚定决心,对于切实提高证券违法成本、保护投资者合法权益、维护市场秩序、推进注册制改革、保障资本市场平稳健康发展等均具有十分深远的意义。

(二)我国证券市场监管体制

目前,我国对证券行业的监管体制分为两个层次:中国证监会作为国务院证券监督管理机构,为国务院直属事业单位,是全国证券期货市场的主管部门,依法对全国证券期货市场实行集中统一的监督管理;中国证券业协会和证券交易所等行业自律组织对会员实施自律管理,证券登记结算机构实行行业自律管理。

1. 中国证监会的集中统一监管

我国证券市场监管机构是国务院证券监督管理机构,由中国证监会及其派出机构组成。中国证监会依照法律、法规和国务院授权,统一监督管理全国证券期货市场,维护证券期货市场秩序,保障其合法运行。目前,中国证监会在省、自治区、直辖市和计划单列市设立了36个证券监管局,以及上海、深圳证券监管专员办事处。派出机构受中国证监会垂直领导,依法以自己的名义履行监管职责,负责辖区内的一线监管工作。国务院证券监督管理机构根据《证券法》对证券市场实施监督管理,应履行相应的监管职责,并具有相应的权限,如表 1-1-1 所示。

表 1-1-1　　　　　　　　国务院证券监督管理机构的基本职责与权限

职责	权限
依法制定有关证券市场监督管理的规章、规则,并依法进行审批、核准、注册,办理备案	对证券发行人、证券公司、证券服务机构、证券交易场所、证券登记结算机构进行现场检查;可进入涉嫌违法行为发生场所调查取证
依法对证券的发行、上市、交易、登记、存管、结算等行为,进行监督管理	询问当事人和与被调查事件有关的单位和个人,要求其对与被调查事件有关的事项作出说明,或者要求其按照指定的方式报送与被调查事件有关的文件和资料;查阅、复制与被调查事件有关的财产权登记、通讯记录等文件和资料
依法对证券发行人、证券公司、证券服务机构、证券交易场所、证券登记结算机构的证券业务活动,进行监督管理	对可能被转移、隐匿或者毁损的文件和资料,可以予以封存、扣押;查询当事人和与被调查事件有关的单位和个人的资金账户、证券账户、银行账户以及其他具有支付、托管、结算等功能的账户信息,可以对有关文件和资料进行复制
依法监督检查证券发行、上市、交易的信息披露;依法对证券业协会的自律管理活动进行指导和监督	对有证据证明已经或者可能转移或者隐匿违法资金、证券等涉案财产或者隐匿、伪造、毁损重要证据的,经国务院证券监督管理机构主要负责人或者其授权的其他负责人批准,可以冻结或者查封,期限为 6 个月;因特殊原因需要延长的,每次延长期限不得超过 3 个月,冻结、查封期限最长不得超过 2 年
依法监测并防范、处置证券市场风险;依法开展投资者教育;依法对证券违法行为进行查处	在调查操纵证券市场、内幕交易等重大证券违法行为时,经国务院证券监督管理机构主要负责人或者其授权的其他负责人批准,可以限制被调查的当事人的证券买卖,但限制的期限不得超过 3 个月;案情复杂的,可以延长 3 个月

(续表)

职责	权限
法律、行政法规规定的其他职责	通知出境入境管理机关依法阻止涉嫌违法人员、涉嫌违法单位的主管人员和其他直接责任人员出境等;为防范证券市场风险,维护市场秩序,国务院证券监督管理机构可以采取责令改正、监管谈话、出具警示函等措施

资料来源:《中华人民共和国证券法》(2019 年修订)。

2. 行业自律管理

(1)证券交易所。证券交易场所是为证券集中交易提供场所和设施,组织和监督证券交易,实行自律管理的法人,包括沪深两大证券交易所和国务院批准的其他全国性证券交易场所(全国中小企业股份转让系统)。目前,由沪深主板、科创板、创业板、新三板、区域性股权市场、柜台市场组成的多层次股权市场体系已经形成;债券、期货与衍生品市场也发展迅速,市场层次日益丰富。证券交易所的设立、变更和解散由国务院决定。

(2)中国证券业协会。中国证券业协会成立于 1991 年 8 月 28 日,是依据《证券法》和《社会团体登记管理条例》的有关规定设立的证券业自律性组织,属于非营利性社会团体法人,接受中国证监会和国家民政部的业务指导和监督管理。

(3)证券登记结算机构。证券登记结算机构是为证券交易提供集中登记、存管与结算服务,不以营利为目的的法人。设立证券登记结算机构必须经国务院证券监督管理机构批准。我国的证券登记结算机构是于 2001 年 3 月 30 日成立的中国证券登记结算有限责任公司(简称中国结算)。该公司总部设在北京,中国证监会是其主管部门。

(三)证券市场常见违法违规行为

证券市场违法违规行为是指证券市场参与者和管理者违反相关法律、法规的规定,在从事证券的发行(一级市场)、交易(二级市场)、管理或者其他活动中,存在扰乱证券市场秩序或侵犯投资者合法权益的行为。

1. 一级市场常见的违法违规行为

(1)擅自公开或变相公开发行证券,是指未经国家有关主管部门批准,擅自发行股票或公司、企业债券的行为。

(2)欺诈发行证券,是指在招股说明书、认股书、公司、企业债券募集办法等发行文件中隐瞒重要事实或者编造重大虚假内容,发行股票或者公司、企业债券、存托凭证或者国务院依法认定的其他证券,数额巨大、后果严重或者有其他严重情节的行为。

(3)违规披露、不披露重要信息,是指依法负有信息披露义务的公司、企业向股东和社会公众提供虚假的信息或者隐瞒重要事实的财务会计报告,或者对依法应当披露的其他重要信息不按照规定披露,严重损害股东或者其他人利益,或有其他严重情节的行为。

2. 二级市场常见的违法违规行为

(1)利用虚假信息诱骗投资者买卖证券、期货合约,是指证券系统从业人员或工作人员故意提供虚假信息或者伪造、变造、销毁交易记录,诱骗投资者买卖证券、期货合约,造成严重后果的行为。

（2）利用未公开信息进行交易，是指金融机构及相关监管机构和行业协会人员利用职务之便获取内幕信息以外的其他未公开信息，违反规定，从事或明示、暗示他人从事与该信息相关的证券、期货交易活动的行为。

（3）内幕交易，是指证券、期货交易内幕信息的知情人员或者非法获取证券、期货交易内幕信息的人员，在相关信息尚未公开前，从事或明示、暗示他人从事该证券、期货的交易，或者泄露该信息的行为。

（4）操纵市场。该违法违规行为主要包括：集中资金、利用持股、持仓优势或信息优势进行联合或连续买卖证券的行为；与他人串通以事先约定的时间、价格和方式相互进行交易的行为；在自己实际控制的账户间进行交易，或以自己为交易对象自买自卖证券等方式操纵市场的行为等。

相关法律法规

《中华人民共和国证券法》（2019年修订）

《最高人民法院、最高人民检察院关于执行〈中华人民共和国刑法〉确定罪名的补充规定（七）》

《中华人民共和国刑法修正案（十一）》

参考文献

周正庆.证券知识读本（修订本）[M].北京：中国金融出版社，2006.

中国证券业协会.金融市场基础知识[M].北京：中国财政经济出版社，2020.

中国证券业协会.证券市场基本法律法规[M].北京：中国财政经济出版社，2019.

第二部分
PART 2

证券市场及行业违规监管案例与解析

案例1　A证券公司违规提供客户证券账户受处罚

【摘要】《证券法》明确规定,投资者应当使用实名开立的账户进行交易,禁止违规出借证券账户从事交易,特别是证券公司从业人员不得踩踏的红线,一旦违反,相关单位和个人必将受到严厉处罚。本案例通过分析2018年A证券公司非法提供客户账户的违规行为,解析证券市场各方对证券账户实名制的重要性,揭示非法提供客户证券账户的危害性。

【关键词】　证券公司　证券账户实名制　违规受罚

一、案例陈述

1. 案例基本情景

2018年7月至12月,A证券公司内设部门J部的甲某、乙某业务团队以A证券公司的名义对外承揽账户借用业务,按照需求招揽多个客户账户并提供给他人使用,A证券公司也因此获得了相应的业务收入。经立案调查、审理,中国证监会认定A证券公司违规将客户的资金账户、证券账户提供给他人使用,存在"证券公司将客户的资金账户、证券账户提供给他人使用"的非法行为,对A证券公司及其相关责任人处以警告、罚款等行政处罚。

2. 事件的起因

2015年成立的J部是A证券公司明星业务部门之一,主要负责开发维护A证券公司的机构业务。成立3年后,该部门已经拥有400名机构客户、1 200名个人客户,本案中被非法提供的部分客户账户也在该名单之列。甲某、乙某、丙某三人在涉案期间均为A证券公司正式员工,分别为J部营销人员、大客户经理和部门负责人。

丙某与A证券公司子公司B投资管理有限公司总经理丁某本来就很熟悉,2018年7

月,丙某带着甲某、乙某一起参加某证券公司研究所推介会,在会议上恰好碰到了丁某,并通过丁某结识了C资产管理有限公司董事长戊某。丙某与戊某一见如故,马上安排乙某与戊某对接具体业务,并表态将戊某作为VIP客户全力支持服务,有求必应。

正在交流之际,戊某接到了C资产管理有限公司实际控制人辛某的电话。辛某是证券市场呼风唤雨的大佬,自第一批购买认购证积累第一桶金以来,顺应大势且擅长短线交易,财富积累随着证券指数走势芝麻开花节节高。辛某向戊某提出借用证券账户并配资的需求,戊某就此将此作为业务介绍给乙某,乙某指定下属甲某与其共同负责具体工作。为了便于沟通联系,甲某、乙某与戊某面对面组建了微信群进行业务沟通;甲某还介绍了4位同事加入其业务团队,以A证券公司名义接洽客户。

3. 事件的发展过程

2018年9月至12月,甲某团队积极推介账户借用业务、招揽客户账户,为戊某介绍的账户借用业务陆续招揽了壬某等36个A证券公司客户账户。为了提高可信度,甲某团队以A证券公司某资金项目为名,而非以其个人名义,同时向客户推介账户借用业务,向客户说明配资买卖股票名称以及配资利率等条件。在未告知客户实际使用人身份的情况下,甲某陆续将上述客户的证券账户、资金账户及密码汇总,分批让乙某交给戊某,再由戊某提供给辛某使用。这36个客户账户被辛某用于买卖股票。在此期间,甲某、乙某还负责沟通协调上述客户账户在借用过程中因配资产生的利息支付、补仓等事项。

辛某使用己某的银行账户作为此次借用账户及配资所用的保证金账户,甲某使用庚某的银行账户用于接收保证金并转至出借账户的过桥账户。丙某于2018年9月通过微信收到乙某发来的截图,截图显示己某的银行账户向庚某的银行账户转入7 000万元保证金。乙某同时请丙某尽快协调4亿元融资,丙某并未提出疑问。实际上,己某、庚某均不是A证券公司客户,且截图清晰可见"保证金"备注字样。丙某未能关注截图内容并及时在早期发现账户借用及配资活动。

4. 事件的结果

2020年8月,中国证监会向A证券公司及甲某、乙某、丙某三人下发行政处罚决定书,作出以下认定:

A证券公司内设部门J部的甲某、乙某业务团队在履职过程中以A证券公司的名义对外承揽账户借用业务,按照需求招揽多个客户账户并提供给他人使用,由此产生的业务收入最终归属于A证券公司,相关业务团队的行为为A证券公司的单位行为。A证券公司的上述行为违反《证券公司监督管理条例》第二十八条第三款的规定,构成第七十九条所述"证券公司将客户的资金账户、证券账户提供给他人使用的,依照《证券法》第二百零八条的规定处罚"。A证券公司的上述行为也违反了《证券法》第一百零七条第二款的规定,构成《证券法》第二百零一条第二款所述的违法行为。

对A证券公司的上述违法行为,丙某是直接负责的主管人员,甲某、乙某是其他直接责任人员。根据当事人违法行为的事实、性质、情节与社会危害程度,依据《证券法》第二百零一条第二款的规定,中国证监会决定:①责令A证券公司改正,给予警告,并处以100万元罚款;②对甲某给予警告,并处以3万元罚款;③对乙某给予警告,并处以10万元罚款;④对丙某给予警告,并处以10万元罚款。

5. 对事件的思考

近年来,在中国证监会查处的内幕交易、市场操纵、非法经营证券业务等重大违法案件中,不法分子通常通过借用他人账户来掩盖自身违法行为,规避监管,逃避制裁。同时,一些投资者守法合规意识淡薄,将自己的账户出借给他人使用;个别证券公司从业人员提供客户证券账户,为违法违规行为提供便利。以2018年的北八道操纵市场案为例,北八道集团有限公司借用了300余个证券账户操纵多只股票,违反了证券账户实名制管理规定,大大增加了案件查处难度,严重扰乱了证券市场秩序。

我国证券监管部门多年来一直都在强调证券账户实名制问题。中国证监会于2015年7月12日公开发布《关于清理整顿违法从事证券业务活动的意见》,其中第五条明确规定,证券投资者应当按照法律法规和中国证监会的有关规定,严格遵守证券账户实名制要求开立证券账户。任何机构和个人不得出借自己的证券账户,不得借用他人证券账户买卖证券。

中国结算于2018年6月15日公布《关于对证券违法案件中违反证券账户实名制行为加强自律管理的通知》,强调了对账户借用人和出借人的限制。

我国证券监管部门、证券登记结算机构将不断完善账户实名制相关法律法规和配套制度,持续加大对账户借用行为的打击力度,不断深化依法、全面、从严监管的理念,保护投资者合法权益,促进证券市场稳定、健康发展。

二、案例解析

(一) 涉及知识点

本案例主要涉及证券公司违反证券账户实名制等违规问题。

1. 证券账户实名制的相关法规

证券账户实名制是国际惯例,是证券市场参与者的法定义务之一,也是证券市场监管部门一直高度重视的重要问题。不管是国外还是国内,投资者在开立证券账户和资金账户时,证券公司都必须了解投资者真实身份,投资者的资金划转和证券买卖行为也必须是真实的自身行为。我国新旧《证券法》《中华人民共和国反洗钱法》《证券登记结算管理办法》等相关证券监管法规对于证券账户实名制都有明确规定:

(1) 1998年12月29日,第九届全国人民代表大会常务委员会第六次会议公布的《中华人民共和国证券法》(简称《1998年证券法》)第七十四条规定,"在证券交易中,禁止法人以个人名义开立账户,买卖证券";第一百零四条规定,"投资者应当在证券公司开立证券交易账户,以书面、电话以及其他方式,委托为其开户的证券公司代其买卖证券";第一百三十八条规定,"证券公司办理经纪业务,必须为客户分别开立证券和资金账户,并对客户交付的证券和资金按户分账管理,如实进行交易记录,不得作虚假记载。客户开立账户,必须持有证明中国公民身份或者中国法人资格的合法证件";第一百八十条规定,"法律、行政法规规定禁止参与股票交易的人员,直接或者以化名、借他人名义持有、买卖股票的,责令依法处理非法持有的股票,没收违法所得,并处以所买卖股票等值以下的罚款;属于国家工作人员的,还应当依法给予行政处分";第一百九十条规定,"违反本法规定,法人以个人名义设立账户买卖证券的,责令改正,没收违法所得,并处以违法所得一倍以上五倍以下的罚款;其直接负责的主管人员和其他直接责任人员属于国家工作人员的,依法给予行政处分"。

(2) 2005年10月27日,第十届全国人民代表大会常务委员会第十八次会议通过公布修订的《中华人民共和国证券法》(简称《2005年证券法》)第八十条规定,"禁止法人非法利用他人账户从事证券交易;禁止法人出借自己或者他人的证券账户";第一百一十一条规定,"投资者应当与证券公司签订证券交易委托协议,并在证券公司开立证券交易账户,以书面、电话以及其他方式,委托该证券公司代其买卖证券";第一百六十六条规定,"投资者委托证券公司进行证券交易,应当申请开立证券账户,证券登记结算机构应当按照规定以投资者本人的名义为投资者开立证券账户。投资者申请开立账户,必须持有证明中国公民身份或者中国法人资格的合法证件。国家另有规定的除外";第一百九十九条规定,"法律、行政法规规定禁止参与股票交易的人员,直接或者以化名、借他人名义持有、买卖股票的,责令依法处理非法持有的股票,没收违法所得,并处以买卖股票等值以下的罚款;属于国家工作人员的,还应当依法给予行政处分";第二百零八条规定,"违反本法规定,法人以他人名义设立账户或者利用他人账户买卖证券的,责令改正,没收违法所得,并处以违法所得一倍以上五倍以下的罚款;没有违法所得或者违法所得不足三万元的,处以三万元以上三十万元以下的罚款。对直接负责的主管人员和其他直接责任人员给予警告,并处以三万元以上十万元以下的罚款"。

(3) 2006年4月7日,中国证监会公布《证券登记结算管理办法》,落实了证券账户实行实名制开户制度,首次明确证券登记结算机构可以直接为投资者开立证券账户。它规定,投资者不得将本人的证券账户提供给他人使用,对证券账户开立和使用过程中的违规行为,证券登记结算机构等相关机构将进行处罚。其中,第二十二条规定:"投资者不得将本人的证券账户提供给他人使用";第二十五条规定,"投资者在证券账户开立和使用过程中存在违规行为的,证券登记结算机构应当依法对违规证券账户采取限制使用、注销等处置措施"。《中国证券登记结算有限公司证券账户管理规则》也明确规定,"投资者应当使用以本人名义开立的证券账户,不得违规使用他人证券账户或将本人证券账户违规提供给他人使用。投资者违反上述规定,应当承担相应的经济损失和法律责任";并规定违规使用他人账户或使用虚假身份开立的证券账户为不合格账户,要求证券公司发现不合格账户的应当及时规范,对不能及时规范的,应当在柜面系统采取限制使用措施并向中国结算报送。中国结算有权对不合格账户采取单独管理、限制使用措施。

(4) 2013年6月19日,第二次修正公布的《中华人民共和国证券法》(简称《2013年证券法》)第八十条规定,"禁止法人非法利用他人账户从事证券交易;禁止法人出借自己或者他人的证券账户";第一百一十一条规定,"投资者应当与证券公司签订证券交易委托协议,并在证券公司开立证券交易账户,以书面、电话以及其他方式,委托该证券公司代其买卖证券";第一百六十六条规定,"投资者委托证券公司进行证券交易,应当申请开立证券账户。证券登记结算机构应当按照规定以投资者本人的名义为投资者开立证券账户。投资者申请开立账户,必须持有证明中国公民身份或者中国法人资格的合法证件。国家另有规定的除外";第二百零八条规定,"违反本法规定,法人以他人名义设立账户或者利用他人账户买卖证券的,责令改正,没收违法所得,并处以违法所得一倍以上五倍以下的罚款;没有违法所得或者违法所得不足三万元的,处以三万元以上三十万元以下的罚款。对直接负责的主管人员和其他直接责任人员给予警告,并处以三万元以上十万元以下的罚款"。

(5) 2014年8月31日,第三次修正公布的《中华人民共和国证券法》(简称《2014年证券法》)第八十条规定,"禁止法人非法利用他人账户从事证券交易;禁止法人出借自己或者他人的证券账户";第一百一十一条规定,"投资者应当与证券公司签订证券交易委托协议,并在证券公司开立证券交易账户,以书面、电话以及其他方式,委托该证券公司代其买卖证券";第一百六十六条规定,"投资者委托证券公司进行证券交易,应当申请开立证券账户。证券登记结算机构应当按照规定以投资者本人的名义为投资者开立证券账户。投资者申请开立账户,必须持有证明中国公民身份或者中国法人资格的合法证件。国家另有规定的除外";第二百零八条规定,"违反本法规定,法人以他人名义设立账户或者利用他人账户买卖证券的,责令改正,没收违法所得,并处以违法所得一倍以上五倍以下的罚款;没有违法所得或者违法所得不足三万元的,处以三万元以上三十万元以下的罚款。对直接负责的主管人员和其他直接责任人员给予警告,并处以三万元以上十万元以下的罚款"。

证券公司为前款规定的违法行为提供自己或者他人的证券交易账户的,除依照前款的规定处罚外,还应当撤销直接负责的主管人员和其他直接责任人员的任职资格或者证券从业资格。

(6) 2015年7月12日,中国证监会发布《关于清理整顿违法从事证券业务活动的意见》第五条规定,"证券投资者应当按照法律法规和中国证监会的有关规定,严格遵守证券账户实名制要求开立证券账户。任何机构和个人不得出借自己的证券账户,不得借用他人证券账户买卖证券";第六条规定,"对违法从事证券活动的行为,中国证监会将依法查处;涉嫌犯罪的,依法移送公安机关"。2015年7月14日,中国结算发布公告《关于贯彻落实〈关于清理整顿违法从事证券业务活动的意见〉有关事项的通知》,要求各开户代理机构应当严格按照开户实名制有关要求,切实履行开户实名制审核义务,要在开户前督促投资者认真阅读证券账户业务办理须知内容,向投资者充分揭示账户实名制要求以及违规可能承担的相应后果,严禁为涉嫌违反证券账户实名制的投资者开立证券账户或提供其他便利;要求投资者应当严格按照有关要求申请开立及使用证券账户,不得出借自己的证券账户,不得借用他人证券账户买卖证券;对于发现并查证属实的违反证券账户实名制行为,中国结算将视情况对所涉证券账户采取限制使用、注销等措施,对所涉投资者采取禁止新开户等措施。

(7) 2018年6月15日,中国结算发布《关于对证券违法案件中违反证券账户实名制行为加强自律管理的通知》,进一步加强证券账户实名制管理,重点打击证券违法案件中账户非实名使用行为,增强投资者在账户实名使用方面的守法合规意识。

(8) 2006年10月31日,第十届全国人民代表大会常务委员会第二十四次会议通过的《中华人民共和国反洗钱法》第三条规定,"在中华人民共和国境内设立的金融机构和按照规定应当履行反洗钱义务的特定非金融机构,应当依法采取预防、监控措施,建立健全客户身份识别制度、客户身份资料和交易记录保存制度、大额交易和可疑交易报告制度,履行反洗钱义务";第十五条规定,"金融机构应当依照本法规定建立健全反洗钱内部控制制度,金融机构的负责人应当对反洗钱内部控制制度的有效实施负责,金融机构应当设立反洗钱专门机构或者指定内设机构负责反洗钱工作";第十六条规定,"金融机构应当按照规定建立客户身份识别制度。金融机构在与客户建立业务关系或者为客户提供规定金额以上的现金汇款、现钞兑换、票据兑付等一次性金融服务时,应当要求客户出示真实有效的身份证件或者其他身份证明文件,进行核对并登记。客户由他人代理办理业务的,金融机构应当同时对代理人和被代理人的身份证件或者其他身份证明文件进行核对并登记。与客户建立人身保险、信托等业务关系,合同的受益人不是客户本人的,金融机构还应当对受益人的身份证件或者其他身份证明文件进行核对并登记。金融机构不得为身份不明的客户提供服务或者与其进行交易,不得为客户开立匿名账户或者假名账户。金融机构对先前获得的客户身份资料的真实性、有效性或者完整性有疑问的,应当重新识别客户身份。任何单位和个人在与金融机构建立业务关系或者要求金融机构为其提供一次性金融服务时,都应当提供真实有效的身份证件或者其他身份证明文件";第十七条规定,"金融机构通过第三方识别客户身份的,应当确保第三方已经采取符合本法要求的客户身份识别措施;第三方未采取符合本法要求的客户身份识别措施的,由该金融机构承担未履行客户身份识别义务的责任";第十八条规定,"金融机构进行客户身份识别,认为必要时,可以向公安、工商行政管理等部门核实客户的有关身份信息";第十九条规定,"金融机构应当按照规定建立客户身份资料和交易记录保存制度。在业务关系存续期间,客户身份资料发生变更的,应当及时更新客户身份资料等";第三十二条规定,"金融机构有下列行为之一的,由国务院反洗钱行政主管部门或者其授权的设区的市一级以上派出机构责令限期改正;情节严重的,处二十万元以上五十万元以下罚款,并对直接负责的董事、高级管理人员和其他直接责任人员,处一万元以上五万元以下罚款:(一)未按照规定履行客户身份识别义务的;(二)未按照规定保存客户身份资料和交易记录的;(三)未按照规定报送大额交易报告或者可疑交易报告的;(四)与身份不明的客户进行交易或者为客户开立匿名账户、假名账户的;(五)违反保密规定,泄露有关信息的;(六)拒绝、阻碍反洗钱检查、调查的;(七)拒绝提供调查材料或者故意提供虚假材料的。金融机构有前款行为,致使洗钱后果发生的,处五十万元以上五百万元以下罚款,并对直接负责的董事、高级管理人员和其他直接责任人员处五万元以上五十万元以下罚款;情节特别严重的,反洗钱行政主管部门可以建议有关金融监督管理机构责令停业整顿或者吊销其经营许可证。对有前两款规定情形的金融机构直接负责的董事、高级管理人员和其他直接责任人员,反洗钱行政主管部门可以建议有关金融监督管理机构依法责令金融机构给予纪律处分,或者建议依法取消其任职资格、禁止其从事有关金融行业工作"。

2. 新《证券法》强调证券账户实名制的责任义务

2019年修订的《中华人民共和国证券法》(简称新《证券法》)在重申风险自担原则以促进理性投资的基础上,进一步强化了证券账户实名制强化证券交易实名制要求。其中,第五十八条规定,"任何单位和个人不得违反规定,出借自己的证券账户或者借用他人的证券账户从事证券交易";第一百零七条规定,"证券公司为投资者开立账户,应当按照规定对投资者提供的身份信息进行核对。证券公司不得将投资者的账户提供给他人使用。投资者应当使用实名开立的账户进行交易"。

较《2014年证券法》,新《证券法》明确实名开立和使用,对出借证券账户行为加大界定主体力度:一是明确"投资者应当使用实名开立的账户进行交易";二是将禁止出借主体从"法人"扩大为"任何单位和个人";三是完善违法行为模式,从"出借"修改为"出借或借用",

如表1-2-1所示。

表1-2-1　　新旧《证券法》关于证券账户实名制的责任义务相关条款对比表

《2014年证券法》	新《证券法》
第八十条　禁止法人非法利用他人账户从事证券交易；禁止法人出借自己或者他人的证券账户。	第五十八条　任何单位和个人不得违反规定，出借自己的证券账户或者借用他人的证券账户从事证券交易。 第一百零七条　证券公司为投资者开立账户，应当按照规定对投资者提供的身份信息进行核对。证券公司不得将投资者的账户提供给他人使用。投资者应当使用实名开立的账户进行交易。

资料来源：《2014年证券法》、新《证券法》。

3. 新《证券法》关于证券账户实名制违法的处罚规定

新《证券法》对证券账户实名制违法的行为鉴定及相关处罚方式作出了以下明确规定：第一百九十五条，违反本法第五十八条的规定，出借自己的证券账户或者借用他人的证券账户从事证券交易的，责令改正，给予警告，可以处五十万元以下的罚款。

1）证券账户实名制违法行为

证券账户实名制违法可细分为三种不同情形。情形1，出借自己的证券账户从事证券交易的；情形2，借用他人的证券账户从事证券交易的；情形3，证券公司将投资者的账户提供给他人使用的。

2）相关处理规定

新《证券法》对于证券账户实名制违法的上述三种情形，作出了如下不同程度的处罚规定：对于情形1和情形2，责令改正，给予警告，可以处五十万元以下的罚款；对于情形3，责令改正，给予警告，并处十万元以上一百万元以下的罚款。对直接负责的主管人员和其他直接责任人员给予警告，并处以二十万元以下的罚款。较《2014年证券法》，新《证券法》明确实名开立和使用，对出借证券账户行为加大处罚力度，特别是对证券公司出借账户的惩戒：一是改变行政处罚方式及提高了金钱罚额力度，从"区分情形＋最高罚额三十万元"的处罚模式修改为"零容忍＋可以最高罚额五十万元"的模式；二是对证券公司出借账户处罚，从"单位以违法所得一至五倍，最高三十万元（个人最高十万元）"加大为"单位最高一百万元（个人最高二十万元）"，如表1-2-2所示。

（二）要点分析

1. 证券账户非实名制的危害及实行证券账户实名制的意义

在中国证券市场刚起步之时，市场上的股票交易尚未严格执行实名交易制，银行信贷资金借此违规流入股市兴风作浪，上市公司借此荒废正业、热衷委托理财，从而使得一级市场上出现了通过虚开多个账户的办法来获得申购收益的做法，在二级市场上存在同一笔资金或者几笔关联资金可以方便地通过多个非实名账户，实现对资金的控制、转移、对倒等违法行为。许多机构投资者都大量借用个人名义炒作股票。正是由于上述行为的存在，诸如"对敲""做庄"等违规行为在技术处理上几乎不存在任何障碍，而监管部门对违法违规行为的监管难度则大大提高。由此可见，证券账户非实名制在当时已成为中国证券市场违法违规行为滋生的温床和非法操纵股市的重要技术手段。

表1-2-2 新旧《证券法》关于证券账户实名制的处罚规定相关条款对比表

《2014年证券法》	新《证券法》
第二百零八条 违反本法规定,法人以他人名义设立账户或者利用他人账户买卖证券的,责令改正,没收违法所得,并处以违法所得一倍以上五倍以下的罚款;没有违法所得或者违法所得不足三万元的,处以三万元以上三十万元以下的罚款。对直接负责的主管人员和其他直接责任人员给予警告,并处以三万元以上十万元以下的罚款。 证券公司为前款规定的违法行为提供自己或者他人的证券交易账户的,除依照前款的规定处罚外,还应当撤销直接负责的主管人员和其他直接责任人员的任职资格或者证券从业资格。	第一百九十五条 违反本法第五十八条的规定,出借自己的证券账户或者借用他人的证券账户从事证券交易的,责令改正,给予警告,可以处五十万元以下的罚款。 第二百零一条 证券公司违反本法第一百零七条第一款的规定,未对投资者开立账户提供的身份信息进行核对的,责令改正,给予警告,并处以五万元以上五十万元以下的罚款。对直接负责的主管人员和其他直接责任人员给予警告,并处以十万元以下的罚款。 证券公司违反本法第一百零七条第二款的规定,将投资者的账户提供给他人使用的,责令改正,给予警告,并处以十万元以上一百万元以下的罚款。对直接负责的主管人员和其他直接责任人员给予警告,并处以二十万元以下的罚款。

资料来源:《2014年证券法》、新《证券法》。

推行证券账户实名制,一方面体现了监管的原则,另一方面也体现了与国际证券市场接轨的趋势。它不仅可以通过及时了解开户数量的变化或机构投资人与自然人的比例变化,为管理层提供科学的决策依据,而且也便于对证券市场的有效监管,并可以通过年报或中报向投资者提供更多真实的投资信息。其具体意义表现如下:

首先,证券账户实名制表明管理层将进一步加大对证券市场规范和监管的力度,并将有效地降低查处内幕交易的取证难度。虽然我国法律对内幕交易规定了刑事惩罚,但我国尚没有对内幕交易提起司法诉讼的案例。其中原因很多,但证券账户非实名制的状况是影响司法介入的一个重要原因,因而,实施证券账户实名制将为司法介入证券市场铺平道路。

其次,证券账户实名制解决了一级市场申购资金有效需求问题,从而有利于提高我国证券市场的资源配置效率。在证券账户实名制前,一级市场中新股申购资金通过某种方式得到与其资金相匹配的证券账户数,并通过这些证券账户违规申购新股获得稳定的申购收益。在证券账户实名制后,长期囤积在一级市场上的大量的新股申购资金将很难再获得足够多的证券账户,这样中小投资者认购新股的中签率将会出现明显的上升。而囤积在一级市场的资金,也将考虑其资金流向问题。其中的一部分可能会流向各类基金,也会有一部分资金流出证券市场。

再次,证券账户实名制的实行有利于保护中小投资者合法权益,有利于证券市场长期稳定健康地发展。在二级市场上,很多机构投资者都大量借用个人名义炒作股票,私募基金更是如此。显然,证券账户实名制将使"做庄"在技术上遇到难题。由于管理层对交易的实时监控和违法违规行为的监管效率大大提高,非法投资者操纵市场的行为将暴露在证券监管部门的监督之中,从而增加股票交易的透明度,也使机构操纵股市的难度大大增加。显然,这对提升中小投资者的地位,有效地改善中小投资者在股票交易中一直处于弱势的局面,保护中小投资者合法权益都将起到积极作用。

最后，证券账户实名制也是反洗钱工作的基础。《证券公司反洗钱工作指引》要求，证券公司应当勤勉尽责，根据《中华人民共和国反洗钱法》(以下简称《反洗钱法》)、《金融机构客户身份识别和客户身份资料及交易记录保存管理办法》和《证券公司开立客户账户规范》等有关规定，建立健全客户身份识别制度，遵循"了解您的客户"的原则，开展客户身份识别、重新识别和持续识别工作。客户资金账户必须为实名制账户，客户资金账户对应的各类证券账户、开放式基金账户、衍生产品账户等各类账户应与客户的资金账户名实相符。

2. 加强对证券违法案中违反证券账户实名制行为的自律管理措施

对证券违法案件中违反证券账户实名制管理的相关当事人，除采取注销账户、限制使用等措施外，还可以同时采取一定时期内限制新开账户、列为重点关注对象等处罚措施；同时，根据反洗钱相关法律法规规定，对留存身份信息存疑的客户账户需采取相关限制措施。

一是中国结算针对中国证监会已作出行政处罚决定的案件中借用他人证券账户和出借本人证券账户的主体(以下统称涉案主体)，将采取为期6个月的限制新开证券账户措施，具体起止时间以中国结算自律管理措施通知书为准。限制新开户措施期满后的12个月内，涉案主体申请新开证券账户的，须至证券公司临柜办理。中国结算要求证券公司应严格审核，审慎开户。

二是中国结算将把上述涉案主体列为实名制重点关注对象，对其一码通账户下所有证券子账户(含限制新开户措施实施前已开立的存量账户以及限制新开户措施期满后新开的证券账户)进行重点关注，重点关注期为24个月。在重点关注期内，中国结算要求证券公司对实名制重点关注对象名下证券账户使用情况进行重点核查，相关核查结果将与沪深证券交易所、相关稽查执法部门共享。

三是证券公司采取通知、处置、限制新开账户、使用核查等管理措施。首先，证券公司按照中国结算要求做好联系涉案主体，送达自律管理措施通知书并告知将对其采取的相关自律管理措施，保存相关记录。其次，对于现有的违规账户的委托交易证券公司，证券公司应对涉案主体的违规账户采取注销措施，由于账户内仍有证券或在途业务等原因无法注销的，应采取限制买入措施，待清空证券、了结在途业务后立即注销账户。再次，证券公司在规定期限内对违规主体采取限制新开户和限制非现场开户的措施。最后，证券公司应对委托交易在其公司的实名制重点关注对象名下证券子账户使用情况进行重点核查，对账户的资金来源、资金变动、账户实际控制人和操作人、与其他账户之间是否存在关联、证券交易情况进行持续跟踪和监控，保存核查记录。证券公司对发现存在违反证券账户实名制管理规定的，应按照本公司相关业务规则采取限制账户使用、注销账户等处置措施；对发现违规线索的，应立即通过开户代理机构管理系统向中国证券登记结算有限责任公司报告。

四是证券公司可根据《反洗钱法》和《金融机构客户身份识别和客户身份资料及交易记录保存管理办法》等相关法律法规规定，对留存身份信息存疑的客户账户采取限制措施。其中，客户身份信息包括但不限于：自然人客户姓名、国籍、性别、证件类型、证件号码、证件有效期、联系电话、职业、联系地址；非自然人客户的名称、注册地址、经营范围、证件类型、证件号码、证件有效期、控股股东或者实际控制人、法定代表人、负责人和授权办理业务人员的姓名、身份证明文件类型、号码和有效期；受益所有人的姓名、地址、身份证件或者身份证明文件的种类、号码、有效期限等。对于部分身份信息存疑客户账户,证券公司可对其资金账户进行限制资金转入、限制资金转出、限制转托管、限制撤指定、限制办理新业务、限制交易等措施。

3. 案例启示

证券账户实名制是证券市场的规范健康发展的基础,也是反洗钱工作的基础。它一是解决了机构利用多账户来操纵股价、利用自然人操纵股价的问题;二是解决了一级市场申购资金有效需求的问题;三是便于有效监管,通过真实有效开户数量的变化,或者机构投资人和自然人的比例的变化,为监管部门决策层提供科学的依据。

(1) 投资者应当严格落实账户实名制要求,确保本人开户和本人真实意愿开户,并确保提供相关资料的真实、准确和完整,积极配合证券公司相关核实等要求。

(2) 证券公司应当严格落实账户实名制要求,认真审核投资者身份真实性,确保投资者资料真实、准确和完整;同时安排对投资者进行必要的回访并保存回访记录,回访内容包括但不限于核实投资者是否本人开户、核实开户是否为投资者本人意愿。证券公司可以先回访、回访成功后开立证券账户,也可以先开立证券账户、回访成功后方允许证券账户使用。

总的来说,实行证券账户实名制有助于保证信息的透明度与真实性,有利于对合法产权长期有效的保护,是中国向市场经济转变过程中必不可少的一项制度性建设,无论是针对证券监管机构、证券公司还是普通投资者,这一案例分析都具有重要的启示意义。为了更好地促进资本市场的良性发展,投资者、证券公司和证券监管机构及相关社会媒体都应共同努力,不断宣传引导证券参与人严格落实证券账户实名制。

(三) 启发思考题

(1) 证券公司非法提供客户账户需承担哪些法律责任?
(2) 证券账户非实名制有何危害?如何正确看待证券账户实名制问题?
(3) 如何有效落实证券账户实名制要求?

相关法律法规

《中华人民共和国证券法》(1998 年、2005 年、2013 年、2014 年、2019 年)

《中华人民共和国反洗钱法》(2006 年)

中国证券监督管理委员会:《证券登记结算管理办法》(2006 年)

中国证券监督管理委员会:《关于清理整顿违法从事证券业务活动的意见》(2015 年)

中国证券登记结算有限责任公司:《关于贯彻落实〈关于清理整顿违法从事证券业务活动的意见〉有关事项的通知》(2015 年)

中国证券登记结算有限责任公司:《关于对证券违法案件中违反账户实名制行为加强自律管理的通知》(2018 年)

中国证券业协会:《证券公司反洗钱工作指引》
《金融机构客户身份识别和客户身份资料及交易记录保存管理办法》

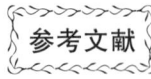

何燕婷.试析股票实名制的实施[J].环渤海经济瞭望,2002(12):30-31.

案例2　F资产管理公司非法从事场外配资被惩处

【摘要】近年来,部分非法配资机构通过设立境外网站,借助微信、QQ、App等方式吸引投资者,还有部分非法主体以配资之名行诈骗之实。这些与场外配资有关的非法证券期货活动不仅严重地侵害了投资者合法权益,而且是资本市场健康发展的重要隐患。同时,操纵市场案件中也常常见到场外配资的身影,配资中介除了为操纵者提供资金,还为其提供大量无关联的股票账户来规避监管,严重地扰乱了证券市场正常秩序。本案例通过F资产管理公司违规从事场外配资等非法行为的介绍与分析,旨在揭示场外配资等非法经营证券业务的行为特征及危害性。

【关键词】资产管理公司　场外配资　非法经营证券业务　行政处罚

一、案例陈述

1. 案例基本情景

2013年10月14日至2015年9月2日,F资产管理公司利用信托计划募集资金,通过HS网络技术服务有限公司的HOMS系统、MC公司的FPRC系统等第三方交易终端软件为客户提供账户开立、证券委托交易、清算、查询等证券交易服务,且按照证券交易量的一定比例收取费用。上述行为违反了《2014年证券法》第一百二十二条"未经国务院证券监督管理机构批准,任何单位和个人不得经营证券业务"的规定,构成《2014年证券法》第一百九十七条所述非法经营证券业务的行为。2016年11月25日,中国证监会依据《2014年证券法》第一百九十七条的规定,决定对F资产管理公司及当事人分别作出以下行政处罚:没收F资产管理公司违法所得1 642 909.37元,并处以4 928 728.11元罚款;对F资产管理公司董事长丁某、董事总经理罗某、董事副总经理王某给予警告,并处以15万～30万元的罚款。

2. 事件的起因

当事人:F资产管理公司;丁某,时任F资产管理公司董事长、法定代表人;罗某,时任F资产管理公司董事总经理;王某,时任F资产管理公司副总经理。

2013年10月14日至2015年9月2日,F资产管理公司使用HS网络技术服务有限公司HOMS系统、MC公司FPRC系统为客户提供账户开立、证券委托交易、清算、查询等证券交易服务,且按照证券交易量的一定比例收取费用,获取非法收入1 642 909.37元。

F资产管理公司与HS网络签订了《技术服务合同》,约定其为F资产管理公司提供HOMS系统服务,合同有效期为2013年10月14日至2015年7月31日。F资产管理公司与MC公司签订了《软件使用及技术服务合同》,约定其为F资产管理公司提供FPRC系统服务,合同有效期为2015年4月27日至2016年4月26日。F资产管理公司通过信托公司发起设立并操作管理1年期信托计划,截至2015年9月11日,实际共设立信托计划22个,产品总规模66.65亿元,其中95.8%的资金用于给客户配资。F资产管理公司在HOMS系统或FPRC系统主账户下为客户开立子账户,客户取得HOMS系统或FPRC系统的子账户与密码后,可以进行查询、委托买入、卖出、撤单等证券交易操作。截至2015年9月2日,F资产管理公司通过HOMS系统和FPRC系统为850名客户开通子账户,交易额为38 032 146 683.31元。F资产管理公司通过HOMS系统或FPRC系统对客户的证券、资金进行监控及清算。

3. 事件的发展过程

经查,F资产管理公司未获得经营证券业务的许可。F资产管理公司违规从事场外配资,有业务简介、股票配资产品简介、配资客户台账、F资产管理公司公司章程、F资产管理公司签订的客户开户确认书、相关协议、F资产管理公司提供的相关说明等证据证明。

4. 事件的结果

中国证监会认定F资产管理公司的上述行为违反了《2014年证券法》第一百二十二条的规定,构成《2014年证券法》第一百九十七条所述的非法经营证券业务的行为。时任F资产管理公司董事长丁某为直接负责的主管人员,董事总经理罗某、董事副总经理王某为其他直接责任人员。

根据当事人违法行为的事实、性质、情节与社会危害程度,依据《2014年证券法》第一百九十七条的规定,中国证监会决定:没收F资产管理公司违法所得1 642 909.37元,并处以4 928 728.11元罚款;对丁某给予警告,并处以30万元罚款;对罗某给予警告,并处以15万元罚款;对王某给予警告,并处以15万元罚款。

5. 对事件的思考

新《证券法》规定,"证券融资融券业务属于证券公司专营业务,未经证监会核准,任何单位和个人不得经营"。场外配资活动本质上是只有证券公司才能依法开展的证券融资融券业务,一些未取得相应证券业务经营资质的机构或个人从事场外配资活动的,构成非法证券业务活动,属于违法犯罪行为,将被依法追究法律责任。2019年11月,最高人民法院发布《全国法院民商事审判工作会议纪要》,既强调了场外配资违法性,也明确了场外配资合同属于无效合同,场外配资参与者将自行承担相关风险和责任。因此,广大投资者也应提高风险防范意识,自觉远离场外配资活动,以免上当受骗遭受财产损失。如果参与场外配资被骗,应及时向当地公安机关报案。

二、案例解析

(一)涉及知识点

本案例主要涉及非法场外配资的认定及处罚问题。

1. 非法场外配资等非法经营证券业务罪及其认定

场外配资是指以高于投资者支付的保证金数倍的比例向其出借资金,组织投资者在特定证券账户上使用借用资金及保证金进行股票交易,并收取利息、费用或收益分成的活动。

非法从事场外配资,涉嫌非法经营证券业务。新《证券法》第一百二十条规定:"除证券公司外,任何单位和个人不得从事证券承销、证券保荐、证券经纪和证券融资融券业务。"根据新《证券法》,有关非法场外配资等非法经营证券业务犯罪行为的构成如表1-2-3所示。

表1-2-3　　　　　　　　非法经营证券业务罪犯罪构成

构成要件	内容
主体	本罪的犯罪主体主要是单位。自然人在一定条件下也能成为犯罪主体
主观方面	本罪在主观方面只能由故意构成,过失不构成本罪,即行为人明知为客户提供账户开立、证券委托交易、清算、查询等证券交易服务,且按照证券交易量的一定比例收取费用的行为未经批准,仍然积极为之。因而在本罪中行为人的罪过实质是非法经营罪
客体	证券、期货市场的正常管理秩序和证券、期货投资人的合法利益。本罪在客观上表现为行为人违反有关
客体方面	本罪在客观上表现为行为人违反有关法规,擅自设立证券公司、非法经营证券业务或者未经批准以证券公司名义开展证券业务活动,情节严重的行为

2. 非法场外配资罪的法律责任

1) 刑事责任及经济处罚

根据《刑法》第二百二十五条规定,未经许可经营法律、行政法规规定的专营、专卖物品或者其他限制买卖的物品的,买卖进出口许可证、进出口原产地证明以及其他法律、行政法规规定的经营许可证或者批准文件的,未经国家有关主管部门批准非法经营证券、期货、保险业务的,或者非法从事资金支付结算业务等非法经营行为,扰乱市场秩序,情节严重的,处5年以下有期徒刑或者拘役,并处或者单处违法所得1倍以上5倍以下罚金;情节特别严重的,处五年以上有期徒刑,并处违法所得1倍以上5倍以下的罚金或者没收财产。

2) 行政责任及经济处罚

根据新《证券法》第二百零二条,违反本法第一百一十八条、第一百二十条第一款和第四款的规定,擅自设立证券公司、非法经营证券业务或者未经批准以证券公司名义开展证券业务活动的,责令改正,没收违法所得,并处以违法所得1倍以上10倍以下的罚款;没有违法所得或者违法所得不足100万元的,处以100万元以上1000万元以下的罚款。对直接负责的主管人员和其他直接责任人员给予警告,并处以20万元以上200万元以下的罚款。对擅自设立的证券公司,由国务院证券监督管理机构予以取缔。证券公司违反本法第一百二十条第五款规定提供证券融资融券服务的,没收违法所得,并处以融资融券等值以下的罚款;情节严重的,禁止其在一定期限内从事证券融资融券业务。对直接负责的主管人员和其他直接责任人员给予警告,并处以20万元以上200万元以下的罚款。

(二) 要点分析

1. 场外配资的行为模式

场外配资的行为模式主要包括系统分仓、出借账户、虚盘配资、点买配资等。一些不法机构或个人通过创建场外配资网站、手机 App、微信公众号等平台,宣称可以提供最高十余倍的炒股资金,诱导投资者参与场外配资活动等。

(1) 系统分仓模式,主要指配资中介机构利用账户分仓系统将证券账户拆分成若干虚拟交易子账户,并提供给投资者进行股票配资交易。

(2) 出借账户模式,主要指配资中介机构将自有或控制的证券账户提供给投资者进行股票配资、交易。

(3) 虚拟配资模式,主要指配资中介机构利用虚拟股票交易系统组织投资者进行股票配资交易,投资者的交易指令和资金并未实际进入证券交易系统。

(4) 点买配资模式,主要指点买人(即资金需求方)提供股票交易策略,投资人(即资金提供方)提供配资资金和证券账户,双方经配资中介机构撮合后进行股票配资交易,并按约定分享投资收益。

2. 非法场外配资可能导致的后果

(1) 破坏证券交易的秩序。一般来说,场外配资行为往往都具有"投机倒把"的性质,并且资金的流动性极强。股民通过场外配资公司提供的资金并利用自身风险掌控和盈利能力快速回本并获取利润,但是也具有较大的风险。场外配资行为有利于聚集社会资金,吸收大量闲置资本,但是如果在短时间内涌入或者涌出大量资金,股市会产生连锁非正常波动,从而破坏证券交易市场的秩序。

(2) 可能诱发一系列违法证券行为。在违规使用虚拟账户和非实名制账户的股民中,场外配资难以得到有力的监控,监管力度受到监管难度大、资金流动性强、责任人信息及责任人违法行为证据难以收集等诸多因素的制约,从而滋生违法证券行为。

(3) 可能引发股灾。场外配资公司能够利用第三方系统的强行平仓和分仓功能对融资方强制性进行平仓,来确保其公司的利益,但是这种行为可能会导致在短时间内大幅提高股市的流动性,从而引发股市断崖式下跌的发生风险,最终引发股灾,对市场构成极大的破坏。

(三) 启发思考题

(1) 非法场外配资等非法经营证券业务行为主要有哪些表现形式?其可能涉及哪些受害者?

(2) 如何加强对非法场外配资等非法经营证券业务的监管?

(3) 非法场外配资对市场有何危害?

相关法律法规

《中华人民共和国证券法》(1998年、2005年、2013年、2014年、2019年)

参考文献

黄锡楚.浅谈场外配资对证券市场的影响及监管制度的完善[J].法制博览,2018(10):153-154.

案例3　证券从业人员私下接受证券委托买卖遭重罚

【摘要】证券从业人员在证券市场中扮演着重要角色。基于证券市场"三公"原则的基本要求,我国《证券法》明确规定,证券公司从业人员不得私下接受投资者委托买卖证券、借他人名义从事证券交易。本案例主要通过H证券公司员工王某与贺某在证券从业期间知法犯法、私下接受投资者委托买卖证券、借他人名义从事证券交易,最终被中国证监会查处,收到行政处罚以及市场禁入决定书一事,分析证券从业人员违法买卖股票行为的危害性。

【关键词】证券从业人员　违规买卖股票　行政处罚　市场禁入

一、案例陈述

1. 案例基本情景

2016年,王某与贺某作为H证券公司员工,在证券从业期间私下接受投资者委托买卖证券、借他人名义从事证券交易。2018年11月,中国证监会对王某和贺某的违规买卖证券行为进行了查处,下发了对两人的行政处罚决定书以及市场禁入决定书。

2. 事件的起因

当事人:王某,于2004年4月取得证券从业资格,并于2016年3月与H证券公司签订劳动合同,担任基金业务部总经理;贺某,于2014年3月取得证券从业资格,并于2016年11月与H证券公司签订劳动合同,先后在该公司基金业务部、专户理财部从事证券期货投资交易。

王某、贺某在其从业期间违反《2014年证券法》相关规定,私下接受客户委托买卖证券,且王某存在违法买卖股票情况,依法受到处罚。

3. 事件的发展过程

2016年9月,管某与王某达成口头协议,管某委托王某寻找操盘手代理其买卖证券,管某与操盘手按照8∶2比例分享买卖证券收益,代理交易不保证本金安全。

2016年9月7日,王某的配偶刘某应贺某要求将1 000万元资金转入管某控制的银行账户。9月8日，云某应管某的要求在Z证券深圳营业部开立证券账户，该账户由管某使用。9月9日，管某通过其控制的银行账户向云某证券账户关联的资金账户转入资金共计3 700万元，该资金中包括管某的自有资金2 700万元和王某通过刘某转入的资金1 000万元。管某将云某证券账户账号、密码告知王某。王某指使贺某控制该证券账户买卖证券，并与贺某约定由其获得买卖证券收益的20%。王某将证券账户账号和密码及交易工具交付贺某，用于证券买卖活动。王某、贺某在2016年9月12日至2017年8月24日控制该证券账户。其间，贺某利用王某提供的交易工具进行具体证券买卖活动，王某可随时登录该账户账号，从而掌握该账户交易情况。二人经常讨论账户操作情况，王某经常向贺某提供投资建议。贺某知悉账户中的1 000万元来自王某、刘某的情况。

涉案期间，云某证券账户共交易33只股票，该账户累计成交金额1.8亿元，其中买入金额1.09亿余元，卖出金额7 000多万元，持有股票市值2 700多万元，账面亏损80多万元。最终，管某未向王某、贺某支付收益分成。

4. 事件的结果

2018年11月，中国证监会依据以上有相关人员的劳动合同、询问笔录、证券账户资料、交易流水、银行账户资料、交易所计算数据等事实证据证明，认定王某和贺某的上述行为属于证券从业人员违法买卖股票行为，严重违反了《2014年证券法》的相关规定。其中，王某的上述行为违反《2014年证券法》第四十三条、第一百四十五条的规定，构成《2014年证券法》第一百九十九条、第二百一十五条所述情形；贺某的上述行为违反《2014年证券法》第一百四十五条的规定，构成《2014年证券法》第二百一十五条所述情形。

根据当事人违法行为的事实、性质、情节与社会危害程度，中国证监会发布了对王某和贺某的行政处罚决定书以及市场禁入决定书。

（1）依据《2014年证券法》第二百一十五条、第一百九十九条的规定，对王某私下接受客户委托买卖证券行为，责令改正，给予警告，并处以30万元罚款；对其证券从业人员违法买卖股票行为，责令其依法处理非法持有的股票，并处以100万元罚款。合计处以130万元罚款。

（2）依据《2014年证券法》第二百一十五条，对贺某责令改正，给予警告，并处以30万元罚款。

（3）依据《2014年证券法》第二百三十三条、《证券市场禁入规定》（证监会令第115号）中的第三条第三项和第五条的相关规定，对王某采取10年的证券市场禁入措施，对贺某采取5年的证券市场禁入措施。自中国证监会宣布决定之日起，在禁入期间内，上述人员不得从事证券业务或担任上市公司、非上市公众公司董事、监事、高级管理人员职务。

5. 对事件的思考

《2014年证券法》明确严禁证券从业人员不得私下接受投资者委托买卖证券、借他人名义从事证券交易。此类禁止是结合证券从业人员的职业特征所作出的重要举措，也是立足于证券市场"三公"（即公开、公平、公正）原则的基本要求。但是有些人在经济利益诱惑面前逐渐迷失了方向和丧失了底线，贸然作出了违法违规行为，这是法律法规坚决不能容忍的。在稽查执法无死角、全覆盖、零容忍的当下，如果想要通过违法违规行为获得不义之财，终究会落得多行不义必自毙的悲惨结局。上述案例中，王某和贺某明知故犯私下代客交易买卖股票，不仅破坏了资本市场的公开、公平、公正原则，而且"搬起石头砸自己的脚"。所以，对于这条法律红线，广大证券从业人员一定不能踩，必须坚守法律与伦理的底线，切勿因小失大、酿成严重后果。

同时，对于投资者来说，该案例也提醒广大投资者一定要明确区分证券公司资产管理业务与从业人员违规代客理财行为。证券公司为禁止证券从业人员从事违规代客交易或理财活动，都采取了一系列监控检测防范措施，包括登记电话和手机号码进行地址监测，并在对投资者进行电话回访过程中进行充分的风险揭示。即便如此，仍然有一些投资者私下委托证券从业人员为其进行证券买卖交易或理财，其自身的合法权益也无法得到保障。因此，投资者自身也需提高这方面的认知与法律意识。

二、案例解析

（一）涉及知识点

本案例主要涉及证券从业人员私下接受投资者委托买卖证券等违规问题。

1. 证券从业人员的界定

证券从业人员是指被中国证监会依法批准的证券从业机构正式聘用或与其签订劳务协议的人员。

按中国证监会公布的《证券业从业人员资格管理办法》，证券从业人员主要指：①证券公司中从事自营、经纪、承销、投资咨询、受托投资管理等业务的专业人员，包括相关业务部门的管理人员。②基金管理公司、基金托管机构中从事基金销售、研究分析、投资管理、交易、监察稽核等业务的专业人员，包括相关业务部门的管理人员；基金销售机构中从事基金宣传、推销、咨询等业务的专业人员，包括相关业务部门的管理人员。③证券投资咨询机构中从事证券投资咨询业务的专业人员及其管理人员。④证券资信评估机构中从事证券资信评估业务的专业人员及其管理人员。⑤中国证监会规定需要取得从业资格和执业证书的其他人员。

按中国证券业协会发布的《证券经营机构及其工作人员廉洁从业实施细则》的工作人员定义，从业人员可以更具体界定为以证券公司及其境内子公司会员名义开展业务的人员，包括与公司建立劳动关系的正式员工、与公司签署委托协议的经纪人、劳务派遣至公司的其他人员等。证券投资咨询公司、证券资信评级公司等中国证券业协会会员，以及在协会进行业务注册或者备案并接受协会自律管理的其他机构及个人，在从事证券相关业务时参照本细则执行。

中国证券业协会发布的《关于证券业从业人员登记管理有关事项的通知》中规定，证券公司中从事证券业务的人员应当符合《证券法》等法律法规、中国证监会规定、中国证券业协会自律规则的要求，品行良好，具备从事证券业务所需的专业能力。基本要求包括但不限于：品行端正，具有良好的职业道德；最近3年未受过刑事处罚；未被中国证监会认定为证券市场禁入者，或者已过禁入期；通过相应的证券业从业人员资格考试等。在满足基本要求基础上，从事证券投资咨询业务的人员还应当符合《证券、期货投资咨询管理暂行办法》第十三条相关规定。保荐代表人还应当符合《证券发行上市保荐业务管理办法》第十一条相关规定。证券经纪人还应当符合《证券经纪人管理暂行规定》第七条相关规定。

证券公司中从事证券业务的人员应当向中国证券业协会进行登记。证券投资咨询机构、证券评级机构中从事证券相关业务的人员,参照证券公司中从事证券业务的有关规定进行登记管理。

2. 新《证券法》规定证券从业人员被禁止的行为

新《证券法》规定,证券从业人员被禁止的行为包括进行内幕交易、操纵证券市场、编造传播虚假信息、损害客户利益等行为。

第五十四条规定,禁止证券交易场所、证券公司、证券登记结算机构、证券服务机构和其他金融机构的从业人员、有关监管部门或者行业协会的工作人员,利用因职务便利获取的内幕信息以外的其他未公开的信息,违反规定,从事与该信息相关的证券交易活动,或者明示、暗示他人从事相关交易活动。利用未公开信息进行交易给投资者造成损失的,应当依法承担赔偿责任。

第五十五条规定,禁止任何人以下列手段操纵证券市场,影响或者意图影响证券交易价格或者证券交易量:①单独或者通过合谋,集中资金优势、持股优势或者利用信息优势联合或者连续买卖;②与他人串通,以事先约定的时间、价格和方式相互进行证券交易;③在自己实际控制的账户之间进行证券交易;④不以成交为目的,频繁或者大量申报并撤销申报;⑤利用虚假或者不确定的重大信息,诱导投资者进行证券交易;⑥对证券、发行人公开作出评价、预测或者投资建议,并进行反向证券交易;⑦利用在其他相关市场的活动操纵证券市场;⑧操纵证券市场的其他手段。操纵证券市场行为给投资者造成损失的,应当依法承担赔偿责任。

第五十六条规定,禁止任何单位和个人编造、传播虚假信息或者误导性信息,扰乱证券市场。禁止证券交易场所、证券公司、证券登记结算机构、证券服务机构及其从业人员,证券业协会、证券监督管理机构及其工作人员,在证券交易活动中作出虚假陈述或者信息误导。各种传播媒介传播证券市场信息必须真实、客观,禁止误导。传播媒介及其从事证券市场信息报道的工作人员不得从事与其工作职责发生利益冲突的证券买卖。编造、传播虚假信息或者误导性信息,扰乱证券市场,给投资者造成损失的,应当依法承担赔偿责任。

第五十七条规定,禁止证券公司及其从业人员从事下列损害客户利益的行为:①违背客户的委托为其买卖证券;②不在规定时间内向客户提供交易的确认文件;③未经客户的委托,擅自为客户买卖证券,或者假借客户的名义买卖证券;④为牟取佣金收入,诱使客户进行不必要的证券买卖;⑤其他违背客户真实意思表示,损害客户利益的行为。违反前款规定给客户造成损失的,应当依法承担赔偿责任。

3. 证券从业人员私下接受投资者委托买卖证券的违法行为

中国证监会及相关管理部门一直都非常重视对证券从业人员的合规管理,相继颁发了一系列相关法律文件,严禁证券从业人员私下接受投资者委托买卖证券。证券从业人员私下接受投资者委托买卖证券违反了新《证券法》第一百三十四条第一款规定,即"证券公司办理经纪业务,不得接受客户的全权委托而决定证券买卖、选择证券种类、决定买卖数量或者买卖价格"。对这种行为的处罚,新《证券法》第二百零九条规定"证券公司违反本法第一百三十四条第一款规定的接受客户的全权委托买卖的,责令改正,给予警告,没收违法所得,并处以违法所得一倍以上十倍以下的罚款;没有违法所得或者违法所得不足五十万元的,处以五十万元以上五百万元以下的罚款;情节严重的,并处撤销相关业务许可。对直接负责的主管人员和其他直接责任人员给予警告,并处以二十万元以上二百万元以下的罚款"。

(二) 要点分析

1. 证券从业人员私下接受投资者委托买卖证券的危害及如何加强自律管理

证券从业人员私下接受投资者委托买卖证券,其实质是属于证券从业人员代客理财的违规行为。由于投资交易的特殊性,证券从业人员代客理财的违规行为在业内一直是受到严格监管的,并且被直接写入《证券法》。近年来,证券从业人员违规理财问题时有发生。一方面,有少数证券从业人员以知悉内幕消息、专业炒股、承诺保底收益或约定收益分成等手段,取得客户信任,从而私下代客交易或者理财;另一方面,也有客户以给予报酬或约定收益分成的形式,主动要求从业人员代理账户。

《证券公司监督管理条例》第四十五条规定:"从事接受客户的委托、使用客户资产进行投资的证券资产管理业务。投资所产生的收益由客户享有,损失由客户承担,证券公司可以按照约定收取管理费用。"证券资产管理业务属于正常业务的公司行为,以证券公司为主体与投资者书面签署相关资产管理合同;而证券从业人员代客交易或理财属于从业人员个人行为,一般是证券从业人员与投资者私下签署相关合同或口头约定相关内容。私下代客交易,伴随着亏损的影响往往会引起纠纷甚至诉讼,对行业和从业人员都造成不利的后果。证券公司应加强日常合规宣导,对代客交易或理财行为给予严肃处理,同时,证券从业人员也要加强自律,严格约束自己。监管部门、自律组织和证券机构也应加强对投资者的交易宣导,让投资者明确知道代客交易或理财是违规的,提醒投资者一定要明确区分证券公司资产管理业务与从业人员违规代客理财行为,避免造成损失。

2. 对证券从业人员违规买卖股票的处罚

新《证券法》规定,禁止证券从业人员买卖股票,证券从业人员买卖股票的,责令依法处理非法持有的证券,没收违法所得,并处以违法所得1倍以上10倍以下的罚款。新《证券法》还明确规定,证券从业人员直接或者化名、借他人名义持有、买卖股票或者其他具有股权性质的证券的,责令依法处理非法持有的股票、其他具有股权性质的证券,没收违法所得,并处以买卖证券等值以下的罚款。

3. 新旧《证券法》在禁止证券从业人员私下接受投资者委托买卖证券的相应规定上的差异

较《2014年证券法》,新《证券法》进一步强化了禁止证券从业人员私下接受投资者委托买卖证券的要求,进一步明确了证券公司和从业人员的责任,并加大了处罚力度。其中,第一百三十六条规定,"证券公司的从业人员在证券交易活动中,执行所属的证券公司的指令或者利用职务违反交易规则的,由所属的证券公司承担全部责任。证券公司的从业人员不得私下接受客户委托买卖证券";第二百一十条规定,"证券公司的从业人员违反本法第一百三十六条的规定,私下接受客户委托买卖证券的,责令改正,给予警告,没收违法所得,并处以违法所得一倍以上十倍以下的罚款;没有违法所得的,处以五十万元以下的罚款",如表1-2-4所示。

表 1-2-4　新旧《证券法》关于禁止证券从业人员私下接受投资者委托买卖证券的相关条款对比表

《2014年证券法》	新《证券法》
第一百四十五条　证券公司及其从业人员不得未经过其依法设立的营业场所私下接受客户委托买卖证券。	第一百三十六条　证券公司的从业人员在证券交易活动中,执行所属的证券公司的指令或者利用职务违反交易规则的,由所属的证券公司承担全部责任。证券公司的从业人员不得私下接受客户委托买卖证券。
第二百一十五条　证券公司及其从业人员违反本法规定,私下接受客户委托买卖证券的,责令改正,给予警告,没收违法所得,并处以违法所得一倍以上五倍以下的罚款;没有违法所得或者违法所得不足十万元的,处以十万元以上三十万元以下罚款。	第二百一十条　证券公司的从业人员违反本法第一百三十六条的规定,私下接受客户委托买卖证券的,责令改正,给予警告,没收违法所得,并处以违法所得一倍以上十倍以下的罚款;没有违法所得的,处以五十万元以下的罚款。

资料来源:《2014年证券法》、新《证券法》。

(三) 启发思考题

(1) 如何正确看待证券从业人员代客交易或理财问题?
(2) 证券从业人员私下违规买卖证券有哪些危害?将受到何种处罚?
(3) 如何有效防范证券从业人员代客交易或理财行为?

相关法律法规

《中华人民共和国证券法》(1998年、2005年、2013年、2014年、2019年)
中国证券监督管理委员会:《证券公司监督管理条例》(2014年)
中国证券监督管理委员会:《证券业从业人员资格管理办法》
中国证券业协会:《证券经营机构及其工作人员廉洁从业实施细则》
中国证券业协会:《关于证券业从业人员登记管理有关事项的通知》

案例 4　投行夫妻从事内幕交易被严惩

【摘要】《证券法》明确禁止证券从业人员从事内幕交易行为。《证券行业文化建设倡议书》要求,证券从业人员应坚持诚实守信、恪守职业操守、敬畏法治、忠实履责。本案例主要通过 XZ 证券公司的原投行部负责人谢某伙同其原在 TH 证券公司投行部工作的妻子安某,在涉及证券发行交易、对证券价格存在重大影响等重要信息尚未公开前,利用该内幕信息违规买入该证券并被中国证监会查处严惩一事的阐释,分析证券从业人员内幕交易罪的危害性及后果。

【关键词】 证券从业人员　内幕交易　法律规制　违规受罚

一、案例陈述

1. 案例基本情景

2008年12月17日至2009年5月25日,作为XZ证券公司投行部执行总经理的谢某伙同其在TH证券公司工作的妻子安某,利用所掌握内幕信息进行股票交易,累计非法获利767万余元。由于情节特别严重,谢某与安某最终均被全部没收违法所得并处罚金,同时被追究刑事责任,受到法律的严厉制裁。

2. 事件的起因

当事人:谢某,案发前担任XZ证券公司投行部执行总经理;安某,系谢某的妻子,曾任TH证券公司投行总部高级副总裁,案发前担任TH证券投行部执行董事。

2008年12月,谢某作为XMDZ收购、重组XY房产等重要内幕信息的知情人,伙同妻子安某开始动起了利用内幕消息一起非法获利的歪脑筋。

3. 事件的发展过程

2008年12月17日至2009年5月25日,谢某利用工作之便,获得了XMDZ收购以及重组XY客户的内幕信息,在内幕信息尚未公开前,自己购买并告知妻子安某购买了XY股票,获利13.7万元。

2009年5月18日,谢某在制作TM借壳WJ的重组方案期间,作为该内幕信息的知情人,在内幕信息尚未公开前,又自己购买并告知妻子安某购买了WJ股票共计121.06万股。其中,谢某通过其控制的账户买入93.06万股,累计成交金额667.2万元,获利585.39万元;安某在明知有关信息系内幕信息的情况下,仍利用该内幕信息,通过其控制的账户买入28万股,累计成交金额204.71万元,获利168.5万元。

2010年3月,中国证监会开始调查谢某在XY重组过程中的内幕交易行为,安某于同年8月被中国证监会立案调查。其间,谢某曾逃至国外,但经国内公安机关申请,通过国际刑警组织向谢某发出红色通缉令,罪名定为"欺诈"。2011年6月,谢某从潜逃地归国,向公安机关投案自首。同年5月,安某被HS市公安局批捕。

4. 事件的结果

2012年1月6日,HS市人民法院作出一审判决,认定谢某犯内幕交易罪,判处有期徒刑3年,缓刑3年,罚金人民币800万元;安某犯内幕交易罪,判处有期徒刑1年,缓刑1年,并处罚金人民币190万元;追缴被告人谢某、安某违法所得共计人民币767万余元。

5. 对事件的思考

内幕交易一直以来是资本市场的顽疾,其不仅严重破坏了公平交易原则,而且也侵害了广大投资者的合法权益。为严厉惩处内幕交易违法违规行为,新《证券法》加大了包括内幕交易在内的证券违法违规处罚力度。2019年11月21日,中国证券业协会发布《证券行业文化建设倡议书》,明确倡议:证券行业全体经营机构和从业人员必须坚持诚实守信,恪守职业操守,敬畏法治,忠实履责;坚守契约精神,遵从法律制度,公平公正对待客户、合作伙伴、竞争对手及社会公众等利益相关方。每一个证券从业人员都要恪守职业操守,自觉抵制欺诈、传播虚假信息、内幕交易、恶性竞争等行为,切实保护投资者的合法权益。任何人一旦触犯法律的红线,必将受到法律的制裁。

二、案例解析

(一) 涉及知识点

本案例主要涉及内幕交易行为等违法违规问题。

1. 内幕交易及其危害

内幕交易是指证券、期货交易内幕信息的知情人员或者非法获取证券、期货交易内幕信息的人员,在涉及证券的发行,证券、期货交易或者其他对证券、期货交易价格有重大影响的信息尚未公开前,买入或者卖出该证券,或者从事与该内幕信息有关的期货交易,或者泄露该信息,或者明示、暗示他人从事上述交易活动等情节严重的行为。

内幕交易违反了证券市场的"三公"原则,也严重影响了证券市场功能的发挥。同时,内幕交易也会使得证券价格和指数的形成过程失去了时效性和客观性,从而可能使得证券价格和指数成为少数人利用内幕消息炒作的结果,而不是投资大众对公司业绩综合评价的结果。内幕交易行为不仅践踏了证券市场的"三公"原则,严重损害了广大大众投资者的合法利益,而且也严重破坏了证券市场的运行秩序,最终会使证券市场丧失优化资源配置及"国民经济晴雨表"的作用。因此,打击内幕交易是资本市场永恒的主题之一。

2. 内幕交易行为的相关法规

内幕交易严重违反证券市场的"三公"原则,严重影响了证券市场功能的发挥。因此,内幕交易行为一直是我国相关证券管理法规严格管制的重点关注的问题:

(1)《1998年证券法》第六十七条规定,"禁止证券交易内幕信息的知情人员利用内幕信息进行证券交易活动";第六十九条规定,"证券交易活动中,涉及公司的经营、财务或者对该公司证券的市场价格有重大影响的尚未公开的信息,为内幕信息";第一百八十三条规定,"证券交易内幕信息的知情人员或者非法获取证券交易内幕信息的人员,在涉及证券的发行、交易或者其他对证券的价格有重大影响的信息尚未公开前,买入或者卖出该证券,或者泄露该信息或者建议他人买卖该证券的,责令依法处理非法获得的证券,没收违法所得,并处以违法所得一倍以上五倍以下或者非法买卖的证券等值以下的罚款。构成犯罪的,依法追究刑事责任。证券监督管理机构工作人员进行内幕交易的,从重处罚"。

(2)《2005年证券法》第七十三条规定,"禁止证券交易内幕信息的知情人和非法获取内幕信息的人利用内幕信息从事证券交易活动";第七十五条规定,"证券交易活动中,涉及公司的经营、财务或者对该公司证券的市场价格有重大影响的尚未公开的信息,为内幕信息";第二百零二条规定,"证券交易内幕信息的知情人或者非法获取内幕信息的人,在涉及证券的发行、交易或者其他对证券的价格有重大影响的信息公开前,买卖该证券,或者泄露该信息,或者建议他人买卖该证券的,责令依法处理非法持有的证券,没收违法所得,并处以违法所得一倍以上五倍以下的罚款;没有违法所得或者违法所得不足三万元的,处以三万元以上六十万元以下的罚款。单位从事内幕交易的,还应当对直接负责的主管人员和其他直接责任人员给予警告,并处以三万元以上三十万元以下的罚款。证券监督管理机构工作人员进行内幕交易的,从重处罚"。

(3)《2013年证券法》第七十三条规定,"禁止证券交易内幕信息的知情人和非法获取内幕信息的人利用内幕信息从事证券交易活动";第七十五条规定,"证券交易活动中,涉及公司的经营、财务或者对该公司证券的市场价格有重大影响的尚未公开的信息,为内幕信息";第二百零二条规定,"证券交易内幕信息的知情人或者非法获取内幕信息的人,在涉及证券的发行、交易或者其他对证券的价格有重大影响的信息公开前,买卖该证券,或者泄露该信息,或者建议他人买卖该证券的,责令依法处理非法持有的证券,没收违法所得,并处以违法所得一倍以上五倍以下的罚款;没有违法所得或者违法所得不足三万元的,处以三万元以上六十万元以下的罚款。单位从事内幕交易的,还应当对直接负责的主管人员和其他直接责任人员给予警告,并处以三万元以上三十万元以下的罚款。证券监督管理机构工作人员进行内幕交易的,从重处罚"。

(4)《2014年证券法》第七十三条规定,"禁止证券交易内幕信息的知情人和非法获取内幕信息的人利用内幕信息从事证券交易活动";第七十五条规定,"证券交易活动中,涉及公司的经营、财务或者对该公司证券的市场价格有重大影响的尚未公开的信息,为内幕信息";第二百零二条规定,"证券交易内幕信息的知情人或者非法获取内幕信息的人,在涉及证券的发行、交易或者其他对证券的价格有重大影响的信息公开前,买卖该证券,或者泄露该信息,或者建议他人买卖该证券的,责令依法处理非法持有的证券,没收违法所得,并处以违法所得一倍以上五倍以下的罚款;没有违法所得或者违法所得不足三万元的,处以三万元以上六十万元以下的罚款。单位从事内幕交易的,还应当对直接负责的主管人员和其他直接责任人员给予警告,并处以三万元以上三十万元以下的罚款。证券监督管理机构工作人员进行内幕交易的,从重处罚"。

3. 新《证券法》就内幕交易行为的相应修订

新《证券法》进一步强化了就禁止内幕交易的要求。其中,第五十条规定,"禁止证券交易内幕信息的知情人和非法获取内幕信息的人利用内幕信息从事证券交易活动";第五十二条规定,"证券交易活动中,涉及发行人的经营、财务或者对该发行人证券的市场价格有重大影响的尚未公开的信息,为内幕信息";第一百九十一条规定,"证券交易内幕信息的知情人或者非法获取内幕信息的人违反本法第五十三条的规定从事内幕交易的,责令依法处理非法持有的证券,没收违法所得,并处以违法所得一倍以上十倍以下的罚款;没有违法所得或者违法所得不足五十万元的,处以五十万元以上五百万元以下的罚款。单位从事内幕交易的,还应当对直接负责的主管人员和其他直接责任人员给予警告,并处以二十万元以上二百万元以下的罚款。国务院证券监督管理机构工作人员从事内幕交易的,从重处罚。违反本法第五十四条的规定,利用未公开信息进行交易的,依照前款的规定处罚"。较《2014年证券法》,新《证券法》进一步加大了处罚的力度,如表1-2-5所示。

表 1-2-5　　　　　新旧《证券法》关于内幕交易的相关条款对比表

《2014 年证券法》	新《证券法》
第七十三条　禁止证券交易内幕信息的知情人和非法获取内幕信息的人利用内幕信息从事证券交易活动。	第五十条　禁止证券交易内幕信息的知情人和非法获取内幕信息的人利用内幕信息从事证券交易活动。
第七十五条　证券交易活动中,涉及公司的经营、财务或者对该公司证券的市场价格有重大影响的尚未公开的信息,为内幕信息。	第五十二条　证券交易活动中,涉及发行人的经营、财务或者对该发行人证券的市场价格有重大影响的尚未公开的信息,为内幕信息。
第二百零二条　证券交易内幕信息的知情人或者非法获取内幕信息的人,在涉及证券的发行、交易或者其他对证券的价格有重大影响的信息公开前,买卖该证券,或者泄露该信息,或者建议他人买卖该证券的,责令依法处理非法持有的证券,没收违法所得,并处以违法所得一倍以上五倍以下的罚款;没有违法所得或者违法所得不足三万元的,处以三万元以上六十万元以下的罚款。单位从事内幕交易的,还应当对直接负责的主管人员和其他直接责任人员给予警告,并处以三万元以上三十万元以下的罚款。证券监督管理机构工作人员进行内幕交易的,从重处罚。	第一百九十一条　证券交易内幕信息的知情人或者非法获取内幕信息的人违反本法第五十三条的规定从事内幕交易的,责令依法处理非法持有的证券,没收违法所得,并处以违法所得一倍以上十倍以下的罚款;没有违法所得或者违法所得不足五十万元的,处以五十万元以上五百万元以下的罚款。单位从事内幕交易的,还应当对直接负责的主管人员和其他直接责任人员给予警告,并处以二十万元以上二百万元以下的罚款。国务院证券监督管理机构工作人员从事内幕交易的,从重处罚。违反本法第五十四条的规定,利用未公开信息进行交易的,依照前款的规定处罚。

资料来源:《2014 年证券法》、新《证券法》。

(二) 要点分析

1. 内幕信息的界定

内幕信息是指为内幕人员所知悉的,尚未公开并可能影响证券市场价格的重大信息。按照我国相关的证券法规规定,所谓的重大信息主要包括:

(1) 证券发行人订立了可能产生显著影响的重要合同。

(2) 发行人经营政策或者经营范围发生重大变化。

(3) 发行人发生重大的投资行为或购置金额较大的长期资产等行为。

(4) 发行人发生重大债务。

(5) 发行人未能偿还到期重大债务等违约情况。

(6) 发行人发生重大经营性或非经营性亏损。

(7) 发行人资产遭受重大损失。

(8) 发行人生产经营环境发生重大变化。

(9) 可能对证券市场价格有显著影响的国家政策变化。

(10) 发行人的董事长、30％以上的董事或者总经理发生变动。

(11) 持有发行人 5％以上的发行在外的普通股的股东,其持有该种股票的增减变化每达到该种股票对外发行总额的 2％以上的事实。

(12) 发行人的分红派息、增资扩股计划。

(13) 涉及发行人的重大诉讼事项。

(14) 发行人进入破产、清算状态。
(15) 发行人的收购或兼并、分立等。

2. 涉案人员进行内幕交易的诱因

首先,内幕交易后可能获得巨大利益是一切贪念与违法行为的最初动因。通过利用手头的内幕信息提前对市场未来走向作出反应并由此获得巨大收益,这对许多人来说都是一种无形的强烈诱惑。其次,部分人对内幕交易存在道德认同感,甚至有经济学家认为它可以产生激励机制。再次,内幕交易的主体大多涉及官商勾结的利益集团,甚至涉及监管者的利益,监守自盗行为屡见不鲜。最后,内幕交易取证困难,面对已被揭露的内幕交易,在行政执法和司法追究的过程中却往往难以得到有效证据支持。因此,涉案人员常抱着一种侥幸心理而逐渐成为惯犯。

然而,即使内幕交易与商业道德和交易习惯并没有严重的冲突,但由于内幕交易必然会助长人们的投机取巧心理,放大人性的私欲,并损害证券市场的公正秩序,对普通投资者造成经济损失,因此,主流的监管理念仍然对它持否定态度。

3. 内幕交易的后果

为达到获利或避损的目的,内幕交易行为人往往利用其特殊地位或机会获取内幕信息进行证券交易或利益输送,违反了证券市场"三公"原则,侵犯了投资公众的平等知情权和财产权益。

(1) 内幕交易违反了证券市场"公开、公正、公平"的原则,会使广大投资者的合法权益受到侵占与损害。证券市场上的各种信息是投资者进行投资配资的依据,也是投资决策的基本依据。内幕交易则使涉案人员能利用各种渠道获得的内幕信息,对市场进行提前预测与布局,使其获利或减少损失的机会大大增加,从而使广大投资者遭受损失的可能性显著上升。因此,内幕交易最直接的受害者就是广大的投资人。

(2) 内幕交易损害了上市公司的利益。上市公司作为公众持股的公司,必须建立一种公开公示的信息披露制度,定期向股东及投资者们及时公布财务状况和经营情况,这样才能取得公众的信任。然而涉案人员利用内幕信息,进行证券买卖,使上市公司的信息披露失去了公正公开性,使广大投资者对上市公司的信任度大幅降低,进而影响上市公司的正常营运与发展。

(3) 内幕交易扰乱了证券市场。内幕交易会导致股票信息效率的下降,内幕交易丑闻特别是证券从业人员的内幕交易案件会极大地打击投资者的信心,继而严重影响证券市场功能的发挥。同时,在内幕交易猖獗时,证券价格和指数的形成过程将没有时效性和客观性,使证券价格和指数成为少数人利用内幕信息炒作的结果,而不是投资大众对公司业绩综合评价的结果,最终会使证券市场丧失优化资源配置及作为"国民经济晴雨表"的作用。

4. 案例启示

本案例系证券公司工作人员利用内幕信息进行证券买卖的典型案例。近年来,在我国证券、期货交易活动中,某些金融机构从业人员利用职务便利获取金融机构股票投资等未公开信息,以自己名义或假借他人名义,或者告知其亲属、朋友、关系户,先于、同期于或者稍晚于公司账户交易,然后用客户资金拉升到高位后自己率先卖出,获得巨额非法利益,不仅对其任职单位的财产利益造成损害,而且严重破坏了"公开、公平、公正"的证券期货市场原则,对证券市场的健康发展均产生了巨大的负面影响,社会危害性日益凸显,应依法惩处。《最高人民法院　最高人民检察院关于办理利用未公开信息交易刑事案件适用法律若干问题的解释》明确了"情节严重"和"情节特别严重"的认定标准。本案认定被告人谢某、安某犯内幕交易罪,情节特别严重,并依法作出判决,符合上述司法解释的规定,充分体现了从严惩处"老鼠仓"犯罪的精神。

目前,监管部门采取高科技手段,以大数据分析为主的数字稽查技术正在不断升级,案件线索发现、报送的及时性和精准度都得到了很大提高。监管部门的大数据主要来源于沪深两大交易所的监测系统,该系统具有大数据分析能力,对盘中的异常表现进行跟踪和判断,并有实时报警等功能。同时中国证监会、中国证券业协会、沪深交易所等在查处"老鼠仓"的问题上相互配合、信息共享、齐抓共管的监管联动机制正不断发展和完善,这些举措对精准发现并严厉查处内幕交易行为也起到了极大的协同监管作用。

(三) 启发思考题

(1) 内幕交易有哪些危害？如何正确看待内幕交易问题？
(2) 内幕交易的涉事人员主要包括哪些？他们会受到什么样的相应处罚？
(3) 如何有效防范内幕交易？

《最高人民法院、最高人民检察院关于办理利用未公开信息交易刑事案件适用法律若干问题的解释》

中国证券业协会:《证券行业文化建设倡议书》

《中华人民共和国证券法》(1998年、2005年、2013年、2014年、2019年)

参考文献

吕成龙.内幕交易的"源头规制":动因、经验与路径[J].证券市场导报,2020(09):60-69.

案例5　做市乌龙指　秒损近百万

【摘要】"合规、诚信、专业、稳健"是证券行业文化建设的基本要点,秉承合规稳健的经营理念是落实证券行业文化建设的基本要求。操作风险是证券公司的常见风险之一,存在于各类业务流程之中,不仅会给证券公司自身造成较大的损失,还会破坏证券行业整体形象。本案例通过2018年ZS证券公司做市商交易员误操作导致某ST股票单笔异常价格一事,分析证券公司及其从业人员操作风险管理的重要性。

【关键词】 合规稳健　乌龙指　操作风险　证券公司全面风险管理

一、案例陈述

1. 案例基本情景

2018年11月21日上午,ZS证券公司自营部门交易员在基础层做市某ST股票时,发生误操作,导致盘中出现单笔异常价格和直接损失近100万元。全国中小企业股份转让系统有限责任公司(简称全国股转公司)通过调查,分析交易情况,确定系做市商交易员误操作所致,并采取了相应处理措施。

2. 事件的起因

全国股转系统做市转让的股票成交价格是以做市商的报价来确定的。由于2018年11月20日,某ST股票的股票恢复转让后价格波动较大,某ST股票复牌收盘价为0.16元/股,跌幅高达93.01%。2018年11月21日,某ST股票的做市商——ZS证券公司自营部门解除了证券公司做市报价系统的价格限制,交易员甲某某误操作将买入申报某ST股票股数1000股输入为申报价格1000元。虽然ZS证券公司端的风控系统已弹出提示,但交易员甲某某未能仔细检查,仍然报出买入指令。

3. 事件的发展过程

因解除了做市报价系统价格限制,ZS证券公司做市交易员甲某某的该笔买入某ST股票的误申报于当日11:21:34以1000元成交,成交数量为1000股,成交金额为100万元,从而造成了一个投资者以1000元/股的价格成功卖掉了1000股,导致该ST股票出现了单笔异常价格。当该ST股票股价跌至0.11元/股时,该笔买入申报造成突然以1000元/股的价格成交1000股,使得该ST股价瞬时涨幅达到624 900%,市值瞬间飙升至1 780亿元。

虽然交易员甲某某于24秒后的次一笔申报即恢复正常报价并再次成交,当日该股后续交易价格正常,但由于甲某某的单笔误操作,该做市商ZS证券公司24秒瞬间损失了近100万元。

4. 事件的结果

全国股转公司对此高度重视,立即启动调查分析交易情况,了解异常价格出现的原因,采取处理措施,并发布市场公告。

由于某ST股票不是三板做市的指数成分股且异常报价持续时间很短,该事件未对三板做市指数造成影响,未对股转市场其他股票的正常交易造成影响,也未对该股票的投资者交易造成影响。虽然该事件对整个市场造成的影响并不大,但该笔做市乌龙指造成了做市商ZS证券公司损失了近100万元。

针对做市商可能的误操作引发相关股票价格异动,全国股转公司已从制度和技术上积极采取相关措施加以防范,前期已要求做市商加强风险控制,做市商在交易系统均实现了价格波动幅度的前端监控。针对该事件,全国股转公司进一步指导督促做市商ZS证券公司完善风控流程、加强合规管理,确保规范履行报价义务,切实维护正常交易秩序。

5. 对事件的思考

本案操作风险的成因就是层层突破风险控制环节,包括做市商 ZS 证券公司自营部门解除了做市报价系统价格限制、交易员甲某某误操作将股票股数 1 000 股输入为申报价格 1 000 元、忽视风控系统已弹出提示等环节。看似一个简单的操作,酿成一个风险事件。由此可见,操作风险是证券公司风险管理的重中之重。

证券公司全面风险管理,一直是证券公司增强核心竞争力的重要基础,也是保障证券行业持续稳健运营的基石。证券监管部门多年来一直都非常强调证券公司的全面风险管理问题。2006 年 7 月 5 日,中国证监会第 185 次主席办公会议审议通过《证券公司风险控制指标管理办法》,并后续分别于 2008 年 6 月 24 日、2016 年 6 月 16 日两次进行修订,旨在建立以净资本和流动性为核心的风险控制指标体系,加强证券公司风险监管,督促证券公司加强内部控制、提升风险管理水平、防范风险。中国证券业协会于 2016 年 12 月 30 日发布《证券公司全面风险管理规范》,进一步强调需加强和规范证券公司全面风险管理,增强核心竞争力。

当前受宏观环境多重因素叠加影响,证券公司面临的形势严峻复杂。党中央、国务院高度重视资本市场改革发展,将资本市场定位为金融运行中具有牵一发而动全身的作用及枢纽角色。整个证券行业面临难得的历史发展机遇,但这也对证券公司的风险管理能力提出了更高的要求与挑战。

二、案例解析

(一) 涉及知识点

本案例主要涉及证券公司风险管理中的操作风险管理问题。

1. 我国证券公司存在的主要风险

随着证券市场的发展和证券行业竞争的不断加剧,证券公司面临的风险日益增多和复杂。要想实现对证券公司风险的有效管理和防范,首先应准确识别证券公司面临的风险类型。按照风险来源划分,证券公司风险主要可以分为市场风险、流动性风险、信用风险、操作风险、法律政策风险、道德风险等。

1) **市场风险**

市场风险是指证券公司的金融资产因市场上系统性因素的不利波动而不能获得预期收益的可能性,这些因素包括利率、汇率、股票价格、股票指数、商品价格等。市场风险是证券公司最基本的风险。当系统性因素发生不利波动时,证券公司将会损失预期收益。证券业受宏观经济运行影响比较明显,证券市场的行情随经济运行的周期性变化而变化。当市场利率、汇率、通货膨胀率发生变动时,证券价格相应也会发生变动,给证券公司的业务创新在定价、营销、收益确定等方面带来风险。所以,市场风险全面影响着证券公司各项业务的损益。

2) **流动性风险**

流动性风险是指金融工具不能及时变现而导致的直接资产损失,或指现金流不能满足债务支出的需求而导致的间接损失。证券公司的资产周转速度过低、资产负债结构不匹配都可能导致证券公司面临风险。

3）信用风险

信用风险是指合同的一方不履行义务而给另一方带来损失的风险。对证券公司而言，信用风险是指交易对象不履行合约承诺的情况而导致其遭受的损失。证券公司可能产生信用风险的合约主要包括借款协议（含国债收购协议）、担保协议、委托交易协议、承销协议、委托中介机构协议等。信用风险的程度和交易性质，与信用制度有着很大的关系。一般说来，衍生品交易表现的信用性质以及其缺乏健全的保险金制度、逐日盯市制度，决定了其信用风险远高于非衍生品。

4）操作风险

操作风险通常是指由内部或外部人为或系统失误导致损失的风险。

5）法律政策风险

法律风险是指证券公司的交易行为超越法定权限而造成的损失，包括合约潜在的非法性以及对方无权签订合约的可能性；政策风险常指国家宏观政策法令的变动对证券公司业务范围、作业方法、市场竞争情况产生的深远影响。法律政策风险反映在两个方面，一是我国证券市场受法律政策影响非常大，政策的改变影响股市、债市的波动，从而对证券公司创新业务产生不利影响；二是政府对证券公司监管政策的改变直接影响证券公司的经营，监管加强时证券公司的经营风险加大。

6）道德风险

证券公司在证券市场中有着特殊的地位，其所掌握的信息要比普通投资者更加全面和准确。如果证券公司这个信息优势者为追求自身利益最大化而采取弄虚作假、信息披露不实等损害客户利益的行为，就会给投资者带来利益损失的可能，滋生证券公司的道德风险。具体来说，证券公司的道德风险表现为内幕交易、欺诈客户、操纵价格等。

2. 证券公司风险管理的相关法规

风险管理是指将项目实施或企业经营过程可能面临的各种风险及其造成的不良影响尽量减至最低的管理过程，包括风险识别、风险控制和风险规避等。风险管理是证券公司的生命线，对于资本市场健康发展尤为重要，监管部门和行业自律组织对规范证券公司风险管理制定了相关规定。

1）《证券公司风险控制指标管理办法》

2006年7月5日，中国证监会第185次主席办公会议审议通过《证券公司风险控制指标管理办法》，并后续在2008年6月24日、2016年6月16日两次进行修订，旨在建立以净资本和流动性为核心的风险控制指标体系，加强证券公司风险监控，督促证券公司加强内部控制、提升风险管理水平。

《证券公司风险控制指标管理办法》第二条要求，"证券公司应当按照中国证券监督管理委员会（以下简称中国证监会）的有关规定，遵循审慎、实质重于形式的原则，计算净资本、风险覆盖率、资本杠杆率、流动性覆盖率、净稳定资金率等各项风险控制指标，编制净资本计算表、风险资本准备计算表、表内外资产总额计算表、流动性覆盖率计算表、净稳定资金率计算表、风险控制指标计算表等监管报表（以下统称风险控制指标监管报表）"；第六条要求，"证券公司应当根据中国证监会有关规定建立符合自身发展战略需要的全面风险管理体系。证券公司应当将所有子公司以及比照子公司管理的各类孙公司纳入全面风险管理体系，强化分支机构风险管理,实现风险管理全覆盖。全面风险管理体系应当包括可操作的管理制度、健全的组织架构、可靠的信息技术系统、量化的风险指标体系、专业的人才队伍、有效的风险应对机制"。

2)《证券公司全面风险管理规范》

中国证券业协会于2016年12月30日发布《证券公司全面风险管理规范》,强调加强和规范证券公司全面风险管理,增强核心竞争力。

《证券公司全面风险管理规范》第二条规定,"本规范所称全面风险管理,是指证券公司董事会、经理层以及全体员工共同参与,对公司经营中的流动性风险、市场风险、信用风险、操作风险、声誉风险等各类风险,进行准确识别、审慎评估、动态监控、及时应对及全程管理";第三条规定,"证券公司应当建立健全与公司自身发展战略相适应的全面风险管理体系。全面风险管理体系应当包括可操作的管理制度、健全的组织架构、可靠的信息技术系统、量化的风险指标体系、专业的人才队伍、有效的风险应对机制。证券公司应当定期评估全面风险管理体系,并根据评估结果及时改进风险管理工作"。

(二)要点分析

1. 证券公司的操作风险及其基本类型

证券公司的操作风险是指直接产生于业务经营和管理过程中的损失,来自各子业务的运营管理过程,存在于证券公司的各项业务操作中。其中,经纪业务的操作风险主要包括操作失误风险、信息科技系统风险;自营业务的操作风险主要包括道德风险、内部交易风险、操作失误风险、信息科技系统风险等;资产管理业务的操作风险主要包括道德风险、内部交易风险、操作失误风险、信息科技系统风险等;投行业务的操作风险主要包括道德风险、内部流程控制风险等;融资融券业务的操作风险主要包括操作失误风险、内部流程控制风险、信息科技系统风险等;财务资金管理的操作风险则主要包括操作失误风险、信息科技系统风险等。同时,从操作风险产生的内在动因来看,操作风险主要包括决策风险、内部控制风险和技术风险。决策风险是因管理者判断决策失误而引起的损失;内部控制风险是指因缺乏全面的内部控制制度和完整的风险控制体系、不能及时控制交易欺诈违规等现象而产生的损失;技术风险是因交易或管理系统操作不当或缺乏必要的后台技术支持而引起的损失。总的来说,操作风险与证券公司制度建设、员工素质、技术投入等管理因素密切相关。

2. 加强证券公司风险管理的原因

证券公司是资本市场最重要的中介机构,风险管理能力是其核心竞争力,也是支撑证券行业高质量发展的生命线。

当前,经济发展的内外部环境面临深刻变化,资本市场各项改革措施逐步推进,在为证券公司经营发展带来巨大机遇的同时,也带来挑战。历史经验反复证明并将继续证明,能够稳妥应对挑战的证券公司一定是那些以服务实体经济为根本,具备完备风险管理体系、稳健风险管理文化、审慎风险管理能力的证券公司。证券公司应不断完善风险管理体系,提升全面风险管理水平,推动行业高质量发展。

健全有效的全面风险管理机制是证券公司持续健康发展的基石,也是推动行业实现高质量发展的必由之路。全球资本市场的历史经验表明,忽视风险控制的过度创新可能带来灭顶之灾。国内外重大金融风险案例经验表明,任何一家公司发生风险事件都将付出沉重代价,并对其后续发展造成巨大影响。证券公司本身作为经营金融风险的行业,实施积极有效的全面风险管理的重要性更为突出,只有高度重视并严格落实全面风险管理工作,才能保持证券公司事业基业长青。

3. 加强证券公司的风险防范和管理

风险是证券行业的基本特征,风险与业务相伴而生,我们不能消除风险,但是可以将风险控制在一定范围之内以保证证券公司的正常运转和持久发展。

(1) 建立完整、健全的内部控制体系。风险的存在影响着每个证券公司的生存和发展,也影响其在行业中的竞争力以及公司形象。风险管理已成为证券公司经营管理的核心内容,而风险管理的有效性,又在很大程度上依赖证券公司完善的内部控制机制。因此,建立完整、健全的内部控制体系十分必要,包括建立持续监督与评价的内控系统,提高决策者、管理层及业务人员的风险管理和防范意识,加强证券公司财务管理和会计系统的内部控制等。

(2) 建立多主体多角度的外部监管体系。因为金融产品和金融服务具有实际的外部效应,证券公司的安全性也就成为一种公共产品,证券公司内部的风险管理和控制必须接受外部监督。同时,由于股东持有资本和经营业务的最终目的在于获取利润,而盈利又必然伴随着风险的承担,因此证券公司有可能在内部盈利动机的驱动和外部市场竞争压力的迫使下承担过大的风险,需要来自外部的力量对证券公司内部风险管理进行监督和约束。

(3) 运用现代化的风险管理技术,建立证券公司风险管理预警体系。与传统的风险管理方法相比,现代化的风险管理技术提供了更明确的数量与概率分析,并可定期提出风险报告。目前国际上影响较大的风险管理数学模型是风险值模型,用于公司本身的内部风险衡量与管理。常用的风险衡量指标包括资本充足率、投资结构、资产流动性、获利能力四类指标。而监管部门要求的风险管理预警指标,主要包括净资本、负债净资本率、流动比率等。公司管理层要求的风险管理预警指标,主要包括财务风险管理指标、投资银行业务风险管理指标、自营业务风险管理指标、受托理财业务风险管理指标等。证券公司可以根据对以上指标的分析,确定公司风险的发生概率,并从自身需要考虑设置一系列风险控制指标,运用一定方法建立风险指标预警模型,进而采取相应的防范措施。

(三) 启发思考题

(1) 本案操作风险的成因是什么?如何防范"乌龙指"?
(2) 证券公司的全面风险管理具有什么重要意义?

相关法律法规及公告

中国证券监督管理委员会:《证券公司风险控制指标管理办法》(2006年、2008年、2016年)

中国证券业协会:《证券公司全面风险管理规范》(2016年)

第二模块

承销保荐业务

第一部分
PART 1

承销保荐业务概述

一、首次公开发行(IPO)概况

(一) IPO 定义

首次公开发行(Initial Public Offering,IPO)是指一家股份公司首次向社会公众公开招股的发行方式。

通常,一家公司首次公开发行的股份是根据相应证监会出具的招股说明书中约定的条款通过主承销商进行销售,首次公开发行完成后,这家公司就可以申请到证券交易所挂牌上市,成为上市公司。

(二) IPO 融资的作用

通过 IPO 方式进行融资,主要有以下几方面作用:

(1) 为企业建立直接融资的平台,有利于企业通过证券市场便捷、快速地发行新股、债券与资产证券化产品,提高企业的自有资本比例,改善企业的资本结构,提高企业自身抗御风险的能力,增强企业的发展后劲。

(2) 可以按公众公司的要求,建立规范、透明的法人治理结构和严格的内控体系,减少关联交易,杜绝同业竞争,并有利于职业经理人的引入,解决企业接班人问题。

(3) 有效地对企业进行整合。上市后,如有较好的市盈率和市值、较高的社会认同度,公司可以通过发行股份购买资产(俗称换股收购)、现金购买、二级市场竞买等方式进行产业整合,迅速做大做强。

(4) 能够为企业树立品牌,提高企业形象。上市后,行业分析师、媒体、投资者的关注有利于上市公司的规范运作,避免犯错;上市后可产生较强的广告效应,有利于上市公司更有效地开拓市场,提高商业竞争优势。

(5) 可以完善激励机制,比如采用股票期权、股票增值权、限制性股票等股权激励形式,吸引和留住人才。

(6) 能够较好体现股东创业价值。上市后的股票市值是对原有股东创业价值的直接体现，也是最市场化的评估，也可称为财富效应。

(7) 较好地保障财产安全。公开的市场、阳光的财富，有利于明确财产归属和价值，更容易得到保护。

二、首次公开发行(IPO)基本流程与规范

(一) IPO 基本流程

1. 改制与设立股份公司

(1) 企业拟定改制重组方案，聘请证券中介机构对方案进行可行性论证。

(2) 对拟改制的资产进行审计、评估，签署发起人协议，起草公司章程等文件。

(3) 设置公司内部组织机构，设立股份有限公司。

2. 尽职调查与辅导

(1) 向当地证监局申报辅导备案。

(2) 保荐机构和其他中介对公司进行尽职调查、问题诊断、专业培训和业务指导。

(3) 完善组织机构和内部管理，规范企业行为，明确业务发展目标和募集资金投向。

(4) 对照发行上市条件对存在的问题进行整改，准备首次公开发行申请文件。

(5) 当地证监局对辅导情况进行验收。

3. 申请文件的申报

1) 主板

(1) 企业和证券中介按照证监会的要求制作申请文件。

(2) 保荐机构进行内核并向证监会尽职推荐。

(3) 符合申报条件的，证监会在 5 个工作日内受理申请文件。

2) 科创板

发行人应当通过保荐人以电子文档形式向上交所提交发行上市申请文件，上交所收到发行上市申请文件后 5 个工作日内作出是否予以受理的决定。

3) 创业板

发行人应当通过保荐人以电子文档形式向深交所提交发行上市申请文件，深交所收到发行上市申请文件后 5 个工作日内作出是否予以受理的决定。

4. 申请文件的审核

1) 主板

(1) 证监会对申请文件进行初审，如申报中小板还需征求发行人所在地省级人民政府和国家发改委意见，如申报创业板无需征求意见。

(2) 证监会向保荐机构反馈意见，保荐机构组织发行人和中介机构对相关问题进行整改，对审核意见进行回复。

(3) 证监会根据反馈回复继续审核，预披露申请文件，召开初审会，形成初审报告。

(4) 证监会发审委召开会议对申请文件和初审报告进行审核,对是否同意发行人上市投票表决。

(5) 依据发审委审核意见,证监会对发行人申请作出决定。

2) 科创板

(1) 上交所受理申请文件后20个工作日内,将通过问询的方式向保荐机构反馈意见,保荐机构组织发行人和中介机构对审核意见进行回复。

(2) 上交所根据回复情况,可进行多轮问询。如无需进一步问询,上交所出具审核报告。

(3) 上交所发布上市委会议通知,组织上市委会议,上市委审议发行人是否符合科创板的发行条件、上市条件、信息披露要求。

(4) 如符合科创板的发行条件、上市条件、信息披露要求,上交所向证监会提交注册申请,证监会接受注册申请后20个工作日内反馈注册结果。

总体上,科创板审核注册流程时限为3个月,回复问询流程时限为3个月。双方都不计时:中止审核、请示有权机关、落实上市委意见、处理会后事项、暂缓审议、实施现场检查等。

3) 创业板

(1) 深交所受理后20个工作日内,将通过问询的方式向保荐机构反馈意见,保荐机构组织发行人和中介机构对审核意见进行回复。

(2) 深交所根据回复情况,可进行多轮问询。如无需进一步问询,深交所出具审核报告。

(3) 深交所发布上市委会议通知,组织上市委会议,上市委审议发行人是否符合创业板的发行条件、上市条件、信息披露要求。

(4) 如符合创业板的发行条件、上市条件、信息披露要求,深交所向证监会提交注册申请,证监会接受注册申请后20个工作日内反馈注册结果。

总体上,创业板审核注册流程时限为3个月,回复问询流程时限为3个月。双方都不计时:中止审核、请示有权机关、落实上市委意见、处理会后事项、暂缓审议、实施现场检查等。

5. 路演、询价与定价

(1) 发行人在指定报刊、网站全文披露招股说明书及发行公告等信息。

(2) 主承销商与发行人组织路演,向投资者推介和询价,并确定发行价格。

6. 发行与上市

(1) 根据证监会规定的发行方式公开发行股票。

(2) 向证券交易所提交上市申请。

(3) 在登记结算公司办理股份的托管与登记。

(4) 在证券交易所挂牌上市。

(二) IPO基本规范要点

1. 原则和标准

新《证券法》规定,公司首次公开发行新股,应当符合下列条件:

(1) 具备健全且运行良好的组织机构。

(2) 具备持续经营能力。

(3) 最近3年财务会计报告被出具无保留意见审计报告。

(4) 发行人及其控股股东、实际控制人最近3年不存在贪污、贿赂、侵占财产、挪用财产或者破坏社会主义市场经济秩序的刑事犯罪。

(5) 经国务院批准的国务院证券监督管理机构规定的其他条件。

2. 财务条件

判断企业是否具备发行上市的财务条件,应重点关注以下几个方面:

(1) 企业资产质量良好,资产负债结构合理,盈利能力较强,现金流量正常。

(2) 会计基础工作及内部控制。企业会计基础工作必须稳健扎实,规范运作。企业内部控制在所有重大方面是有效的,注册会计师出具的内部控制鉴证报告是无保留意见的结论。财务报表编制符合企业会计准则和相关会计制度的规定,在所有重大方面公允地反映了发行人的财务状况、经营成果和现金流量,注册会计师出具了无保留意见的审计报告。

(3) 依法纳税和税收优惠。企业在经营过程中要依法纳税,享受的各项税收优惠需符合相关法律法规的规定,并且企业经营成果对税收优惠不存在严重依赖。

(4) 关联交易。企业要完整披露关联方关系,并按重要性原则恰当披露关联交易,要求关联交易价格公允且不存在通过关联交易操纵利润的情形。

(5) 重大依赖。如果企业的营业收入或净利润,过于依赖于关联方或者重大不确定性的客户,则会使得企业业绩的可持续性受到影响。

(6) 其他影响持续盈利能力的情形。企业不能出现下列影响持续盈利能力的事件:经营模式、产品或服务的品种结构已经或者将发生重大变化,并对持续盈利能力构成重大不利影响;行业地位或所处行业的经营环境已经或者将发生重大变化,并对持续盈利能力构成重大不利影响;在用的商标、专利、专有技术以及特许经营权等重要资产或技术的取得或者使用存在重大不利变化的风险;最近1个会计年度的营业收入或净利润对关联方或者存在重大不确定性的客户存在重大依赖;最近1个会计年度的净利润主要来自合并财务报表范围以外的投资收益;其他可能对持续盈利能力构成重大不利影响的情形。

(7) 募投项目。在募投项目设计初期,企业应当关注项目实施后的规模与现有状况之间是否匹配,产能能否消化。

3. 法律条件

判断企业是否具备发行上市的法律条件,应重点关注以下几个方面:

(1) 主体资格。上市主体应当是依法设立且持续经营在3年以上的股份有限公司。有限责任公司按原账面净资产值折股整体变更为股份有限公司的,持续经营时间可以从有限责任公司成立之日起计算。

(2) 历史沿革。企业股权历史沿革清晰和转让股权合法,无虚假出资、违规持股的现象,不存在股权权属纠纷。

(3) 独立性。独立性本质上是考察企业是否拥有完整的业务体系和直接面向市场独立经营的能力。企业在资产、人员、财务、机构和业务五个方面须具有独立性,只有做到经营上的独立性,企业才能实现自主发展、持续盈利。

(4) 同业竞争。同业竞争是指一切直接、间接地控制公司或有重大影响的法人或自然人及其控制的法人单位(即"竞争方")与公司从事相同、相似的业务,双方构成或可能构成直接或间接的利益冲突关系。

控股股东、实际控制人直系亲属拥有相同、相似业务或产业链上下游业务的,应考虑纳入上市主体;控股股东、实际控制人旁系亲属拥有相同、相似业务或产业链上下游业务的,要从资产的来源、渠道的重合性等因素分析判断,鉴于中国的家族文化,该业务鼓励纳入上市主体,不纳入的要作充分论证。判断是否存在同业竞争时,应关注发行人在历史沿革、资产、人员、业务、技术、财务等方面与控股股东、实际控制人及其控制的其他企业之间的关系。发行人控股股东、实际控制人的其他亲属及其控制的企业与发行人存在竞争关系的,一般不认定为构成同业竞争。但对于利用其他亲属关系,或通过解除婚姻关系规避同业竞争认定的,以及在资产、人员、业务、技术、财务等方面有较强的关联,且报告期内有较多交易或资金往来,或者销售渠道、主要客户及供应商有较多重叠的,中介机构在核查时应审慎判断。

(5) 关联交易。关联交易是指关联方之间转移资源、劳务或义务的行为。显失公允的关联交易是指交易价格明显偏离市场交易价格的关联交易,会造成不正当的利益输送或者造成上市主体的不当损失,不利于保护上市主体的自身利益以及未来公众股股东的权益。上市主体必须避免上述行为的出现。

关联交易的类型主要包括:购买或销售商品;购买或销售商品以外的其他资产;提供或接受劳务;担保;提供资金(贷款或股权投资);租赁;代理;研究与开发项目的转移;许可协议;代表企业或由企业代表另一方进行债务结算;关键管理人员薪酬。交易所股票上市规则对此有较明确的规定可供参考。

当然,企业上市也不可能完全避免关联交易,关键是注意在关联交易定价的公允性、决策程序的合法性与合规性及对发行人的独立性影响方面的分析上取得市场的认同。

(6) 公司治理。企业应具有权责分明、各司其职、有效制衡、科学决策、协调运作的法人治理结构,并制定出比照上市公司运行的,明确、清晰的制度文本。相关机构和人员能够依法履行职责是判断企业达到上述要求的标准。

(7) 企业经营和董、监、高任职资格的合法性。经营合法,首先是指经营范围合法合规,未从事法律禁止或须特许批准的经营活动,其次是指企业经营行为合法合规,且平等、有序地参与市场竞争。董、监、高不能是被证监会采取禁入措施尚在禁入期的人员,不属于最近36个月内受到证监会处罚或者最近12个月内受到证券交易所公开谴责,以及因涉嫌犯罪被司法机关立案侦查或者涉嫌违法违规被证监会立案调查尚未有明确结论意见的人员。

(8) 违法行为及违反公众利益的重大行为。企业不得存在以下违法行为或存在违反公众利益的重大行为:①最近36个月内未经法定机关核准,擅自公开或者变相公开发行过证券,或者有关违法行为虽然发生在36个月前,但目前仍处于持续状态。②最近36个月内违反工商、税收、土地、环保、海关以及其他法律、行政法规,受到行政处罚,且情节严重。③最近36个月内曾向中国证监会提出发行申请,但报送的发行申请文件有虚假记载、误导性陈述或重大遗漏;或者不符合发行条件以欺骗手段骗取发行核准;或者以不正当手段干扰中国证监会及其发行审核委员会审核工作;或者伪造、变造发行人或其董事、监事、高级管理人员的签字、盖章;本次报送的发行申请文件有虚假记载、误导性陈述或重大遗漏;涉嫌犯罪被司法机关立案侦查,尚未有明确结论意见;严重损害投资者合法权益和社会公共利益的其他情形。

(9) 募投项目。国家产业政策是评估募投项目的重要标准,国家鼓励和重点支持的产业、高科技产业、朝阳产业、成长型产业容易得到认可。募投项目的程序必须完备,如土地许可等。募投项目实施后,投资方也不应当对企业的独立性产生影响。

三、再融资概况

再融资是指上市公司通过公开发行和非公开发行的方式在证券市场上进行的直接融资。再融资对上市公司的发展起到了较大的推动作用。自2006年《上市公司证券发行管理办法》出台以来,上市公司再融资政策在不同的市场背景下呈现不同的特点。2007年至2017年,投资者短期逐利、上市公司过度融资、募集资金大量闲置流向投资用途等种种问题逐渐出现。2017年再融资政策全面收紧,对上市公司融资规模、融资主体、融资间隔、发行定价等进行了诸多限制。2018年以来,受经济周期影响,上市公司再融资政策收紧的负面作用逐渐显现,大量上市公司出现了融资难、融资贵的现象。自2018年11月起,再融资时间间隔被放宽,直至2020年2月,再融资政策再次修订,从定价、发行对象、发行规模、发行条件、限售期等多个方面进行全面松绑,再融资市场迎来再度繁荣。

按照发行对象的不同,再融资可以分为公开发行和非公开发行。其中,公开发行是指上市公司向不特定对象发行。公开发行方式包括增发、配股、公开发行可转换公司债券和公开发行可转换优先股。这些发行方式含义分别如下:

增发新股是指向不特定对象公开募集股份。

配股是指上市公司向原股东配售股份。

可转换公司债券是指发行人、发行公司依照法定程序发行,在一定期间内依据约定的条件可以转换成股份的公司债券。可转换公司债券本身具有债权与股权性质,在转换成公司股票前代表债权与债务的关系,转换成股票后代表上市公司所有权的关系。

优先股是指依照公司法,在一般规定的普通种类股份之外,另行规定的其他种类股份,其股份持有人优先于普通股股东分配公司利润和剩余财产,但参与公司决策管理等权利受到限制。

非公开发行是指上市公司向符合条件的少数特定投资者非公开发行股份或可转换公司债券。

四、再融资基本流程和规范

(一) 再融资基本流程

1. 聘请保荐人(主承销商)

上市公司公开发行证券,应当由证券公司承销;非公开发行股票,如发行对象均属于原前10名股东的,则可以由上市公司自行销售。

2. 董事会作出决议

上市公司董事会依法就新股发行的方案、本次募集资金使用的可行性报告、前次募集资金使用的报告、其他必须明确的事项作出决议，并提请股东大会批准。

3. 股东大会批准

股东大会就发行证券事项作出决议，必须经出席会议的股东所持表决权的2/3以上通过。向本公司特定的股东及其关联人发行证券的，股东大会就发行方案进行表决时，关联股东应当回避。

上市公司发行新股决议1年有效；决议失效后仍决定继续实施发行新股的，须重新提请股东大会表决。

4. 编制和提交申请文件

上市公司股东大会审议通过证券发行议案后，保荐人制作申报材料并向中国证监会提交再融资申请。

5. 审核

1）主板

主板公司的再融资申请由中国证监会审核，审核工作流程分为受理、反馈会、初审会、发审会、封卷等主要环节，最终由中国证监会作出核准或者不予核准的决定。

2）科创板

科创板公司的再融资申请由上交所审核，再融资申请的审核工作流程分为受理、审核问询、上市委审议/发行上市审核机构审议、中国证监会注册等主要环节，最终由中国证监会作出予以注册或者不予注册的决定。

3）创业板

创业板公司的再融资申请由深交所审核，再融资申请的审核工作流程分为受理、审核问询、上市委审议/发行上市审核机构审议、中国证监会注册等主要环节，最终由中国证监会作出予以注册或者不予注册的决定。

6. 发行上市

自中国证监会核准发行之日起，上市公司应在12个月内发行证券；超过12个月未发行的，核准文件失效，须重新经中国证监会核准后方可发行。

（二）再融资基本规范

根据对并购重组进行规范的法律法规以及相关配套管理规定，并购重组的主要规范要点如下。

1. 原则和标准

首先，上市公司公开发行证券，应当满足以下条件：

(1) 上市公司的组织机构健全、运行良好。

(2) 上市公司的盈利能力具有可持续性。

(3) 上市公司的财务状况良好。

(4) 上市公司最近36个月内财务会计文件无虚假记载，且不存在重大违法行为。

(5) 上市公司募集资金的数额和使用应当符合规定。

（6）上市公司存在下列情形之一的，不得公开发行证券：①本次发行申请文件有虚假记载、误导性陈述或重大遗漏；②擅自改变前次公开发行证券募集资金的用途而未作纠正；③上市公司最近12个月内受到过证券交易所的公开谴责；④上市公司及其控股股东或实际控制人最近12个月内存在未履行向投资者作出的公开承诺的行为；⑤上市公司或其现任董事、高级管理人员因涉嫌犯罪被司法机关立案侦查或涉嫌违法违规被中国证监会立案调查；⑥严重损害投资者的合法权益和社会公共利益的其他情形。

其次，上市公司非公开发行股票，应当满足以下条件：

（1）非公开发行股票的特定对象应当符合以下规定：①特定对象符合股东大会决议规定的条件；②发行对象不超过35名。发行对象为境外战略投资者的，应当遵守国家的相关规定。

（2）上市公司非公开发行股票，应当符合下列规定：①发行价格不低于定价基准日前20个交易日公司股票均价的80%；②本次发行的股份自发行结束之日起，6个月内不得转让；③控股股东、实际控制人及其控制的企业认购的股份，18个月内不得转让；④募集资金使用符合《上市公司证券发行管理办法》第十条的规定；⑤本次发行将导致上市公司控制权发生变化的，还应当符合中国证监会的其他规定。

（3）上市公司存在下列情形之一的，不得非公开发行股票：①本次发行申请文件有虚假记载、误导性陈述或重大遗漏；②上市公司的权益被控股股东或实际控制人严重损害且尚未消除；③上市公司及其附属公司违规对外提供担保且尚未解除；④现任董事、高级管理人员最近36个月内受到过中国证监会的行政处罚，或者最近12个月内受到过证券交易所公开谴责；⑤上市公司或其现任董事、高级管理人员因涉嫌犯罪正被司法机关立案侦查或涉嫌违法违规正被中国证监会立案调查；⑥最近1年及1期财务报表被注册会计师出具保留意见、否定意见或无法表示意见的审计报告，保留意见、否定意见或无法表示意见所涉及事项的重大影响已经消除或者本次发行涉及重大重组的除外；⑦严重损害投资者合法权益和社会公共利益的其他情形。

2. 信息披露规定

上市公司发行证券，应当按照中国证监会规定的程序、内容和格式，编制公开发行证券募集证券说明书或者其他信息披露文件，依法履行信息披露义务。

上市公司应当保证投资者及时、充分、公平地获得法定披露的信息，信息披露文件使用的文字应当简洁、平实、易懂。

中国证监会规定的内容是信息披露的最低要求，凡对投资者投资决策有重大影响的信息，上市公司均应充分披露。

上市公司全体董事、监事、高级管理人员应当在公开募集证券说明书上签字，保证不存在虚假记载、误导性陈述或者重大遗漏，并声明承担个别和连带的法律责任。

保荐机构及保荐代表人应当对公开募集证券说明书的内容进行尽职调查并签字，确认不存在虚假记载、误导性陈述或者重大遗漏，并声明承担相应的法律责任。

为证券发行出具专项文件的注册会计师、资产评估人员、资信评级人员、律师及其所在机构，应当按照本行业公认的业务标准和道德规范出具文件，并声明对所出具文件的真实性、准确性和完整性承担责任。

3. 合法合规性

企业在通过IPO成为上市公司以及其后的再融资过程中,需要注意遵守相关法律法规,主要包括《公司法》《证券法》和财务会计相关法律法规。其中,《公司法》对在中国境内设立的各类形式公司的公司治理、规范运作提出了纲领性要求;《证券法》对在中国境内的证券发行和交易行为规范作出了基本约定;会计法、税法、企业会计准则等财务会计相关法律法规则对企业的财务、纳税等方面的规范提出了纲领性要求。

此外,中国证监会、证券交易所以前其他有关部门制定了相关的部门规章、规范性文件以及业务规则,以规范企业IPO和上市公司再融资的行为,在此不再赘述。

第二部分 PART 2

首次公开发行上市业务案例与解析

案例1 一加一大于二——某医用设备制造公司分拆上市案例

【摘要】 本案例讲述了某大型控股集团旗下某医用设备制造公司登陆科创板,成为集团旗下第四家上市公司的历程。某医用设备制造公司是一家始于生物医疗低温存储设备的研发、生产和销售,基于物联网转型的生物科技综合解决方案服务商,在生物医疗低温存储领域居于世界领先的地位。为了做大做强和实现股东价值最大化,自2014年起其母公司逐步将子公司的股权转让和架构调整,使集团内另一家公司成为公司的控股股东,随后在2018年向香港联交所提交申请但最终选择撤回改道科创板,并终于在2019年10月成功登陆上交所科创板。某医用设备制造公司的上市之路可谓一波三折,终成正果。该案例对我们研究资本市场独立上市具有很好的指引意义,反映了我国资本市场的日益成熟和市场理念不断发展。

【关键词】 科创板　独立上市　生物医疗

一、案例陈述

对于一家业务发展线多元、旗下子公司众多的上市公司,市场往往对其多个业务分别估值然后进行简单合并,最终的估值往往比较保守,从而导致"1+1<2"的情形时有发生。为了提升公司的价值,这些年来A股上市公司分拆上市的案例涌现。分析上市主要有三种路径:一是转让控股子公司的控制权成为小股东实现上市,类似的案例有中兴通讯分拆国民技术、康恩贝分拆佐力药业等;二是分拆后在境外资本市场(主要是香港联交所)上

市,类似的案例有同仁堂分拆同仁堂科技、比亚迪分拆比亚迪电子等;三是分拆至新三板上市,类似的案例有云南铜业分拆云铜科技上市等。不过,传统的上市公司分拆要么导致上市公司和其股东丧失了控制权,要么使得公司的估值提升有限或流动性不强。可以说,传统的分拆上市往往很难做到在上市公司或其股东仍旧保持控制权的同时大幅提升公司的价值和流动性。

某医用设备制造公司并非传统意义上的分拆上市,其模式是将上市公司子公司进行剥离,转让至集团旗下并引入外部投资者提高公司治理水平和透明度,是一种公司股东提升价值的新模式和路径。

1. 上市原因简析

1) 上市公司估值长期处于低位

某大型控股集团成立于1989年4月,1993年11月登陆上交所,一直是资本市场上的蓝筹股。但从创业板、中小板等板块设立后,市场的资金偏好和重心开始向这两个板块转移,2012年后的很长一段时间,该集团的市盈率常年在8倍到19倍之间徘徊。正是由于2012年之后几年该集团市盈率长期低迷,促使了该集团在2014年8月剥离旗下最具前景的生物医疗板块业务,寻求其单独上市的规划。

2) 增强公司实力

2000年之前,受限于中国当时的科技发展和资本不足,国内企业无法切入超低温存储产品这一市场,相关设备均从国外进口。2000年之后,随着制冷技术的突破以及配套产业的完善,国内企业开始对低温存储产品进行技术研发和攻关,逐步实现了产业化落地。在产业化的过程中往往需要大量的资本注入,在这一背景下,某医用设备制造公司在2014年8月向众多机构抛出橄榄枝,公司的注册资本从13 000万元增加至21 402.44万元。公司实力增强后有更多的资源开拓市场和用于研发,引入的外部投资者也起到了优化公司股权结构和提升公司治理的作用。

国内生物医疗低温存储市场可再细分为四个板块:生物样本库、药品和试剂安全、疫苗安全、血液安全。经过几年的发展,某医用设备制造公司在上述四个板块的市占率均占据首位,资本的推动作用由此可见一斑。

3) 实施员工激励计划

一个企业最宝贵的资源是人,如何激发员工的积极性和创造性一直是企业最核心、最重要的问题。上市公司受限于各种历史原因和"包袱",进行股权激励的条件往往无法渗透到子公司,同时比例也受到较大的限制,相比之下新组建的公司进行员工股权激励则有着巨大的优势。2018年6月,某医用设备制造公司便引入两个员工持股平台,授予公司管理团队和核心员工的股权比例达到10%,大大促进管理层和核心员工的积极性,使其与公司共同成长、共享收益,实现利益绑定,起到了长效激励的作用。

2. 上市过程中的关键节点

1) 公司设立

某医用设备制造公司的前身成立于2005年10月,其母公司持有其95%的股份,另一持股5%的股东也是某大型控股集团旗下公司(见表2-2-1)。

表 2-2-1　　　　　　　　　　2005 年该公司大股东认缴出资比例

序号	股东名称	认缴出资额(元)	认缴出资比例	实缴出资额(元)	实缴出资比例
1	上市公司	47 500 000.00	95.00%	47 500 000.00	95.00%
2	特种设备公司	2 500 000.00	5.00%	2 500 000.00	5.00%
合计		50 000 000.00	100.00%	50 000 000.00	100.00%

数据来源:某医用设备制造公司招股说明书。

2)上市公司分步退出某医用设备制造公司

2014 年 8 月,某医用设备制造公司作出股东会决议:①同意上市公司、特种设备公司分别向某医疗控股公司转让其持有的 30.79% 和 1.92% 的出资份额,本次股权转让完成后,特种设备公司不再是公司股东;②同意某上市公司分别向 4 家机构转让公司 24.53%、3.52%、2.75% 和 0.27% 的出资份额;③同意在以上股权转让完成时,公司增加注册资本,从 13 000 万元增加至 21 402.44 万元,其中医疗控股公司认购新增注册资本 43 089 431 元,其他几家机构分别认购新增注册资本 32 317 073 元、4 634 971 元、3 618 842 元和 364 074 元(见表 2-2-2)。

表 2-2-2　　　　　　　　　　2014 年该公司认缴出资比例

序号	股东名称	认缴出资额(元)	认缴出资比例	实缴出资额(元)	实缴出资比例
1	上市公司	47 085 366.00	22.00%	47 085 366.00	22.00%
2	某医疗控股公司	85 609 756.00	40.00%	85 609 756.00	40.00%
3	机构 A	64 207 317.00	30.00%	64 207 317.00	30.00%
4	机构 B	9 208 724.00	4.30%	9 208 724.00	4.30%
5	机构 C	7 189 888.00	3.36%	7 189 888.00	3.36%
6	机构 D	723 339.00	0.34%	723 339.00	0.34%
合计		214 024 390.00	100.00%	214 024 390.00	100.00%

数据来源:某医用设备制造公司招股说明书。

经过这一架构调整,某大型控股集团成为公司少数股东。随后在 2018 年 6 月,某大型控股集团与某医用设备制造公司医疗控股签署《股权转让协议》,某大型控股集团将其持有的某医用设备制造公司余下 22% 的出资份额转让给某医疗控股公司,转让后不再持有某医用设备制造公司的股份。

3)改制为股份有限公司

2018 年 7 月,公司召开临时股东会,审议通过公司股改方案,并将公司更名为"某生物医疗股份有限公司"。改制成股份公司后不久,公司开始了上市之路。

4)提交 H 股上市申请

2018 年 10 月,公司向香港联交所提交了上市申请书,随后不久取得了代码。但是在 2019 年 3 月,港交所官网显示某医用设备制造公司医疗上市申请书为"撤回"状态,就此申请 H 股上市的方案宣告撤销。

5) 申报科创板受理

2019年4月,公司向上海证券交易所科创板提出了上市申请并在随后获得受理,公司拟发行股份不超过8 000万股,拟募集资金10亿元,用于产品研发和产业化建设等项目。

3. 某医用设备制造公司科创板上市主要关注问题

公司的"科创板之路"可谓是一波三折,其问询次数达到了6轮,是迄今为止接受问询最多的企业之一。申请科创板的企业中,平均问询轮次在2~4轮,一半左右企业为3轮问询,平均历时3个月。其中,最短的从受理申请到正式上会仅用18天,是迄今科创板IPO最快纪录。

对于传统分拆上市的企业,证监会和证券交易所主要关注发行人的独立性以及分拆的程序是否损害上市公司股东的利益,主要有以下几点:

(1) 发行人来自上市公司的资产注入发行人的时间,在发行人资产中的占比情况,对发行人生产经营的作用,该资产转移定价是否公允,该资产转移是否存在潜在纠纷。

(2) 发行人取得上市公司资产的背景、所履行的决策程序、审批程序与信息披露情况,是否符合法律法规、交易双方公司章程以及证监会和证券交易所有关上市公司监管和信息披露要求,是否存在争议或潜在纠纷。

(3) 发行人及其关联方的董、监、高在上市公司及其控制公司的历史任职情况及合法合规性,是否存在违反竞业禁止义务的情形;上述资产转让时,发行人的董、监、高在上市公司的任职情况,与上市公司及其董、监、高是否存在关联关系及其他密切关系。如存在上述关系,在相关决策程序履行过程中,上述人员是否回避表决或采取保护非关联股东利益的有效措施。

(4) 分拆后与上市公司是否保持业务、资产、人员、财务、机构、销售渠道的相对独立,而不损害上市公司核心资产与业务的独立经营和持续盈利能力;是否存在上市公司募集资金用于大股东和关联方等损害上市公司股东的情况。

(5) 发行人与上市公司股东是否存在同业竞争;两者的关联交易定价是否公允,是否存在利益输送等情形。

下面,我们对比某医用设备制造公司的六轮问询问题,会发现对几个重点方面均有涉及,其中部分问题还进行了多次问询。

(1) 资产转让过程中定价是否公允。"上市公司(原母公司)历次转让股份的原因、受让方的背景,转让价格是否公允,是否存在损害上市公司及其中小投资者合法利益的情形,是否存在争议或潜在纠纷。"

(2) 某医用设备制造公司及其关联方的董、监、高的历史任职情况。"某大型控股集团对公司经营和财务决策、利润分配、管理团队等的控制能力及其具体表现,公司管理层人员在公司经营、管理过程中承担的角色和发挥的具体作用。""公司管理层人员担任董事时在集团公司、上市公司的具体任职情况。"

(3) 关于公司资产独立性的问题。重点关注了的问题包括:①公司主要资产和人员的独立性。"某医用设备制造公司前身自设立以来,是否存在设备、技术、人员、业务资质等来自上市公司的情形。"②公司财务独立性。"报告期内发行人财务管理和资本运作的具体方式和主要内容,并结合发行人与集团的财务公司、金控公司等关联方的联系情况,充分论证发行人的公司治理是否存在重大缺陷,是否符合财务独立等发行条件。"③公司业务独立性。"通过集团内公司开展代理销售业务是否涉及共用销售渠道,是否存在集团公司及关联方替发行人代垫销售费用。"

(4) 是否存在与某大型控股集团以及下属公司的同业竞争。"集团公司对各上市公司、拟上市公司业务布局有无具体规划,如何采取有效措施防止各上市公司与集团其他企业之间的同业竞争和利益输送,相关主体是否需要对避免同业竞争作出承诺。"

(5) 与集团上市公司以及股东关联交易的公允性以及合理性。"报告期内,公司为集团内公司进行代工的原因,是否存在技术共用或混同等情况,是否履行关联交易程序,加工费计价是否公允。""充分披露关联方在前五大供应商中的采购金额与集团公司的采购金额的对应关系;分类披露向关联方采购的内容是否涉及核心技术、是否存在可替代的供应商;充分披露同时存在向关联方采购 OEM 和对关联方提供代加工服务的原因,代工是否涉及核心技术。"

除了独立性、关联交易等分拆上市公司遇到的普遍问题,公司的股份支付也是关注重点。其中主要集中于定价的公允性。

(1) 定价的公允性问题。"充分披露期权行权价格的确定原则、与最近 1 年经审计的净资产或评估值的差异与原因,期权激励计划的影响,涉及股份支付的会计处理等。""充分披露在销售费用、管理费用、研发费用等科目列示的股权激励费用金额的计算方式,相关人员的界定标准及是否与员工股权激励计划的人员构成匹配、是否与费用归集的内容匹配。"

(2) 授予对象的身份问题。本次授予对象中的顾问持股成为上交所审核中心重点关注的问题。在第二轮、第三轮、第五轮以及第六轮的问询中涉及上述问题。"股份支付对象中存在的顾问为发行人提供的具体咨询服务内容,相关人员是否与发行人签署劳动合同、是否为兼职顾问、是否披露的'对外兼职情况'才是其本职工作,发行人是否使用其股份激励某大型控股集团旗下其他公司的人员,上述人员是否可以成为股份支付对象,发行人是否替其关联公司承担成本费用,发行人是否存在独立性问题。""除 12 名已披露的顾问外,是否存在其他人员以顾问身份参与公司的经营管理;相关顾问的具体职责与公司管理部门及其分工的对应关系;相关顾问参与公司经营管理,发行人、集团公司等关联方履行的具体决策程序;相关顾问承担顾问职责的具体期限,是否将持续为发行人提供顾问服务。"

4. 某医用设备制造公司上市的启发与思考

某医用设备制造公司的上市过程是一种新的模式创新,给予我们诸多的启发和思考。传统的分拆上市模式是指上市公司将部分业务或者资产,以其直接或间接控股子公司的形式,在境内证券市场 IPO 上市或重组上市,所以上市公司一般都会在分拆后上市的子公司中持有一定比例的股份,但历年通过审核的案例往往通过两种方式实现。第一种是如果在境内上市,上市公司必须对外转让控制权,成为少数股东完成上市;第二种是谋求境外上市或新三板挂牌,境外上市一般都会选择在中国香港,但是中国香港资本市场的估值一般偏低,新三板挂牌往往不具有很好的流动性。在当时的监管环境和背景下,某医用设备制造公司开拓性地进行了架构的调整,即解决了"大 A 套小 A"的问题,又最大限度地提高了企业募集资金规模和获得了更高的估值,保持了公司的股东不丧失公司的控制权,满足了各个利益方的诉求,实现了很好的平衡。

同时,随着 2019 年 12 月《上市公司分拆所属子公司境内上市试点若干规定》正式出台,越来越多的上市公司发布公告,准备将旗下的子公司进行分拆并在 A 股科创板或创业板上市。截至 2020 年 9 月,已有 44 家 A 股上市公司发布了拟分拆子公司在境内上市的公告(见表 2-2-3)。

表 2-2-3   截至 2020 年 9 月拟分拆子公司在境内上市的上市公司

证券代码	证券名称	拟分拆子公司	拟上市板块
601186	中国铁建	中国铁建重工集团股份有限公司	科创板
601727	上海电气	上海电气风电集团股份有限公司	科创板
600170	上海建工	上海建工材料工程有限公司	沪市主板
600210	紫江企业	上海紫江新材料科技股份有限公司	科创板
600183	生益科技	生益电子股份有限公司	科创板
002384	东山精密	苏州艾福电子通讯股份有限公司	创业板
600167	联美控股	兆讯传媒广告股份有限公司	创业板
600549	厦门钨业	厦门厦钨新能源材料有限公司	科创板
002152	广电运通	北京中科江南信息技术股份有限公司	创业板
603839	安正时尚	上海礼尚信息科技有限公司	创业板
002411	延安必康	江苏九九久科技有限公司	创业板
600067	冠城大通	大通(福建)新材料股份有限公司	沪市主板
600739	辽宁成大	辽宁成大生物股份有限公司	科创板
002429	兆驰股份	江西兆驰光元科技股份有限公司	创业板
002007	华兰生物	华兰生物疫苗有限公司	创业板
002353	杰瑞股份	德州联合石油科技有限公司	创业板
002415	海康威视	杭州萤石网络有限公司	境内上市
002396	星网锐捷	锐捷网络股份有限公司	创业板
002004	华邦健康	山东凯盛新材料股份有限公司	创业板
002091	江苏国泰	江苏瑞泰新能源材料有限公司	创业板
601390	中国中铁	中铁高铁电气装备股份有限公司	科创板
002717	岭南股份	上海恒润数字科技集团股份有限公司	创业板
600535	天士力	天士力生物医药股份有限公司	科创板
000723	美锦能源	佛山市飞驰汽车制造有限公司	创业板
300118	东方日升	江苏斯威克新材料股份有限公司	创业板
000661	长春高新	长春百克生物科技股份有限公司	科创板
002008	大族激光	深圳市大族数控科技有限公司	境内上市

(续表)

证券代码	证券名称	拟分拆子公司	拟上市板块
300271	华宇软件	联奕科技有限公司	境内上市
002422	科伦药业	伊犁川宁生物技术股份有限公司	创业板
000630	铜陵有色	安徽铜冠铜箔集团股份有限公司	创业板
002171	楚江新材	湖南顶立科技有限公司	境内上市
600704	物产中大	浙江物产环保能源股份有限公司	沪市主板
002273	水晶光电	浙江夜视丽反光材料有限公司	境内上市
000333	美的集团	美智光电科技有限公司	创业板
300003	乐普医疗	北京乐普诊断科技股份有限公司	科创板
000513	丽珠集团	珠海丽珠试剂股份有限公司	境内上市
002153	石基信息	深圳市思迅软件股份有限公司	境内上市
000967	盈峰环境	浙江上风高科专风实业股份有限公司	境内上市
300296	利亚德	虚拟动点	境内上市
002340	格林美	江西格林美资源循环有限公司	境内上市
600298	安琪酵母	湖北宏裕新型包材股份有限公司	境内上市
600522	中天科技	中天科技海缆有限公司	境内上市
000062	深圳华强	深圳华强电子网集团有限公司	创业板
002408	齐翔腾达	山东齐鲁科力化工研究院有限公司	创业板

5. 上市对公司带来的益处和对同行业带来的影响

1) 对公司带来的影响

（1）提升公司价值，估值更加合理。在某医用设备制造公司上市不到1年的时间里，资本市场给予其很高的定价，印证了分拆后带来的"1+1＞2"的效果。登陆科创板当天，某医用设备制造公司的市盈率为44.43倍，最高时达到了118.13倍，远高于原上市公司的25.96倍的市盈率。不同的业务有独立的市场定位、独立的估值，独立上市后企业估值更加合理。

（2）增强公司资本实力。在科创板上市的某医用设备制造公司不再受限于原有融资方式的限制，大大扩展了融资渠道和规模。登陆科创板使得该公司募集到了123 103.11万元，公司的所有者权益由发行前（2019年9月30日数据）的124 555.55万元增至245 891.59万元（2020年12月31日数据，未剔除第四季度利润4 920.77万元），公司的所有者权益大幅增加。公司有更多的资金开拓生物医药低温存储和生物科技领域，进一步拉开与同行业公司的差距，提高公司的竞争力，有利于进一步扩大自己的市场份额和领先优势。

（3）经营更加专业，更专注于擅长领域。作为母上市公司体内的一块业务，获得的资源和资金受限于母公司的整体安排和调配，往往不能专注于擅长的领域和进行业务革新；公司脱离原有上市公司体系以后，同步去除了原来家电企业的定位，成为一家生物科技企业，将更专注于将自己打造为一家物联网时代的生态品牌。

(4) 信息更加透明和公开。在分拆前公司自身的财务报表和经营数据都是由母公司的合并报表间接体现,外部投资人很难获取完整和充分的信息;独立上市后,公司单独编制和披露报表和其他重要信息,需要信息披露的内容几何级增加,正确性和充分性自然也大大提高,同时也完善公司治理结构和提升公司管理水平。

2) 对同行业公司带来的影响

受到某医用设备制造公司登陆科创板的启发,众多家电企业纷纷通过各种渠道发布了有意分拆子公司或独立运营独立上市计划。2020年7月,美的集团发布公告,启动分拆美智光电在创业板上市的前期筹备工作,进一步向智能家居领域扩展延伸。同年8月5日,创维集团也发布公告,香港联交所上市委员会已经原则同意其分拆子公司"酷开网络"并独立上市的方案,以便在OTT智能电视生态领域进行深耕。在此之前,深康佳A也曾表示有推动旗下已实施混改的子公司在科创板或是海外独立上市的计划。作为传统的重资产行业,家电制造公司尽管每年的营收和利润稳步增长,但随着移动互联网和物联网概念的兴起,它们得到的关注却越来越少。目前这些传统家电企业在资本市场的市盈率普遍在15至30倍之间徘徊,而那些每年烧着风投的钱并且巨额亏损的互联网"独角兽"企业,往往已经不用市盈率而是市销率或者三位数起的市盈率进行估值,所以传统家电企业无论是内部分拆、独立上市,或进行相应的业务合并,目的都是增加融资渠道,吸引更多的资本进行战略转型和布局。

二、案例解析

(一) 涉及知识点

分拆上市是指一个母公司通过将其在子公司中所拥有的股份,按比例分配给现有母公司的股东,从而在法律上和组织上将子公司的经营从母公司的经营中分离出去。分拆上市有广义和狭义之分。广义的分拆上市包括已上市公司或者未上市公司将部分业务从母公司独立出来单独上市;狭义的分拆上市指的是已上市公司将其部分业务或者某个子公司独立出来,另行公开招股上市。分拆上市后,原母公司的股东虽然在持股比例和绝对持股数量上没有任何变化,但是可以按照持股比例享有被投资企业的净利润分成,而且最为重要的是,子公司分拆上市成功后,母公司将获得超额的投资收益。

(二) 要点分析

实践中,很多上市公司进行了多元化经营,利用资本市场的融资优势,涉足新的产业或行业,特别是高新科技产业领域,获得了丰厚利润。为更好地服务科技创新,促进经济高质量发展,同时也为了聚焦主业,平衡不同业务的发展,企业需要将部分业务分拆出来,独立上市。上市公司通过资本市场优化资源配置,将公司业务或子公司进行分拆,可以帮助企业厘清业务架构,拓宽公司的融资渠道,也有助于完善企业的激励机制。

资产重组业务非常复杂,相关类似业务中有一些概念非常容易混淆,比如美国市场就有Spin-off、Split-off、Split-up、Carve-out 等业务的分类。由于美国市场实现的是注册制,核心概念就是强调信息披露,所以美国的分拆上市规则充分体现市场化,并未设置太多的硬性指标。而中国在2019年12月13日正式发布的《上市公司分拆所属子公司境内上市试点若干规定》采取了全球最为严格的分拆上市规则,对分拆上市的各项条件和规定,作了进一步的细化和优化,确保分拆行为不会损害母公司原有股东的利益。监管部门主要是担心上市公司大股东把优质资产分拆出来单独上市,而遗留下来的是质量不高的或很差的资产,严重损害原有股东的利益;或者将不符合分拆上市条件的子公司独立上市,由于独立性不足,甚至有很大的缺陷,在业务、人员和资产等方面,与上市公司依然保持千丝万缕的关系,产生大量的同业竞争及关联交易,成为大股东通过分拆上市而变现炒高市值的手段,这就会严重损害我国证券市场的健康发展。所以该规定首先对分拆上市进行了非常明确的定义——将上市公司的部分资产或业务,以直接或间接控制的子公司形式,在我国境内证券市场上IPO或重组上市。同境外证券市场相比,美国的Spin-off是分拆子公司的股份,将之作为母公司的股利,分发给原来母公司的股东;而中国香港的介绍上市模式是把子公司原有股东的股份转换成交易所的上市股份。

此外,2019年的分拆规定比2004年和2010年的分拆规定更为严格,但相对于征求意见稿有所宽松,具体内容有下面七条:

(1) 上市允许时间:上市满3年。该条的目的是希望上市公司在IPO之后,能够持续经营很长时间,以此确认是否符合其他的业绩门槛。

(2) 净利润要求连续3年盈利;分拆后,留给母公司不低于6亿元净利润(原来是10亿元,后降为6亿元,降低了门槛),该条目的是希望上市公司能保持以往的盈利和净利润稳定持续,不受子公司的分拆上市而受到重大影响。

(3) 拟分拆公司占上市公司的净利润及净资产的指标:分拆出来的子公司净利润不超过整个公司的50%,分拆子公司的净资产不超过整个公司的30%。同第(2)条一样,目的是避免因分拆子公司而对上市公司业务的开展或净利润产生重大影响。

(4) 使用募集资金的限制:上市公司近3年所募集资金投向的业务和资产,不作为分拆公司的资产,以此遏制上市公司过分募资开展业务经营。

(5) 经营活动必须规范运作:上市公司、控股股东或实控人在分拆上市之前,不存在资金占用,以及其他负面清单的活动,必须合规经营。

(6) 上市公司的董高持股及关联方持股不超过拟分拆公司上市前总股本的10%,拟分拆公司董事高管持有拟分拆公司上市前股份不超过30%,以此避免分拆子公司上市变成上市公司以及子公司的董高以及关联方的造富工具。但为了子公司的合理的股权激励,以及商业经营安排,还是允许特定人士持有少量的股权。

(7) 分拆要符合上市公司突出主业,达到增强独立性的目的;有利于主业突出;分拆公司与上市公司不存在同业竞争,人员不交叉任职。

从上市公司角度来说,进行分拆有强大的动力,可实现了更多方面的目标和收益,具体包括以下几个方面:

(1) 将估值较低的业务板块分离出去,实现公司更高的估值,使得股东价值增加。

(2) 母子公司由于处于不同的产业和行业,具有不同的经营特点,分拆之后,投资者可以进行不同的评估并决策。

(3) 术业有专攻,分拆后不同的管理团队专注于自身独特的核心业务,不受其他业务的牵制,绩效更为突出。

(4) 独立公司分拆出来后,有了更多的灵活性,能根据各自的业务需要、优先事项,分别采取不同的资本政策,实现最低的综合资金成本。

(5) 在美国,允许公司可以以实现税收效率的方式把非核心业务剥离出去,这就需要跨越多个领域——资本市场、知识产权、税收等要素。

而对于被分拆的子公司而言,当务之急是建立一个完善的公司治理结构,它们可能面临下列挑战:

(1) 母公司股东出于各种原因(如子公司的市值因所处行业或地理位置等变化致使市值上升变化等)产生抛售的冲动,这就会导致市场无法对被分拆的子公司充分和有效地估值。

(2) 当股票价格出现波动时,分拆子公司的管理团队如何与机构投资者进行沟通以达成共识。

(3) 分拆的子公司为了向股东和分析师推介,所宣称的好处可能会未来的业绩造成负担和压力。

(4) 由于被分拆的子公司董事会是新成立的,董事会成员彼此不熟悉且对公司业务和长期战略尚未达成共识。

总之,《上市公司分拆所属子公司境内上市试点若干规定》的颁布,规范了 A 股上市公司境内、境外分拆上市制度,不仅充分契合上市公司目前的发展诉求,也为深化国企改革、进行并购重组、完善我国证券市场的基础制度以及资本市场的发展打通一条新路。

(三) 启发思考题

(1) 分拆上市时,如何保证发行人相对于上市公司的独立性?
(2) 如何确保分拆程序不损害原有上市公司股东的利益?
(3) 试述发行人与上市公司关联交易的表现形式。
(4) 试述分拆上市对发行人的影响。
(5) 试述分拆上市对上市公司的影响。
(6) 我国在设计上市公司分拆上市新规时,为什么采取了全球最严格的要求?

案例2 红筹企业回归——科创板"A+H"第一股

【摘要】科创板注册制的落地及一系列政策创新,吸引优质科创类红筹企业启动回归之路,红筹企业回归上市之路越发清晰。本案例将通过中国香港上市红筹企业成功回归科创板上市一事,对红筹企业回归要点进行梳理和分析,分析与探讨中国香港上市红筹企业在科创板上市中的特殊问题,对比中国香港上市企业回归 A 股的监管要求,以及科创板对红筹企业包容和开放的规则,以期帮助众多中国香港上市红筹企业在规划资本市场策略布局时厘清红筹企业回归前的准备事项以及上市要点。

【关键词】 红筹回归 科创板 注册制

一、案例陈述

红筹企业回归一直是国内资本市场的热点。在传统方式下,红筹企业回归在 A 股主板上市,无论是 IPO 还是借壳上市,都需要拆除协议控制(Variable Interest Equity,VIE)架构、清理股权关系等,过程都相对复杂。

2019 年科创板注册制正式落地,其灵活的上市制度和对科创企业特殊性的包容,吸引了一大批硬科技企业,对于红筹企业回归更是利好政策频出。受全球经济放缓、中美贸易摩擦的不确定性影响,更多优质中概股选择直接 IPO 的方式回归 A 股。

XX 国际集成电路制造有限公司(简称 XX 国际)作为半导体行业的明星公司,也踏上了回归之路,以直接发行股票的方式在 A 股科创板上市,募集资金共计 532 亿元,成为首家同时实现"A+H"的科创红筹企业,为众多中国香港上市的红筹企业回归提供了示范。

1. 事件背景

XX 国际是根据《开曼群岛公司法》于 2000 年 4 月 3 日在开曼群岛注册成立的有限公司,从事集成电路晶圆代工业务,属于半导体行业。该公司的主要业务都在中国内地,于 2004 年 3 月在中国香港主板上市,是标准的红筹股。

经过 20 年的发展,XX 国际已成为全球领先的集成电路晶圆代工企业之一,也是中国内地技术最先进、规模最大、配套服务最完善、跨国经营的专业晶圆代工企业。在 IC Insights 公布的 2018 年纯晶圆代工行业全球市场销售额排名中位列国际第四、中国第一。

集成电路晶圆代工行业是资本密集型行业,XX 国际为了维持运转,需要不断吸收各类资本。2008 年国际金融海啸肆虐,全球股市暴跌,XX 国际的股价从每股 1.4 港元跌至每股 0.4 港元。再加上存储芯片价格崩盘,XX 国际深陷亏损困局,急需补充资本。

2008 年 11 月,央企 DT 电信入股 XX 国际,以 1.76 亿美元获得了 XX 国际 16.6% 股份,成为第一大股东。DT 电信的入股,成为 XX 国际发展过程中一个不可忽视的转折点,因为这是 XX 国际成立以来第一家以产业投资者身份进入的股东。

2. 启动回归之路

随着 5G、物联网、人工智能和云计算等新应用领域的不断涌现,芯片产业发展的热点领域在不断丰富。目前我国大部分芯片都来自进口,为了缓解目前芯片行业的压力,国家制定一套新政策,全面支持国产芯片产业的发展。按照国家规划,到 2025 年国产芯片自给率要达到 70%,实现国产芯片取代进口。所以,整个国产半导体市场在未来几年的前景都非常好。

在政策利好的刺激下,各路资本纷纷涌入。据统计,2020 年上半年中国半导体企业融资额达到约 1 440 亿元人民币,仅半年时间就达到 2019 年全年的 2.2 倍,XX 国际也获得了国家集成电路基金的 22.5 亿美元投资。此外,半导体企业也扎堆 IPO,市场一片火热。

作为股票发行注册制改革试点,科创板在股票发行方面进行了一系列制度创新,其中包括允许符合条件的境外上市红筹企业可以在科创板申请二次上市。中国证监会于 2020 年 4

月30日发布《关于创新试点红筹企业在境内上市相关安排的公告》,降低已在境外上市和尚未境外上市红筹企业境内上市门槛,为有意回境内上市的创新试点红筹企业提供了上市新路径。作为在软件和集成电路行业内达到相当规模的创新企业,XX国际拥有独立自主的研发团队和研发能力,科技水平在国内外处于行业领先水平,持有大量知识产权,包括但不限于专利、集成电路布图设计、商业秘密。XX国际符合该公告中规定的"拥有自主研发、国际领先技术,科技创新能力较强,同行业竞争中处于相对优势地位"。

2019年5月24日,XX国际在香港证券交易所发布公告称,公司决定主动从港交所退市,且已得到董事会批准。港股上市16年之后,XX国际终于启动回归之路。

3. 红筹企业回归特殊事项探讨与分析

XX国际于2004年在中国香港上市,其主体设立在开曼群岛,涉及开曼群岛法、中国香港法及中国大陆法三个法域以及中国香港、内地两地股票上市规则的比较、协调、统一。其在科创板上市过程中,有以下几点特殊事项。

1) 关于VIE架构

VIE问题的产生有比较复杂的背景,既有企业引入境外投资的因素,也有外商投资产业政策限制的因素,还有规避行业监管政策的因素。

关于VIE架构的处理,当前的制度规则已日趋清晰。2018年3月20日,《国务院办公厅转发证监会关于开展创新企业境内发行股票或存托凭证试点若干意见的通知》(国办发〔2018〕21号文,简称国办发"21号文")明确了存在VIE架构红筹企业发行存托凭证的,需要进行充分信息披露和风险提示。《关于创新试点红筹企业在境内上市相关安排的公告》明确受理发行股票的VIE红筹企业申请后,将通过征求行业主管部门和发改委、商务部意见,依法依规处理的方式予以解决,进一步明确了存在VIE架构红筹企业发行股票的处理机制。

XX国际此次科创板上市保留了红筹架构,架构内的中国香港上市公司XX国际集成电路制造有限公司也是XX国际此次科创板上市发行的发行主体。可见,中国香港上市红筹企业在境内上市发行时,可以中国香港上市公司为发行主体,而无需拆除红筹架构以股份制改革后的境内运营实体为上市主体,极大地降低了重组成本(见表2-2-4)。

表2-2-4 红筹企业回归路径比较

红筹企业	传统回归路径	传统路径困境	回归新路径
境外上市	私有化退市,拆除VIE架构	方案复杂,实施成本较高	除传统回归路径外,红筹企业可直接回归A股并实现多地上市
	不退市,分拆子公司回归	需同时满足境外监管规定和境内上市标准	
未境外上市	拆除VIE架构回归	设立及拆除架构的合法合规性	私有化退市并作为红筹企业直接上市或发行存托凭证回归

2) 关于两地上市企业的治理模式差异

XX国际作为一家设立于开曼群岛并在中国香港上市的红筹企业,现行的公司治理制度主要基于公司注册地和境外上市地的相关法律法规及规则制定,与目前适用于注册在中国境内的一般A股上市公司的公司治理模式相比,存在一定差异。

虽然科创板对于红筹企业的股权结构、公司治理、运行规范等发行条件有所放宽,允许其适用境外注册地公司法等法律法规规定,但在投资者保护方面则明确规定投资者权益保护安排应不低于境内法律要求。

为满足A股发行上市的投资者保护要求以及协调境内外制度差异,XX国际参照境内要求对公司章程进行了修订,并对一系列公司具体治理制度进行了修订和补充,对于差异事项按照两地上市规则中较为严格者执行,以保证投资者权益保护水平总体上不低于中国法律法规规定的要求。

(1) 董事会与股东大会职责权限。在投资者参与重大决策的权利方面,公司董事的报酬、公司财务预算方案、公司发行一般公司债券(不包括发行可转换债券等影响公司股本的证券)、公司向并表企业(构成"香港上市规则"项下"关联人士"的除外)提供担保、变更公司募集资金用途等事项将由董事会决定,而根据境内要求前述事项A股上市公司一般需提交股东大会审议。虽然部分事项决策由董事会负责,但根据境内法律规定需提交股东大会审议事项将由股东大会决策。

(2) 独立非执行董事和审计委员会共同行使监事职责。《开曼群岛公司法》没有设置公司监事和监事会的相关规定,因此,XX国际未设置公司监事及监事会,而由公司独立非执行董事和审计委员会行使监事会的职权。

公司董事会由14名董事组成,其中包括5名独立非执行董事。独立非执行董事一贯根据《香港上市规则》及中国香港地区的证券市场普遍认同的标准履行职责。公司科创板发行上市后,独立非执行董事仍依据《香港上市规则》履行其职责。虽然《香港上市规则》中规定的独立非执行董事的任职资格和职权与境内一般A股上市公司对独立董事的要求存在差异,但《科创板上市规则》中规定的需要独立董事发表意见的关联交易、并购重组、重大投融资活动等与《香港上市规则》要求独立非执行董事审批或发表意见的事项相同。

(3) 资本公积可用于弥补亏损。根据规定,资本公积金不得用于弥补公司的亏损。根据《开曼群岛公司法》的规定,其并不禁止公司在有能力支付其在日常商业运作中的到期债务以及符合适用的会计准则的情况下,以资本公积消除账面未弥补亏损。

根据《开曼群岛公司法》,公司的清算资产将用于支付员工薪酬、缴纳相关税费以及清偿公司的债务等,剩余资产将分配给股东。以资本公积弥补亏损仅涉及股东权益项目的调整,不影响公司整体资产负债情况、归属于股东的净资产情况,不损害公司日常偿债能力和投资者获取剩余财产分配的权利。

实践中,中国香港上市红筹企业回归科创板时可以保留其在中国香港上市规则下设置的公司内部组织架构,从而节省内部结构调整成本;但出于保护投资者角度,公司内部各机构需实质行使与境内上市公司设置的独立董事、监事会等职位相同的职能。XX国际虽然在公司治理上存在上述差异,但其对投资者权益保护水平总体上不低于境内法律法规规定的要求,能够有效保护投资者权益。

3) 关于股东优先认购权

"同股同权"曾经是中国资本市场的精髓和根本,可称得上是基础原则。而开曼群岛和中国香港地区的法律允许上市公司特定股东基于协议等安排享有特殊股东权利,企业在境外上市搭建红筹架构的过程中,为吸引境外投资者,通常会赋予境外投资者一定的优先权利,包括但不限于优先购买权、一票否决权等。红筹企业授予特定股东优先认购的安排,与中国内地现行证券法律法规要求存在差异。

2019年之前对于红筹企业回归A股,出于保护中小股东权益的原则及监管审核要求,拟上市企业会在上市前对原有的股东特殊权利安排进行处理,通过与投资人签署协议在上市前终止此类优先权利,将其股份转换为普通股,从而确保上市后未来的中小股东的权益,平衡新老股东之间的权利和利益分配。

2019年,中国证监会发布的《首发业务若干问题解答》对此有所放松,要求投资机构在投资发行人约定对赌协议等类似安排的,原则上要求发行人在申报前清理,但同时满足以下四类要求的可以不清理:一是发行人不作为对赌协议当事人;二是对赌协议不存在可能导致公司控制权变化的约定;三是对赌协议不与市值挂钩;四是对赌协议不存在严重影响发行人持续经营能力或者其他严重影响投资者权益的情形。

2020年,上交所发布《关于红筹企业申报科创板发行上市有关事项的通知》,针对红筹企业上市之前对赌协议中普遍采用向投资人发行带有优先权利的股份或可转换债券(以下统称"优先股"),如双方约定并承诺申报和发行过程中不行使相关权利,可以将优先股保留至上市前转换为普通股,不强制要求申报前清理,为对赌协议的处理提供了更为包容的空间。

XX国际曾在2008年和2015年分别与DT电信的全资股东DT控股、XX香港的间接全资股东大基金X期签署股权购买协议,约定在公司发行新的普通股、任何可转换为或可交换为普通股的证券、任何可认购普通股的认股证或其他权利,除若干例外情况外,DT控股或其附属公司、大基金X期或其附属公司均享有优先认购权,但若公司控制权发生变更则前述优先购买权即终止。

针对XX国际本次科创板A股发行,DT控股和大基金X期已各自同意放弃优先认购权,公司后续发行普通股股份时,在相关法律法规允许的前提下,DT控股或其附属公司、大基金X期或其附属公司仍享有优先认购权。同时,XX国际确认DT控股和大基金X期的优先购买权不会导致前述公司及其各自的附属公司对XX国际产生实质控制;即使前述公司行使优先认购也不会损害其他股东或XX国际的合法权益。

4) 关于红筹企业上市的市值门槛

XX国际的回归之路并非一帆风顺。尽管XX国际是内地技术领先、规模最大的集成电路制造企业,但该公司一直未达到国办发"21号文"规定的境外已上市红筹企业境内上市的市值门槛,即2000亿元人民币。在向中国证监会申报之日前,其在香港联交所主板上市交易的120个交易日内平均市值为679亿元人民币。

2020年4月30日,中国证监会发布《关于创新试点红筹企业在境内上市相关安排的公告》,对境外上市红筹企业市值要求提供了第二套市值标准,即"市值200亿元人民币以上,且拥有自主研发、国际领先技术,科技创新能力较强,同行业竞争中处于相对优势地位",将红筹企业的上市门槛实质性降低。至此，XX国际才符合上市标准。

此外，对于未上市红筹企业的市值门槛，科创板已通过《上海证券交易所科创板股票发行上市审核规则》和《上海证券交易所科创板股票上市规则》(2020年12月修订)予以实质降低，相比原门槛"200亿元市值＋30亿元营收"，新门槛降低到"100亿元市值"或"50亿元市值＋5亿元营收"。

对于回归科创板的红筹企业，上市规则中只对市值和行业有明确规定，并无其他财务指标要求，体现了科创板重点支持关键领域和核心技术企业的态度。

5) 关于红筹企业上市股票的面值和股本

《上海证券交易所科创板股票上市规则》规定了科创板首次公开发行股票的上市条件，其中涉及股本总额计算"发行人境内上市发行后的股本总额不低于人民币3 000万元"。但XX国际每股面值为0.004美元，其股票面值与股本结构与境内上市企业存在较大差异。

考虑到红筹企业的公司形式、股票面值及股本要求与境内市场存在较大差异，且相关安排属于公司治理范畴，故上交所对红筹企业特定上市条件予以调整适用，包括"红筹企业在科创板申请上市情形下关于发行人发行后的股份总数不低于3 000万股以及公开发行的股份达到公司股份总数的25%以上"以及"公司股份总数超过4亿股的，公开发行股份的比例为10%以上"。

根据中国结算上海分公司关于科创板股票登记结算的相关规定，科创板股票以人民币结算。公司本次发行的股票以美元为面值币种，并以人民币为股票交易币种在上交所科创板进行交易，本次发行股票每股面值与已发行在外的股票每股面值保持一致，为0.004美元。

因此，拟科创板上市的红筹企业境内上市发行时，无需硬性调整其股本结构和股票面值以满足境内上市发行条件，这节省了一定的上市发行成本。

4. XX国际成为科创板"A＋H"第一股

2020年7月16日，作为国内芯片行业龙头企业的XX国际募集资金532亿元，在科创板正式上市，成为首家实现"A＋H"两地上市的红筹回归企业。除了成为"A＋H"第一股科创红筹企业，XX国际还创下科创板新的最高募资记录，募集资金将用于12英寸芯片SN1项目、先进及成熟工艺研发项目及补充流动资金。XX国际的成功回归上市为国产晶圆厂的未来发展带来新的募资渠道，也给国产晶圆厂的发展带来新的机遇。

从红筹企业在境内上市路径来看，从最初的严格禁止，到国务院办公厅发文允许创新企业在境内发行股票或存托凭证，再到证监会发文支持红筹企业在科创板上市的过程，可以感知，整个A股市场的包容性在增强，并且在制度创新方面有很大突破。

XX国际作为国内集成电路、半导体行业的核心企业，其回归A股在科创板成功上市，对中国整个集成电路产业更加独立、自主的发展具有重大意义。在XX国际的示范效应下，可以预期未来将会有更多的中国香港上市红筹企业会基于发展战略以及对资本市场发展的需求回归A股。内地资本市场完全有可能成为像中国香港、纳斯达克一样面对全球企业竞争的国际化上市地。

二、案例解析

（一）涉及知识点

近年来，红筹股加快了回归A股的步伐。这种趋势主要有两方面的原因：一是我国资本市场深化改革、加速对外开放的需要；二是在瑞幸咖啡这一负面事件后，美国参议院通过了《外国公司问责法案》，特别针对中概股进行了相关审计的新要求，使得在国外上市的红筹股也感受到较大的压力，从而希望能有一个"第二主场"，由新的资本市场对公司进行定价。

作为注册地在境外，主要经营活动在境内的红筹股来说，当初之所以选择境外上市，是因为境内上市条件不成熟，但当前外部环境促使其回归意愿强烈，而且A股对于高质量的科创类公司也十分欢迎，其回归可以丰富A股的投资品种，优化A股上市公司的结构，改善科技创新行业类型公司的质量，能使境内投资者分享我国经济高速发展、由传统经济向科技行业转型的红利，强化投资者的价值投资理念，并遏制A股市场爆炒概念的现象，改善中国资本市场的生态环境。

目前监管层对于我国资本市场的发展路径设想已经非常清晰，推进注册制向存量部分改革，不断深化资本市场的基础制度。随着开设科创板的"筑巢引凤"，为红筹股回归铺平了道路。大量红筹股的回归，一方面有助于A股同国际接轨，提高信息披露、交易、监管的水平；另一方面大批优质企业的回归，产生了虹吸效应，有助于提高整个A股市场对于全球投资者的吸引力。

2020年6月5日，上交所发布《关于红筹企业申报科创板发行上市有关事项的通知》，对红筹企业申报科创板发行上市涉及的对赌协议处理、股本总额计算、营业收入快速增长认定、退市指标适用等事项作出了针对性安排。同年6月12日晚，深交所发布创业板改革并试点注册制相关业务规则及配套安排，同时就红筹企业申报创业板发行上市明确了两套上市标准：一是预计市值不低于100亿元，最近1年盈利；二是预计市值不低于50亿元，最近1年盈利且营业收入不低于5亿元。深交所就红筹企业申报创业板发行上市和交易中涉及的对赌协议相关安排、股本总额计算、营业收入快速增长认定、证券特别标识、信息披露适应性调整、退市指标适用、投资者权益保障等事项也作出了针对性安排。

值得一提的是，港交所也在改革上市规则，吸引中概股上市。上交所和港交所之间的竞争是一件好事，能促进各交易所更好地为企业服务。两个交易所各擅胜场，港交所的国际化程度较高，而上交所的科创板科创属性比较强，估值更高，对于那些硬科技类的企业明显更有吸引力。很多优秀企业考虑同时在中国的上海和香港两地上市。

科创板采取了全面的市场化询价机制，提高了尚未盈利的企业的定价能力，特别对于那些处于高速成长阶段的公司发挥了金融市场的价格发现功能，提升了市场效率。

（二）要点分析

1. VIE架构

由于中国政府禁止外资对于某些领域的投资，而这些领域企业发展需要国外的资本、技术和管理经验，所以它们开拓了一种规避政府管制的股权框架——VIE架构，即由外国投资者和中国创始股东成立一家离岸公司作为上市公司，再由上市公司在中国境内设立外商独资企业，从事不受限制的业务。这也被称为"协议控制"，即不通过股权控制实际运营公司而通过签订各种协议的方式实现对实际运营公司的控制及财务的合并。

VIE架构现主要用于中国企业实现海外上市、融资以及外国投资者为规避国内监管对外资产业准入的限制。VIE架构存在已久，但其一直处于"灰色地带"。虽然在一些部门规章中已有关于VIE架构相关内容的规定，但目前的中国法律并未对VIE架构作出定性。

2000年，新浪在美国上市时率先采用该模式。后来中国大多数有美元基金投资的互联网公司和红筹股都采用这种模式，包括BAT（即Baidu、Alibaba、Tencent三大互联网公司）。由于中国香港和中国内地签订了避免双重征税的协定，这些公司都把直接持有境内公司股权的公司设立在中国香港。而国办发"21号文"和中国证监会相关公告对于采用VIE架构的境外上市公司的内资企业给予国民待遇铺平了道路。

以往A股对于公司IPO要求有严格的盈利要求，这些公司只能采用VIE架构在美国、中国香港等地上市，而科创板的新制度为红筹企业打开了A股市场的融资渠道，为这些在境外上市的"独角兽"企业回归创造了条件，满足了它们的融资要求。

2. 异地上市和同股同权

XX国际通过"A+H"两地上市的方式，充分利用境外和境内两个资本市场，一次性构建了两个融资平台，不再受制于单一市场的规则及状况限制，拓展了融资渠道及方式。但由于两地市场在监管法律和公司治理方面存在着较大差异，所以如何同时满足两地监管当局的要求是一个难点。

阿里巴巴早先上市时，原来有意在港交所上市，但港交所规则对于"同股不同权"的限制，使得港交所与阿里巴巴失之交臂，科技型公司的"同股不同权"现象也成为市场关注的热点。而科创板对于"同股不同权"持以开放的态度，并围绕"特殊表决权"专门设置了两套上市标准。科创板制度在这方面的调整，也说明中国资本市场在制度设计上非常注重考虑科创公司、互联网公司、创业公司的实际融资需求。

(三) 启发思考题

(1) 相对于传统的IPO制度，科创板在IPO方面有哪些创新？

(2) 你觉得科创板的推出会如何助推中国经济的转型？

(3) 对于红筹股，如何协调境内外法律制度及投资者权益保护的差异？

(4) 异地上市在法律方面要注意哪些问题？

(5) 科创板对于"同股不同权"有什么解决方案？

参考文献

黄晶晶，余心朵，曾浩贤，等.香港上市红筹企业回归科创板案例浅析[EB/OL].(2020-08-07)[2021-09-04].https://www.allbrightlaw.com/CN/10475/96030087e6db3c24.aspx.

苏龙飞.股权战争[M].北京：北京大学出版社，2012.

案例 3　科创板"话题之王"的 A 股回归之路

【摘要】本案例描述了 XX 智能在科创板申请上市的过程。XX 智能是科创板首家发行 CDR 的公司，是首家保留 VIE 架构申请上市的公司，也是首家集红筹模式、VIE 架构、同股不同权和 CDR 发行于一身的上市公司。XX 智能科创板注册成功为双创企业，尤其是境外科创公司回归 A 股上市之路扫清了实践障碍，具有重大的里程碑意义。

【关键词】科创板　中国存托凭证　红筹　VIE 架构　同股不同权

一、案例陈述

2018 年 11 月，国家主席习近平在上海出席首届进博会开幕式并宣布，将在上海证券交易所设立科创板并试点注册制。2019 年 3 月 18 日，上交所正式开始受理科创板发行上市申请。设立科创板并试行注册制作为中国资本市场的一次伟大变革，坚持市场导向、积极进行制度创新，法定的发行条件大幅减少，持续盈利、不能有 VIE 架构、同股同权等不再成为进入 A 股资本市场的门槛，同时引入了中国存托凭证（Chinese Depository Receipt，CDR）发行机制，拓宽了海外红筹企业在国内的融资途径。此外，从资本市场的实际出发，科创板对强化信息披露义务，落实中介机构责任等提出了明确要求。XX 机器人有限公司（简称 XX 智能）科创板 IPO 项目集连续 3 年亏损、净资产为负、VIE 架构、同股不同权、发行 CDR 诸多特点于一身，堪称科创板"话题之王"。而 XX 智能的注册成功，在实践层面为科创板的多项制度创新的落地作出了有益探索。

1. 案例背景——科创板首批申报企业中的异类

2019 年 3 月 18 日，经过前期一系列紧张筹备，科创板开始正式受理企业发行上市申请。第一批受理企业的申报文件在上交所科创板网站甫一披露，一家名叫 XX 机器人有限公司的企业在一众科创公司中格外引人注目。

第一，XX 智能的股东中囊括了 XX 资本、XX 科技、XX 投资等明星投资机构。第二，公司背靠某生态链，XX 集团控制的某机构及其关联方某机构分别持有公司股份 10.91% 的股权，合计对应的表决权比例为 10.16%。其中，XX 集团还位列发行人第一大客户，为公司定制产品独家分销渠道的唯一客户，2016 年至 2018 年度对 XX 集团的销售收入占比为 55.75%、73.76%、57.31%。第三，通过招股说明书不难发现，XX 智能还存在 VIE 架构和表决权差异安排，报告期内连年亏损，最近 1 年年末净资产为负，这让熟悉 A 股传统上市标准的投资人及其他金融从业者大跌眼镜。

那么，XX 智能究竟是一家什么样的公司呢？

2. "五味俱全"的 XX 智能

XX 智能注册于开曼群岛，主要经营地在北京。公司从事各类智能短程移动设备的设计、研发、生产、销售及服务,产品线包括智能电动平衡车、智能电动滑板车、智能服务机器人等。

在财务方面,2016年至2018年XX智能营业收入分别为11.53亿元、13.81亿元、42.48亿元,归属母公司所有者的净利润分别为-1.58亿元、-6.27亿元、-17.99亿元,连续3年亏损,净资产为-32亿元。考虑到境外融资的便利性,公司在A轮融资时便搭建了VIE架构。XX智能及其子公司主要负责平衡车及滑板车的研发和生产,是公司最为重要的境内生产主体。公司通过一系列合约安排控制鼎力联合,从而取得运营所得的经济利益。VIE架构是赴美上市公司通常会采用的控制模式,被海外资本市场和海外投资人广泛认可,但在科创板成立之前,受限于国内的政策,如回归A股上市等均需要采取一系列措施将VIE架构拆除方能上市。在XX智能通过审核前,国内监管部门也未正式认可VIE架构。如何消除红筹架构和VIE架构中投资者保护存在的漏洞,是XX智能面临的主要不确定性之一。

在公司治理方面,公司采取特殊投票权结构,也就是在科创型企业中较为普遍的AB股。根据公司章程(草案)安排,对于提呈公司股东大会的决议案,A类普通股股东每股可投1票,公司创始人作为B类股东每股可投5票。一些企业在海外上市时均存在类似特殊投票权机制。通过AB股和签署一致行动协议,公司两位创始人暨实控人合计持有66.75%的投票权,牢牢掌握了公司控制权。但AB股与修订前的《公司法》规定的"同股同权"原则背道而驰。

由前可知,XX智能是一家红筹架构企业,存在VIE架构,公司存在表决权差异安排,且报告期内连年亏损、净资产为负。以传统A股的上市标准来看,准备在A股上市的公司只要符合以上任意一条都会被一票否决。可以说,XX智能连申报的基础都不具备,更遑论上市融资。幸运的是,为进一步拓展A股对创新企业的包容性和适应性,科创板在坚持三个面向、服务于科技创新企业定位的基础上,允许符合《国务院办公厅转发证监会关于开展创新企业境内发行股票或存托凭证试点若干意见的通知》相关规定的红筹企业,可以申请发行股票或存托凭证并在科创板上市,并对盈利状况、股权结构、同股不同权等特殊情形作出了更为妥善的差异化安排。

在此背景下,XX智能选择根据《上海证券交易所科创板股票上市规则》第2.1.3条和第2.1.4条第二套标准上市,即"公司预计市值不低于人民币50亿元,且最近1年营业收入不低于人民币5亿元"。公司拟在科创板发行不超过7 040 917股A类股票,作为发行CDR的基础股票,基础股票与CDR的转换比例为1股基础股票转换为10份CDR。

尽管如此,作为"第一个吃螃蟹"的人,XX智能的上市审核过程依然坎坷,从2019年4月17日提交申请材料,至2020年6月12日通过上交所上市委会议,2020年9月22日中国证监会注册生效,其间3轮交易所问询,2次中止审核,XX智能的上市历程长达17个月,远长于目前平均3~5个月的审核周期。那么,XX智能的审核周期为何如此之长?它在A股回归之路上主要经历了哪些磨难呢?

3. 出师不利——上市即中止

XX智能于2019年4月2日向上交所提交申报材料,于2019年4月17日正式获得上交所受理。但2019年5月12日晚,上交所科创板审核页面显示,XX智能的审核状态变更为"中止",这是科创板受理企业首现"中止"情形。

2019年4月2日，XX智能召开董事会及股东大会审议通过《关于将公司优先股股份转为普通股股份的议案》，决定将全部A-1轮、A-2轮、A-3轮、B轮、C轮优先股股东持有的优先股股份全部转为A类普通股股份，并相应修订公司章程、股东名册及办理其他手续。公司赶在申报当天将优先股股份转为A类普通股的原因，主要是参考传统A股上市的普遍要求，即股东享有的优先权利（包括但不限于估值调整机制、优先购买、随售/领售、优先清算等）需在申报前进行清理。但未料到，根据科创板股票上市审核问答第2条"最近一年末资产负债表日后增资扩股引入新股东的，申报前须增加一期审计"要求，公司需增加一期审计（截至2019年6月30日）。对于优先股转A类普通股是否属于"资产负债表日后增资扩股引入新股东"，实操中尚无先例。因此，虽然公司赶在申报前完成了优先股转换，但存在不被受理的风险，甚至在正式受理后，交易所对现有申报材料会否审核也是疑问。XX智能很可能是"起了个大早，赶了个晚集"。

2019年5月初，通过科创板的预约沟通机制，XX智能的管理层和中介机构人员前往上交所做了2次沟通。最终，上交所认定优先股转为A类普通股的特殊情形属于需要加审的类型。于是，公司申请中止审核以完成加审工作，并更新申报材料。这一中止到XX智能提交补充2019年半年报审计后的更新文件并恢复审核，便已是2019年8月。而在2019年7月22日，同样首批申报并通过审核的其他企业，已经在上交所敲钟上市。XX智能争做首批上市企业的愿望已落空。

2020年6月5日，上交所发布《关于红筹企业申报科创板发行上市有关事项的通知》，明确了红筹企业上市的核心条件，允许红筹企业向PE、VC等投资人发行带有约定赎回权等优先权利的股份或可转换债券，发行人和投资人应当约定并承诺在申报和发行过程中不行使优先权利，并于上市前终止优先权利、转换为普通股。XX智能的优先股规范和处理情况给上交所发布以上法规提供了案例借鉴。

4. 第一个吃螃蟹的人——科创板首单CDR

XX智能拟采取发行CDR的方式在科创板上市。此前CDR属于市场创新产品，中国境内资本市场尚无先例。由于CDR的交易框架中涉及发行人、存托机构、托管机构等多个法律主体，其交易结构及原理与股票相比更为复杂。

CDR系由存托机构以公司境外发行的证券为基础，在中国境内发行的代表境外基础证券权益的证券。CDR持有人与境外基础证券发行人股东之间在法律地位、享有权利等方面存在一定的差异。

尽管早在2018年3月30日，国务院便发布了《关于开展创新企业境内发行股票或存托凭证试点的若干意见》，当时B公司曾意欲成为首家CDR试点公司，但之后出于种种原因，B公司决定暂缓境内CDR上市，中国证监会亦公告取消了发审会议对其CDR发行申报文件的审核。直到XX智能申请发行CDR并在科创板上市，CDR真正意义上的"第一个吃螃蟹的人"才出现了。

然而XX智能申报时，红筹企业拟发行CDR存在两个"无先例"：一是在发行数量上尚无规定和先例；二是对红筹企业存量股份的流通和减持安排尚无规定和先例。这两个"无先例"事项一是直接关系到发行方案的明确，二是关系到上市后股东是否能够通过上市顺利实现退出。这两项迟迟未能确定，导致XX智能的审核进度一再拖延，而根据《上海证券交易所科创板股票发行上市审核规则》,科创板要求在受理之日起3个月内作出是否审核通过的决定,同时发行人回复问询的时间总计不得超过3个月。受此时间约束,XX智能不得不于2020年1月31日再次中止,就以上事项与上交所、中国证监会及国家外汇管理局进行多轮沟通,直到2020年4月20日才恢复审核。

1) CDR发行数量

XX智能的发行方案为:公司拟发行存托凭证704 091 670份,与基础股票转换比例为1股基础股票转换10份存托凭证,其中70 409 170份对应本次新发行的基础证股票7 040 917股,633 682 500份对应公司现有股东所持基础股票63 368 250股。在反馈过程中,公司和中介机构就发行CDR数量的事项与上交所进行了多轮沟通,最终上交所借鉴某案例,于2020年6月5日发布《关于红筹企业申报科创板发行上市有关事项的通知》。其中规定,红筹企业发行存托凭证的,适用《上海证券交易所科创板股票上市规则》第2.1.1条第一款第二项时,调整为"发行后的存托凭证总份数不低于3 000万份";适用第2.1.1条第一款第三项时,调整为"公开发行的存托凭证对应基础股份达到公司股份总数的25%以上;发行后的存托凭证总份数超过4亿份的,公开发行存托凭证对应基础股份达到公司股份总数的10%以上"。

这个通知发布时间正好在XX智能通过上市委审核日(2020年6月12日)之前,从而使得XX智能的发行方案有法可依。

2) 存量股份的流通和减持安排

尽管监管机构有意欢迎创新型的红筹企业回归A股资本市场,也已有了原则性的制度安排,但在具体实践中,涉及不同法域的监管政策协调统一和外汇管制的制约因素,实施难度相当大。其中红筹企业存量股份的流通和减持安排一直是市场关注的焦点,也是红筹企业回归A股融资的政策是否能够真正落地的关键。

同为红筹架构的XX微电子虽然同样面临存量股份的流通和减持安排问题,但由于不涉及用汇事项,因此早在2020年1月便通过了中国证监会注册程序,并于2020年2月上市。然而XX智能的总体上市进度迟迟未能明确,此时,国内新型冠状病毒肺炎疫情正在肆虐,海外疫情也已有暴发趋势。受疫情影响,公司产品需求疲软,加之公司生产人员未能按期返工和供应商供货周期延长等,生产能力亦出现了下降,结合2020年上半年确认股份支付费用金额较大,公司预计2020年上半年净利润将出现大幅下滑,可谓内忧外患。

在XX智能申请受理整整1年后,2020年4月30日,中国证监会公布了《关于创新试点红筹企业在境内上市相关安排的公告》(证监会公告〔2020〕26号)。其中针对尚未境外上市的红筹企业申请在境内上市时的存量股份流通、减持问题提出了"一事一议"的审核原则,要求该类红筹企业在申报前就存量股份减持等涉及用汇事项形成方案,报中国证监会,由中国证监会征求相关主管部门意见。

用汇事项涉及金额较大,而减持的监管和外汇管制事项难以落地,但股东投资后退出渠道通畅是资本市场能够良性运转的必要条件。如何才能在符合监管和外汇管制的前提下最大限度地维护股东退出的需求和利益?公司和中介机构在向监管机构和外汇管理部门进行了多轮请示和沟通,并与股东进行了耐心细致的沟通工作后,最终股东中的境内自然人持股平台、境内股权基金境外投资实体股东承诺,减持存量股份及对应存托凭证的所得资金在符合法律规定的前提下,将全部留存境内使用,仅有存在实际外汇需求的美元基金拟申请减持资金换汇汇出。此类股东的减持额度预计约13.38亿美元,根据减持流通进度预计每12个月的外汇需求最高不超过6.46亿美元。根据目前科创板相关法规,除对公司各股东有12个月和36个月的不同锁定期外,股份解锁以后每一个股东仍需遵守《上海证券交易所上市公司股东及董事、监事、高级管理人员减持股份实施细则》的规定分期进行减持,所以实际换汇出境的需求金额可能比上述测算需求值更小。这一方案最大限度地平衡了各方利益。

XX智能于2020年6月12日经上市委审核通过后向证监会提交了用汇方案,并在提交注册稿前获得了通过。

5. 改名风波

2014年12月10日,公司依据《开曼群岛公司法》设立,英文注册名为XXX Limited。在上交所审核期间,申报材料中的中文名称一直为"XX机器人有限公司",简称"XX机器人"。

然而在申报之初,"XX机器人"这一名称就备受质疑。根据招股说明书披露,公司的核心产品是电动平衡车和电动滑板车。2019年,公司销售了约58万台电动平衡车,销售收入10亿元;销售了175万台电动滑板车,销售收入32亿元。这两类产品合计贡献了公司2019年总收入的92%。而作为主要产品之一的服务机器人于2019年实现销售收入412万元,仅占2019年总收入的0.09%,收入占比在报告期内均低于0.5%。公司给自己的定位则是"专注于智能短交通和服务类机器人领域的高新技术企业"。在外界看来,一家主要经营平衡车的公司简称为"机器人",有误导投资者的嫌疑。

从上交所的第一次反馈意见,直到上会前出具的审核中心落实意见函,公司均被质疑将报告期内收入占比低于0.5%的机器人业务单独披露销售收入、成本、毛利和毛利率是否符合信息披露的重要性原则,在机器人业务收入占比很低的情况下公司名称中包含"机器人"三个字是否有误导投资者之嫌。尽管公司和中介机构在回复中辩称"电动平衡车被国际与国内标准化组织定义为机器人范畴,并且权威机构中国电子学会已将本公司列为智能家用服务机器人活跃企业",且中文名称系根据英文名翻译而来,不存在主动夸张性误导陈述,但由于智能电动平衡车和智能电动滑板车与大众认知中的可独立运作、无需人为干预的智能机器人产品存在显著差异,因此,为坚守信息披露准确的底线,最终上市委要求公司更改名称,从而消除对投资者的误导。

在通过注册的最后关头,公司决定保持英文名称不变,中文名称由"XX机器人有限公司"改名为"XX有限公司",简称"XX智能"。告别了"机器人",使得公司名称及简称能准确反映公司的业务实质。

6. 对XX智能科创板注册的思考和启发

XX智能的申请和通过注册充分体现了科创板对创新型企业的包容性和监管机构对以信息披露为核心的注册制理念的贯彻落实,而它坎坷崎岖的上市之路突显出科创板作为注册制"试验田"的本质,即在实践中摸索前进。另外,目前在A股市场上CDR仍属创新产品,未来的交易活跃程度、价格决定机制等有待进一步观察。

二、案例解析

（一）涉及知识点

CDR 概念来源于 ADR(American Depository Receipt,美国存托凭证),存托凭证是在一国金融市场上可以流通的代表外国公司有价证券的可转让凭证。1927 年,美国金融巨头 JP 摩根因为当时美国投资者购买英国股票有很多不便,所以设立了 ADR。持有英国股票的美国投资者将股票交给在英美都有分支机构的银行,再由这家银行发给投资者存托凭证。这种 ADR 代表在美国交易的外国公司股票所有权,以美元计价,并以美元支付红利。它使得美国投资者不用跨境就可以在美国流通买卖。这样,美国投资者就无须到英国办理相关的买卖、配股分红等事项。根据美国相关证券法律,在美国上市的公司,其注册地必须在美国,因此在中国注册的企业就只能采用 ADR 形式进入美国资本市场。ADR 分为三个层次:大多数是一级 ADR,以最简便的方式上市,无需发布年报,也不需遵循美国会计准则,只能在柜台市场(OTC)交易,当然也无融资功能;二级 ADR 可以在证券交易所交易,需提供年报,遵循美国会计准则,但也无融资功能;三级 ADR 是最高一级的 ADR,和美国本土企业一样的监管要求,可以实现融资功能。我国自 1993 年以后在美国发行 ADR 的氯碱化工、二纺机、轮胎橡胶、深深房是一级 ADR,没有融资功能,而中国人寿、中国移动、中国联通等则是三级 ADR,在纽交所上市。

CDR 是指在境外(包括中国香港)上市公司将部分已发行上市的股票托管在当地保管银行,由中国境内的存托银行发行、在境内 A 股市场上市、以人民币交易结算、供国内投资者买卖的投资凭证,从而实现股票的异地买卖。可见,CDR 虽然不是 IPO,但其作用却不容小觑,可实现那些已经在海外上市或计划海外上市的创新型企业回归 A 股。

（二）要点分析

1. 注册制概念的澄清

对于注册制,人们往往有一些误解,一是认为成熟市场普遍实行注册制;二是美国的注册制只进行形式审核,而不进行实质审核。实际并不完全如此。首先,实行注册制的成熟市场只有美国和日本等国家的市场,而英国、法国、中国香港等实行的是核准制。其次,美国实行的是双重注册制,联邦层面由 SEC 进行"形式审核",而州政府进行实质审核,即使 SEC 审核通过,但如果不能通过州监管机构的审核,就不能在该州销售,不过,在全国性证券交易市场上市而得到"豁免权"的企业除外。而且美国的审核小组独具特色,引入了行业专家,使得审核过程更专业和有针对性。英国的上市审核与发行审核是分离的,如果公司只想发行股票而不准备在交易所上市,那么只需到英国贸工部注册即可,但如果要上市,就要受到上市委员会和伦敦证券交易所的双重审核。

区分核准制和注册制,不在于是否进行实质审查,而是看有无上市盈利要求,以及是否作价值判断。注册制的基础是要求有高质量的信息披露和尽责调查,让投资者了解发行公司的商业模式、盈利来源、所存风险等有用的信息,能根据这些公开资料进行自己的价值判断。

注册制有利于更好地发挥资本市场融资、价格发现、资源配置三大基础功能。它通过制度设计，使得市场各方在一个公正透明的环境下进行充分博弈，审慎合理定价，独立客观报价，无论价格是高还是低，都由市场本身来判断，监管层采用自律监管，对发行承销中的违法违纪行为进行处罚。

通过审核制向注册制的转移，厘清市场与政府的界限，投资风险由投资者自身决定而非由政府来审定。政府关注审核的重点是信息披露是否充分、各项指标是否达标。不审核的前提是严格限制各方面的损人利己行为，市场更加公开公平公正，发挥市场建设和发展的积极因素。所以，注册制的市场化改革是一个系统工程，绝非理解为简单的"不审核"。

2. 注册制下企业上市的包容度提升

科创板以及业已实施注册制的创业板出台了各项监管规则，对注册制下的 IPO 发行条件和上市条件作出了明确规定。与传统主板、中小板 IPO 相关规则对比，其在盈利状况、股权结构等方面作出了更为妥善的差异化安排，在制度层面增强了对高科技和创新企业的包容性和适应性。例如，修订发布的《上海证券交易所科创板股票发行上市审核规则》新增试点红筹企业上市的市值和财务指标，与《试点创新企业境内发行股票或存托凭证并上市监管工作实施办法》规定的市值和财务相关条件相比，降低了红筹企业上市门槛，体现了监管部门对红筹企业更大的包容度。

在实际审核层面，监管机构对具有 VIE 架构、AB 股、尚未盈利特征的科技公司的规则细节和审核尺度把握也受到重点关注。其中，发行 CDR 涉及较多层面改革，因此短期突破难度较大，这也是 XX 智能登陆科创板耗时较长的主要原因。在注册制实施过程中，监管机构"摸着石头过河"，相应出台了与实际情况相适应的 CDR 发行数量、红筹企业存量股份的流通和减持安排的细则，表明金融创新支持科技企业的进程在加速。尽管针对尚未境外上市的红筹企业申请在境内上市时的存量股份流通、减持问题遵循的仍为"一事一议"的审核原则，但已有案例带来的风向标效应，势必鼓励更多红筹回归、发行 CDR、特殊股权结构的企业选择 A 股上市，未来的 A 股市场也会更加开放和包容。

（三）启发思考题

(1) 中概股海外上市推出 VIE 架构的目的是什么？
(2) XX 智能在 A 股科创板上市时经历了哪些磨难？其有哪些经验教训？
(3) 简述 ADR 的运行情况对 CDR 的启示。
(4) 简述注册制的作用。

第三部分
PART 3

上市公司再融资业务案例与解析

案例1 "协议转让+定向增发"XX汽车入主YY高科

【摘要】随着能源危机和环境保护问题日益严峻,节能减排、发展新能源汽车逐渐成为全球共识。近年来,各国政府陆续推出了燃油车禁售时间表等一系列政策,新能源汽车产业得到快速发展。本案例通过分析XX汽车以"协议转让+定向增发"方式入主YY高科,简要地展示了上市公司的再融资业务,旨在说明收购公司的不同方式。

【关键词】协议转让　定向增发　战略投资者

一、案例陈述

随着能源危机和环境保护问题日益严峻,节能减排、发展新能源汽车逐渐成为全球共识。近年来,各国政府陆续推出了燃油车禁售时间表等一系列政策,新能源汽车产业得到快速发展。高工产业研究院(GGII)数据统计显示,全球新能源汽车销量由2015年的54.6万辆增长至2019年的221万辆,年均复合增长率为41.8%。

全球新能源汽车销量的快速增长大幅提升了汽车厂商对动力电池的采购需求,从而带动了动力电池行业的蓬勃发展。但随着行业竞争加剧,动力电池行业的市场集中度逐渐提升,全球竞争格局日渐清晰。

目前,动力电池的行业参与者主要集中在中国、日本和韩国。SNE Research数据显示,2019年全球前十动力电池企业装机量为101.3GWh,占全球动力电池装机量的86.88%,集中度较2018年提高6.78%。

近年来,在各项政策的大力支持下,国内动力电池行业实现了快速增长。但与此同时,低端产能过剩、高端产能不足、产能利用率低等问题也逐渐暴露。根据国家政策指引及行业发展趋势,未来将对动力电池的性能和质量提出越来越高的要求。同时,随着补贴政策的逐步退坡和行业发展的日渐成熟,动力电池价格将呈下行趋势。未来,大规模的生产投入和研发支出将进一步压缩中小企业的生存空间,国内动力电池行业集中度也将进一步提升。

1. YY高科的困境

1)市场地位

从装机量来看,国内动力电池制造商中的宁德时代为行业龙头,第二名为比亚迪,YY高科排名第三。根据SNE Research统计数据,2019年宁德时代、比亚迪、YY高科动力电池装机量分别为32.5GWh、11.1GWh、3.2GWh,同比增长分别为38.89%、−5.93%、0(见表2-3-1)。虽然YY高科排名第三,但市场占有率远低于宁德时代和比亚迪。从产品结构来看,目前动力电池以磷酸铁锂电池和三元锂电池两类为主,宁德时代、比亚迪以三元锂电池为主,YY高科以磷酸铁锂电池为主(见表2-3-2)。

表2-3-1　　　　　　　2019年全球动力电池装机量排名(GWh)

排名	品牌	2018年	2019年	同比	2018年份额	2019年份额
1	宁德时代	23.4	32.5	38.89%	23.40%	27.88%
2	松下电池	21.3	28.1	31.92%	21.30%	24.10%
3	LG化学	7.5	12.3	64.00%	7.50%	10.55%
4	比亚迪	11.8	11.1	−5.93%	11.80%	9.52%
5	三星SDI	3.5	4.2	20.00%	3.50%	3.60%
6	远景AESC	3.7	3.9	5.41%	3.70%	3.34%
7	YY高科	3.2	3.2	0	3.20%	2.74%
8	PEVE	1.9	2.2	15.79%	1.90%	1.89%
9	力神电池	3	1.9	−36.67%	3.00%	1.63%
10	SKI	0.8	1.9	137.50%	0.80%	1.63%
	其他	19.9	15.3	−23.12%	19.90%	13.12%
	总计	100	116.6	16.60%	100%	100%

表2-3-2　　　　2019年国内主要厂商不同材料类型锂电池装机情况(MWh)

排名	品牌	三元锂	磷酸铁锂	总计	三元锂占比	磷酸铁锂占比
1	宁德时代	21 619	11 247	32 866	65.78%	34.22%
2	比亚迪	7 983	2 781	10 764	74.16%	25.84%
3	YY高科	190	3 028	3 218	5.90%	94.10%
4	力神电池	1 647	300	1 947	84.59%	15.41%
5	亿纬锂能	63	1 776	1 839	3.43%	96.57%

YY高科虽起步较早,但主要走磷酸铁锂电池技术路线。宁德时代则较早布局三元锂电池,又恰逢动力电池技术路线切换和新能源汽车产销爆发式增长的时机,迅速扩张,占领了市场地位。

从客户资源来看,宁德时代在国内市场上配套国内主要乘用车、客车企业,在国外市场上与特斯拉、宝马、戴姆勒、XX汽车、沃尔沃等建立了合作关系;比亚迪主要用于自供;YY高科的主要客户为江淮汽车、北汽新能源、奇瑞、长安等,在客户基础上与宁德时代、比亚迪存在一定的差距。

综上,虽然YY高科在国内动力电池制造商中装机量排名第三,但与宁德时代、比亚迪存在较大的差距。

2)业绩表现与财务状况

从业绩表现来看,2017年以来YY高科营业收入增长乏力、业绩承压。

2017年、2018年和2019年,YY高科营业收入分别为48.38亿元、51.27亿元和45.99亿元,同比增幅为1.68%、5.97%和−3.28%(见表2-3-3)。同时,YY高科财务状况并不乐观。2017年以来,YY高科的经营活动均没有产生正向的现金流,公司只能依靠筹资现金流入来维持正常运转。2017年、2018年和2019年,YY高科财务费用分别为4 814.57万元、10 762.89万元和29 086.11万元,较高的财务费用挤压了净利润。2019年财务费用大幅增长,主要系银行借款和绿色债券利息支出增长所致。

表2-3-3　　　　　　　　YY高科主要财务情况　　　　　　　单位:万元

财务指标	2019年年末	2018年年末	2017年年末
营业收入	459 889.86	512 699.52	483 809.86
营业收入同比增幅	−3.28%	5.97%	1.68%
净利润	4 833.27	58 168.53	84 017.28
净利润同比增幅	−91.69%	−30.77%	−18.66%
经营活动现金流量净额	−68 319.42	−155 863.97	−9 968.35
毛利率	32.54%	29.19%	39.13%
应收账款	560 663.52	500 074.37	355 154.30
应收账款/当期营业收入	121.91	97.54	73.41

数据来源:上市公司年报。

2017年以来,YY高科应收账款余额居高不下,计提坏账准备金额分别为3.37亿元、5.47亿元和7.21亿元,其坏账准备吞噬了大量利润,导致净利润逐年下降。

此时,在动力电池竞争白热化的背景下,YY高科需要引入战略投资者带来资金和资源的支持,如同宁德时代的"伯乐"宝马。

2. XX汽车入主,靴子落地

1)市场传闻

2019年8月,有媒体报道称,XX汽车正筹划对中国零部件供应商进行潜在投资,考虑以入股或与中国电池企业建立合资公司的方式以在中国汽车市场获得关键技术。因宁德时代和比亚迪的背景,市场猜测XX汽车的主要目标可能是YY高科。

2020年1月17日,路透社等媒体发布标题为《XX汽车将收购中国电池制造商YY高科20%的股份》的报道,称XX汽车计划通过折扣私募股权配售方式,收购YY高科20%的股份,价值约5.6亿美元。

2020年1月20日,YY高科发布关于媒体报道的澄清公告,称公司正在和XX汽车就未来可能开展的技术、产品、资本等方面的战略合作进行探讨,双方尚未就具体合作方式、内容、价格等具体方面形成一致意见,亦未就相关合作事项签署或达成任何实质性的有约束力的协议、承诺或其他安排。虽未证实,但这表明YY高科和XX汽车确实在商讨合作。

2020年4月21日,有媒体发布标题为《传XX汽车以52亿入股YY高科！未来将控股》的报道,称XX汽车将通过定向增发不超过30%的股份及协议转让部分股权的方式成为YY高科的第一大股东,价值为7.4亿美元(约合人民币52.4亿元),并将在未来3年内进一步成为YY高科的控股股东。该报道也引起了深交所的关注。

2020年5月20日,YY高科发布《关于筹划重大事项停牌的公告》,称正在筹划股权转让事宜,拟向战略投资者转让其持有的部分公司股权并涉及其他表决权安排,可能导致公司第一大股东及实际控制权的变更,本次交易对手方属于制造业,该事项仍然涉及有关部门的事前审批。YY高科所传递的消息使得传闻进一步坐实。

2) 方案落地

2020年5月29日,YY高科正式发布《2020年度非公开发行A股股票预案》和《关于签订附条件生效的股份认购暨战略合作协议的公告》等公告,宣布XX汽车将作为战略投资者对YY高科进行战略投资。具体交易方式如下:

(1) XX汽车将认购YY高科向其定向发行的相当于本次发行前YY高科已发行股份总数30%的人民币普通股股份。

(2) XX汽车将根据《股份转让协议》约定的条款及条件,从珠海YY及李某处合计受让YY高科56 467 637股人民币普通股股份。XX中国上述投资合计约87亿元人民币。

假设在非公开发行前,珠海YY2017年非公开发行可交换债券已全部换股。

假设在非公开发行前,YY转债已按照12.19元的转股价格全部转股。按此测算,非公开发行股份总数不超过384 334 941股(含本数)。

假设XX汽车放弃其持有的部分上市公司股份的表决权以使其表决权比例比李某及其一致行动人的表决权比例低于5%。

本次非公开发行及股份转让前后,YY高科创始股东方和XX中国持有公司股份及控制的表决权情况如表2-3-4所示。

表2-3-4　　　　YY高科股东持股情况及表决权情况　　　　单位:股

相关主体	本次交易前		本次交易后		
	持股数量	持股比例	持股数量	持股比例	表决权比例
珠海YY	206 303 657	18.27%	171 378 301	10.29%	10.29%
李某	134 844 188	11.94%	103 276 150	6.20%	6.20%

(续表)

相关主体	本次交易前		本次交易后		
	持股数量	持股比例	持股数量	持股比例	表决权比例
李Z	28 472 398	2.52%	28 472 398	1.71%	1.71%
合计	369 620 243	32.73%	303 126 849	18.20%	18.20%
XX中国	—	—	440 802 578	26.47%	13.20%
其他股东	759 732 490	67.27%	921 521 987	55.33%	55.33%
总股本	1 129 352 733		1 665 451 414		

根据《股东转让协议》的约定，XX汽车承诺，自本次非公开发行和股份转让涉及的有关股份均登记至XX汽车名下起36个月内或XX汽车自行决定的更长期间内，其将不可撤销地放弃其持有的部分公司股份的表决权，以使XX汽车的表决权比例比创始股东方的表决权比例低至少5%，即李某仍为YY高科实际控制人，控制权未发生改变。

YY高科本次非公开发行募集资金扣除发行费用后拟全部用于表2-3-5所示的项目。

表2-3-5　　　　　　　　　投资项目情况　　　　　　　　　单位：万元

序号	投资项目名称	总投资金额	拟使用募集资金
1	YY电池年产16 GWh高比能动力锂电池产业化项目	586 291.48	540 000.00
2	YY材料年产30 000吨高镍三元正极材料项目	143 470.00	100 000.00
3	补充流动资金	90 620.73	90 620.73
	合计	820 382.21	730 620.73

3. 强强联手，互利共赢

1) XX汽车入主YY高科的动因

XX汽车是燃油车领域的世界龙头，2018年、2019年汽车销量分别达到1 090万辆、1 096万辆，连续2年位居全球第一。但在新能源汽车领域，XX汽车并没有亮眼的成绩，正在积极推动电动化转型。对XX汽车而言，入主YY高科是布局新能源汽车产业链、加快电动化转型的重要举措，有利于加快电动车型开发以及保证产能配套。

XX汽车于2013年3月、2014年3月分别推出e-UP、e-Golf车型，试水纯电动车；于2016年6月、2017年9月分别发布"Together-Strategy 2025"和"Roadmap E"等战略规划，确定集团层面电动化转型；于2018年9月、2019年11月分别发布"Electric for All""2020—2024投资规划"等战略，宣布到2029年纯电动车累计销量将提升至2 600万辆，电动化转型进入加速落地阶段。

与电动化转型阶段相对应，XX汽车的动力电池布局采用"先外购、后合资、最后自建工厂"的三步走战略。2016年以前处于试水阶段，动力电池需求量较小，此时以外购为主，供应商只有三星SDI；2016—2018年，随着集团层面战略的确定，动力电池需求将增加，供应商增加到三星SDI、LG化学、SKI和宁德时代4家；2018年以来，XX汽车以合资入局，先后投资了Forge Nano、Northvolt等公司，以及入股YY高科；2019年4月、9月，XX汽车先后与赣锋锂业签订10年长期采购协议、成立了卓越电池试制中心,用于完全自主电池试生产。

YY高科动力电池装机量在国内排名第三、全球排名第七,入主YY高科符合XX汽车的动力电池战略布局规划。

此外,XX汽车与江淮汽车关系较为紧密,而YY高科与江淮汽车的总部同在安徽且关系同样密切。早在2017年,XX汽车就与江淮汽车合资成立江淮XX,双方各持股50%;2019年11月,双方共同打造的第一款江淮XX合资乘用车——江淮XX嘉悦A5正式上市;2020年5月29日,在YY高科发布公告的同日,江淮汽车公告宣布XX汽车将总投资约10亿欧元,获得江淮汽车母公司安徽江淮汽车集团控股有限公司50%的股权,同时增持江淮XX股份至75%,获得合资公司管理权。可以说,XX汽车通过控股YY高科、江淮XX实现了从电池到汽车制造整个电动汽车产业链的完整布局。

随着一汽XX、上汽XX、江淮XX等合资车企新能源车型的推出,XX汽车CEO表示,"我们计划到2025年,电动车在中国的年销量达到150万辆,对动力电池的需求达到75 GWh"。

2) YY高科引入战略投资者的诉求

YY高科既需要资金,也需要大客户,否则生存艰难。

一方面,XX汽车能够为YY高科带来业务发展所需资金。近年来YY高科资产负债率连年攀升,2017年、2018年和2019年资产负债率分别为51.72%、58.47%和64.02%,财务费用增加进一步吞噬了公司的利润。面对强劲的市场需求,YY高科急需补充业务发展所需资金,提升产能建设、深化业务布局,进一步增强资本实力,优化财务结构,提高盈利能力和抗风险能力。

另一方面,XX汽车能够为YY高科带来丰富的产业资源。XX汽车在动力电池领域所投资的公司涵盖了电池原材料、固态电池、锂电池生产等业务。2019年9月,XX汽车成立了卓越电池试制中心,可以给YY高科带来技术资源。同时,XX汽车也能给YY高科带来大量的订单,从而将提升YY高科的业绩水平、核心竞争力和行业地位。

市场研究报告显示,截至2019年年末,YY高科电池产能16 GWh,产能利用率约35%。根据已公布的扩产计划,2020年公司将新增12 GWh~28 GWh,本次定增扩产16 GWh,2022—2023年的产能至少为44 GWh,到2023年年末有望达到60 GWh。

因此,双方联手,YY高科能够为XX汽车提供长期稳定的电池供应,而XX汽车能够为YY高科带来大量订单。

目前,XX汽车入主YY高科方案落地,而这只是万里长征的第一步。后续双方的合作与发展,让我们拭目以待。

二、案例解析

(一) 涉及知识点

协议转让是收购上市公司的主要交易方式,就是交易双方在交易所证券交易系统外通过直接签署转让协议的方式收购上市公司股份的场外交易。

新《证券法》第六十二条规定了收购上市公司的几种主要方式为——要约收购、协议收购及其他合法方式。在收购实务中,以场内交易的竞价交易和大宗交易进行收购,都存在着股份减持比例的限制。按规定,持大股东减持或者特定股东采取集中竞价减持的,在任意连续90日内减持总数不得超过公司股份总数的1%。大股东或股东通过大宗交易减持公司IPO前发行的股份、上市公司非公开发行的股份,在任意连续90日内,减持股份的总数不得超过公司股份总数的2%;受让方在受让后6个月内,不得转让所受让的股份。

而持有更高比例股份的投资人采取协议转让退出时,也有一个约束:单个受让方的受让比例不得低于公司股份总数的5%。如果是持股5%以上的股东,而且作为特定股东的话,转让的最好模式就是协议转让加其他方式,并以协议转让充当主渠道的模式。这种方式可以以灵活的方式,从市场的角度绕过监管。这对于股份所有权而言没有发生转移,可以避开监管;对受让方来讲,则可以实际控制公司。资本方能以最小代价获取足够的权益股份。公司实际控制人通过转让部分股权,再把剩余股权的投票权委托给接盘方,而接盘方可以分步骤获得上市公司控股权,为后续资本运作或者资产注入作准备。其内在逻辑在于:借壳从严监管后,一些资金实力雄厚的产业资本选择用高溢价大比例收购一些优质的类"壳"资源的股权。产业资本收购方可以先取得上市公司控制权,60个月后再进行重大资产注入或借壳,来规避重组新规的限制。甚至不排除有些产业资本暂时不谋求控股,而选择做"二股东",待时机成熟之后再进行深层次的资本运作。

(二)要点分析

2018年上半年,株洲国投在购买宜安科技控制权时率先采用了"协议转让+定向增发"这个方式,但是在再融资新规颁布以前并没有普遍适用。随着再融资新规尤其是对于战略投资人锁价发行制度的实施,这种方式就成为控制权转让的流行方式。这种组合具有以下优势。

1. 解决原控股股东超大比例的转让难点

如果目标是获得控制权,收购方就要付出高昂的控制权溢价。这种溢价曾经高达十亿级别,对于原控股股东持有超大比例(一般是指50%以上)的上市公司而言,其卖壳的难度远超过中小比例持股上市公司(一般为20%~30%)。一般情况下,买壳方,除非是有特定的需求,都会刻意避免30%持股线的强制要约收购。触及强制要约收购一方面会增加收购成本,另一方面也会将收购时间周期明显拉长。如果新任大股东支付高额控制权收购价格后,还存在一个持股比例较大的"二股东",就会出现"买而不控"的局面,尤其是在有一些关联交易的表决事项上,将会带来极大的不确定性。此时可以通过"协议转让+定向增发"避免这种情况,在现行规则之下,认购新发行股份,即使比例超过30%,也不会触及强制要约收购。

《上市公司收购管理办法》第六十三条规定,"(三)经上市公司股东大会非关联股东批准,投资者取得上市公司向其发行的新股,导致其在该公司拥有权益的股份超过该公司已发行股份的30%,投资者承诺3年内不转让本次向其发行的新股,且公司股东大会同意投资者免于发出要约"。这种大比例持股转让时一般是"协议转让+表决权委托+放弃表决权",这种组合方式可以避免控制权不稳定以及被交易所追问是否构成一致行动人的问题。同时,结合目前战略投资人可以锁价并且按照基准日80%的定价规则,收购方可以极大地摊薄收购成本。

2. 解决买壳后上市公司严重"壳化"问题

既然是壳,那么被收购标的上市公司或多或少存在某些问题,如债务压力、资产不良、经营亏损等。很多买壳方花了高价买了壳之后,发现上市公司没有足够发展资金,不论是转型还是继续经营都面临新问题。即使大股东再有钱,也不宜以赠与方式进行,否则将陷入粉饰报表的境地,同时不能编入损益表,意义不大。

若新任控股股东以认购定增的方式入主,将有效解决这一问题。同时大股东持有更多股份以后,也更有动力去发展上市公司,推动上市公司的转型升级,提升上市公司资产质量。虽然折价发行在某种程度上会损害中小股东利益,但是从长远看,大股东的投入成本越高,双方的绑定也越深,能够有效降低代理成本。

不过,这种方式也并非没有新问题,即发行股份需要证监会审批,审批结果具有一定的不确定性,同时审批周期也不确定。时间拖久了,随着资本市场的变化,控制权收购过程将变得不稳定,对于一些转型急迫的上市公司,将可能错过发展机会。

回到对于本次 XX 汽车入主 YY 高科的交易方案本身的思考。2020 年 2 月 14 日,中国证监会发布了上市公司再融资制度部分条款调整涉及的相关规则,再融资新规正式出炉。再融资新规主要调整内容之一包括优化非公开制度安排,支持上市公司引入战略投资者。上市公司董事会决议提前确定全部发行对象且为战略投资者等的,定价基准日可以为关于本次非公开发行股票的董事会决议公告日、股东大会决议公告日或者发行期首日;调整非公开发行股票定价和锁定机制,将发行价格由不得低于定价基准日前 20 个交易日公司股票均价的 9 折改为 8 折;将锁定期由 36 个月和 12 个月分别缩短至 18 个月和 6 个月,且不适用减持规则的相关限制;将主板(中小板)、创业板非公开发行股票发行对象数量由分别不超过 10 名和 5 名,统一调整为不超过 35 名。

再融资新规发布以来,市场上出现了多例通过"协议转让+定向增发"转让控制权的案例,包括碧水源、赛轮轮胎、莱美药业、东方皓业、ST 罗普等,市场评论该方式为"买壳新方式"。本例中,交易完成后,XX 汽车在持股数量及比例上成为第一大股东,由于放弃部分股份的表决权的安排,XX 汽车的表决权比例比创始股东方的表决权比例低至少 5%,即李某仍为 YY 高科实际控制人,控制权暂未发生改变。

再融资新规下,通过"协议转让+定向增发"转让控制权主要有以下三个方面的优势:

(1) 收购方成本更低,且相对确定。再融资新规调整非公开发行股票发行价格由不得低于定价基准日前 20 个交易日公司股票均价的 9 折为 8 折,定价基准日由发行期首日改为关于本次非公开发行股票的董事会决议公告日、股东大会决议公告日或者发行期首日。

(2) 可绕开原股东股权限售问题。由于原股东股权限售、股权质押等原因,可转让的比例较低,难以满足在一个时点全部转让的条件。新规下,对于收购方而言,定向增发新增了一个直接获得上市公司股权的途径,同时可通过配合原股东协议转让部分老股的方式来获得控制权。

(3) 审批程序更简便,且确定性高。若通过协议转让持股超过 30%,则会触发要约收购。而根据新《上市公司收购管理办法》,通过定增持股超过 30% 的情况,可以豁免要约,并且仅需要获得股东大会的同意,不需要提交中国证监会同意,程序简便,确定性较高。

对于上市公司而言，收购方通过定增的方式注入资金，短期内可增强资本实力、优化财务结构、提振业绩。从长期来看，收购方往往是国有企业、大型产业集团等，能够给上市公司带来产业资源。再融资新规下，对于收购方而言，定向增发新增了一个直接获得上市公司股权的途径，同时配合原股东协议转让部分老股的方式来获得控制权。

（三）启发思考题

（1）在动力电池竞争白热化的市场竞争中，YY高科如何利用资本运作改变不利的情况？

（2）收购上市公司有哪些方式？

（3）在收购上市公司时，为什么"协议转让＋定向增发"这种方式大行其道？

（4）试述协议转让的利弊。

（5）为什么要将协议转让和定向增发两者结合？

案例2　XX生态再次变更实控人背后——能否真正走出困境

【摘要】本案例主要描述了XX生态IPO以后公司发展的进程及其存在的问题。XX生态是一家从事生态修复、生态环保、生态景观及文旅建设运营等业务的民营企业。2011年3月29日，XX生态登陆深交所创业板，成为创业板首家生态环保上市企业。之后，随着政府在基础设施建设、生态环保及市政建设等领域投资力推PPP模式，XX生态签订了较多PPP项目合同，实现了连续7年的高速增长，业务规模整整扩张了将近20倍。但与此同时，公司以高额资金投入换取业绩增长的后果也逐步积累，工程结算滞后及应收款项回款周期较长导致公司债务规模不断扩大、现金流紧张，公司终于不堪重负，出现巨额亏损导致股价暴跌。最终，实际控制人不得不通过控股权转让筹集资金，以期解决公司的困境。

【关键词】XX生态　PPP模式　流动性危机

一、案例陈述

2020年9月17日，上市公司XX生态公布，收到国务院国资委出具的《关于XX节能收购XX生态有关事项的批复》。国务院国资委原则同意XX节能通过受让自然人刘XX及其关联方XX投资所持XX生态合计23 710.31万股股份、认购XX生态不超过4.69亿股非公开发行股份等方式取得XX生态控股权的整体方案。

XX节能是国务院国资委旗下唯一一家以节能环保为主业的中央企业，主营业务为节能、环保、清洁能源、资源循环利用及节能环保综合服务。对于2019年亏损约1.68亿元、亟需"输血"的XX生态来说，在以控股权作为代价的条件下，期待中的"雪中送炭"或许终于有望实现了。

那么，XX生态这家昔日的创业板明星企业，能否借此走出困境呢？

1. 高歌猛进的7年

XX生态主营业务涵盖生态环保、生态景观、生态旅游、生态农业四大方向，主要的业务模式为工程建设承包、BT（建设-移交）项目和PPP（政府和社会资本合作）项目开发。尤其是PPP项目贡献了XX生态的大部分营业收入，而该公司主要客户为西南及华南地区的市级或县级地方政府。

2011年3月在深交所创业板上市以后，XX生态实现了连续7年的高速增长，成为创业板的明星企业。XX生态的营业收入由IPO前一年的4.16亿元增长为2018年的81.88亿元，如图2-3-1所示。据此计算，上市后短短7年的时间，XX生态的业务规模整整扩张了将近20倍。

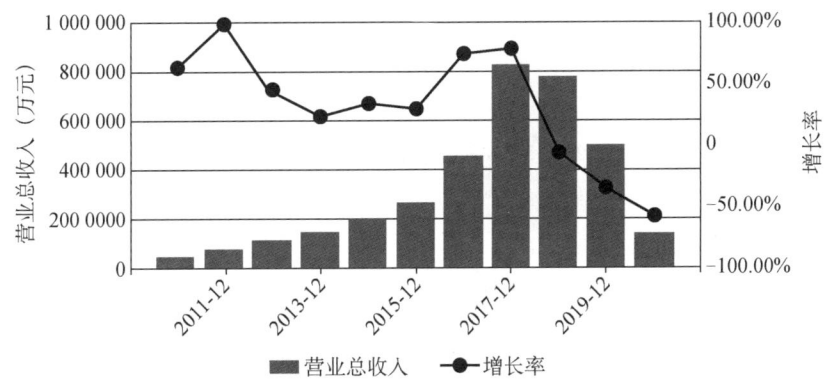

图 2-3-1　XX生态营业总收入及增长率

数据来源：上市公司年报。

在营业收入扩张接近20倍的同时，XX生态的归母净利润同样也实现了大幅度增长，从上市前一年的6 459万元增至2017年的7.57亿元（见图2-3-2所示）。虽然相比营业收入的增幅略有逊色，但也扩张到了上市前一年的12倍。

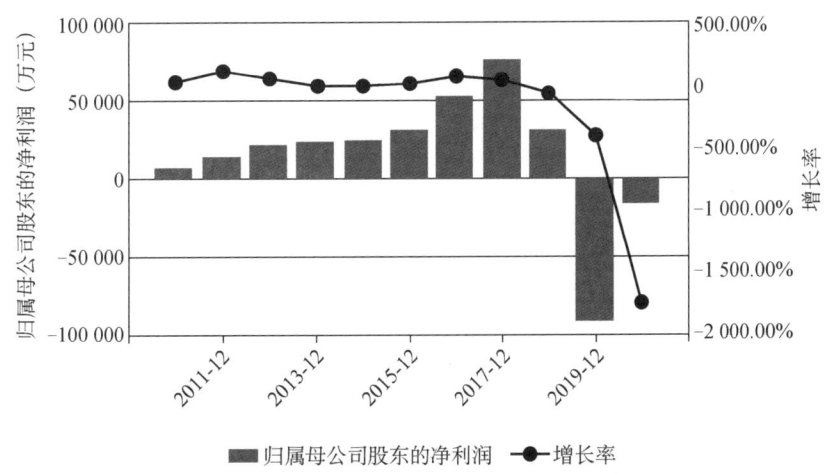

图 2-3-2　XX生态归属母公司股东的净利润及增长率

数据来源：上市公司年报。

正是受益于上市以后的持续高增长,XX生态成为广受市场关注的环保行业明星股,其市值于2017年年底达到了历史最高值(约236亿元)。XX生态股票价格变动趋势如图2-3-3所示。

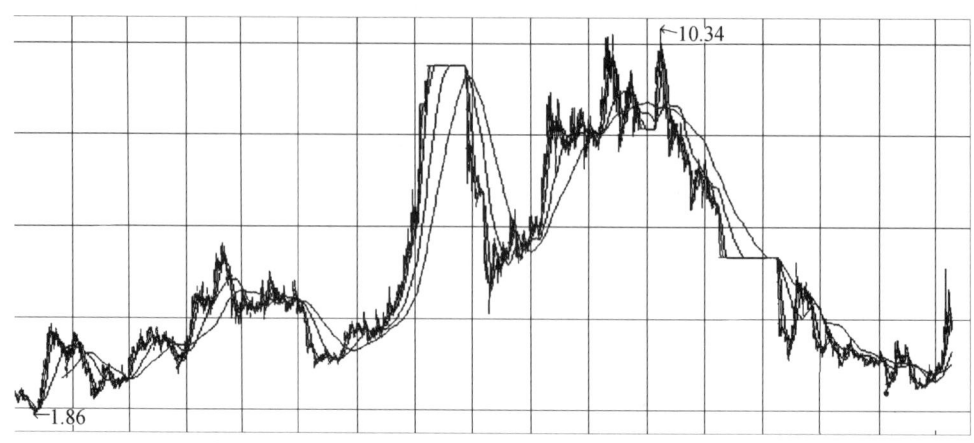

图 2-3-3　XX生态股票价格变动趋势

数据来源:Wind资讯。

2."成功"的再融资助力

XX生态之所以能在上市后7年间维持盈利指标的高增长,"成功"的再融资绝对是其最大的助力。XX生态先通过资本市场不断地再融资,在获得资金加大业务投入的同时增加了公司的权益资本,增强了公司债务融资的实力;在此基础上,通过大规模举债,增加债务杠杆以维持或进一步加大资金投入规模,如表2-3-6所示。

换言之,XX生态的高速增长,离不开持续不断的巨额股权和债权融资。

表 2-3-6　　　　　　　　　XX生态上市以来募集资金情况

项目	金额①	占比①	金额②	占比②
上市以来累计募资	2 094 326.96	100.00%	4 116 482.27	100.00%
直接融资	783 349.00	37.40%	783 349.00	19.03%
首发	104 749.00	5.00%	104 749.00	2.54%
股权再融资	453 600.00	21.66%	453 600.00	11.02%
配股	—	—	—	—
定向增发	250 100.00	11.94%	250 100.00	6.08%
公开增发	—	—	—	—
优先股	93 500.00	4.47%	93 500.00	2.27%
可转债	110 000.00	5.26%	110 000.00	2.67%
发债券融资	225 000.00	10.74%	225 000.00	5.47%
间接融资(按增量负债计算)	1 310 977.96	62.60%	—	—

(续表)

项目	金额①	占比①	金额②	占比②
累计新增短期借款	676 571.98	32.30%	—	—
累计新增长期借款	634 405.97	30.29%	—	—
间接融资(按筹资现金流入)	—	—	3 333 133.27	80.97%
累计取得借款收到的现金	—	—	3 333 133.27	80.97%

注：上市以来累计募资金额①＝直接融资(金额)＋间接融资(按增量负债计算)；上市以来累计募资金额②＝直接融资(金额)＋间接融资(按筹资现金流入)。

数据来源：Wind 资讯。

1）股权再融资

在股权融资方面，除 2011 年 IPO 融资 10 亿元外，XX 生态于 2015 年和 2016 年还启动了两次再融资，其中一次为发行股份购买资产并募集配套资金，两次增发的累计再融资总额为 24.68 亿元。如果扣除大股东认购的部分，对外募集资金额则为 21.74 亿元，如表 2-3-7 所示。

上市七年多的时间里，XX 生态共通过 IPO 和非公开发行的方式，从资本市场筹集了接近 35 亿元的资金。

表 2-3-7　　　　　　　　　XX 生态部分股权再融资情况　　　　　　　　单位：亿元

项目	2016-03-10	2016-03-19	2015-06-11
增发目的	发行股份购买资产	配套融资	项目融资
发行价格	17.18	11.41	29.60
实际募集总额(亿元)	6.76	8.45	9.80
实际募资净额(亿元)	6.76	8.26	9.66
发行对象	机构投资者 境内自然人	机构投资者	大股东 机构投资者

数据来源：Wind 资讯。

2）债权融资

相比股权融资，XX 生态在高速发展的七年间的债权融资金额更是惊人。下面简单分析 XX 生态的有息负债的变动情况，以基本了解其负债规模。

截至 2018 年年末，XX 生态的有息负债余额已超过 104 亿元。其中，短期借款余额 37.56 亿元，长期借款余额 33.07 亿元，1 年内到期的非流动负债余额 17.33 亿元，应付债券余额 15.73 亿元，具体如表 2-3-8 所示。

表 2-3-8　　　　　　　　　XX 生态部分债权融资情况　　　　　　　　单位：万元

报告期	短期借款	1 年内到期的非流动负债	长期借款	合计
合计	676 571.98	43 718.52	590 687.45	1 310 977.95

(续表)

报告期	短期借款	1年内到期的非流动负债	长期借款	合计
2020-06-30	59 735.63	−119 016.30	148 685.06	89 404.39
2019-12-31	245 368.92	−10 517.69	111 265.06	346 116.29
2018-12-31	−4 323.85	86 805.74	138 544.61	221 026.50
2017-12-31	221 919.93	40 830.35	142 387.59	405 137.87
2016-12-31	53 021.36	21 736.46	−32 175.08	42 582.74
2015-12-31	23 500.00	−9 627.04	46 579.71	60 452.67
2014-12-31	15 500.00	32 203.50	7 093.00	54 796.50
2013-12-31	20 000.00	1 303.50	27 307.50	48 611.00
2012-12-31	40 000.00	—	1 000.00	41 000.00
2011-12-31	1 850.00	—	—	1 850.00

注：上表中数据为增加额。
数据来源：Wind 资讯。

相比 2011 年年末的 6 000 万元有息负债，有息负债规模扩大了近 20 倍。而且，在债务结构上，短期借款、1 年内到期的非流动负债余额、应付债券（部分）等短期负债均超过了 50 亿元，短期偿债压力巨大。

3. 现金流"悖论"

1）经营性现金流持续为负

如果单从利润表的表面数据来看，XX 生态登陆创业板以后可谓风光无限，但该公司的实际经营情况却似乎远非外表那么光鲜亮丽：XX 生态的现金流量表数据长期与其利润表数据形成严重的倒挂，在其利润表显示持续盈利的同时，XX 生态的经营现金流却呈现出持续大额净流出的局面，如图 2-3-4 所示。

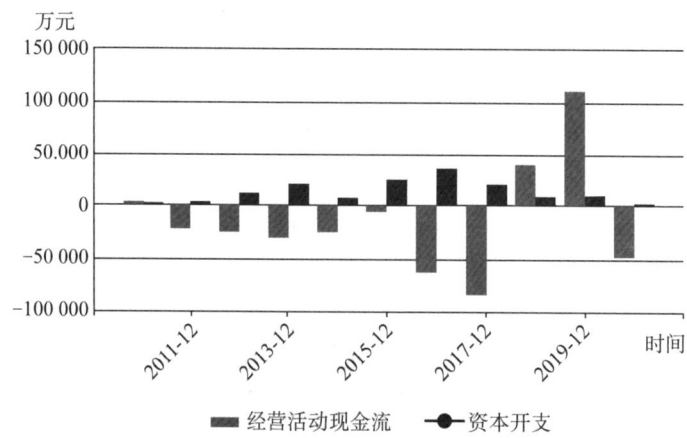

图 2-3-4　XX 生态资本开支与经营活动现金流
数据来源：上市公司年报。

自从 XX 生态成功 IPO 之后的 7 年间,该公司的经营性净现金流从未有任何 1 年实现过正向流入,反而呈现出持续净流出的状态,直至 2018 年才开始有所改变。

如图 2-3-4 所示,2011 年至 2017 年的七年间,XX 生态经营现金流净流出最大的 1 年出现在 2017 年,当年也正是 XX 生态账面净利润最多的 1 年。2017 年该公司实现归属股东的净利润 7.57 亿元,而其同期的经营性净现金流却为 -8.55 亿元,两者相差超过 16 亿元;XX 生态经营现金流净流出最少的 1 年是 2015 年,当年该公司利润表显示有 3.06 亿元的归属母公司股东净利润,但其经营性净现金流却同样为 -5 690 万元。而 2019 年,XX 生态巨额亏损 9.12 亿元,其经营性净现金流却达到了 10.93 亿元。

2) 资金去向

为什么会出现上述情况呢?7 年投入超百亿元,XX 生态到底将这些巨额的资金投向何处?

所有经营活动最终都反映在企业的资产负债表上。根据 XX 生态的资产负债表,与债务和权益增长相对应的是流动资产的迅速增长,具体而言,是应收款项和存货的增长。

截至 2018 年年末,XX 生态的应收账款和应收票据之和为 9.32 亿元,长期应收款更是达到了惊人的 89.01 亿元,以上应收款项合计高达 98.33 亿元,其中长期应收款占据了九成以上;除了应收款项,XX 生态的存货余额也飞速增长,截至 2018 年年末,其存货余额高达 78.94 亿元。截至 2018 年年末,上述资产合计达到了 177.27 亿元。部分财务指标如表 2-3-9 所示。

XX 生态的应收款项实际就是开展 BT 项目和 PPP 项目形成的工程垫款。那么,XX 生态的存货又到底是什么呢?

表 2-3-9 XX 生态部分财务指标 单位:元

项目	期末余额			期初余额		
	账面余额	跌价准备	账面价值	账面余额	跌价准备	账面价值
原材料	2 852 029.66		2 852 029.66	4 744 903.27		4 744 903.27
库存商品	3 845 000.39		3 845 000.39	14 104 929.42		14 104 929.42
消耗性生物资产	422 556 513.64		422 556 513.64	390 877 774.60		390 877 774.60
建造合同形成的已完工未结算资产	7 571 946 092.21	107 005 132.87	7 464 940 959.34	5 309 264 106.23	2 700 000.00	5 306 564 106.23
合计	8 001 199 635.90	107 005 132.87	7 894 194 503.03	5 718 991 713.52	2 700 000.00	5 716 291 713.52

数据来源:上市公司年报。

截至 2018 年年末,XX 生态存货余额为 78.94 亿元,其中绝大部分为建筑合同形成的已完工但尚未结算的工程资产,账面余额高达 74.65 亿元。不难看出,XX 生态的存货实质上是未结算的工程投入,是另一种形式的工程垫资。

这与公司的主要经营模式有关。无论是 BT 模式还是 PPP 模式,都存在建设周期长、前期工程施工垫款较多,而后期工程结算回款慢的问题。随着公司中标项目的迅速增加,公司正在实施的工程施工项目数量随之增加、金额巨大;而由于公司业务的购买方主要为地方政府或地方政府投融资平台公司,受相关政策以及地方财政状况影响,工程交付和结算周期较长,公司存货账面价值及应收账款大幅增加。

在7年逾百亿元的巨额资本投入之后,2018年年末XX生态替客户垫资各种工程的余额高达177.27亿元左右,其中约98亿元以各类应收款的形式存在,剩余还有约79亿元则以存货的形式存在。

3) 债务"滚雪球"

XX生态所处的环保工程行业属于资金和劳动密集型行业,资金规模的迅速增长是企业发展的必要前提。

正是以便利的融资条件为基础,XX生态依靠大量的工程垫资,乘上了我国PPP模式大发展的"东风",在7年间实现了经营业绩惊人的持续增长。但"成也萧何,败也萧何",这种增长模式带来的问题逐步显现,使XX生态陷入了高额债务负担的泥潭。

PPP项目回款周期较长,公司需要在项目建设期内垫付金额较大的建安费、工程建设其他费用等,相关费用均作为政府回购时可用性服务费的计算基数,按照合同约定的投资回报率在回购期内进行回款。对于上市公司而言,即使成功完成中标、建设,后期也往往存在着项目资金期限错配、资金来源严重依赖银行贷款、回款困难等潜在风险。并且,随着经济环境的变化,甚至会出现回购期内市场资金紧张、资金成本高于PPP项目内部收益率的情形。

而PPP模式在XX生态业务模式中所占比例越来越高,公司经营性资金流出不断增加,而回款周期长导致其经营性资金流入远远不能覆盖其资金需求,资金缺口不断扩大。虽然成功实施了多次再融资,但股权资本的增加也无法满足XX生态的扩张冲动,XX生态通过大幅举债的方式持续扩张,而债务规模的不断扩张,不仅严重考验其资金链的安全,也开始侵蚀其看似光鲜的盈利能力。

其一,XX生态的债务规模不断扩大,偿债能力指标持续恶化,资金链日趋紧张。截至2018年年末,XX生态合并报表范围内的负债总额达到了178.74亿元,其资产负债率已经高达72.39%;流动比率降至0.97,这是自上市以来首次降至1以下,表明其流动资产已经不足偿付流动负债。而且,考虑到XX生态的流动资产中还包括78.94亿元的存货,如前述分析,实质上都是回收周期较长的工程垫款,变现能力较差。扣除存货影响后,XX生态的速动比率只有0.36,这意味着该公司存在超过80亿元的巨额短期流动偿债缺口,短款长用的情况已非常严重。

其二,随着债务规模不断扩大,XX生态的融资成本不断上升,财务费用增加以致开始侵蚀公司业绩。XX生态2018年营业收入较2017年仅下降了5.36%,但其实现的归属股东净利润却较2017年下滑了59.81%,也正是从2018年开始,XX生态一路狂飙的业绩增长趋势开始掉头向下。

XX生态归母净利润大幅下滑的主要原因之一就是财务费用的剧增。相比2017年,XX生态2018年的有息负债规模增长了30%,但利息费用却剧增82%;在接近90亿元的有息负债压力下,XX生态2018年的财务费用高达5.47亿元。这5.47亿元的财务费用,也远远高于其2018年3.04亿元的归属母公司股东净利润。

4. 危机的爆发

2018年,XX生态营业收入77.49亿元,同比下降5.36%;净利润和扣非净利润分别为3.04亿元、2.86亿元,下滑60%左右。受到业绩下滑等因素影响,公司股价在2017年10月底达到每股15.64元并创下历史新高后一路下滑,到2018年年末降至每股3.70元左右,公司市值也由最高点的234亿元下降至2018年年末的90亿元左右。

2019年1月18日,XX生态发布向下修正"XX转债"转股价格的公告:鉴于公司A股收盘价已经出现约定的转股价格向下修正的条件,为优化资本结构、降低财务费用,公司向下修正"XX转债"的转股价格,转股价格由修正前的8.23元/股调整为3.99元/股。

如此大幅下调可转债的转股价格,在可转债的历史上也是很少见的,自然在市场上引起轩然大波。而XX生态力促转债持有人转股的意图已经不言自明,充分反映出XX生态巨大的流动性压力。

2018年12月,XX生态实际控制人刘某与XX市投资控股有限公司签订《股权转让协议》,向XX市投资控股有限公司下属两家机构XX投控和XX共赢分别转让XX生态5%的股权,股权转让款合计约8.7亿元。在本次股权转让中,刘某作为XX生态实际控制人作出承诺,2019年至2021年,XX生态扣非后归母净利润分别不低于6.5亿元、10.8亿元、11.9亿元。

然而,计划赶不上变化,XX生态由于主营业务亏损、商誉减值、存货减值等,2019年发生巨额亏损9.12亿元,与承诺的6.5亿元相差15.62亿元,刘某的全部股权转让款已不足以覆盖业绩补偿款了。

5. 转机:XX节能接盘

2020年4月19日晚间,XX生态正式发布了《股份协议转让暨策划控股股东、实际控制人拟发生变更的提示性公告》,XX节能将取代刘某,成为上市公司新的控股股东。

本次控股权转让方案分为两步:协议转让,定向增发。

第一步,XX节能以每股3.40元的价格受让刘某、木胜投资持有的XX生态237 103 084股股份,占XX生态已发行普通股总股本的10.11%。

第二步,XX生态向XX节能和XX共赢定向发行不超过6.02亿股股份,其中XX节能拟认购4.69亿股,XX共赢拟认购1.33亿股(含本数)。

2019年,XX节能旗下子公司通过二级市场增持的方式取得XX生态74 08.89万股普通股(占比3.16%)。如果本次控股权转让方案完成,XX节能及其一致行动人合计将持有XX生态7.80亿股股份,占XX生态总股本的26.46%,XX生态控股股东将由刘某变更为XX节能,实际控制人将由刘某变更为国务院国资委。

在2020年2月14日的再融资新规发布后,拟引入的控股股东参与定向增发,可以提前锁定发行价格,且享受八折优惠,不用担心公告后上市公司股价上涨的影响,可以平衡收购成本;同时,定向增发募集资金可以直接为上市公司补流,缓解企业的经营压力。XX生态本次控股权转让方案无疑享受了再融资新规的"红利"。

在本次控股权转让方案中,XX节能也与刘某约定了业绩补偿事项,约定XX生态在2020年度、2021年度、2022年度和2023年度的归属于母公司股东的净利润(包括非经常性损益)分别不低于0.25亿元、3亿元、4.3亿元和6亿元。较之前与深圳国资的对赌协议里的6.5亿元、10.8亿元及11.9亿元的归母净利润数据,这次的对赌数据显然缩水不少。

根据XX生态的公告,XX节能是一家主业为节能减排、环境保护的中央企业,是环保领域最大的科技型服务型产业集团。XX节能以生态文明建设为己任,经过多年发展,XX节能已构建起以节能、环保、清洁能源、健康和节能环保综合服务为主业的"4+1"产业格局,成为我国节能环保和健康领域规模大、实力强、专业覆盖面广、产业链完整的旗舰企业。

根据XX生态的公告,本次交易完成后,XX生态与中央企业将在生态环保、生态修复等多个领域展开合作,在生态环保领域技术和资源等方面实现优势互补,实现XX生态的长期稳定发展。

2020年11月4日,XX生态公告收到深交所出具的告知函,其定增申请获深交所审核通过,后续仍需履行中国证监会相关注册程序。

6. XX生态再次变更实控人的启发

XX生态控股权转让能否实施仍需经过监管机构的审核。即使最终得以完成,XX生态此前以高额资金投入支持高增长的模式也注定难以为继。而公司的创始人和实际控制人刘某,也基本确定将面临出局的结果。

XX生态的发展史并非个例,在2014年左右开始出现的多家环保行业明星股均上演了类似的剧本。

这也引发了人们对单纯高成长性的反思:公司收入和利润的高增长,要追究增长的来源和可能性,业绩的增长直接影响利润表,但增长的质量终究要经过资产负债表的考验。

二、案例解析

(一)涉及知识点

环保节能行业的经营模式极度依赖各地地方政府,导致PPP企业陷入资金链困境的直接原因在于各个渠道的融资同时有所收紧。这背后的原因是监管部门对于地方政府隐性债务控制趋严,更深一层的原因则是在前期的操作中,地方政府通过包括PPP模式在内的各种渠道过度举债,产生了较大的隐性债务风险。然而PPP模式推出的初衷,就是考虑到政府部门杠杆率过高,试图通过这一模式撬动社会资本开展基础设施建设,但在实际操作过程中却是反其道而行之,逐渐演化成政府部门的融资工具。

在各种解困的途径中,最典型的手段即是引入国有资本,而另一大手段是缩减项目。所有的问题都归结为"缺钱"。其原因主要在于宏观背景和行业因素,尤其是中央政府收紧对地方政府举债行为的控制,业内多将其视作PPP企业集体陷入困境最重要的原因。密集发布的相关文件对PPP融资步步收紧,2019年3月8日,财政部出台的《关于推进政府和社会资本合作规范发展的实施意见》(财金〔2019〕10号)被视作对PPP最强监管文件。此外,在过去的融资环境下,PPP有相当大一部分资金来自银行理财以及其他资管资金,但资管新规要求资管产品期限匹配,最直接的冲击即反映在这些长期项目的继续融资上。

企业自身的问题更为根本,企业不考虑自身实际经营管理和持续融资的能力,一味按照竞赛的原则抢项目、拼规模。查看部分PPP项目融资结构就会发现,大量企业均是通过提前介入与政府共同成立基金、小股大债、短债长用不断续期滚动等形式解决项目资金问题。拆解部分项目融资案例,其融资结构均呈现出这种特点,并且大量利用表外融资、信托贷款等方式。

PPP模式推出的初衷是要在政府债务已然高企、不再增加政府债务负担的情形下进行基础设施建设,通过PPP模式撬动社会资本。但在实际操作中,PPP模式则变身为政府融资工具。越是财力弱、债务压力大的地方政府越积极开展PPP。

(二) 要点分析

为了在资本市场上降低杠杆,化解债务风险,2018年11月9日,中国证监会官网发布了《发行监管问答——关于引导规范上市公司融资行为的监管要求(修订版)》,对2017年2月制定的定增新规进行了部分修订,在一定程度上提振了定向增发市场的信心。

利好之处主要体现在两方面。第一是融资间隔的限制。2017年2月的定增新规规定的间隔期限是18个月,本次新规在18个月的基础上进行了一定的松绑,即"上市公司申请增发、配股、非公开发行股票的,前次募集资金基本使用完毕或募集资金投向未发生变更且按计划投入的,可不受上述限制,但相应间隔原则上不得少于6个月"。也就是说,最快的话,在满足一定条件下(前次募集资金基本使用完毕或募集资金投向未发生变更且按计划投入的),上市公司可以在前次募集资金到位后6个月后发布定增预案。一般情况下,前次募集资金到位后6个月内募集资金使用完毕比较难以满足,特别是对于扩产或技改的募投项目来说,项目建设周期都在1~3年。但是这个条件对于定增用于收购股权、资产或补流偿贷的就比较容易满足。除此之外,前次募集资金也不必基本使用完毕,只要按照募集说明书约定的用途和进度使用即可,也即前次募集资金到位后6个月过去了,前次募集资金也按照计划投入使用了,如果有再次融资的需要,那就可以再次申请定向增发。第二是募集资金用途的放宽,与之前并购重组配融资金用途松绑似有异曲同工之处。本次新规规定"上市公司通过配股、发行优先股或董事会确定发行对象的非公开发行股票方式募集资金的,可以将募集资金全部用于补充流动资金和偿还债务。通过其他方式募集资金的,用于补充流动资金和偿还债务的比例不得超过募集资金总额的30%;对于具有轻资产、高研发投入特点的企业,补充流动资金和偿还债务超过上述比例的,应充分论证其合理性"。此处规定明确了两种可以将募集资金全额用于补流或偿贷的情形:一种是在定增预案第一次董事会表决日就已经确定好发行对象,即要在预案公告前就已经找好发行对象,并与其签署附条件生效的股份认购协议;另一种是允许"轻资产、高研发投入"特点的企业提高补流偿贷比例,但未明确禁止全额补流偿贷,现实中也有上市公司根据这一点设计全额补流偿贷的定增预案。

(三) 启发思考题

(1) 资本市场如何助推XX生态高速发展?
(2) 简述XX生态的经营模式及其利弊。
(3) 如何评价PPP模式?
(4) 从哪些蛛丝马迹能判断XX生态经营状况的窘境?
(5) 简述XX生态如何利用各种资本经营手段纾困。

案例3　A公司可转债引出的控制权之争

【摘要】 在当前证券市场中,无论是IPO还是再融资,企业实际控制人的认定及其变化情况都是证监会的审核要点之一,实际控制人认定的准确性不仅关系企业经营的稳定性,还与关联交易、持股的锁定期、披露的深度、二级市场股票的买卖等多个问题息息相关。本案例中,行业龙头A公司申请发行可转换公司债券未获通过,主要原因之一是实际控制人的认定与证监会存在差异。其实,实际控制人的认定并不影响再融资的发行条件,但是如果存在实际控制人,却未曾进行披露,则不符合信息披露真实、准确、完整、及时、公平地披露或者提供信息的要求。对该类不影响发行条件但是可能影响信息披露准确性的事项进行严格要求,充分体现了证券市场对于上市公司信息披露的强监管,以及保护中小股东利益的大方向。

【关键词】 实际控制人　一致行动协议　可转债　信息披露

一、案例陈述

对于在二级市场购买了A公司股票的小股东来说,2018年下半年可真是难熬。2018年2月,A公司申明要发行可转换公司债券,建设南昌基地,发挥规模效应、降低生产成本,同时产品也有广阔的市场前景。消息一出,股价稳步升高,股民张先生也是在这个时候入了局。开头几个月涨势不错,但是5月开始后,股价就连番下跌,张先生本来想着可转债发行后可以有所回升,没想到,7月30日晚上,中国证监会第十七届发审委宣布,A公司发行可转债的申请未获通过。再融资方案被否决,这在证券市场可是比较少见的事。

不出所料,接下来几天的股价继续下跌,张先生慌了神,在各路股吧看消息,看到有人说,A公司现在的大股东和君公司是一家资本运营公司,斥巨资成为大股东,根本不是想真真切切走实业发展的道路,而是想借上市公司的"壳"来实行更多的资本运作,中国证监会这次否决A公司再融资,是对A公司可能在资本市场不诚实的一次警告,也是对中小股东利益的保护。

看到这些,张先生又去仔细看了中国证监会对A公司的可转债方案提出的几个主要问题,有一条质疑A公司究竟是否具有实际控制人。按理说,一家公司上市多年,怎么会连自己有没有实际控制人都不清楚呢?或者说,中国证监会认为它说的与事实不符,其中究竟是什么原因?是企业自己没有弄清楚,还是为了达到某些目的故意不认定大股东为实际控制人?

1. 事件背景

2018年7月,中国证监会第十七届发审委召开发审委会议,已经上市多年的A公司发行可转债的申请未获通过。发审委会议提出了三个主要问题:①2016年的工程业务问题:发行人2016年度开展工程业务之后便不再开展,是否具备工程业务资质,是否与工程项目客户存在关联关系,相关交易定价是否公允;工程业务是否属于偶发性业务。②和X系公司合计持有A公司15.35%的股份。A公司认为其不存在控股股东和实际控制人,和X系公司是否构成对A公司的实际控制;③2017年年末资产负债率较2016年年末大幅提高,资产负债率变动大。

而可转债被否后,A公司的一系列公告更是耐人寻味:先是在2018年11月20日发布详式权益变动报告,披露了福建XX增持公司1.01%股权的详细情况。福建XX也为和X系公司的一致行动人,因此,加上福建XX,大股东的持股比例达到了16.30%。另外,A公司还披露,福建XX与A公司的第一、第三股东主要出资方皆为三X集团。而早前A公司并未披露三X集团相关出资情形。

福建XX增持时点也是值得玩味。因为在2018年10月A公司披露的重组方案中,第二大股东王××及第四大股东南X集团分别持反对和不作评价态度。该决议方案最终未获得股东大会的通过。从随后两年内A公司的各种表现来看,再融资被否,似乎并不冤枉。

2. 上市之初,三干将共创业

A公司成立于2006年,在2010年于创业板上市,从事半导体光电产品的研发、生产和销售业务,是国内四元系红、黄光LED芯片产销量最大的企业之一,同时也是国内能够批量生产三结砷化镓太阳能电池外延片的最大的企业之一。

在上市之初,A公司的实际控制人为董事长邓××、董事兼总经理王××及公司董事王××,这三人均为公司的早期股东,并且在公司担任重要的职务,合计直接和间接持有公司61.8436%的股份,处于绝对控股地位。他们的持股比例如表2-3-10所示。

表2-3-10　　　　　　　　A公司上市初期各股东持股比例

序号	姓名	发行前持股数量(股)	发行前持股比例	在公司任职情况
1	邓××	20 029 320	22.6320%	董事长
2	王××	20 029 320	22.6320%	董事
3	王××	14 672 946	16.5796%	总经理、董事
	合计	54 731 586	61.8436%	

邓××作为A公司的董事长,在该领域具有丰富的管理经验;而王××则是半导体光电领域的知名技术专家,获得过多个个人奖项,与邓××是老同事和多年合作伙伴,一起创办了A公司,并且两人分别担任董事长与总经理,执行实际管理工作。

王××也是公司的元老,自2006年2月就进入A公司。他的持股比例与邓××持平,不过相比邓××和王××,他的角色更类似于一个投资人。

在上市发行股票前,A公司共有7名股东,持股比例如表2-3-11所示。

表2-3-11　　　　　　　　A公司上市前各股东持股比例

序号	股东名称	持股比例
1	邓××	22.632%
2	王××	22.632%

(续表)

序号	股东名称	持股比例
3	XX资本	20.560%
4	王××	15.088%
5	叶××	7.544%
6	郑××	7.544%
7	XX公司	4.000%
合计		100%

从此时A公司的股权结构来看，两个自然人股东持股比例一致，第三大股东与前两个股东的持股比例相似，持股比较分散。单从股权结构来看，控制权必然是不稳定的。此时出现了一致行动人的概念，《上市公司收购管理办法》第八十三条规定，"本办法所称一致行动，是指投资者通过协议、其他安排，与其他投资者共同扩大其所能够支配的一个上市公司股份表决权数量的行为或者事实"。中国证监会同时规定了一致行动人判定的12种情形，在符合12种情形之一的情况下，关系方构成一致行动人，具体内容包括有互相受同一控制，或者互相具有一定的亲属关系等。但是邓××、王××、王××明显不属于12种情形之一，邓××、王××和王××于2009年7月15日以书面方式确认，三方在报告期之内已存在并将在公司上市后36个月内持续存在一致行动关系。

3. 三干将起波澜，企业变无实控人

2010年8月12日，A公司成功上市，按照在上市时邓××、王××和王××三人所确认的，将在公司上市后36个月内持续存在一致行动关系。2013年8月13日即为当时承诺的36个月到期日。2013年10月25日晚，A公司发布了关于公司一致行动协议到期的公告，公司原实际控制人邓××、王××和王××合计持有公司股份比例为45.264%，其中，邓××为公司董事长，持股比例为16.97%；王××为公司董事兼副总经理，持股比例16.97%；王××为公司副董事长兼总经理，持股比例11.32%，因一致行动协议到期，上述三方正就续签一致行动协议相关事宜积极进行商讨。因此，自2013年8月13日起，A公司暂无实际控制人。

虽然A公司于2013年10月25日晚公告三方正就续签一致行动协议进行商讨，但是细心观察可以发现，王××于2013年10月24日请辞副总经理的职位，考虑到相比邓××、王××共创业的实际管理者身份，王××的身份更多是投资人，在公司上市3年后，王××是否打算退出，对此市场上议论纷纷。

2013年11月6日，A公司发布关于公司部分股东不再续签一致行动协议的公告。邓××、王××和王××共同决定不再续签一致行动协议。因此，三人对公司的共同控制关系解除。公司单个股东持有股份的比例均未超过公司总股本的30%。同时，公司任何股东均无法单独通过实际支配公司股份表决权决定公司董事会半数以上成员选任以及公司重大事项，A公司无实际控制人。

不再续签一致行动协议的公告一出，市场顿时出现了反应，A公司的股价在第二天出现了频繁的波动。2013年,受行业整体不景气的影响,A公司的利润出现了下滑,不过作为行业龙头,A公司仍具有不小的影响力。无实际控制权的企业,往往容易引发控制权的争夺,是原有的三位自然人股东另有想法,将有一方成为新的控制人,还是外来户举牌进入公司,大家都在静待事情的进一步发展。

4. 新股东入局,企业是否已改朝换代

在2013年解除一致行动协议后至2016年,邓××通过大宗交易及非公开发行的方式陆续进行了几次减持,持股比例由16.97%降至10.74%;王××也通过大宗交易的方式进行几次减持。2016年5月,王××以协议转让方式向和XXX旗下私募基金转让其持有的4370万股股份,占公司总股本的6.20%;向和XXX的一致行动人苏州XX旗下投资基金转让0.89%的股权。2016年8月,邓××以协议转让方式向和XXX转让其持有的6000万股股份,占公司总股本的8.52%。自此,和XXX及其一致行动人苏州XX合计持有A公司15.61%的股权,邓××的持股比例降为2.22%,王××持股比例降为1.53%,均不再是A公司的大股东。王××持股15.92%为公司第一大股东,但随着王××在2016年年底减持至15.28%,和XXX已成为A公司第一大股东,一批来自"和X系"的人马也顺理成章地先后进入A公司。

"和X系"成立于2011年的"和X集团",在2014年、2015年大举布局资本市场,投资了多家上市公司。其作为大股东的有两家,除了A公司,于2015年大手笔入主另外一家公司也是轰动一时,后又将这家公司转让给福建XX,即2018年加入A公司的与"和X系"构成一致行动人的另外一个股东,福建XX的实际控制人为三X集团。而"和X系"投资A公司所用的几只私募基金,一直未公布其出资方,直到2018年其自行公布为三X集团,市场才知晓。这样谜底才终于揭开,在A公司进入无实际控制人状态后,入主的资本投资方为三X集团。但这个信息直到2018年再融资方案被否后A公司才公布,之前丝毫未进行披露。2018年,A公司在回复中国证监会关于"和X系"是否构成对A公司的控制的时候,在董事会人员构成方面,说明A公司存在7名董事。

根据A公司的公司章程,董事会制订公司增加或者减少注册资本、发行债券或其他证券及上市方案,拟订公司重大收购、收购本公司股票或者合并、分立、解散及变更公司形式的方案,制订章程的修改方案,须经全体董事的2/3以上表决同意;除上述事项外,董事会作出其他事项的决议,可由全体董事的过半数表决同意。由董事会审批的对外担保,除应当经全体董事的过半数通过以外,还必须经出席董事会会议的2/3以上董事审议同意并作出决议。

A公司在回复中认为,7名董事中仅有金××及易××为"和X系"提名,其余董事均由提名与薪酬委员会提名,因此A公司不存在主要股东及其一致行动人通过实际支配上市公司股份表决权能够决定公司董事会半数以上成员选任的情况。但是,先不说提名与薪酬委员会中已有多名"和X系"人员进入,梁××为三X集团常务副总裁、三X资本总裁,于2017年加入A公司,如果"和X系"实际为三X系,那三X系是否对A公司形成了实际控制,A公司的回复可完全说不过去。这样看来,当时再融资方案被否,可就一点都不冤了。

5. 双雄"暗战",公司主权花落谁手

既然三X集团已经潜伏如此之久,那为何又要在2018年突然"自爆"呢? 这可能与另外一股力量再度加入息息相关。

2018年8月3日,就在再融资方案被否后的4天,A公司发布公告称,南X集团及其一致行动人王××于5月24日至8月2日通过大宗交易及集合竞价方式增持了公司股份3582.02万股,占公司总股本的5%。

2018年8月5日,A公司股东和XXX、苏州XX、聚XX一号基金与福建XX签署一致行动协议,构成一致行动关系;合计持有1.17亿股,占公司总股本的16.30%,为公司第一大股东;同时福建XX拟增持公司股份。

2018年9月17日,A公司发布《关于筹划发行股份及支付现金购买资产的提示性公告》,并于10月11日发布预案,拟以发行股份及支付现金方式购买浙江XX特100%股权。截至2018年9月30日,浙江XX特全部权益预估值为6.58亿元,增值3.23亿元,增值率为96.34%,作价6.5亿元。浙江XX特的主营业务是图形化蓝宝石衬底的研发、生产和销售。A公司的主营业务是LED芯片的研发、生产和销售,其中蓝绿光芯片以图形化蓝宝石衬底为原材料,通过有机金属化学气相沉积方法在其表面生长出特定单晶薄膜,加工为LED外延片,并进一步加工成LED芯片后销售给下游的LED封装企业。因此,浙江XX特是A公司的上游生产厂商。同时A公司申明,由于审计评估工作尚未完成,暂不召开股东大会。

随后的半个月时间,A公司忙于答复关于重组的问询函及披露相关信息。2018年11月1日,王××将其持有的A公司6.39%的股权,以协议方式转让给太X基金,X河投资为太行产业并购私募基金的管理人。因X河投资于2018年10月30日与南X实业及王××签署一致行动协议,故太X基金与南X实业及王××三方构成一致行动关系。自此,王××经过2017年、2018年陆续的减持及转让,持股权降至5%以下,而南X系的持股比例占到了A公司总股本的12.36%。

至此,A公司股东层面形成了合计持有16.30%股份的三X系与合计持有12.36%的南X系"双雄并立"的局面。

在股东层面明枪暗箭之时,对重组方案进行审议的股东大会却"难产"了起来。先是宣布将于2018年11月23日召开临时股东大会,又于11月20日宣布取消,随后于12月8日宣布将于12月24日召开。经过这么一番波折,12月24日的股东大会宣布重组方案未获通过也就没有那么令人惊讶了。根据重组草案的披露情况,王××不同意公司实施本次交易,而南X集团及其一致行动人王××暂未向公司反馈其对于本次交易的原则性意见。而根据2019年A公司对深交所关注函的答复来看,2018年12月24日的股东大会,南X系对该重组方案最终投出了反对票。

随后,A公司并未对该方案放弃,宣布将继续推进该次重组,而两方股东也不甘示弱,纷纷增持股权持续争斗。2019年4月20日,A公司最终宣布终止本次资产重组事项。而到了2019年年底,经过一系列增持,三X系作为第一大股东,持股比例达到了21.30%,南X系持股比例也达到了18.23%。在这一番折腾下,A公司的股价也是连连走低。

2019年11月22日,A公司发布公告,南X系承诺不可撤销地永久放弃6.33%股份的表决权、提名权等股东权利,并将根据自身及市场情况减持公司股票。南X系表决权比例下降至11.90%,似乎宣告着双雄的斗争告一段落。不过在第一大股东三X系持股21.30%、第二大股东南X系的表决权降至11.90%的背景下,A公司仍认为自己没有实际控制人,但这是否得到认可就各有言说了。

2020年2月14日,中国证监会正式颁布了再融资新规,降低了上市公司再融资的发行门槛,有利于企业进行股权融资。A公司了解再融资新规内容后,又有了再融资的想法,不过在2020年2月17日晚间,A公司披露《股价异动公告》,称不存在处于筹划阶段的重大事项。2020年2月20日晚间,A公司再次披露《股价异动公告》,称决定筹划非公开发行股票事项。因A公司未在决定筹划非公开发行股票事项后及时披露,被深交所通报批评,这个再融资的计划也一直在论证中迟迟没有正式开展。看来虽然双雄之争告一段落,A公司在信息披露方面的问题还是存在着,再融资的梦想也不知何时才能实现了。

6. A公司可转债控制权之争的启发

相比IPO与并购重组类项目,再融资类项目的要求相对宽松,以便企业进行融资发展业务。不过,要求的宽松不代表标准的降低,如果有损害中小股东利益、损害市场公平的嫌疑出现,项目一样会被否决掉。从A公司的案例可以看出,虽然实际控制人认定并不是影响再融资发行的条件,毕竟企业究竟由谁控制,企业自己最清楚,无论是无实际控制人状态,还是由大股东控制,只要如实披露、言之有理,监管部门一般均会予以认可,但是如果隐瞒不报、不及时、不准确地向市场披露该公告的信息,就涉嫌信息披露违规了。最终方案不能通过,无法顺利获取融资,影响的是企业自身发展,因此,企业在资本市场中应严格遵守市场规则约束,万不可有侥幸心理。

二、案例解析

(一) 涉及知识点

1. 实际控制人的认定

实际控制人的认定非常重要,如果任由一些别有用心的人随意认定无实际控制人,相应的制度安排和责任义务就可能形同虚设。新《证券法》把对实际控制人的规范放在了很重要的位置,明确规定实际控制人为信息披露义务人,并增设了相应的责任约束机制,如造假先行赔付、民事责任过错推定、欺诈发行股份购回等。

但是中国证监会和《公司法》对于实际控制人的界定并不完全相同。《公司法》第二百一十六条第三款的规定,"实际控制人,是指虽不是公司的股东,但通过投资关系、协议或者其他安排,能够实际支配公司行为的人"。基于《公司法》条文,控股股东是与实际控制人是不同的概念。控股股东与实际控制人的根本区别在于是否直接持有公司股份,控股股东直接持有公司股份,而实际控制人不直接持有公司股份。

而中国证监会在《〈首次公开发行股票并上市管理办法〉第十二条"实际控制人没有发生变更"的理解和适用——证券期货法律适用意见第1号》(证监法律字〔2007〕15号)中,将公司控制权界定为"是能够对股东大会的决议产生重大影响或者能够实际支配公司行为的权力,其渊源是对公司的直接或者间接的股权投资关系"。同时,该适用意见也给出了公司控制权认定的思路:认定公司控制权的归属,既需要审查相应的股权投资关系,也需要根据个案的实际情况,综合对发行人股东大会、董事会决议的实质影响,对董事和高级管理人员的提名及任免所起的作用等因素进行分析判断。所以,拥有公司控制权的人是指通过直接持有公司的股份或者通过投资关系、协议或者其他安排,或者同时通过上述两种方式,足以对股东大会的决议产生重大影响或者能够实际支配公司行为的人。

根据上述规定,直接或间接持有股权的,均可被界定为实际控制人。在实践中,中国证监会有将控股股东和实际控制人界定为同一人的案例。

沪深交易所对于实际控制人的界定也是不一致的。上交所的界定与《公司法》保持一致,即实控人不是公司股东;深交所则将实际控制人界定为"通过投资关系、协议或者其他安排,能够支配、实际支配公司行为的自然人、法人或者其他组织"。

综上所述,在实务中,实际控制人是指虽不直接持有公司股份,或者其直接持有的股份达不到控股股东要求的比例,但通过投资关系、协议或者其他安排,能够实际支配公司行为的自然人、法人或者其他组织。除考虑投资者对公司间接的股权投资关系外,下列因素也应考虑在内:其对股东大会的影响情况;其对董事会的影响情况;其对董事和高级管理人员的提名及任免情况;公司股东持股及其变动情况;公司董事、高级管理人员的变动情况;发行审核部门认定的其他有关情况。

由此可见,实际控制人的认定是依据其对公司的财务和经营政策是否拥有决定权,而不是仅仅依据其所持有的股份。当然对于一些体量巨大的企业和一些自然人股东非常分散的民营企业,也可能存在着无实际控制人或无法认定实际控制人的现象,A股市场中就有几十家上市公司不存在实际控制人。

2. 共同实际控制人

共同实际控制人的存在情形主要集中在股东股权比例较为分散,且没有一方持股到50%以上的情形。判断能否认定为共同实际控制人,需要考虑多方在报告期内是否形成一致行动关系以及在挂牌后能否确保在一定期间内仍保持一致行动关系。具体如下:

(1)由家庭成员关系认定为共同实际控制人。

(2)基于一致行动协议而产生的共同实际控制人,这种催生共同控制公司的动机和目的可以是各种各样的,并不局限于某一种情况。

(3)基于事实的一致行动而产生的共同实际控制人,典型如公司引入战略投资者使原创始人失去控股权的情况。对于投资者,特别是专业的投资机构而言,其主要看中的是公司的长远发展及收益,但鉴于其本身并非该行业专家,其无法也不可能参与到公司的日常经营决策中,而公司原创始人虽然让出了控股权,却由于其专业能力和经验能够对公司的日常经营决策施加重大影响。此时,创始人与投资者是一种相互依存以实现各自目的的关系,因此,应当谨慎地将双方列为共同实际控制人。当然,除全面体现控制权之外,是否为"共同控制"才是共同实际控制人的重点,如双方各拥有对公司的一部分控制权,却长期意见冲突,内部不能统一,则共同控制无从谈起,甚至公司可能有陷入僵局的危险。因此,中介机构应当充分列举证据说明各方在过往共同控制公司的事实,以证明其在过往确实保持了一致行动从而实现共同控制。其中的事实包括:在历次股东大会和董事会的决议表决时,各方的意见是否保持一致,是否存在过意见不一致的情形;在董事提名、高管任命上是否保持一致,是否存在过重大分歧;各方在公司管理层的任职情况、公司管理过程中的分工情况上,是否保证了各方在公司日常生产经营决策上都能够保持一致,不存在重大分歧;等等。从另一角度来说,这些一致行动的事实甚至比一纸一致行动协议来得更加重要,毕竟协议仍然存在倒签的可能,而事实却是铁证。

(二) 要点分析

按照新《证券法》,收购上市公司可以采用要约收购、协议收购和其他合法方式。新《证券法》第六十三条规定:"通过证券交易所的证券交易,投资者持有或者通过协议、其他安排与他人共同持有一个上市公司已发行的有表决权股份达到百分之五时,应当在该事实发生之日起三日内,向国务院证券监督管理机构、证券交易所作出书面报告,通知该上市公司,并予公告,在上述期限内不得再行买卖该上市公司的股票,但国务院证券监督管理机构规定的情形除外。投资者持有或者通过协议、其他安排与他人共同持有一个上市公司已发行的有表决权股份达到百分之五后,其所持该上市公司已发行的有表决权股份比例每增加或者减少百分之五,应当依照前款规定进行报告和公告,在该事实发生之日起至公告后三日内,不得再行买卖该上市公司的股票,但国务院证券监督管理机构规定的情形除外。投资者持有或者通过协议、其他安排与他人共同持有一个上市公司已发行的有表决权股份达到百分之五,其所持该上市公司已发行的有表决权股份比例每增加或者减少百分之一,应当在该事实发生的次日通知该上市公司,并予公告。"

这些条文使得上市公司要约收购中出现了两个法律难题:一是报告和披露义务;二是一致行动人问题。这两个问题紧密相关。之所以规定报告义务,是为了公平起见。在上市公司收购的攻防之战中,如果不设这种义务,收购方就不是"门口"的野蛮人,而是已经通过特洛伊木马攻入城门的军队,守城一方难免措手不及,不甚公平。另外,对于二级市场投资者而言,信息披露越充分,他们越容易作出选择。比如,收购方在持股5%时应报告,而收购方直到25%才报告,就会造成损失。

信息披露是《证券法》的核心制度,也是防止证券欺诈的根本性机制。信息披露是各国收购立法的重点以及上市公司收购监管的主要方式。在我国资本市场,上市公司收购绝大多数采用协议收购方式,但现行协议收购的制度建构零散不成体系,且未能依据协议收购的内在机理建立科学的信息披露规制措施,从而给资本市场并购监管造成很大的困境。为维护资本市场上市公司收购的秩序性和公平性,确保实现上市公司收购的积极功能,现今并购市场发达的国家毫无例外地将信息披露作为收购立法的重点以及上市公司收购监管的主要方式。我国现行《证券法》对上市公司收购的监管总体上也是以信息披露制度为抓手,并根据收购方式的不同类别施加不同层次的监管措施。

大量事实证明,信息披露是公司治理的决定性因素之一,而公司治理框架又直接影响着信息披露的要求、内容和质量。一般而言,信息披露受内部和外部两种制度制约。外部制度是国家和有关机构对公司信息披露的各种规定;内部制度是公司治理对信息披露的各种制度要求,这些要求在信息披露的内容、时间、详细程度等各方面可能与信息披露的外部制度一致,也可能不完全一致。但无论如何,公司的信息披露存在着边界。通常,外部边界由信息披露的外部制度,即法律法规来决定;内部边界则由公司治理框架来决定。在许多国家,公司的信息披露不仅仅限于法律法规的要求,更有不少公司的大量信息是基于公司治理的目标而自愿披露的。因此,公司治理信息披露具有内、外两种制度约束及动力。

实践也证明,信息披露制度的完善直接关系公司治理的成败。一个强有力的信息披露制度是对公司进行监督的典型特征,是股东具有行使表决权能力的关键。资本市场活跃国家的经验表明,信息披露是影响公司行为和保护中小股东利益的有力工具。强有力的披露制度有助于吸引资金,维持公众对资本市场的信心。股东和潜在投资者需要得到定期的、可靠的、可比的和足够详细的信息,从而使他们能对管理层是否称职作出评价,并对股票的价值评估、持有和表决作出有根据的决策。信息短缺且条理不清会影响市场的运作能力、增加资本成本,并导致资源配置不当。鉴于信息披露的重要作用,世界各国在其公司治理原则或研究报告中对信息披露均提出了相应的要求,以保证对公司的有效管理。

(三) 启发思考题

(1) 简述"一致行动人"及其判定情形。
(2) 如果上市公司出现没有实际控制人这种情况,市场通常会如何反应?
(3) 你如何看待 A 公司对中国证监会关于实际控制人的回复?
(4) A 公司在信息披露方面存在哪些问题?
(5) 为什么说信息披露是公司治理的决定性因素?

第四部分 PART 4

债券发行业务案例与解析

案例1 积极探索金融扶贫,践行国家战略

【摘要】本案例描述了XXXX证券通过专业金融知识对凉山州进行扶贫工作。XXXX证券秉持"贯彻国家政策以金融促发展"的经营理念,以凉山州最大的地方国有产业综合投融资平台——XX发展(控股)集团有限责任公司为切入点提供综合金融服务,即以发行债券为主、其他金融服务为辅的综合金融服务方案,拓展XX发展集团融资渠道,为凉山州的经济发展和脱贫脱困工作贡献一份力量。

【关键词】 脱贫脱困 金融促发展 扶贫债券

一、案例陈述

凉山彝族自治州(简称凉山州、凉山)首府西昌市,是四川省的21个地级行政区之一。凉山州2019年度GDP为1 676.30亿元,虽然位列四川省第九,但却是全国"三区三州"深度贫困地区之一。凉山州下辖17个县市,其中国家级贫困县7个,分别为普格县、布拖县、金阳县、昭觉县、喜德县、越西县、美姑县。

四川作为全国脱贫攻坚的主战场之一,2019年全省未摘帽贫困县7个,未退出贫困村300个,全部都在凉山;全省还有贫困人口20.3万人,其中17.8万人在凉山,且集中在7个未摘帽贫困县的贫困人口就占了99.6%。

党中央高度重视民族地区发展,特别关心彝族人民群众。党的十八大以来,习近平总书记多次讲到凉山深度贫困问题,特别指出彝族兄弟对中国革命是有重要贡献的,要继续加强政策支持,加大工作力度,确保彝区与全国全省同步实现全面小康。

为统筹凉山州社会经济资源,完善基础设施建设,加快凉山州经济发展,当地国资委作

为第一大股东和实际控制人发起成立XX发展(控股)集团有限责任公司(简称XX发展集团),当地下属县级国资办或财政局持有公司其余股权。

当地政府及国资委致力将"来凉山发展"打造成为具有强大经济实力和可持续发展能力的国有产业综合投融资平台。在进一步提升当地的经济水平和完善脱贫脱困工作中,XX发展集团面临重大的发展机遇与挑战。

1. 确定扶贫对象,规划扶贫方案

1) 确定扶贫切入点

XXXX证券结合党和国家的方针政策、秉持"贯彻国家政策以金融促发展"的核心经营理念,依托XXXX证券四川分公司、总部投资银行部、债务融资部和资本市场部等部门以及XXXX证券资产管理有限公司和XXXX证券国际控股有限公司等子公司,充分利用自身的专业知识和平台资源,为凉山州脱贫脱困贡献一份力量。

XX发展集团为州级重要的国有资产经营和产业投融资主体,也是当地唯一一家在资本市场进行融资的地方投融资主体,负责棚改及易地扶贫搬迁资金承接、州内道路交通等基础设施建设,以及矿产、水电和客运等业务运营。此外,XX发展集团将凉山州下辖的14个县的国资(国投)公司整合至合并范围内,上述14家国资(国投)公司主要在各自的县域从事基础设施建设、国有资产投资和经营管理等。

然而,如果采用对凉山州进行全范围的扶贫方式,那么无论在效果上还是所付出的精力上都难以令人满意。针对这种情况,XXXX证券采取"以点切入,覆盖全面"的策略,以XX发展集团为主要切入点,为XX发展集团提供多样化的金融服务,拓展XX发展集团除银行贷款外的融资渠道。

2) 迈出扶贫第一步

XXXX证券以XX发展集团为切入点,主动到XX发展集团现场进行调研和访谈,结合自身专业知识,判断XX发展集团的机遇和困难所在。

自2012年起,XXXX证券开始为XX发展集团提供金融服务。其间XXXX证券四川分公司积极协调调动总部资源,为XX发展集团提供全方位的综合金融服务。XX发展集团在2014年1月与XXXX证券签订了战略合作协议,突出了XXXX证券在XX发展集团资本市场运作方面的关键作用,约定了XXXX证券为XX发展集团未来的投融资等资本市场领域的发展制订方案、出谋划策。双方自此建立了深厚的合作友谊,XXXX证券也自此在凉山州的扶贫路上奋力前行。

3) 规划扶贫方案

(1) 确定以发行债券为方向。为最大限度地有利于凉山州的脱贫脱困工作,XXXX证券决定以发行债券为主体、其他金融服务为辅的方式进行。通过发行债券的方式帮助XX发展集团募集资金最重要的原因在于发行债券募集资金是直接融资的方式,相较于银行借款,发行债券的方式更为市场化,融资利率更低。此外,其他优点主要可以分为两方面:一方面,通过发行债券的方式可以帮助XX发展集团拓展融资渠道,提高企业形象,进而有利于企业的进一步发展;另一方面,通过发行债券的方式可以在公开市场募得较大规模资金,以供企业用于项目投资,取得项目投资收益,形成良性循环,其余资金也可用于偿还借款等,缓解资金压力。

(2) 确定方案细节。一般而言，债券的主要要素有发行主体、债券品种、发行期限、发行规模和主体评级等，对于 XX 发展集团来说，发行主体和主体评级已经确定，因此确定债券品种、发行规模和发行期限是融资方案的重中之重。

2015 年，XXXX 证券开始具体策划融资方案，对 XX 发展集团 2014 年的审计报告进行分析后发现，XX 发展集团的短期银行借款为 6.74 亿元，而长期银行借款为 36.77 亿元，这也就意味着 XX 发展集团对短期资金的需求较弱，而对长期资金需求较强。债券品种一般可以按照监管机构的不同划分为三大类，即企业债券、公司债券和债务融资工具。考虑到 XX 发展集团已有过发行债务融资工具和企业债的情况，为了进一步加快债券发行工作，提高监管机构的审核效率，XXXX 证券最先将范围定在这两个品种。但是，企业债券一般要求有确定的投资项目，而当时 XX 发展集团的主要意图是通过债券置换银行贷款和补充营运资金，因此，XXXX 证券决定选择发行债务融资工具。经过债券期限和债券大类的筛选，XXXX 证券初步拟定发行长期限的债务融资工具。长期限的债务融资工具主要有中期票据（MTN）和定向债务融资工具（PPN）。MTN 是公开发行的方式，而 PPN 是私募发行的方式。通常，公募发行债券较私募的方式票面利率可降低 50 BP～100 BP。出于为 XX 发展集团募集资金的同时降低融资成本的考虑，XXXX 证券决定为 XX 发展集团发行 MTN。

接下来，XXXX 证券需要确定债券的发行规模。发行规模过大会超出企业的承受能力，企业可能面临难以承担财务费用、难以偿还和资金管理压力增大的困难；而募集资金过小则对发行人的资金需求又难以满足。于是，XXXX 证券对发行人的审计报告进行认真分析，首先需要明确的是，按照当时中国银行间市场交易商协会①（简称交易商协会），企业累计公开发行中期票据的规模不得超过净资产的 40%。截至 2014 年年末，XX 发展集团的净资产规模为 96.26 亿元，已发行的中期票据规模为 11 亿元，剩余可发行规模为 27.50 亿元（96.26×40%－11＝27.50）。综合考虑到 XX 发展集团的资金置换需求、资产规模和市场上投资者对 XX 发展集团的认可程度（决定了 XX 发展集团本期债券的发行成本，若规模过大可能融资成本较高）等因素，经过反复磋商，最终 XX 发展集团和 XXXX 证券决定发行规模为 10 亿元。

然后，XXXX 证券需要对债券的发行期限进行确认。一般而言，中期票据的发行规模为 3 年期、5 年期、7 年期和 10 年期不等。期限越长，票面利率越高，所付出的财务成本就越高。因此，确认期限更应当与企业的实际资金使用需求相匹配，而不是越短或者越长则越好。XXXX 证券对 XX 发展集团的主要业务和拟偿还的银行借款期限进行分析，发现 XX 发展集团对中长期的资金需求更大，因此最终商定发行期限为 5 年期，以更好地满足资金需求以及降低融资成本。

(3) 克服重重阻碍，灵活尽职调查。切入点确定后，XXXX 证券紧接着便开始紧锣密鼓地为 XX 发展集团进行债券融资准备。本着对投资者负责的态度，XXXX 证券要对 XX 发展集团作充分的尽调。而 XX 发展集团的业务和子公司又遍布凉山各个县市，尽调面临交通不便和人员精力难以覆盖大区域的现场尽调的双重困难。于是，XXXX 证券债务融资部立即和质控部进行沟通，采取抽样调查和电话访谈相结合的方法对 XX 发展集团的生产活

---

① 债务融资工具的主管机构。

动进行尽调。

XXXX证券将XX发展集团分布在不同县市的主要子公司按规模大小分为三档——大型、中型和小型,然后分别从大、中、小三个档位抽取两家子公司进行现场尽调,对于其余主要子公司则采取对公司领导人进行电话访谈的形式进行。尽调团队兵分多路进行为期数十日的尽调工作。

(4) 债券顺利发行。在对XX发展集团充分进行尽调工作后,XXXX证券对XX发展集团有了清楚的了解,于是从方案设计到投资者沟通等工作都得以顺利展开,为当时债券发行市场还不是非常活跃的凉山制订了一系列投融资计划。

2015年9月,XXXX证券为XX发展集团发行的第一只规模10亿元的中期票据"XXX国有投资发展有限责任公司2015年度第一期中期票据"获得圆满成功。XXXX证券严守投资机构投标利率,力求压低客户发行成本,最终该期中期票据票面利率比XX发展集团发行的上一期中期票据票面利率低出105 BP,为XX发展集团节省财务费用超过5 000万元。

2. 拓展创新品种,助力企业成长

1) 全国少数民族地区首单境外债的诞生

经过与XX发展集团深度接触,在对凉山州经济状况和脱贫脱困工作更加了解后,XXXX证券决定不止步于此,而是形成良性的合作关系,力争通过自身平台优势和专业的金融知识帮助XX发展集团扩大业务规模,更好地做好当地脱贫工作。

2016年,四川省尚未有任何一家企业发行境外债券,XXXX证券开始引导XX发展集团走出国门,在海外市场公开发行美元债,扩大影响力。这成为少数民族地区的标杆,也成为四川省首批少有的境外发债企业之一。

2017年6月,在反复引导并最终获知了XX发展集团海外发债的意愿后,XXXX证券国际公司海外债团队开始正式推进其美元债的发行,并于2018年4月获得了国家发改委备案函。随后,XXXX证券立即投入投资者寻找及询价工作,并于2019年6月顺利完成3亿美元的募集。

在发行美元债运作期间,XXXX证券频繁前往四川和北京,协助XX发展集团与四川省发改委和国家发改委的沟通汇报,单是申报材料就分别在2017年年底以及2018年年初提交了两次,中间更是多番反馈答复和协调。由于发行人从未在境外发债,境外投资者对凉山发展甚是陌生。因此,XXXX证券于2018年10月组织多场境外路演活动,在中国香港、新加坡等地密集安排境外投资机构见面会,对投资者可能提出的问题进行充分预尽调,为后续成功发行奠定了扎实基础。XX发展集团美元债的诞生历经3年时间,是全国少数民族地区首单公开发行的境外债券,为XX发展集团走进海外资本市场的视野打下了坚实基础。

2) 四川首单扶贫公司债、首单扶贫中票的顺利落地

2018年2月,习近平总书记来到凉山彝族自治州,深入村镇,考察脱贫攻坚和经济社会发展工作,加速了当地扶贫工作的推进。XX发展集团在当地脱贫攻坚工作中承担了重要的易地扶贫、产业扶贫及金融扶贫使命。

XXXX证券进一步思考对XX发展集团提供更加细分的服务,力求在金融产品上开拓创新。XXXX证券与交易所及交易商协会积极沟通,多次协同XX发展集团前往北京汇报扶贫工作进展并征求监管部门关于XX发展集团发行扶贫债券的可行性意见。最终,XX发

展集团分别于2018年9月、2019年11月和2020年4月完成了3亿元扶贫私募公司债、5亿元扶贫中票和20亿元扶贫公募公司债的发行工作,实实在在地用金融创新为当地实体经济贡献力量。

3）助力企业成长

考虑到凉山州经济情况和XX发展集团财务状况等因素,评级机构一直给予XX发展集团AA的主体评级。多年来,XXXX证券积极为XX发展集团进一步发展出谋划策,引导正确的发展方向,助力企业业务规模和资产规模双双扩大。

近年来,XX发展集团在XXXX证券的建议下进一步扩大企业规模,划转多个企业至公司合并范围。2017年至2019年年末,XX发展集团总资产分别为595.69亿元、607.95亿元和704.05亿元;营业收入分别为21.11亿元、22.73亿元和35.39亿元;净利润分别为1.84亿元、1.91亿元和2.28亿元。无论是在总资产规模上还是在盈利能力上,XX发展集团均有明显提升。

在偿债能力方面,2017年至2019年,XX发展集团的流动比率分别为1.99、1.35和1.75;速动比率分别为1.70、1.16和1.47;税息折旧及摊销前利润(EBITDA)分别为10.17亿元、10.50亿元和13.15亿元;利息保障倍数分别为1.38、1.42和1.41;EBITDA利息保障倍数分别为1.76、1.74和1.95,偿债能力稳步增强,指标整体向好。

在经过多年的协同发展后,XXXX证券重新对XX发展集团的整体资质进行评估,结合自身丰富的融资经验,认为XX发展集团的主体资质较之前有明显提升。XXXX证券建议XX发展集团再次邀请评级机构对公司进行全面的尽职调查,对公司的资质进行重新评估,最终获得大公国际资信评估有限公司和联合资信评估有限公司的AA+评级,资本市场认可度进一步提高,融资成本进一步降低。

3. 积极探索,综合扶贫

XXXX证券充分利用自身平台优势,积极探索多样化的扶贫方式。XXXX证券形成以四川分公司为牵头探索需求、其余部门为辅的模式,为XX发展集团提供综合金融服务。

1）一司一县帮扶

2016年12月,XXXX证券与凉山州普格县人民政府签订"一司一县"结对帮扶全面战略合作协议。XXXX证券恪守社会责任,凝聚总分力量,从金融帮扶、产业帮扶、财务顾问、教育帮扶及公益帮扶等方面开展精准扶贫,增强帮扶地区自我持续发展的能力。

2）深入落实金融帮扶

XXXX证券通过设立营业网点优化地方金融机构布局,对凉山州下辖11个贫困县的分管市长、国资公司董事长等开展金融专题培训等多种方式进行金融帮扶。

3）认真抓好产业帮扶

XXXX证券结合凉山州贫困地区产业特点和政策环境,以服务企业融资为工作重点持续帮助凉山州通过资本市场扩展融资渠道。2018年,XXXX证券推动XX发展集团成功发行四川省首单"扶贫"公司债券。截至目前,XXXX证券累计为XX发展集团发行各类境内债券超90亿元、美元债券3亿美金,全部用于凉山地区项目。

4）提供财务顾问服务

XXXX证券对凉山州经济、产业等进行充分调研分析,为凉山州政府出具相关发展规划建议,为州内企业走向资本市场提供专业咨询以及设计各种可操作方案;深度参与当地地区企业扶贫改制工作,全程辅导 XX 发展集团国企改革、XX 文旅及西昌汽运公司改制,为凉山地区脱贫攻坚战提供资本市场专业支持。

5) 深入开展教育帮扶

XXXX 证券组织普格县 10 位教师参加暑期教师高级研修班、资金资助 300 名贫困学生完成学业、资金资助 50 位贫困教师改善生活、制定"成长无忧计划"定制保险项目,为普格县 29 150 名小学生、1 683 名教师购买人身意外保险等,通过持续开展教育帮扶,逐步改善当地的教学环境和质量。

6) 全力开展公益帮扶

2017 年 8 月,普格县遭遇特大泥石流灾害,XXXX 证券向灾区捐赠 10 万元,并积极发动青年志愿者开展"在一起·留守的天空"系列关爱留守儿童公益项目;积极利用公司平台,开展农产品消费扶贫,帮助凉山州贫困县搭建销售新渠道推销石榴、苹果等特色农副产品,从购买、助销两方面进行消费帮扶,促进当地产业发展。

二、案例解析

(一) 涉及知识点

我国已经将扶贫提升到国家级战略,这是非常必要的举措,有利于支持困难群众脱贫致富、维护社会稳定,对全面建成小康社会、实现"两个一百年"奋斗目标、筑牢根基,实现国家的长治久安,具有十分重要的意义。国务院、国家发改委、中国证监会等相关部门下达多个文件以支持帮助贫困地区企业利用多层次资本市场进行融资,早日脱贫致富。其中,扶贫债是重要的金融工具之一。扶贫债的发展,可以有效发挥资本市场的资源配置作用,解决贫困地区政府或企业"融资难、融资贵"的问题。

按照直接融资和间接融资方式,目前我国的扶贫债券体系分成专项金融债、扶贫信用债和扶贫资产证券化产品三个品种。间接的扶贫债券融资方式——扶贫专项金融债由银行机构发行;后两种形式是直接扶贫债券融资方式,以普通企业为发行主体,募集资金将直接投资于扶贫项目或贫困地区。由于监管层更倾向于充分发挥直接融资在扶贫领域的积极作用,下面主要分析扶贫信用债的发行现状。

扶贫信用债又分为沪深交易所发行的扶贫专项公司债券、银行间市场发行的扶贫项目收益债券、交易商协会的非金融企业扶贫专项票据。我国扶贫信用债的发行数量和规模逐年增加,自 2016 年年初至 2019 年 7 月中旬,扶贫信用债的发行数量共计 57 只,发行规模共计 446.1 亿元。

扶贫信用债发行人的主体评级较多地集中在 AAA 级和 AA 级,债项级别主要集中在 AAA 级、A－1 级、AA＋级。扶贫信用债的发行主体包括地方国企、央企、民企、公众企业等。

从募集资金用途来看,其较多地用于偿还前期投向扶贫领域的债务,带有明显的"以新还旧"特点。

从产品设计来看,债券类型较多选择交易商协会主管的非金融企业债务融资工具,其次是证监会监管的公司债,国家发改委监管的企业债则运用较少;发行方式以公募为主;债券期限以3年期、5年期为主。

从注册地来看,扶贫信用债包括以下三种:第一种是由贫困地区注册企业发行,其发行的债券可直接被认定为扶贫信用债,仅需要说明自身注册地确实位于贫困地区——国家级扶贫工作重点县、连片特困区贫困县或深度贫困地区(如"三区三州"),募集资金用于自身经营,不需要对募集资金用途进行特别限制,用于扶贫项目的建设、运营或者用于补充流动资金均可,同时其偿债也主要依赖自身经营收益、资产变现或外部融资。第二种是由业务涉及贫困地区但注册地在非贫困地区的企业发行,募集资金少部分(小于50%)用于企业在贫困地区的项目投资、业务运营或扶贫项目债务偿还。第三种是由业务涉及贫困地区但注册地在非贫困地区的企业发行,募集资金的全部或大部分(大于或等于50%)用于扶贫项目投资或债务偿还。后两种注册地在非贫困地区的企业,必须证明其所发债券的募集资金用途符合金融精准扶贫要求,并列举相关依据。

(二)要点分析

1. 扶贫债券在具体的发行流程需要注意的关键环节

发行扶贫信用债并不强制要求其募集资金直接投向扶贫项目,也可以将募集资金用于偿还前期投向扶贫项目的债务资金。因此,若找不到合适的募投项目,也可以对投资扶贫项目形成的存量债务进行梳理,选择若干扶贫效果较为显著的项目并将相关借款"打包",以偿还扶贫债务的名义来发行扶贫信用债。

无论扶贫信用债的募集资金是用于偿还前期投向扶贫项目的债务,还是直接用于扶贫项目的建设、运营,都需要对相关项目的扶贫效果进行评估。目前来看,对于不同类型的扶贫项目来说,判断其扶贫效果是否显著的依据存在差异。

从关于扶贫信用债的相关监管规定可知,国家发改委监管的扶贫项目收益债要求募集资金100%用于扶贫项目建设、运营(普通的扶贫企业债无明确要求),中国证监会监管下的扶贫公司债要求用于精准扶贫用途的占比不得低于募集资金总额的50%,交易商协会主管的扶贫票据要求用于精准扶贫用途的占比不得低于募集资金总额的30%。

在扶贫信用债的产品设计环节,最重要的工作是选择债券类型、测算债券规模。

虽然扶贫信用债带有公益色彩,但其归根结底是债务,需要偿还本金和利息。基础设施类扶贫项目及供水、供电、供热、供气等相关配套项目,可通过政府采购项目结算、政府购买公共服务付费、使用者付费等方式回收现金流来偿还债务。产业扶贫类项目,比如旅游业、养殖业、生态林业等,均可通过项目经营取得收益,并以不断积累的收益来偿还债务。易地扶贫搬迁项目,可通过利用增减挂钩政策、置换用地指标上市交易的方式获取收益,进而来偿还相关债务。此外,扶贫信用债的偿债资金来源还包括资产变现、政府支持、外部融资、担保方代偿等渠道,均需发行主体仔细斟酌、合理安排。

2. 扶贫债券中需要解决的问题

第一,配套的政策体系不够完善、监管主体过于单一。相关指导性文件尚未出台,无法保障扶贫资金与扶贫项目的顺利对接,发行主体在发行过程中无章可依、无法可循;在宏观层面,尚未出台相关政策以规划扶贫债券的整体发展;在微观层面,仅有部分文件提到了扶贫债券可享受快捷的申报流程优化服务。中国证监会于2016年发布《中国证监会关于发挥资本市场作用服务国家脱贫攻坚战略的意见》,但是和扶贫债券有关的仅是其申报受理和审核可以使用"即报即申"政策。2017年,中国人民银行等四部门联合印发《关于金融支持深度贫困地区脱贫攻坚的意见》,该意见除提到针对扶贫公司债和扶贫ABS的"即报即申"的政策外,亦只提到发行非金融企业债务融资工具的企业可享受会费减半的优惠。上述的两个文件均是在申报审核等业务层面作出了一些规定,并未涉及对具体各品种扶贫债券的界定及业务规范。2018年5月,上交所和深交所前后发布了《上海证券交易所公司债券融资监管问答——扶贫专项公司债券》和《深圳证券交易所公司债券融资监管问答——扶贫专项公司债券》,针对界定标准、精准扶贫项目要求、募集资金使用要求和具体支持措施四个方面,明确了扶贫公司债的相关事宜。同时,除中国人民银行、国家发改委、中国证监会等官方债券监管主体外,扶贫债券市场上也没有对应的自律性组织来约束扶贫债券的发展。

第二,扶贫债的信息透明度相对较低,会抑制投资者参与。扶贫债的信息披露机制不健全,仅扶贫公司债的信息披露有相应要求,其余品种的扶贫债券则尚未出台相关文件规定其信息披露标准。除此之外,扶贫公司债的信息披露时间及次数也未有明确规定。

第三,社会对这一重要扶贫金融工具的宣传和关注程度也不够充分,不利于提高扶贫债在全社会的关注度和影响力。

以上问题都阻碍了我国扶贫债市场进一步发展,不利于我国扶贫事业发展壮大。因此,我们必须解决扶贫债发展中存在的问题,充分发挥扶贫债的作用,助力我国扶贫事业发展,以实现全面建成小康社会的目标。

(三) 启发思考题

(1) 简述MTN和PPN两种长期债务融资工具。
(2) XX发展集团发行MTN的原因是什么?
(3) 确定债券发行规模有哪些因素?
(4) 发行扶贫债券要注意哪些问题?
(5) XX发展集团的偿债资金来源是什么?

案例2 标准化票据的运用与风险

【摘要】票据作为具有信贷属性的短期融资工具,具有传导货币政策、帮助中小企业融资的功能。但我国票据市场在发挥融资功能时受制约,金融机构参与投资票据资产受限。票据职能发挥受阻的主要原因一是票据的"非标准化"债权资产性质。"XX银行事件"打破了刚性兑付,受"XX银行事件"影响,数家金融机构频频出现信用风险,同期限的银行承兑汇票、票据的贴现及转贴现利差因承兑行信用风险而拉大,各交易机构调整授信白名单,引发票据市场流动性断层问题。因此,票据业务的标准化正当其时,通过推进票据"非标"转"标"

进程,将打破资管产品及理财产品投资者与票据资产的阻碍,扩大票据资产的投资者范围,落实货币政策的传导,进一步满足实体企业、中小企业的融资需求。

【关键词】 标准化票据 信用风险 承兑汇票

一、案例陈述

谈及标准化票据,自然要先谈非标准化票据。2011年7月至2012年2月底前,商业银行将已贴现未到期的票据以约定的利率转让给特定的信托计划是较为常见的做法,也即票据信托业务。

2012年2月,中国银监会颁布《中国银监会办公厅关于信托公司票据信托业务等有关事项的通知》(银监办发〔2012〕70号),该通知的核心事项是"信托公司不得与商业银行开展各种形式的票据资产转让/受让业务",票据集合信托业务被正式禁止。至2018年,随着保理业务、供应链业务快速发展,信托公司开始基于票据保理、供应链融资少量开展一些非标票据业务,交易对手变成了保理公司或者应收账款的持有人,而信托基础资产则由以前的商业银行已贴现票据变为应收账款或债权资产,票据由信托基础资产变为应收支付手段或者增信措施。

这种非标票据业务之所以没有全面铺开,一则是因为非标票据在信托业务规模中占比太小,很难为这个业务投入更多的系统化建设,主要都靠人工操作,非标票据底层资产小、多、散,涉及投放、到期管理等工作量和运营成本巨大;二则是因为信托公司对这类小而分散的资产存在一定的获客难度;三则是因为资产到期时间也很分散,不做循环池则需要募集期限匹配的资金,而做循环池又要解决资产错配和成本测算的难题。上述问题使得非标票据业务很难全面开花。

2018年4月27日,中国人民银行等联合发布《关于规范金融机构资产管理业务的指导意见》(即资管新规),非标资产的投资主体受到极大的限制,票据业务的前景进一步变得灰暗,票据从业人员也一直在努力探索票据资产的非标转标路径。

2019年8月15日,为了解决因XX银行接管事件带来的中小金融机构融资成本因信用风险溢价而高企、票据贴现市场及转贴现市场出现的流动性断层问题,以及对流动性压力较大的金融机构提供流动性支持,上海票据交易所股份有限公司(简称票交所)发布《关于申报创设2019年第一期标准化票据的公告》,正式创设标准化票据,为票据资产从"非标准化"向"标准化"转变作出了有益的探索。

2020年2月14日,在前期标准化票据试点经验基础上,中国人民银行发布《标准化票据管理办法(征求意见稿)》,标准化票据的整体框架和核心机制已基本确立,标准化票据的发展无疑将为票据市场的发展带来新的机遇,也将为中小企业融资难融资慢融资贵等现状纾困解难。

2020年6月28日,为规范标准化票据融资机制,更好地服务中小企业融资和供应链金融发展,中国人民银行正式制定了《标准化票据管理办法》,自2020年7月28日起实施。

1. 标准化票据的参与主体及参与模式

根据《标准化票据管理办法》，标准化票据是指存托机构归集核心信用要素相似、期限相近的商业汇票组建基础资产池，以基础资产池产生的现金流为偿付支持而创设的等分化受益凭证，属于货币市场工具。

标准化票据的参与方主要包括票据持有人、存托机构、承销机构、票据经纪机构、登记托管机构、资金保管机构等，相关角色和职能见表2-4-1。证券公司一般在标准化票据业务中的角色为存托机构、承销机构或同时担任存托机构和承销机构。

表 2-4-1　　　　　　　　参与标准化票据的相关角色和职能

序号	参与机构类别	对应机构	职能
1	存托机构	商业银行或证券公司	为标准化票据提供基础资产归集、管理、创设及信息服务的机构
2	原始持票人	持有票据的企业或银行	通过提供基础资产（票据）获得融资
3	票据经纪机构	金融机构独立的票据经纪部门	负责归集基础资产（票据）
4	投资人	银行间债券市场参与者	购买标准化票据获取收益
5	承销机构	符合《全国银行间债券市场金融债券发行管理办法》的金融机构	承销标准化票据
6	票据市场基础设施	上海票据交易所	为基础资产提供登记、托管、清算结算等服务
7	标准化票据托管机构	上海清算所	标准化票据的登记、托管、清算结算
8	资金保管机构	存托机构或其委托的金融机构	保管资金
9	信用评级机构	信用评级公司	信用评级或风险评估服务
10	法律顾问	律师事务所	法律服务

标准化票据根据基础资产的复杂程度可分为三种合作模式。

第一种业务模式：原始持票人与存托/销售机构签署存托协议，将合法持有的符合要求的票据转让给存托/销售机构，投资人/标准化票据持有人缴款认购标票，再由存托/销售机构向原始持票人支付对价。

这种模式适用于存托/销售机构已经掌握了票据资源、基础资产数量少、原始持票人数可控、融资规模适中的情形，且存托机构自身销售能力较强的情形。

第二种业务模式：原始持票人与存托/销售机构签署存托协议，存托/销售机构委托票据经纪机构向原始持票人归集票据，投资人/标准化票据持有人缴款认购标票，再由存托/销售机构向原始持票人支付对价。

这种模式是在第一种合作模式的基础上引入了票据经纪机构，适用于票据经纪机构掌握票据资源的情形；可以扩大基础资产的规模，利用票据经纪机构的IT平台或网点优势。

第三种业务模式：原始持票人与存托/销售机构签署存托协议，存托/销售机构委托票据经纪机构向原始持票人归集票据，存托/销售机构委托其他销售机构进行标票销售，投资人/标准化票据持有人通过其他销售机构缴款认购标票，再由存托/销售机构向原始持票人支付对价。

这种模式是在第二种合作模式的基础上进一步引入了其他销售机构,可以有效缓解因当期融资规模过大而带来的销售压力。

2. 标准化票据案例简析

2019年8月,经中国人民银行批准,票交所推出了标准化票据业务试点,XXXX证券在监管机构的指导下参与了第一期与第二期标准化票据业务试点,基础资产是锦州银行作为承兑人的银行承兑汇票,总计规模9.67亿元,产品期限分别是92天和57天。

2020年7月,在《标准化票据管理办法》正式生效后,XXXX证券参与落地了首批标准化票据项目。以下就XXXX证券担任存托机构的基础资产分别为未贴现商票和已贴现商票的两单标准化票据进行介绍。

1) 项目要素(见表2-4-2)

表2-4-2　　　　　　　　　　　项目要素

项目要素	XXXX证券ZGZC2020年度第一期标准化票据	XXXX证券南京银行2020年度第一期标准化票据
产品简称	20XXXX证券中车SDN001	20XXXX证券南京银行SDN001
基础资产	未贴现商业承兑汇票	已贴现商业承兑汇票
基础资产承兑人	X电力机车有限公司、Y机车车辆有限公司、Z机车车辆股份有限公司	J省建筑工程集团有限公司、H贸易有限公司
基础资产保证人	ZGZC股份有限公司	—
基础资产贴现人	—	NJ银行股份有限公司
原始持票人	湖南LC轨道装备有限公司、南京KN机电股份有限公司、芜湖DH轨道交通装备有限公司	NJ银行股份有限公司
产品期限	152天	173天
起息日～到期日	2020/7/30～2020/12/28	2020/7/31～2021/1/20
发行规模	0.62亿元	3.48亿元
认购利率	2.76%	2.85%
存托机构	XXXX证券	XXXX证券
承销机构	XXXX证券	XXXX证券

2) 项目创设过程

(1) 项目尽调、履行内部审核程序。2020年7月,XXXX证券业务部门对"20XXXX证券中车SDN001""20XXXX证券NJ银行SDN001"信用主体的资信情况/还款能力及基础资产的真实性、合法性和有效性进行尽调审查,收集项目底稿。之后,该业务部门发起立项申请,提交立项材料和项目底稿,经过投行质控部的立项表决并底稿验收后,由业务部门发起内核程序,经内核部门审核通过后发起存托协议、开户材料等协议的用印流程,完成产品创设前的协议签署及账户开立工作。

（2）基础资产归集及信息披露。基础资产归集的方式包括存托机构的自行归集和公开归集，"20XXXX证券中车SDN001""20XXXX证券NJ银行SDN001"均为存托机构自行归集的基础资产。若通过公开方式归集基础资产的标准化票据，应当在基础资产归集前至少3个工作日发布基础资产申报公告，并依据归集原则确定基础资产清单后发布申报结果公告，锁定票源。同时，存托机构应在标准化票据创设前披露存托协议、基础资产清单、信用主体的信用评级、认购公告等文件。

（3）认购创设。在基础资产确定后，由存托机构发布认购公告，组织簿记发行，投资人进行认购缴款，完成登记、托管等存托流程，在认购结束之日起1个工作日内披露标准化票据创设结果。

（4）存续期管理。"20XXXX证券中车SDN001""20XXXX证券NJ银行SDN001"均已处于存续期，在存续期间，存托机构应及时披露基础资产兑付信息、信用主体涉及的重大经营问题或诉讼事项等内容。发生任何影响基础资产价值的重大事件，存托机构应自获得相关信息之日起3个工作日内向投资者披露。同时，若发生存托机构变更或解任、存托协议变更、基础资产逾期追索、诉讼等事件以及存托协议中约定的应由标准化票据持有人大会作出决议的其他情形时，应通过召开标准化票据持有人大会审议决定。

3）项目简析

（1）标准化票据的参与主体较为丰富。标准化票据的存托机构可以由符合条件的商业银行或证券公司担任，"20XXXX证券中车SDN001""20XXXX证券NJ银行SDN001"的存托机构均为XXXX证券。此外，存托机构可以委托票据经纪机构进行基础资产归集、审核，并签署相应的服务协议，约定权利义务范围。存托机构可同时担任销售机构，也可聘请外部机构共同销售。标准化票据的原始持票人可以是企业、银行，对于原始持票人的信用等级没有强制性要求。

（2）标准化票据基础资产为核心要素一致的商业汇票。"20XXXX证券中车SDN001""20XXXX证券NJ银行SDN001"的基础资产类型分别为未贴现商业承兑汇票和已贴现商业承兑汇票，持票人包括一般企业和银行。从首批落地标准化票据的情况来看，基础资产的类型也包括了银行承兑汇票，覆盖了商业汇票的各种类型。其中，"20XXXX证券中车SDN001"基础资产为4张未贴现商票，到期日均一致，信用主体均为ZGZC股份有限公司，基础资产符合核心信用要素相似、期限相近的特征。

（3）标准化票据的创设时效较高。"20XXXX证券中车SDN001"在前期尽调、底稿收集完成后，于2020年7月22日提交内部审核程序及相关协议用印流程，于7月28日完成了存托协议、基础资产清单、信用主体的信用评级、认购公告等文件的信息披露，于7月29日完成认购，7月30日正式创设成功。"20XXXX证券中车SDN001"作为首批落地标准化票据，从提交内部审核程序到创设成功的期间为6个工作日。标准化票据适用注册制，信息披露文件较为简易，创设时效较高。

（4）标准化票据扩大了票据投资者范围。"20XXXX证券中车SDN001""20XXXX证券NJ银行SDN001"的投资者包括国股行、城商行、民营银行等传统票据投资者，还包括证券公司、基金公司、资管产品等银行间债券市场投资者。标准化票据的发行将票据交易的投资者范围扩大至银行间债券市场。

3. 标准化票据的思考与展望

随着首批项目的落地,标准化票据的蓝海市场已拉开帷幕,以下结合相关政策和业务实践,就标准化票据作简要的思考和展望。

1)标准化票据相较于其他供应链融资工具有突出优势

为应对中小企业融资难问题,近年来交易所、交易商协会等机构陆续推出了各类短期融资及供应链融资产品,如应收账款资产证券化(Accounts Receivable Securitization,ARS)、资产支持票据(Asset-Backed Medium-term Notes,ABN)、供应链保理资产证券化、资产支持商业票据(Asset-Backed Commercial Paper,ABCP)、票据资管等。与上述融资产品相比,标准化票据具有债务主体无特殊强制性准入要求、无复杂交易结构、操作流程及申报材料简易、创设时效高、适用备案制等特点,相较于其他供应链融资工具有突出优势。

2)标准化票据的投资者群体需不断扩大

标准化票据为中小企业持票人打通了银行间债券市场和票据市场的交易流通,直接对接资本市场的低成本资金,降低融资成本。同时,《标准化票据管理办法》规定了标准化票据的核心信用要素相似、期限相近、等分化等要素,推动了对于标准化票据属于标准化债权的认定。货币基金、银行理财等产品均有望将其纳入投资范围。但目前部分机构因对票据的交易规则、资产特征尚不熟悉,对风险控制、定价标准尚待研究,投资标准化票据的积极性不高。这需要各市场参与机构共同努力,在监管机构的指导下,发挥各自优势,推进标准化票据的标准化债权的认定,完善标准化票据的定价体系,引入各类风险控制机制,逐步扩大投资者范围。

3)标准化票据的配套制度需进一步完善

标准化票据在票据背书转让流程、评级要求和重大违法违规认定等方面需要进一步完善,需在《标准化票据管理办法》的基础上完善操作层面的配套制度。同时,存托机构、票据经纪机构等各类参与主体应梳理标准化票据的业务操作流程,拟定相应的业务管理制度、风控制度,配以系统支持,并及时对业务人员进行培训和宣导,从前端把控业务风险,保障标准化票据的平稳有序推进。

二、案例解析

(一)涉及知识点

票据市场可以分为承兑(一级)和贴现(二级)两个市场。承兑是指票据付款人承诺在票据到期日支付票据金额的行为。由企业承兑的称为商业承兑汇票,由银行承兑的是银行承兑汇票。贴现市场可以分为以下三种:

(1)直接贴现:直接贴现是指持票人为了回笼资金,将所持票据向银行申请贴现,同时按一定的贴现率支付利息的行为。银行直贴的票据要1:1计入信贷规模。

(2)转贴现:金融机构之间将未到期的已贴现票据进行转让的行为,同样占用信贷规模。

(3)再贴现:中国人民银行买进商业银行持有的已贴现但尚未到期的票据,也是货币政策工具的一种。

除了承兑和贴现,票据还可以质押式回购,其功能主要是银行调剂资金余缺。

标准化票据是指由存托机构归集承兑人等核心信用要素相似、期限相近的票据,组建基础资产池,进行现金流重组后,以入池票据的兑付现金流为偿付支持而创设的面向银行间市场的等分化、可交易的受益凭证。存托机构由票交所担任;标准化票据在银行间市场清算所股份有限公司登记托管,在票交所或银行间债券市场交易流通。

票据作为具有信贷属性的短期融资工具,具有传导货币政策、帮助中小企业融资的功能。但我国票据市场在发挥融资功能作用仍受制约,金融机构参与投资票据资产受限。票据职能发挥受阻的主要原因是票据的"非标准化"债权资产性质,按照《关于规范金融机构资产管理业务的指导意见》要求,金融机构不得将资产管理产品资金直接投资于商业银行信贷资产,理财产品投资于非标准化债券类资产的余额也受监管限制。因此,票据业务的标准化正当其时,通过推进票据"非标"转"标"进程,将打破资管产品及理财产品投资者与票据资产的阻碍,扩大票据资产的投资者范围,落实货币政策的传导,进一步满足实体企业、中小企业的融资需求。

"XX银行事件"打破了刚性兑付,受"XX银行事件"影响,数家金融机构频频出现信用风险,同期限的银行承兑汇票、票据的贴现及转贴现利差因承兑行信用风险而拉大,各交易机构调整授信白名单,引发票据市场流动性断层问题。

底层资产较好的票据本身就具备较好的流动性,因此较难成为票据标准化市场的主体。相反,底层资产可能存在信用风险的标准化票据可能成为该市场的主体。因此,标准化票据业务的发展有利于盘活原本票据市场上以"网红"银票、商票、财票等流动性较差、信用主体风险较大的票据资产,拓展这类票据的应用场景,将这类票据资产推入参与主体范围更广、投资者风险偏好更多的货币市场,有效解决当前票据市场流动性断层问题。

标准化票据创设前,票据仅流通于票据市场,直接投资者为银行及持牌券商,票据市场的风险承受主体较为集中。创设并推广标准化票据,打通票据市场与银行间债券市场的壁垒,以及券商、基金、保险、资管等非银行金融机构的介入,有利于丰富市场交易结构、交易策略的多样性,从而平抑票据市场波动,提高市场抗风险能力。

标准化票据属于证券融资性质,是一种融资方式。它增加了大类资产配置中的一个投资品种,通过流动性转换以及标准化等方式吸引更多的机构投资者参与票据业务。标准化票据最初是为了解决中小金融机构的流动性问题,随后使用范围扩大到中小企业。标准化票据盘活中小金融机构的信贷资产并优化中小企业的流动资产,丰富中小企业和中小金融机构的资金来源,支持中小金融机构流动性,服务中小企业融资和供应链金融发展,优化了中小微企业和民营企业的流动性融资困境。

标准化票据的定位非常高,由中国人民银行直接负责监督管理,票交所和银行间市场并行流通;直接联结票据市场和债券市场;标准化票据的法律关系不仅适用《中华人民共和国票据法》和《中华人民共和国中国人民银行法》,还涉及《中华人民共和国信托法》,这是前所未有的一种境况,主要在于明确原始持票人和存托机构之间的关系为信托关系,投资者则是相应的信托受益人。

由于票交所的建立,全国统一的票据交易市场的基础设施建设较为完善。作为标准化票据的基础资产,国有股份制银行、大型城市商业银行承兑的票据本身流动性高、利率不具优势,而以基于供应链金融场景签发的商业承兑票据为基础的基础资产,发行利率更具吸引力。这就需要完善商业承兑汇票的信息披露机制、商业承兑汇票签发机制和商业承兑汇票风险控制机制,加快全国统一的商票信息登记平台等基础设施的建设和完善。标准化票据市场有望成为短融、超短融之外的又一服务中小微企业融资的重要产品。

2020年7月28日,我国颁布《标准化票据管理办法》,明确存托机构是商业银行和证券公司。对银行而言,成为存托机构相当于帮助商业银行获得了承销标准化票据的资质。这使得商业银行不再仅扮演投资者或授信人,也可以借助标准化票据这一工具搭建完整的链条,开展投融资一体化的投行业务。

(二) 要点分析

1. 标准化票据的重要特征

第一,票据是信贷资产,已贴现票据归为商业银行企业贷款一类(银行企业贷款分为一般企业贷款和贴现)。标准化票据则是建立在一系列票据资产基础上的标准化债权(证券类资产),相当于将之前的非标资产(信贷资产)转为标准化资产。从《标准化票据管理办法》定义看出,标准化票据非通常意义上的支票、本票、汇票,其符合关于标准化债权产品的界定,实质是债券,设计接近于资产证券化产品,核心是基于基础资产现金流发行的证券(受益证券)。根据《关于规范金融机构资产管理业务的指导意见》和《商业银行理财业务监督管理办法》的规定,资管产品不得直接投资于信贷资产,理财产品不得直接或间接投资于本行信贷资产。这意味着标准化票据的投资主体将大幅扩容,诸如商业银行、券商、基金、非法人资管产品等均可以投资标准化票据。

2018年4月发布的资管新规对标准化债权资产的定义是:①等分化,可交易;②信息披露充分;③集中登记,独立托管;④公允定价,流动性机制完善;⑤在银行间市场、证券交易所等经国务院同意设立的交易市场交易。票据作为底层资产的属性没有发生改变,但新产品无疑通过资金流重构实现了变相的票据等分化,是非标转标的重要一步。

标准化票据不等同于票据ABS,但两者形式十分类似。标准化票据缺少了ABS的一个最核心的要素——破产隔离。此外,中国人民银行已经批准标准化票据成为银行间市场平行于短融、中票的独立分类。而票据ABS由于利率变化较敏感且流动性较差等原因,其地位将会进一步弱化。

第二,标准化票据在上清所登记托管,债券属性更强;存托机构由票交所担任表明票交所承担一定资产创设功能。票交所从一个单纯的交易场所发展出了一定的"资产创设"功能,因此未来票交所推出更多非标转标产品或可期。

第三,票据市场和银行间债券市场双市流通,有助于提高产品的流动性。《标准化票据管理办法》中对于标准化票据的创设要求指出"标准化票据的交易流通适用于《全国银行间债券市场债券交易管理办法》的有关规定,在银行间债券市场和票据市场交易流通",且"适用于现券买卖、回购、远期等交易品种";并明确定义标准化票据为存托机构归集核心信用要素相似、期限相近的商业汇票组建基础资产池,以基础资产池产生的现金流为偿付支持而创设的等分化受益凭证。所以,票交所以标准化票据形式打通了票据非标转标的路径。标准化票据可以在银行间交易无疑更加夯实了其标准化的属性,也有助于提高流动性。这意味着标准化票据在一定程度上打开票据投资窗口,联动两个市场,整合两个资源,具备联通银行间市场以及资本市场帮助信贷市场融资的功能。

2. 标准化票据推出的意义

标准化票据的推出,打通了服务中小微企业、供应链企业的渠道,使得中小微企业在贴现之外增加了新的融资渠道。商业汇票纳入标准化票据基础资产将实现中小企业与货币市场的直连和对接。票据产生于供应链,并且广泛运用于供应链中的中小企业。中小微企业运用商票先把供应链中的应收应付票据化,再利用标准化票据将票据标准化。

标准化票据将票据作为基础资产打包后在债券市场流通,联通票据市场和债券市场,可充分发挥债券市场定价机制透明、风控管理成熟等优势。标准化票据是对票据现行交易机制的进一步优化,有利于增强票据融资功能和提高市场规范,实现资管产品对票据资产的主动管理和净值管理。从长远来看,标准化票据有利于进一步推动票据市场规范发展,提升市场深度,更好发挥票据在支持中小企业融资和供应链金融中的作用。

《标准化票据管理办法》将标准化票据定义为存托机构归集商业汇票组建基础资产池,以基础资产池产生的现金流为偿付支持而创设的等分化受益凭证。这明确了标准化票据不属于"信贷资产",也意味着前期处于"试点"阶段的标准化票据基本被明确为"标准化债权类资产"。这也代表着今后资管产品可以投资于标准化票据,票据市场的深度与广度将进一步扩展。

票据融资方式可以分为表内和表外两类。其中,表外票据融资可以社会融资规模中的未贴现银行承兑汇票来代替;表内票据融资则可以金融机构各项贷款中非金融企业及机关团体的票据融资来代替。据相关统计,截至2019年12月底,表外票据融资和表内票据融资余额分别为3.33万亿元和7.62万亿元,合计达到10.95万亿元,整体看比较客观。根据票交所披露的数据,截至2020年2月底,商业汇票未到期余额合计达到21.17万亿元,其中商业承兑汇票和银行承兑汇票分别为2.54万亿元和18.63万亿元。同时从趋势和结构上来看,银行承兑汇票上升趋势较为明显(较2018年增加近7万亿元),且占全部商业汇票的90%左右。所以,从票据市场的容量来看,当前市场规模仍在扩张,较高的存量资产规模也为标准化票据的发行提供了较大的潜力;但国内票据市场以银票为主的市场结构也反映社会信用更多依靠银行,企业主体的商业信用发展潜力仍有待释放。

(三) 启发思考题

(1) 简述以往非标票据无法推广的原因。
(2)《标准化票据管理办法》的推出,哪个参与主体最为受益?为什么?
(3) 根据基础资产的复杂程度,如何对标准化票据参与方进行分类?
(4) 试述标准化票据有哪些特征。
(5) 标准化票据如何连接票据市场和债券市场?

案例 3　从《债券纠纷纪要》看 XX 建设债券风险处置

【摘要】 当前，债券市场正在深入推进市场化，并不断加强法制化建设的大环境建设。一方面，党中央对金融系统深化改革的定调不放松，鼓励、支持金融系统进一步提升服务实体经济；随着新《证券法》等法律文件的出台，监管机构放松入口，压力逐步下放至市场机构，市场机构识别风险、经营风险、管理风险、处置风险的考验前所未有。另一方面，如《全国法院民商事审判工作会议纪要》（简称《九民纪要》）、《全国法院审理债券纠纷案件座谈会纪要》（简称《债券纠纷纪要》）等操作类司法文件的出台不断查缺补漏，为高效执法提供方法论。本案例从新《证券法》和《债券纠纷纪要》等法律文件精神出发，结合 XX 债券案例及当下监管环境，尝试就债券违约案件中发行人、承销机构、受托管理人及其他中介机构的职责边界及风险归属认定事宜进行讨论。

【关键词】 债券纠纷纪要　破产清算　债务违约　求偿诉讼　仲裁　评级

一、案例陈述

XX 建设集团股份有限公司（简称 XX 建设）是由自然人陈某某控制的建筑施工企业，以房地产业务为主。2015 年之前，XX 建设连续多年入选中国建筑承包商 60 强，业务集中在浙江、上海两地，收入和毛利情况尚可。2015 年后，XX 建设在手未完工合同大幅增加，随着房地产市场调控趋严，XX 建设垫资压力增加，周转效率大幅降低。这对 XX 建设财务指标的直接影响便是经营现金流的净流出、货币资金大幅减少，与此同时，XX 建设大部分非流动资产受限，资产负债错配，再融资空间有限，流动性压力巨大。

2015 年年初，中国证监会发布《公司债券发行与交易管理办法》后，公司债券的发行门槛大幅降低。XX 建设作为 Z 省 S 地区的"明星企业"，成为第一批在资本市场上尝鲜的非上市民营企业。根据《上海证券交易所公司债券上市规则》（2015 年修订）对发行人 AA 评级、净资产/资产负债率、平均可分配利润覆盖倍数等要求，刚刚从 AA-评级上调至 AA 评级的 XX 建设具有在上海证券交易所通过公开品种融资的机会。2015 年，Z 省以 S 地区为试点，"指导企业通过发行债券融资，置换银行信贷，降低担保链风险"。

在上述外部监管、融资环境和发行人自身强烈融资需求的多重因素影响下，XX 建设分别于 2015 年 8 月、9 月发行两期债券，债券基本要素如表 2-4-3 所示。

表 2-4-3　债券基本要素

债券简称	代码	规模	年限	初始评级	评级机构	主承销商	受托管理人	其他中介机构
15XX债	122423.SH	8 亿元	3(2+1)	AA	XX 国际资信评估有限公司	XX 证券 YY 证券	XX 证券	XX 会计师事务所、上海市 XXX 律师事务所
15XX02	122454.SH	5.6 亿元	5(3+2)	AA				

1. 违约始末

XX建设债券发行完成后,负面信息缠身,恶化信号频现。根据公开渠道,搜集到的负面信息如表2-4-4所示。

表2-4-4　　　　　　　　　　　负面信息

时间	重大事项
2015.11	2015年11月,Z证监局与XX证券对公司进行现场检查,发现存在募集资金管理不规范问题,Z证监局出具《关于对XX建设集团股份有限公司采取责令改正措施的决定》
2016.4	2016年4月,上交所认为发行人未将债券募集资金严格存入募集资金专项账户进行管理,未直接用于核准用途,违反了《公司债券发行与交易管理办法》第十五条、《上海证券交易所公司债券上市规则》(2015年修订)第1.7条、第7.1条的规定,并出具《关于对XX建设集团股份有限公司予以通报批评的决定》
2016.11	发行人XX建设相继因未按生效法律文书规定履行支付约236.5万元的义务,于2016年11月28日被纳入全国法院失信被执行人名单
2016.12	2016年12月6日,发行人XX建设因未按照法律文书规定履行支付约17万元的义务并被纳入全国法院失信被执行人名单。2016年12月28日,XX建设移出全国法院失信被执行名单
2017.1—2017.4	其间,发行人9次被纳入全国法院失信被执行人名单中,后又移出
2017.4.24	XX国际下调债项评级至AA−,前次评级为AA;XX证券就发行人2016年年底被纳入和移出失信被执行人名单事项、就更换会计师事务所且审计报告出具有不确定事项发布临时公告
2017.4.26	XX建设发布《关于无法按时披露2016年年度报告的公告》
2017.5	XX证券发布《关于收到"15XX债"债券持有人要求召开债券持有人会议通知的公告》《关于受托管理人同意召集"15XX债""15XX02"债券持有人会议的公告》《关于召开2017年第一次"15XX债""15XX02"债券持有人会议的通知》
2017.7	发行人发布回售实施结果的公告;XX国际下调债项评级至A−,前次评级为AA−
2017.8	XX国际相继下调债项评级至BB+、CCC、C;Z证监局就发行人未及时披露中介机构变更信息、未及时出具年报等事项出具《关于对XX建设集团股份有限公司及相关人员采取出具警示函措施的决定》,XX证券发布《关于"15XX债"回售资金和付息资金准备情况的临时受托管理事务报告》,发行人未将回售资金和付息资金划入指定账户,构成实质违约,触发15XX02交叉违约条款;中国证监会因发行人涉嫌违反证券法律法规,决定立案调查
2018.7	XX建设收到中国证监会正式发出的《行政处罚决定书》,XX建设被认定存在编制虚假申报文件(包括财务报表等)以达到公开发行公司债券的审核标准、非公开发行公司债券披露文件中包含虚假内容、2016年年报与变更中介信息未按照要求进行披露等违规行为
2019.5	H中院开庭审理16件债券持有人起诉XX建设、陈××、XX证券、XX会计师事务所、XXX律师事务所、XX国际资信评估有限公司证券虚假陈述责任纠纷案件
2020.9	H中院开庭审理496名债券投资者起诉XX建设、陈××、XX证券、XX会计师事务所、XXX律师事务所、XX国际资信评估有限公司6名被告证券虚假陈述责任纠纷代表人诉讼案件

(续表)

时间	重大事项
2020.12	H市中级人民法院作出一审判决,债券承销商XX证券和出具审计报告的XX会计师事务所,都未勤勉尽职,存在重大过错,应对XX建设负债务承担连带赔偿责任;XX国际作为债券发行的资信评级机构、XXX律所为债券发行出具法律意见书,未勤勉尽职,存在一定过错,法院酌定XX国际在XX建设应负责任10%范围内,XXX律所在XX建设应负责任5%范围承担连带责任

募集资金使用不合规、未按时出具年报的背后其实隐藏了企业经营方面的恶化,如发生实质代偿事件、超过3亿元的未决诉讼、实际控制人体外投资现金流恶化等。

2. 违约处置及最新进展

XX债券于2017年8月违约后,主要采用了司法诉讼的处置模式,涉及破产清算、求偿诉讼及仲裁等手段,具体如下。

1) 破产清算

2017年8月15日,受托管理人XX证券公告,拟于8月30日至31日召开债券持有人会议,议案涉及"关于授权和委托受托管理人参与发行人破产的法律程序的议案"。2017年8月31日,受托管理人召开债券持有人会议期间接到债券持有人的通报,通报表明已向S市中级人民法院提交破产清算申请。2017年9月1日,债券持有人会议表决结果公告,上述提及议案未获通过。2017年9月15日,XX证券会同债券持有人前往法院沟通,当日获悉法院暂未受理。2018年11月12日,公告持有人会议表决结果,鉴于部分持有人向H市中级人民法院对发行人及其实际控制人提出诉讼,要求承担连带责任,议案《关于撤销或暂停发行人破产申请的议案》表决通过。2018年12月5日,S市中级人民法院受理破产重整申请。2019年2月22日,持有人会议关于《授权XX证券及其指定律师参与发行人破产程序的议案》未表决通过。2019年2月26日,XX证券发布临时受托管理公告,要求相关债权人于2019年3月8日前申报债权。

截至最新,发行人破产重整事项无新进展。

2) 求偿诉讼

2018年10月24日,XX证券公告拟于11月9日至10日召开2018年第三次债券持有人会议,议案涉及"关于授权和委托XX证券向相关方提起诉讼回收债权的议案"。2018年11月13日,债券持有人会议表决结果公告,上述议案获得通过。2018年4月27日,XX证券公告,鉴于前次持有人会议XX证券被罢免获得通过,撤销《关于授权和委托XX证券向其他相关方提起诉讼回收债权的议案》。2018年11月,部分债券持有人向H市中级人民法院对发行人及其实际控制人提出诉讼,要求承担连带责任,2019年7月18日,关于连带责任的诉讼还在审理中。2020年6月17日,《"15XX债""15XX02"债券自然人投资者诉XX建设集团股份有限公司等人证券虚假陈述责任纠纷系列案件》取得466人自然人登记,H市中级人民法院于2020年6月22日在其微信公众号上发布了《自然人投资者诉XX建设集团股份有限公司等证券虚假陈述责任纠纷代表人诉讼诉讼代表人推选方案》,公告了诉讼代表人推选规则、协商规则,以及协商不成情形下的指定规则。2020年9月4日上午,496名债券投资者起诉XX建设、陈××、XX证券、XX会计师事务所、上海市XXX律所、XX国际6名被告的证券虚假陈述责任纠纷代表人诉讼案件在H中院公开开庭审理。2020年12月31日，H市中级人民法院作出一审判决，法院认为，债券承销商XX证券和出具审计报告的XX会计师事务所，都未勤勉尽职，存在重大过错，应对XX建设负债务承担连带赔偿责任，XX国际作为债券发行的资信评级机构、上海市XXX律所为债券发行出具法律意见书，未勤勉尽职，存在一定过错，法院酌定XX国际在XX建设应负责任10%范围内，上海市XXX律所在XX建设应负责任5%范围承担连带责任。

3) 仲裁

2017年8月15日，受托管理人XX证券公告，拟于8月30日至31日召开债券持有人会议，议案涉及"关于授权和委托受托管理人立即申请仲裁回收债权的议案"，9月1日，债券持有人会议表决结果公告，上文提及议案未获通过。

3. 结合《债券纠纷纪要》看XX案中各方责任认定

2018年7月，中国证监会出具《中国证监会行政处罚决定书（XX建设、陈××、王××等21名责任人员）》，认定XX建设存在编制虚假财务报表等申报文件、骗取公开发行债券核准，致使非公开发行公司债券披露文件存在虚假记载，未按规定披露2016年年报与变更中介信息等违规行为。

2019年1月，中国证监会公布《中国证监会行政处罚决定书（XX会计师事务所、钟××、孙××）》，认为XX会计师事务所在为XX建设用于公开发行债券的2012—2014年审计报告过程中，在未获取充分、适当的审计证据的前提下出具标准无保留意见的审计报告，存在虚假记载。

2019年11月，中国证监会在官方网站公布了《中国证监会行政处罚决定书（XX证券、周××、曹××等6名责任人员）》。中国证监会认为，公司在XX债承销业务中未勤勉尽责，违反新《证券法》第三十一条、《公司债券发行与交易管理办法》第七条，构成新《证券法》第一百九十一条第（三）项所述的情形，对公司处以责令改正，给予警告，没收违法所得18 574 400.00元，并处以55万元罚款的行政处罚，同时对时任项目相关人员作出行政处罚。

结合前文证监局、上交所对发行人出具的函件，我们可以将XX债券的主要问题归结为以下4类：

(1) 发行人对公开披露的文件虚假陈述、存在欺诈发行的情形。
(2) 债券募集资金使用不合规。
(3) 存续期间信息披露不及时。
(4) 实质违约后的处置问题。

不管是新《证券法》还是《债券纠纷纪要》及执业准则，对涉及证券欺诈发行、虚假陈述的都有明确的规定。具体条款参见新《证券法》第二十四条、第九十三条、第九十五条、第一百八十一条和第一百八十二条。需要说明的是，新《证券法》的处罚力度较旧《证券法》而言显著提升，进一步增加了违法违规成本。《债券纠纷纪要》要求案件审理要坚持"卖者尽责、买者自负"的基本原则，《债券纠纷纪要》第二十九条就债券承销机构的过错范围进行定义。

针对债券募集资金使用问题，相关法律法规也有明确要求，具体参见新《证券法》第十五条、第一百八十五条、《公司债券发行与交易管理办法》第七条、第四十二条、第四十九条及《公司债券受托管理人职业行为准则》第十三条、第十四条、第十七条。

根据《九民纪要》和《债券纠纷纪要》的规定，针对违约债券的后续处置维持共案移送和集中管辖的原则，具体参见《九民纪要》第七十九条、《债券纠纷纪要》第十条。

4.《债券纠纷纪要》中对债券承销业务的思考

1）当前监管形势下对券商的责任认定

目前实践中，关于债券纠纷的诉讼类型主要是违约诉讼，也主要是针对发行人的诉讼，对于以其他责任主体为被告的虚假陈述案件相对较少。《债券纠纷纪要》对于除发行人之外的其他责任主体的责任认定提供了较为详细的认定依据，比如，明确受托管理人应"勤勉尽责"，否则应承担"相应的责任"；债券承销机构承担的也是过错推定责任；其他服务机构的过错认定，归责原则上采取过错推定。

2）《债券纠纷纪要》明确区分承销商与受托管理人身份及责任承担

实践中，承销商在债券发行后，往往继续担任公司债券的受托管理人，从而出现两个法律身份重叠。投资者起诉时，便经常有意无意地在实体与程序上混淆上述两个身份，将受托管理环节的过错转移至承销商身上，并一并主张虚假陈述连带责任。《债券纠纷纪要》澄清承销商与受托管理人的身份与职责，可厘清实践混乱。

3）债券承销业务生命周期管理指导

目前在内外部规章制度的要求上，需要债券承销机构/受托管理人对债券生命的管理做到全面落实，但实务中依然存在诸多问题：①风险监测不及时，如对于公司债信用风险防控没有达到持续动态监测要求，信用风险监测方式、监测渠道较为单一；②信用风险分类不够准确，如部分已出现风险的项目仍然归为正常类债券项目；③风险排查不到位，如部分证券公司没有严格按照交易所发布的公司债存续期信用风险管理指引要求，对于转化为关注类、风险类的项目进行现场核查；④高管参与度不高，如债券承销机构/受托管理人高管对风险类项目参与度不高，未按相关要求亲自参与风险类债券的现场核查、没有充分调动公司内外部资源倾尽处置；⑤风险处置力度不够，部分证券公司存在没有风险处置预案的情况，对于有风险处置预案的，存在对于舆情监督、投资者关系处理、信息披露等方面未做到全面、公平。

基于上述实务中反映的问题，结合《债券纠纷纪要》的精神，我们可认为应当继续严格事前准入，强化事前信息披露制度，明确各方责任，事前合理设置投资者保护条款，降低债券违约概率；加强事中监测、完善流程机制，风控制度全覆盖，重视信息披露，实现分层管理，强化风险意识，落实人员责任；落实事后处置，夯实覆盖债券生命周期全流程、多角度、重参与的管理理念和执行守则。如果债券没能按照要求到期偿付，债权人追偿途径主要包括以下几种方式：①与债务人沟通协商债务重组的方案；②向司法机关寻求帮助，主要包括违约求偿、破产、重整和清算等诉讼；③对于增加外部担保的债券，债权人还可以向担保人追偿；对于附加抵押物增信条款的债券，债权人可以处置抵押物就处置价款优先受偿；④担保人代为偿还或者申请处置抵押物。

二、案例解析

（一）涉及知识点

近年来，我国债券市场发展迅速，为服务实体经济发展和国家重点项目建设提供有力的支持和保障。债券市场在平稳、有序、健康发展的同时，也出现了少数债券发行人出于经营不善、盲目扩张、违规担保等原因而不能按期还本付息，以及欺诈发行、虚假陈述等违法违规事件，严重损害了债券持有人和债券投资者的合法权益。为正确审理因公司债券、企业债券、非金融企业债务融资工具的发行和交易所引发的合同、侵权和破产民商事案件，统一法律适用，中华人民共和国最高人民法院于2019年12月24日在北京召开了全国法院审理债券纠纷相关案件座谈会，并于2020年7月15日公布《全国法院审理债券纠纷案件座谈会纪要》（以下简称《纪要》）。《纪要》明确对公司债券、企业债券、非金融企业债务融资工具三类债券统一债券法律适用的标准，并对债券违约纠纷案件、欺诈发行和虚假陈述纠纷案件以及发行人破产案件的相关审理问题统一裁判尺度。《纪要》主要针对上述三类债务融资工具的发行和交易所引发的合同、侵权和破产民商事案件，从审理原则、诉讼主体资格的认定、案件的受理管辖与诉讼方式、债券持有人权利保护的特别规定、发行人的民事责任、其他责任主体的责任、发行人破产管理人的责任等七个方面进行了系统性规定。《纪要》所确立的包括"集中起诉""集中管辖"在内的诸多新规则尤为引人注目，不仅为先前存在争议的司法实务提供了较为明确的指引，也同时产生许多未尽问题等待我们挖掘。

作为我国第一部审理债券纠纷案件的系统性司法文件，《纪要》充分吸收了近年来我国相关债券司法实践的经验，回应了市场关切需求，为今后债券纠纷的争议解决提供了较为完整的解决方案，对于保护债券投资者合法权益、完善债券市场基础制度、提高债券风险处置机制的市场化法治水平具有重要意义。

近年来，中国债券市场实现了跨越式发展。截至2020年12月末，中国债券市场存量规模已达116万亿元，成为世界第二大债券市场。在迅速发展的同时，债券市场各种问题与纠纷也伴随增多。特别是2016年以来，受经济周期下行压力的影响，我国债券违约事件明显增多。截至2020年12月末，中国债券市场累计违约金额超4 000亿元。另外，债券违约往往涉及发行人等的破产，使得债券所涉法律关系更趋复杂，也给金融市场带来较大风险。

由于债券市场没有统一的基础性法律，现行法律体系严重滞后于债券市场发展，不同债券品种的制度差异又很大，市场机构对于明确债券案件审判机制，以及进一步明晰持有人会议法律效力、受托管理人诉讼资格等问题提出了迫切需求。2020年公布的《纪要》内涵丰富，条文精细，覆盖面广泛，有许多重大的法律突破，包括在统一法律适用、债券持有人合法权益保护、受托管理人职责定位、债券中介机构责任、破产程序中的债券持有人利益保护等诸多方面。同时，《纪要》对于中介机构开展债券业务以及行业监管机构和自律组织与司法的协同也提出了一些新的要求，值得关注。

债券市场是我国社会主义市场经济体系的重要组成部分，是市场资源配置中我们越来越依赖的一个市场。未来我国信用债违约处置还面临诸多难题，但我们也已经可以看到一些积极变化。风险缓释工具已经在发展过程中,债券投资者在诸多违约事件中逐渐积累了一定的求偿经验,投资者保护制度也在不断完善。《纪要》的出台将有利于优化审理程序、统一法律适用,进一步畅通法治化救济渠道,提升司法救济效率,促进形成责任明晰、过罚相当、责权利对称的治理约束机制,对于更好保护债券持有人合法权益、平稳有序化解债券风险,保障债券市场持续健康发展,维护国家经济金融安全具有十分重要的意义。

(二) 要点分析

实务中,发行人会在债券发行文件中明确约定募集资金的具体用途,投资者认购债券,即应认为投资者与发行人就债券募集资金用途达成了合意,非经法定程序,发行人不得随意变更债券募集资金用途。如发行人存在未经法定程序变更债券募集资金用途的情形,属于严重失信行为。

通过公开信息查询,XX建设两期债券发行不久后,相继被Z证监局和上交所出具整改通知或通报批评,主要原因即XX建设擅自改变募集资金用途。根据上交所纪律处分决定书,XX建设存在募集资金使用管理不规范,募集资金专户管理不到位的违规行为和未决诉讼披露不完整的问题,具体为"根据募集说明书约定,本次债券募集资金用途为偿还银行贷款和补充营运资金,但公司在实际收到募集资金后,将其中的10.48亿元划往非关联公司XX物资有限公司进行过账,之后上述款项中的3.58亿元和4.01亿元先后划入公司实际控制人陈XX控制的企业XX控股有限公司的银行账户。上述款项未严格存入募集资金专项账户进行管理,也未直接用于核准的用途"。

债券发行之初,发行人就因为募集资金使用不合规的问题被辖区监管局及上交所责令整改或通报批评。这一方面透露出发行人内部控制存在瑕疵、对法律法规缺乏应有的敬畏之心;另一方面,作为受托管理人的XX证券也难辞其咎。作为受托管理机构,XX证券应当在募集资金到位后及时监督募集资金使用情况,记录并收集募集资金使用的流水凭证等作为受托管理工作过程中的必备底稿,发现募集资金使用不合规后按照《公司债券发行与交易管理办法》和《公司债券受托管理人执业行为准则》的要求及时、准确地向投资者发布临时受托管理报告。XX证券因未勤勉尽责地履行受托管理责任于2016年年初被Z证监局出具警示函。

除此之外,XX证券还存在其他信息披露不及时的问题。比如,2016年11月28日,发行人因未按照法律文书裁决结果履行支付义务被纳入全国法院失信被执行人。XX证券于2016年12月27日才发布《关于提示"15XX债"及"15XX02"有关风险的受托管理事务报告》。失信被执行人信息属于无任何门槛的公开信息,XX证券作为受托管理人显然存在未勤勉尽责、信息披露不及时的问题。经公开渠道查询,发行人XX建设在2016年12月到2017年4月期间,曾多次被纳入全国法院失信被执行人,后又多次移出,但XX证券直至2017年4月,结合变更会计师事务所、年报预计无法按时披露等重大信息一起出具临时受托管理报告,存在严重的时滞。根据《公司债券发行与交易管理办法》的要求,受托管理人的上述行为涉嫌侵犯投资人利益,投资者亦可以受托管理人未勤勉尽责为由向XX证券进一步追诉相关利益保障。

(三) 启发思考题

(1) XX建设公司发行债券之后,立刻就出现违约,你认为原因何在?

(2) 简述债券违约之后债券持有人申请破产清算的程序。

(3) 债券市场上投资者保护机制有哪些?如何运用这些保护机制进行求偿?

(4) XX债券发行存在哪些问题?

(5) 如何认定该债券违约中各中介机构的责任。

第三模块

并购重组财务顾问业务

第一部分 PART 1

并购重组财务顾问业务概述

一、基本定义

并购重组即企业间的兼并收购行为,是企业法人在平等自愿、等价有偿的基础上,以一定的经济方式取得其他法人产权的行为,是企业进行资本运作和经营的主要方式之一。

作为企业进行资源配置的主要方式,并购重组主要包括并购和重组两种方式。其中,并购是指两家或者更多的企业合并为一家企业的过程;而重组是指对企业的资金、资源、劳动力等要素进行重新分配,从而构建新的生产经营模式。

(一)并购重组的分类

按照交易结构,并购重组可以分为产业整合、借壳上市以及整体上市三类。

产业整合是指上市公司通过发行股份购买第三方资产、以新增股份吸收合并第三方或者直接通过现金购买第三方,以及向第三方出售资产,与第三方进行资产置换,最终实现同行业或者行业上下游以及不同行业间公司间的整合。

借壳上市是指借壳方通过发行股份购买资产以及资产置换等方式收购上市公司,最终实现上市的目的。

整体上市是指母公司或者实际控制人通过发行股份购买资产、换股吸收合并等方式收购上市公司股权,最终实现母公司整体上市的目的。

(二)企业并购重组的意义

企业进行并购重组的意义有如下几个方面:

(1)充分利用规模效应优势,提高企业竞争力。通过并购重组,企业能够有效扩大规模,降低企业在管理、生产、销售等方面的单位成本,从而利用规模效应有效提高企业竞争力。

(2)提高市场份额,从而提高企业在行业内的竞争优势地位。与企业通过自身经营完成原始积累相比,通过并购重组,企业能够迅速扩大自身规模,提高生产能力。特别是当并购标的为行业竞争对手时,并购后企业能够有效扩大自身市场份额,从而确立在行业中的竞争优势地位。

(3) 提高企业的知名度,从而获取超额利润。通过并购重组,企业往往可以提高自身市场知名度。特别是并购标的声誉较好的情况下,企业能够迅速提高自身知名度,从而帮助企业迅速发展。

(4) 利用协同优势,助力公司实现发展目标。通过并购重组活动,企业得以利用并购标的生产资源、专业技术、人力资源、销售资源,并加以整合,从而利用协同优势,帮助企业实现自身的发展目标。

(5) 分散投资风险,实现多元化发展。企业生产经营面临多种风险,而通过将业务分散到多个领域的方式,能够有效分散企业的投资风险。另外,与直接投资相比,并购成熟企业的方式能够有效减轻投资失败的风险。

二、主要概念

(一) 收购方准备

并购和重组是两个企业间的交易,通常有一方处于主导地位。现实中,处于主导地位的通常是收购方。在并购重组交易中,收购方通常需要完成一系列决策活动,这些决策活动通常是并购方在综合考虑投资环境、并购动因等因素的基础上达成的。

1. 考虑并购动因

收购方的并购动因通常有追求协同效应、提高经营效率、实现多元化经营、取得优质资源、实现投资收益等。

追求协同效应是指公司在并购之后能够提高经营的效率和效果,实现公司价值的提升。协同效应分为经营协同、管理协同以及财务协同。其中,经营协同是指公司在并购完成后,能够有助于公司使用大型现代化设备,实现专业化协作,从而降低成本,显著提高经营的效率和效果。管理协同是指经营效率低下的公司被并购后,在收购方的整合和带动下,能够有效提高经营管理的效率和水平。财务协同是指企业并购后给并购各方带来财务效益的提高。

企业并购往往会提高经营效率。企业通过并购将许多企业外部的经营或者交易活动转变为企业内部的活动。例如,当收购方并购上下游企业后,上下游企业变成收购方的一个组成部分,收购方与被收购企业直接的交易活动转变为同一个企业不同部门间的活动,与并购前相比,交易成本以及交易时间大大缩短。

企业可以通过多元化经营的方式,从而降低经营风险。当企业在某一个领域内的经营处于劣势时,可能在另一领域内的经营处于优势地位。因此,企业可以借助在不同领域间经营状况的不同来平滑企业风险,达到稳健经营的目的。多元化经营可以通过直接投资的方式实现,也可以通过并购的方式实现,与直接投资相比,并购的方式能够在短时间内达到多元化经营的目的。

企业还可以出于取得优质资源的目的而进行并购，特别是当并购标的拥有某种稀缺资源时，更是如此。企业通过并购希望获取的优质资源类型多样，可以是某种专利技术、土地资源，也可以是销售渠道、经营业务许可等。通过并购的方式，收购方取得被并购方的优质资源，有助于增强自身实力，从而有助于企业自身的未来发展。

除了追求协同效应、提高经营效率、实现多元化经营、取得优质资源等目的，企业进行并购还可能是为了取得投资收益。持有该种目的的并购方多为私募基金、风险投资基金以及信托投资等，该等机构并购标的公司，并非以参与目标公司经营为目的，而是向目标公司投入资本，待目标公司运营成熟后再将其出售而获利。

2. 考虑被并购方所处的宏观环境

为了顺利实现并购目的，收购方需要对并购标的所处的宏观环境进行考察，包括政治、经济、文化、科技、法律等。当被并购方与并购方处于差别较大的环境时，需要特别注意并购交易是否受相关法律以及政策的限制。在某些国家和地区，并购可能需要得到相关法律以及行政监管部门的许可，即使该国家在某些行业对外资开放，允许外国投资者以并购或者新设的方式进行投资，也可能存在对外国投资者的限制，例如限制外国投资者在所投资企业中的股权比例。

以我国为例，我国对外商投资者的限制主要通过商务部颁布并实施的《外商投资产业指导目录》。该文件对外商投资行业做了三类划分，分别是鼓励类、限制类以及禁止类。其中，鼓励类行业是鼓励外商投资的行业；限制类行业是允许外商投资，但对投资进行一定程度限制的行业；禁止类行业是禁止外商进行投资的行业。除了这类规范指导文件，外商在我国进行投资时，还需要符合我国法律、行政法规、部门规章等对外商资格的要求，以及需要满足土地、环保等政策要求。

3. 考虑被并购方所处的市场环境

为了实现收购目的，收购方需要对被收购方所处的市场环境进行考察，重点关注被并购方的行业发展趋势以及被并购方在行业中所处的地位。其中，对行业发展趋势的考察，需要关注该行业的发展是否得到相关国家和产业政策的支持，该行业发展能否有效集聚有利资源；还需要关注行业本身是否具有吸引力，是否能通过较高的毛利率、扩张的市场规模等特征吸引大量企业聚集到该行业。

而对被并购方在行业中所处地位的考察，可以通过观察行业内的关键公司，以及被并购方与行业内关键公司在经营规模、市场份额、盈利能力、增长速度等指标之间的差别来实现。观察这些指标有助于确定被并购方的行业地位。

（二）被收购方准备

虽然并购重组一般是由收购方发起，但一般被收购方也需要进行一系列准备。被收购方需要进行的准备工作主要如下。

1. 被收购方组建内部团队以及聘请外部中介机构

为保障交易的顺利进行，被并购方也需要组建内部团队以及聘请外部中介机构，协助发行人进行交易的筹备工作。其中，内部团队包括公司内部的法律、财务和运营等方面的人员内部团队。内部团队应根据公司的具体经营状况以及管理层的要求，在外部中介机构的协助下拟定交易方案。另外,当潜在的买方出现时,内部团队还需协助并购方及其所聘请团队的尽职调查工作。

外部中介机构包括投资银行、资产评估机构、律师事务所以及会计师事务所等。投资银行负责协助拟定交易流程,协调各个中介机构的工作;资产评估机构负责对拟出售资产进行估计,协助并购双方就交易价格达成共识;律师事务所负责对拟出售资产开展法律方面的尽职调查,确保所出售的资产不存在法律瑕疵;会计师事务所负责对被并购方拟出售资产开展尽职调查,帮助被并购方明细拟出售资产的价值。

2. 被收购方开展尽职调查

被收购方开展尽职调查的目的是全面了解拟出售资产。被收购方可能对拟出售资产了解程度不够,不利于确立交易价格,特别是当被收购方资产规模较大或者业务复杂程度较高时,更需要对拟出售资产开展全面的尽职调查。

与收购方的尽职调查相比,被收购方的尽职调查可以集中于问题的发现以及解决,特别是在出售资产可能存在一系列权利瑕疵的情况下,被收购方可以在与买方达成交易之前集中解决权利瑕疵,从而有助于达成交易。

3. 被收购方开展资产评估

被收购方对拟出售资产进行的资产评估工作可以帮助被收购方确定交易价格,并提供给潜在买方,方便其提供报价。当存在多个收购方时,被收购方开展的资产评估工作还可以提供多个买方进行竞价的基础。

开展资产评估工作需要注意选择行业内惯用的估值方法,从而使得潜在买方容易接受,减少谈判难度以及缩短谈判时间。

4. 对公司进行整改或者改组

当被收购方发现拟出售资产存在瑕疵或者其他对交易构成实质性障碍的问题时,可在交易前对公司进行整改,在整改时需要评估整改需要的时间以及成本,同时衡量整改所带来的成效,以有限的整改成本达到剔除交易限制的目的,是被收购方进行整改的目的所在。另外,整改需要考虑交易的目的,如果被并购方的交易目的是出售资产,可以选择将资产提前剥离的方式;如果是为了满足境外上市的目的,还需要满足跨境上市的架构要求。

(三) 尽职调查

为了最终实现并购目标,对被并购方开展尽职调查是重要的一环。其中,对被并购方财务状况、税务状况、法律合规性以及运营情况的调查,构成尽职调查的重点。

对被并购方财务状况和税务状况开展尽职调查时,一般由收购方聘请的财务顾问、税务顾问以及收购方的财务人员共同进行。财务状况的尽职调查一般围绕目标公司的收入真实性、资产负债状况、成本费用状况、现金流、或有负债、关联交易以及盈利能力开展;而税务状况的尽职调查一般围绕目标公司的计税、缴税状况开展,如果被并购公司享有税收优惠,对被并购方税务方面的尽职调查还会关注所享受的税收优惠的合法性。在开展财务和税务方面的尽职调查时,除了关注财务底稿和缴税文件,还可将其与同行业公司进行比较。核查的重点在于被并购方报告期内收入、盈利的真实性和准确性,被并购方是否存在粉饰业绩以及财务造假的情形。

对被并购方法律方面的尽职调查，一般由收购方聘请的法律顾问以及收购方的法律人员共同进行。对被并购方法律方面的核查主要关注被并购方设立以来在合规经营方面是否存在问题，以及该问题对收购交易能否顺利完成以及对收购方的影响，收购方在完成并购后能否合法拥有所收购的股权。

对被并购方运营方面的尽职调查一般包括对公司在管理、人力资源、生产、技术、采购、销售、市场等方面的调查，被并购方在运营方面的风险为核查重点。

（四）准备交易文件、进行谈判以及交割

在做好前期的尽职调查工作之后，并购交易的各方需要开始准备交易所需要的文件。并购重组中需要准备的文件很多，一般视交易目的以及交易结构需要签署的文件主要有意向书、股份认购协议或者资产购买协议、法律意见书、并购协议、披露函、银行保函、托管协议、服务协议等。

在确定好交易所需要的文件之后，并购交易各方需要准备交易的谈判工作，以及文件的签署工作。最后，参与并购重组的各方需要向另一方行使自己的权利并履行自己的义务，即进行并购重组的最后一个环节——交割。

三、客户准入及流程

根据对并购重组进行规范的法律法规以及相关配套管理规定，并购重组的主要规范要点如下。

（一）原则和标准

并购重组应该符合一系列原则和标准，主要包括：
(1) 符合国家产业政策和有关环境保护、土地管理、反垄断等法律和行政法规的规定。
(2) 不会导致上市公司不符合股票上市条件。
(3) 重大资产重组所涉及的资产定价公允，不存在损害上市公司和股东合法权益的情形。
(4) 重大资产重组所涉及的资产权属清晰，资产过户或者转移不存在法律障碍，相关债权债务处理合法。
(5) 有利于上市公司增强持续经营能力，不存在可能导致上市公司重组后主要资产为现金或者无具体经营业务的情形。
(6) 有利于上市公司在业务、资产、财务、人员、机构等方面与实际控制人及其关联人保持独立，符合中国证监会关于上市公司独立性的相关规定。
(7) 有利于上市公司形成或者保持健全有效的法人治理结构。

（二）保密性要求

上市公司与交易对方就重大资产重组事宜进行初步磋商时，应当立即采取必要且充分的保密措施，制定严格有效的保密制度，限定相关敏感信息的知悉范围。上市公司及交易对

方聘请证券服务机构的,应当立即与所聘请的证券服务机构签署保密协议。

在上市公司关于重大资产重组的董事会决议公告前,相关信息已在媒体上传播或者公司股票交易出现异常波动的,上市公司应当立即将有关计划、方案或者相关事项的现状以及相关进展情况和风险因素等予以公告,并按照有关信息披露规则办理其他相关事宜。

(三) 信息披露规定

上市公司筹划、实施重大资产重组,相关信息披露义务人应当公平地向所有投资者披露可能对上市公司股票交易价格产生较大影响的相关信息,不得有选择性地向特定对象提前泄露。

上市公司的股东、实际控制人以及参与重大资产重组筹划、论证、决策等环节的其他相关机构和人员,应当及时、准确地向上市公司通报有关信息,并配合上市公司及时、准确、完整地进行披露。上市公司获悉股价敏感信息的,应当及时向证券交易所申请停牌并披露。

上市公司及其董事、监事、高级管理人员,重大资产重组的交易对方及其关联方,交易对方及其关联方的董事、监事、高级管理人员或者主要负责人,交易各方聘请的证券服务机构及其从业人员,参与重大资产重组筹划、论证、决策、审批等环节的相关机构和人员,以及因直系亲属关系、提供服务和业务往来等知悉或者可能知悉股价敏感信息的其他相关机构和人员,在重大资产重组的股价敏感信息依法披露前负有保密义务,禁止利用该信息进行内幕交易。

上市公司筹划重大资产重组事项,应当详细记载筹划过程中每一具体环节的进展情况,包括商议相关方案、形成相关意向、签署相关协议或者意向书的具体时间、地点、参与机构和人员、商议和决议内容等,制作书面的交易进程备忘录并予以妥当保存。参与每一具体环节的所有人员应当即时在备忘录上签名确认。

上市公司预计筹划中的重大资产重组事项难以保密或者已经泄露的,应当及时向证券交易所申请停牌,直至真实、准确、完整地披露相关信息。停牌期间,上市公司应当至少每周发布一次事件进展情况公告。上市公司股票交易价格因重大资产重组的市场传闻发生异常波动时,上市公司应当及时向证券交易所申请停牌,核实有无影响上市公司股票交易价格的重组事项并予以澄清,不得以相关事项存在不确定性为由不履行信息披露义务。

(四) 合法合规性

在我国实施并购重组交易,需要注意遵守并购重组的相关法律法规,主要包括公司法、证券法、会计法、税法等相关法律,其中公司法对在中国境内设立的各类形式公司的公司治理、规范运作提出了纲领性要求;证券法对在中国境内的证券发行和交易行为规范作出了基本约定;会计法、税法对企业的财务、纳税等方面的规范提出了纲领性要求。

除法律之外,在我国实施并购重组交易还需要遵守并购重组核心法规,包括《上市公司收购管理办法》《上市公司重大资产重组管理办法》《科创板上市公司重大资产重组特别规定》《上海证券交易所科创板上市公司重大资产重组审核规则》《深圳证券交易所创业板上市公司重大资产重组审核规则》《上市公司回购社会公众股份管理办法(试行)》《关于支持上市公司回购股份的意见》《上市公司分拆所属子公司境内上市试点若干规定》。

除了上述法律法规,在我国实施并购重组交易还需要遵守《关于外国投资者并购境内企业的规定》《外国投资者对上市公司战略投资管理办法》等涉外并购配套法规,证券期货法律适用意见第 4 号、第 7 号、第 8 号、第 9 号、第 10 号、第 11 号、第 12 号,以及《关于规范上市公司重大资产重组若干问题的规定》《中国证券监督管理委员会关于在借壳上市审核中严格执行首次公开发行股票上市标准的通知》《关于加强与上市公司重大资产重组相关股票异常交易监管的暂行规定》《商业银行并购贷款风险管理指引》。

并购重组中,如果交易各方未能遵守上述法律法规,可能会被证监会、交易所等监管机构依据相关法律法规给予处罚。

第二部分
PART 2

并购重组财务顾问业务案例与解析

案例1　B公司发行股份及支付现金跨境收购T公司

【摘要】本案例通过境内上市公司B公司并购纳斯达克退市公司T公司一事,对上市公司发行股份购买资产涉及的阶段和重点问题进行介绍。并购重组涉及交易方较多,各方既努力追求利益最大化,又面临为促成交易进行的博弈和妥协。并购筹划、谈判、执行过程可能延续较长时间,交易是否能持续进行将受到交易各方诉求、监管环境、国内外市场变化等众多不确定因素的影响。涉及跨境的并购重组不仅会增加尽职调查难度,还可能面对其他国家和地区的监管审核。即使在并购交易达成后,如何进行整合、发挥协同,也仍然是需要探索和研究的课题,决定着并购重组交易的成败。

【关键词】产业并购　跨境并购　利益冲突　监管审核　并购整合

一、案例陈述

2017年某日,A公司将《关于终止重大资产重组的公告》正式提交披露。一石激起千层浪,这则重组终止公告以及随后发出的投资者说明会召开公告很快引起了市场关注,甚至当天就有媒体发表深度分析文章。毫无疑问,这是一起市场都很关注的并购重组,不仅在于A公司所处行业属于国内近年来政策大力支持的集成电路行业,而且并购标的T公司是主要经营主体位于美国的同业细分市场龙头企业。从交易实质而言,这是一起规模较大的跨境并购。

从开始进行交易谈判、A公司组织中介机构进行尽职调查、交易方案初步敲定到持续进行公开信息披露、提交监管审核、回复监管问询,整个并购过程已持续1年有余,最终因业务合作伙伴的利益冲突而重组终止,前述各方工作均付诸东流。

与此同时,A公司关于重组终止的公告引起了B上市公司的关注。

1. 并购重组的谈判与博弈

B公司是一家国内上市的集成电路设计企业,主营业务为集成电路芯片产品及整体解决方案的研发和销售。B公司拥有良好的研发背景与创新能力,获得多项专利证书,曾面向不同的市场细分领域推出一系列具有高性价比的芯片产品,具备一定的市场竞争力。然而近年来随着市场发展方向发生变化以及竞争加剧,业务增长较为有限,B公司希望能够通过外延并购方式获取新的市场机会和业绩增长点。对于同属集成电路设计领域的T公司并购方案,B公司管理层一直保持着密切关注。公开信息披露了并购标的T公司原为纳斯达克上市公司,产品在专用领域具有较强竞争力,虽然与业内国际巨头相比规模不大,但用户忠诚度很强,在技术和市场方面都拥有国内企业无法媲美的优势。通过进一步向业内知名人士咨询请教,B公司管理层了解到,国内产业基金Y、Z出于看好T公司未来发展以及与国内企业的互补效应,于3年前牵头组成中方财团将T公司私有化,成本接近10亿美元。由于背负着杠杆收购带来的沉重贷款压力,产业基金Y、Z希望能与优质上市公司合作寻求资本运作机会。

很快,B公司在财务顾问的牵线搭桥下,与T公司的重要股东之一Y基金展开了紧锣密鼓的洽谈。为及早锁定T公司,B公司管理层拿出了最大的诚意。然而意想不到的是,在Y基金与B公司合作意向已经基本达成时,Z基金也与另一家上市公司C在收购T公司方面达成共识,且出于跨行业并购的考虑,C公司给出的收购条款更为优渥。

面对强劲的竞争对手,B公司聘请的财务顾问大胆提出,能否充分利用B公司与T公司属于同一行业的特点,在无法获得控制权的基础上先行收购T公司部分股权,获得竞争中的先发优势。这项提议受到B公司和Y基金的大力认可,但真正实施时面临许多挑战。中国证监会在"经营性资产监管问答"中明确规定:"上市公司发行股份拟购买资产为企业股权时,原则上在交易完成后应取得标的企业控股权,如确有必要购买少数股权的,应当同时符合以下条件:(一)少数股权与上市公司现有主营业务具有显著协同效应……(二)交易完成后上市公司需拥有具体的主营业务和相应的持续经营能力,不存在净利润主要来自合并财务报表范围以外投资收益的情况。"T公司与B公司业务间的协同效应显而易见,但T公司目前的经营业绩优于B公司,如收购后B公司无法合并财务报表,未来可能存在上市公司净利润主要来自合并财务报表范围以外的投资收益情况。此外,Y基金持有T公司股权比例较大,B公司如发行股份收购这部分股权,Y基金所持的T公司股份将尽数更换为B公司股份,可能会对B公司控制权稳定性形成威胁。

面对上述问题,B公司与中介机构团队在研究后采取了逐个击破的战略。关于收购资产性质问题,B公司并购团队积极与监管机构进行沟通,向证监会和交易所解释本次收购能够取得T公司的控股权,但考虑T公司章程中对于股东权利的特殊约定,仍然存在不能控制及合并财务报表的风险,如无法合并财务报表,未来可能存在上市公司净利润主要来自合并财务报表范围以外的投资收益情况。虽然如此,T公司实际经营主体为私有化企业,治理结构完善、经营管理稳定、业务发展良好,与B公司具有较好的协同效应;B公司可以基于本次交易完善集成电路业务布局,增强持续经营能力,符合"经营性资产"的主要认定。通过多次沟通,监管机构充分认识到了本次收购对于增强B公司资产质量以及所在产业后续发展的重要意义,对本次交易的合理性、合规性进行了认可和鼓励,并建议 B 公司应尽量争取后续取得 T 公司的控制权。关于控制权稳定问题,在财务顾问的建议下,B 公司与 Y 基金商讨同意将交易架构上移,采取 Y 基金作为直接收购标的、T 公司成为间接收购标的的方式,使得 Y 基金的各位合伙人分散取得 B 公司股份,减小对 B 公司控制权的影响。同时,法律顾问牵头对各交易对方之间的关联关系进行梳理,通过事实论证和各方说明的方式确保其不存在一致行动关系。

B 公司率先向市场披露了对于 T 公司的并购方案与实施进展,引起了市场热议。

2. 并购重组推进过程中的不确定因素

随着初步方案披露、监管问询及回复的进行,一场接着一场的并购推进协调会如火如荼地开展。B 公司与中介机构团队都十分明白,前期方案的披露只是权宜之计,能够获取对 T 公司的控制权、完成资产业务等方方面面的整合,才能得到这场并购之战的最终胜利。为此,财务顾问与法律顾问根据项目进展设立了多套推进方案,供 B 公司、Y 基金进行参考,并为后续与 Z 基金的谈判作好充分准备。

在项目推进的过程中,B 公司收到地方证监局的《监督检查通知书》,就本次交易可能涉及部分对象利用未公开信息进行内幕交易,请 B 公司、Y 基金、T 公司以及并购中介机构团队配合调查,配合方式包括但不限于提供书面说明资料、查询通话通讯记录、查询微信及邮件记录、当面访谈确认等。B 公司在积极组织协调各方进行自查与配合调查的同时,更下定决心要尽快推动并购完成,一边采取行动与 Z 基金进行谈判,一边向地方相关部门、政府部门等进行汇报,深入阐述并购 T 公司对地方产业发展的良性影响,以寻求上层对本次并购交易的支持。

在经历若干轮谈判后,B 公司终于在收购方案方面与 Z 基金达成一致,而此次的标的估值较前次披露时已上调逾 10%。

3. "蛇吞象"式跨境并购的挑战

T 公司业务在全世界范围开展,供应商和客户遍布美国、欧洲、中国香港、中国台湾等地,交易真实性、信息完整性核查难度与纯境内并购相比高出许多。在与证监会审核部门沟通下,并购团队采取了"实地+远程"的方式,对 T 公司业务、财务、法务情况进行了全面尽调。以境外营业收入真实性核查为例,财务顾问和会计师主要采取了如下核查手段:①结合 T 公司销售业务流程,执行销售与收款循环内控流程穿行测试及关键控制点测试,确认销售与收款相关的内部控制的有效性;②分析报告期内客户数量变动及总体分布情况,选取主要客户进行背景调查;③获得并查阅报告期内主要客户的销售合同,评价主要客户的销售收入确认政策是否符合企业会计准则的规定;④选取样本执行实质性测试程序,包括但不限于查阅销售合同、相关订单、发票、发货单及运输单等,检查会计记录与物流信息是否一致,检查原始凭证是否齐全、真实,并与合同约定相一致,核对实际交易的产品品名、规格、数量等与订单规定是否相符等;⑤以客户为单位进行抽样,对主要客户的营业收入发生额实施函证程序,核实其真实性及准确性,检查大额销售是否取得对方确认,通过函证与替代程序对营业收入进行核实;⑥检查资产负债表日后发货明细和营业收入序时账,以识别重要的会计跨期,并检查相关支持性文件,以评价相关收入是否记录于恰当的会计期间;⑦取得 T 公司银行账户截至报告期各期末的对账单,并对重要银行账户进行发函询证;⑧通过现场走访/电话/邮件等形式对主要客户进行访谈,受访客户合计销售金额占比超过 50%。

并购交易涉及的主体多,需要履行的决策与审批流程多。在传统境内发行股份购买资产需要履行的董事会审议程序、股东大会审议程序、交易所问询、证监会审批之外,由于并购标的在美国和中国台湾设立了较为重要的经营单位,可能还涉及美国外资投资委员会(简称CFIUS)与"台湾经济部投资审议委员会"(简称"台湾投审会")审批。考虑到中美贸易摩擦与两岸关系的影响,B公司分别聘请了美国与中国台湾地区的律师团队,对审批程序的必要性及可行性出具专业意见。根据境外律师就 CFIUS 及"台湾投审会"审查事宜出具的备忘录,本次交易不属于提交强制性 CFIUS 申报的交易、不属于适用法律明确规定应向"台湾投审会"提出事前申报的交易,即 CFIUS 及"台湾投审会"审查不属于本次交易的生效条件。为降低本次交易的不确定性,经交易各方协商,B公司仍然就本次交易向 CFIUS、"台湾投审会"提交自愿性申报及审查。同时,并购团队向中国证监会明确,前述审查不构成本次交易的生效条件,若未通过将进行方案调整,但预计不会对本次交易完成后公司的业务经营造成重大不利影响。得益于近年来中国证监会越来越市场化的审核理念,上述事项也并未成为通过中国证监会审核的前置条件。

换股交易对方持续增加,B公司的控制权是否存在不确定性呢?答案是否定的。虽然在 Z 基金加入交易后 B 公司又将间接收购方案调整为直接收购,但出于控制权影响的考虑,Y 基金缩减了换股份额,转而接受了部分现金对价,以保障其与 Z 基金一样,并未成为 B 公司的控股股东及实控人。同时,并购团队也在中国证监会审核部门多轮问询下,多角度、全方位地论证了 B 公司控制权仍保持稳定的事实和采取的措施,主要包括持股比例差距情况、董事提名及董事会控制情况、B 公司管理团队经营决策情况、交易对方关联关系情况、交易对方出具不谋求控制权承诺等。

这次并购重组也陆续进入了"年度十大跨境并购交易""年度半导体行业最具影响力并购交易"等荣誉榜单。

4. 并购重组后的整合与协同发展

众所周知,交易达成、资产交割并不是一场并购的结束。恰恰相反,这意味着并购整合才刚刚开始。在设计并购方案时,B 公司与中介机构团队已对此有所考量,并进行了交易条款相关安排。交易完成后,B 公司将通过对 T 公司的章程修改、董事会选举、高级管理人员选聘等公司治理和决策机制,在人员、业务经营、财务管理、对外投资、外部融资、资产处置等各方面形成对 T 公司的全面管理与控制。B 公司还将利用上市公司现有的规范化管理经验,结合 T 公司的经营特点、业务模式及组织架构,对其原有的内部控制制度、财务制度及管理制度按照上市公司内部控制和规范要求进行适当地调整,以提高运营效率、有效控制风险,使其在各方面均达到上市公司的标准。同时,B 公司与 T 公司均主要从事集成电路芯片及其衍生产品的研发、技术支持和销售,本次交易属于对同行业优质企业的整合收购,交易完成后可以形成良好的规模效应及互补效应。本次交易完成后,B 公司还将利用自身对国内集成电路和信息技术行业的理解和经验,充分发挥和 T 公司在质量管控、技术研发、产品类型、客户及市场规模等多方面的协同效应,实现对其的有效控制和良好融合。

二、案例解析

（一）涉及知识点

通常，外延式收购的目的是扩大生产规模。收购一个公司的股权有如下几种方式：

（1）协议收购，通过签署并履行能充分反映转让双方各自要求，有较强的灵活性。

（2）二级市场交易，包括竞价交易、大宗交易，但一般只是其他收购方式的配合手段。

（3）要约收购，主要用于没有确定合作的收购或敌意收购。

（4）间接收购，通过控制公司的直接和/或间接股东，间接实现控制公司的目的。

（5）定向增发，为公司补充现金或引进优质资产。

（6）行政划转，作为行政化的资源调配方式无偿转让，是国资体系内部进行股权调配的行政手段。

（7）几个股东签署一致行动协议，在重大事项表决共同行动。

（8）当出现股份暂时无法交割，但控制权需要即可发生转移的商业诉求时，可以通过委托投票权作为过渡性手段。

（9）为控制收购成本不可控的风险，上市公司股东以股票为质押物，向特定对象发行一种本质上是内嵌看涨期权的私募可交换债券，或者场外期权、收益互换等衍生品。

间接收购是指公司股东以外的收购方通过投资者关系、协议、其他安排导致其拥有权益的股份达到或超过上市公告书发行股价5%或30%的，按照一般收购持有股份的行为，或者按照继续收购则取得股份的行为。间接收购中收购人并未直接成为被收购公司的控股股东，往往是被收购公司的实际控制人。其主要形式有：

（1）直接收购上市公司大股东的股权，间接获得对上市公司的控制权，需要有实际的现金流出。

（2）向上市公司大股东增资扩股来间接控股，可以避免实际的现金流出。

（3）收购方与上市公司控股股东成立合资公司，收购方处于控股地位来实现间接控制。

关于间接收购的监管法规，主要是《上市公司收购管理办法》第五章"间接收购"第五十六条至第六十条。其中，第五十六条给出了避免要约收购的措施；第五十七条给出了控股权股东的定义；而第五十八条至第六十条强调实控人及受其支配的股东有义务配合上市公司进行信息披露。

本案例中，收购方积极与监管层沟通，主动创新，使得收购方案最终达成。

（二）要点分析

1. 总体点评

《上市公司重大资产重组管理办法》规定，上市公司发行股份拟购买的资产为企业股权时，原则上在交易完成后应取得标的企业的控股权。但为了鼓励上市公司的并购重组，除对金融企业的审慎监管之外，对其他行业，如确有必要购买少数股权，中国证监会放开了多数企业收购少数股权触及20%的红线，特别制定了以下条件：一是少数股权与上市公司现有主营业务具有显著的协同效应,或者与本次拟购买的主要标的资产属于同行业或紧密相关的上下游行业,通过本次交易一并注入有助于增强上市公司独立性、提升上市公司整体质量;二是交易完成后上市公司需拥有具体的主营业务和相应的持续经营能力,不存在净利润主要来自合并财务报表范围以外的投资收益情况。

T公司目前的经营业绩优于B公司,如收购后B公司无法合并财务报表,未来可能存在上市公司净利润主要来自合并财务报表范围以外的投资收益情况。合并会计报表是指母公司(控股公司)与其子公司(附属公司)视为一个统一的经济实体,为反映母公司拥有或控制的全部资产和承担的全部负债,以及在此基础上的财务状况和经营业绩而编制的报表,是将所有子公司和其他能够控制的公司的财务报表合并成一个反映整个集团财务状况的报表。这里的合并范围主要指:①各个子公司(母公司控股);②母公司不控股,但实际上能够控制其经营的其他下属公司。合并范围外的投资收益包括企业炒股取得的收益等。这个规定的意思是企业要有自己的核心盈利能力,主要利润不能来自非主业的收入。

2. 并购重组之后的协同效应

并购重组的协同效应(Synergy Effects)是指并购后竞争力增强,导致净现金流量超过两家公司预期现金流量之和,又或合并后公司业绩比两个公司独立存在时的预期业绩高。协同效应主要源于以下三个方面:

(1) 范围经济:并购者与目标公司核心能力的交互延伸。
(2) 规模经济:合并后产品单位成本随着采购、生产、营销等规模的扩大而下降。
(3) 流程/业务/结构优化或重组:减少重复的岗位、重复的设备、厂房等而导致的节省。

对于并购重组来说,最大的挑战是付出的溢价是事前的和固定的,但协同效应却存在高度的不确定性。一旦失败,代价高昂,无论是金钱还是声誉。所以,在成熟的资本市场中,股东或投资者判断一项并购对自身利益影响有两个关键指标:评估潜在的协同效应和并购溢价。同时,并购方的出价要与公司内在价值匹配,否则会引起市场和投资者对于并购动机的怀疑。

(三) 启发思考题

(1) 请详述本次收购涉及的证券法规,以及最终B公司是如何解决这些法务问题的。
(2) 请总结股权收购的方式。
(3) 间接收购的具体形式有哪些?
(4) 如何保护少数股东权益?
(5) 如何评估并购重组的协同效应?

案例2 影视行业并购重组及其监管

【摘要】 本案例描述了近年来A股影视行业并购重组的起落历程。2016年是影视行业并购重组的分水岭,2016年以前文化传媒是A股上市公司并购重组的热点行业。随着2016

年9月中国证监会修订《上市公司重大资产重组管理办法》,以及监管层对VR、游戏、影视等纯概念题材的并购审核日渐趋严,不少影视类资产并购重组失败。最近几年,影视类并购重组几乎绝迹。整个历程,也表明了A股并购重组市场估值泡沫被逐渐挤出并重新回归理性。

【关键词】 影视　并购重组　估值　业绩承诺

一、案例陈述

并购重组相关监管政策及导向的调整,对并购市场有直接的影响。此外,行业政策变化、再融资以及IPO监管政策和节奏对并购市场也有较大影响。2013年,IPO暂停使A股上市公司开启一轮并购热潮。火热的背后,一些问题也逐渐浮现,利用A股一级市场估值优势对一些明显没有持续盈利能力的标的资产高估值,以及背后的利益输送问题,引起了监管层高度重视,2016年《上市公司重大资产重组管理办法》重大修订,并购重组监管收紧,并购市场由热转冷,各种不规范的重组形式受到遏制。

影视行业作为一个快速发展的产业生态,得益于并购市场资本运作的活跃。2013年可以说是影视并购重组大年,"轻资产+高估值"的模式使华谊兄弟、华策影视、乐视网、光线传媒等一众影视上市公司通过并购实现快速外延式发展,市值也一路上涨。但行业泡沫和高额商誉下的"爆雷"隐患,不仅引起监管层高度关注,市场也普遍担忧。随着监管政策的收紧,影视类并购重组也逐渐由热转冷,进入了寒冬期。2016年,多家收购影视资产的上市公司并购失败,或主动终止,或未获得监管审核通过。

1. 行业发展的黄金时代

我国电影产业链主要有制片、发行、院线和影院四个核心环节,除此之外还包括后续产品开发、广告植入等行业。

制片环节的参与者是出品方和制片方。出品方是投资人,如果是共同出品方,则根据股份占比情况先后出现在荧幕上。按照合约规定,有些公司只负责出资,有些公司负责制作,有些公司只负责宣传活动。制作方就是得到出品方的钱之后,进行演员挑选和拍摄工作的机构,这种公司通常情况下只获得合同上规定的酬劳,不参与票房的分账。制片机构市场非常分散,除了传统的强势民营电影公司,中小型的电影制片公司和众多非影视公司通过并购和投资进入影视行业,形成了多元的竞争格局。一般,导演自己开工作室,按影片的合约关系与公司签约,甚至以股权形式共同投资影片。大型影视公司会签约属于自己公司的导演。

在发行环节,电影发行公司将制作完成的电影进行拷贝,然后分发到各个院线。发行机构市场集中度较高,而一般制片方会同时担任发行商的角色。

院线公司是将拷贝送到电影院并负责排片指导的机构。发行公司不能直接面对影院进行发行。独立影院通常以资本结合或者加盟形式加入院线设立的平台,知名影院公司如UME,得到的票房分账比例较普通院线公司要高很多。

近几年,随着观众观影娱乐习惯的形成,文化消费再度升级,电影市场步入快速成长期。由于产业上游的核心资源是导演和演员,资本活动主要以收购明星IP资源为主。这种做法主要通过收购明星新成立的公司,将付给个人的片酬转化为公司间的业务往来,使明星的个人价值实现了证券化。明星个人价值的变现,使其实现了短期内的巨额收入或股权,上市公司达成了绑定以明星为代表的公司核心创作团队的目的,使明星们"不是股东胜似股东"。

明星证券化的路子到2016年开始难以行得通,想效仿华谊兄弟的XX集团、XX影视收购案均以失败告终,而且这些公司在资本市场的演变历程也映射了行业的兴衰。

2. XX集团:从市值超400亿到退市

XX集团是一只上市后曾以37个涨停板创造A股涨停记录的股票,也是一家在最好的年代蒙眼狂奔而后陨落的公司。该公司作为当时国内知名互联网企业,于2015年3月上市之时正逢牛市,上市后40天内拉出36个涨停板,一度被市场封为涨停板"神话"。2015年5月末,XX集团股价达到每股327.01元,涨了40多倍,市值达到400亿元以上。借着股价良好势头和当时"乐视生态"概念的火爆,该公司也致力于做"生态",向"全球DT大娱乐"战略转型,将VR、体育、电视作为未来的主力方向。因此,2016年3月,XX集团公布了收购游戏和影视资产的重组方案。

1) 重组方案简介

标的资产:A公司100%的股权,交易金额为105 000万元;B公司100%的股权,交易金额为97 500万元;C公司60%的股权,交易金额为108 000万元;合计作价31.05亿元。

交易对方:A公司交易对方为某合伙企业,B公司交易对方为某科技有限公司、某投资管理咨询中心(有限合伙),C公司交易对方为三个自然人。

标的资产主营业务及业绩:A公司主营移动网络游戏的海外发行及运营2014年、2015年净利润分别为-0.01亿元、0.26亿元;C公司专注于精品电视剧的制作、发行及衍生业务,2014年、2015年净利润分别为-0.002亿元和0.29亿元;B公司为移动终端网络游戏的研发和运营商,2015年净利润为0.05亿元。

可见,XX集团想借此进军影视、游戏、海外三大业务,完善DT大娱乐战略布局。但是标的资产增值率及利润承诺的"双高"引发市场热议。公告显示,A公司评估增值率10 658.60%;C公司评估增值率3 881.53%;B公司评估增值率6 024.52%。

其中,XX科技收购C公司最受关注。查看C公司的业绩可知,2014年净利润为负,2015年实现转亏为盈,净利润2 852.08万元。尽管增长率较快,但截至2015年12月31日,C公司的资产负债率达76.76%,想要达到并购后承诺的利润,3年对赌期4.38亿元盈利,存在较大不确定性。

交易对方对三家公司给出了较高的业绩承诺。A公司2015年净利润为2 589万元,2016年承诺净利润7 000万元。C公司2015年净利润为2 852万元,2016年承诺净利润1亿元。B公司2015年净利润474万元,2016年承诺净利润6 500万元。三家公司承诺的利润增幅均超过了100%。

盈利预期不稳定、对价虚高、业绩承诺难以实现,这些突出的问题导致交易被中国证监会否决,理由是标的公司盈利能力具有较大不确定性,不符合《上市公司重大资产重组管理办法》第四十三条的相关规定。

2) 重组失败后,业绩逐渐恶化并走向退市

在VR及XX影视上,XX集团一直未能经营起来,并因此受到拖累。从2018年开始,公司业绩出现恶化。XX集团2018年归母净利润亏损高达10.9亿元,主要原因在于XXTV

的亏损。随后公司业绩持续亏损,根据2019年三季报数据显示,截至9月30日,XX集团净利润亏损3.86亿元。

压垮XX集团的最后一根稻草是对国际体育版权代理巨头MPS的收购。2016年,XX集团联合资金方成立基金计划,用52亿元的杠杆收购MPS 65%的股权。仅过了2年,MPS破产清算,导致基金未能按原计划实现退出,面临较大风险。XX集团在基金中相当于担任劣后级角色,资金方起诉提供兜底承诺的XX集团,索赔7.51亿元。

"千里之堤,溃于蚁穴"。2019年9月3日,实际控制人冯×因行贿罪、职务侵占罪被逮捕。2020年7月8日,公司未能在法定期限内披露2019年年度报告,XX集团被暂停上市。2020年7月31日,冯×被提起公诉。在冯×被逮捕后的日子里,XX集团人员大量流失,截至2020年6月,公司仅剩10位员工。现如今,XX集团的总市值仅剩4.88亿元,相比最高市值408亿元,下跌了99%。

2020年9月21日,公司股票交易进入退市整理期,在退市整理期30个交易日后,公司股票将从A股创业板摘牌,距离上市仅仅过了5年。

3. XX影视:意图通过并购捆绑明星IP

XX影视是一家创业板上市公司,以影视剧投资、制作、发行为核心业务。2016年3月,XX影视抛出公告称将收购范××名下的X美神51%的股权。为此,XX影视给出了逾7亿元的估值,达到重大资产重组标准。

1) 方案引发市场质疑

标的公司X美神2016年1月才核准成立,注册资本300万元。该公司正式成立才3个月,几乎什么业务都还没正式开展就估值7亿元,引起市场哗然和交易所的监管关注。而XX影视花费如此高价钱进行本次重组的目的,则是为了进一步捆绑范××的明星IP价值。2016年4月11日,深交所向XX影视下发问询函,要求XX影视重点对X美神的估值情况进行分析说明,并进行重大风险提示。尚未披露重组预案便遭交易所问询,并不多见。

2) 终止收购改为共同投资

在监管和市场的质疑和市场形势的变化下,XX影视公告终止收购X美神。虽然终止重组,但XX影视和X美神拟通过共同投资设立一家有限责任公司的方式继续开展业务合作。该公司注册资本3 000万元,其中XX影视认缴1 470万元,占注册资本的49%;X美神认缴1 530万元,占注册资本的51%。

根据相关公告,其共同投资旨在进一步深化与X美神之间的战略合作关系,强化对影视文化行业优质IP的挖掘与储备,完善产业链布局,与现有业务实现良好的协同效应,进一步增强影视剧投资制作能力。

3) 投资《XX传》遭遇"黑天鹅"

2016年7月,XX影视与X美神共同投资拍摄电视剧《X天下》(后改名为《XX传》),投资超5.8亿元。但在屡遭事故、多次整改、投资方退出、拖累业绩等一系列"黑天鹅"事件后,《XX传》成为XX影视沉重的包袱。

2020年5月,XX影视公告显示,XX影视将《XX传》一次性卖给天猫技术,价格下调为3.22亿~3.52亿元,不再负责后续的修改制作和播出时间。尽管根据协议,无论该剧播出与否,XX影视均无需退款,但该剧的播出时间仍然存在不确定性,致使其余款项的收回可能及收回时间亦存在不确定性。

XX影视暂按照已收到款项的金额3.028亿元计算确认2019年收入,同时将2019年第三季度已计提的存货跌价准备予以冲回,并将转回后的存货账面价值一次性全部结转至营业成本中。调整后,电视剧《XX传》项目于2019年度冲减收入合计为4.16亿元,导致2019年度公司营业收入为负数,濒临保壳边缘。

4) 保壳:XX影视易主XX广电

2019年12月31日,XX影视资产负债率为94.04%,净资产为1.36亿元。到了2020年3月31日,XX影视账面货币资金余额仅为2571.56万元。

此外,实际控制人吴××所持公司股权质押比例高达99.82%,占公司总股本的36.25%。无论是公司本身还是实际控制人,都面临紧张的现金流。

2020年9月,实际控制人吴××通过"股权转让+表决权委托"的形式将XX影视的控股权转让给YT数字电视投资有限公司,合计占公司28.55%股份的表决权。YT数字电视成为公司的控股股东,公司实际控制人变为ZJ广播电视集团。XX影视由民企变成了国资控股企业,XX影视的变化也是近年影视行业洗牌、整合的一个缩影。

4. 总结:影视行业并购重组的禁区与发展趋势

影视行业发展时间不长、估值增速快、历史业绩与承诺业绩相差较大、盈利能力的可持续性等问题一直是监管重点关注的问题。2013年至2015年,影视类资产充分享受到了资本市场的红利,开启了一条上市公司与明星"双赢"的资本运作道路。至2016年,整个影视行业从成长初期已逐渐发展成熟,资本市场也已经发掘了大部分影视行业的增长点。

与此同时,高估值、高溢价、高业绩承诺已经成为并购重组的"三高"问题,大部分收购标的的业绩远远没有达到其估值应有的高度。支撑动辄10倍以上增值率的,不过是一个又一个故事。如此下去,累积的估值泡沫终将溢出并爆发。2016年下半年开始,并购重组监管政策全面收紧,旨在严管并购重组监管套利。而影视行业的轻资产性、产品不稳定性以及产业不成熟性,越来越频繁的明星证券化交易、越来越高的估值,使影视类并购重组充满了争议和质疑,自然成为中国证监会严监管的对象。

2016年7月14日,深交所发布《修订广播电影电视行业信息披露指引,针对市场热点强化监管》,提出将重点监管创业板影视公司信息披露,直指影视行业公司票房收入和明星证券化两大问题。直指票房收入问题,这是因为票房收入并不等同于公司的营业收入。当前影视制作和发行大多采用联合出品、联合发行的模式,如果公司披露的公告未明确高额票房对公司营业收入的具体影响,则可能会给投资者造成误导。

2016年下半年以来,严监管下的影视类并购重组转冷;7月份,仅有欢瑞世纪借壳星美联合这一重组方案获批。公告了收购计划的重组交易也多数告吹,如汉鼎宇佑曾公告称,公司拟收购宇佑传媒,而宇佑传媒的股东则是众多一线明星,但最终宇佑传媒未能出现在汉鼎宇佑的重组方案中。

那么,影视类并购交易热潮冷却之后,归于理性的并购趋势及逻辑是什么?从近年并购重组交易趋势来看,垂直和横向的产业并购是主旋律。在文化影视行业方面,在影视制作、明星IP并购进入寒冬的背景下,互联网、游戏、短视频以及直播等新的热点成为并购的方向。热点不断更替迭代,但支撑交易通过审核、获得市场认可的基础,仍然是实实在在的业绩、看得清楚的业务模式和盈利模式、符合行业逻辑的增长性以及合理的估值区间。

二、案例解析

（一）涉及知识点

并购重组是资本市场优化资源配置的方式之一，是连接一级和二级市场、连接股权和债券、连接资本市场和金融市场、连接产业和金融的桥梁。但由于一级、二级市场存在估值差，并购重组往往被看作拉升股价的"灵丹妙药"，这也为投机套利创造了条件，甚至衍生出了各种不规范重组的乱象，其背后往往隐藏着关联交易和虚假并购后的恶意减持。

曾经有这样一种说法：如果在2014年1月1日不加思考地将资产平均配置，买入市值在15亿元以下的公司的股票，也无需任何分析，到2014年8月28日收盘时，收益率可达52.42%，秒杀各家公私募基金。之所以能取得如此业绩，就是因为当时流行炒作壳资源公司，虽然这些公司基本面乏善可陈，但市场仍看中其壳价值。监管部门虽然多次表态将逐步实现注册制，壳资源价值却并没有因此暴跌，反而继续飙升，市场对监管层的警告被视为"狼来了"。究其原因：①以往监管部门在各种压力之下动辄叫停IPO，使得一些投资者错误认为新股发行制度不可能真正实现市场化，壳资源价值因此得到强化。②IPO门槛很高，新股排队等候的"堰塞湖"得不到有效疏导，于是各种变相IPO大行其道。虽然"借壳"难度提升，但并购重组却越来越容易。于是，通过资产重组曲线上市，享受高溢价，就成为资本运作的捷径，各种重组乱象层出不穷。有些公司先变更控制人，再注入资产，把一步分为两步走，避开了"借壳"的麻烦。有些PE公司与上市公司深度合作，以市值管理之名，行市场操纵之实。有些公司热衷"跨界"，不管原来的主业是什么，网游、影视、电商、互联网金融，什么概念热就进军什么领域。

2016年，修订后的《上市公司重大资产重组管理办法》发布，对这些重组乱象重拳出击。而随着新股发行制度真正实现注册制之后，对各种变相IPO和垃圾股炒作将会被釜底抽薪。

（二）要点分析

1. 不规范重组

不规范重组主要是指上市公司渲染并购重组消息，炒作股价，大股东或关联方借机逢高减持后，随即宣布重组失败，或者把高溢价的资产或劣质资产注入上市公司，实现大股东及关联方间的利益输送，即一开始的目的就是非法牟利，根本没打算重组成功，或者说不追求重组成功。

不规范重组有以下四种形式：

（1）上市公司收购热门概念资产，推升股价，投资者跟风进场，大股东减持获利。

（2）市场出现股灾，股价下跌，股东质押股份即将爆仓，于是停牌公告重组。待行情好转，公司终止重组，然后复牌。

（3）上市公司溢价收购控股股东资产，将上市公司利益向外输送。

（4）劣质资产通过财务造假包装成优质资产借壳上市。

2. 明星证券化在中国的出现

明星证券化始于1997年2月,美国歌星鲍伊为应急,而选择跟法内斯托克公司的大卫·普尔曼合作。鲍伊将1990年以前录制的25张音乐专辑作为基础资产,将自己历年的唱片产权打包卖掉进行融资,以这些唱片未来产生的销售和使用版权费、许可使用费收入进行本息还付,发行利率为7.9%、平均偿付期为10年、总规模为5 500万美元的鲍伊债券。

鲍伊债券发行利率的7.9%,远高于同期10年期国库券利率的6.37%。另外,鲍伊的唱片经销商百代唱片公司为该债券作了担保,为这一资产证券化产品增信。而穆迪评级给予了该债券A3级的较高级别评价,这也是穆迪评级首次对音乐版权证券化产品进行评级。鲍伊债券不仅为鲍伊带来了数千万美元的财富,也为金融界的大卫·普尔曼带来了巨大的名望,而鲍伊债券更是成为资产证券化史上一个里程碑式的事件。

自此,金融业对资产证券化产品的认知被大大拓宽,资产证券化业务突破传统贷款的局限,将著作权、专利权、电影影片票房收益权、足球队门票收入等知识产权类基础资产都纳入资产池中。大卫·鲍伊的证券化案例意义还在于,它开启了艺人明星们和那些拥有版权的作品所有者资产证券化的大门。

2013年是中国影视并购重组大年,华谊兄弟等影视上市公司采用"轻资产+高估值"的模式,通过并购实现快速外延式发展,市值一路上涨,但也产生了巨大的行业泡沫和高额商誉的"爆雷"隐患。很多公司借着影视明星的光环,在2015年资本并购影视风起云涌的时候,摇身一变成为"香饽饽"。但随着市场监管趋严,2016年7月深交所专门发布文件,要求上市公司应对"明星证券化"行为进行详细信息披露,这些明星公司的风险也被逐渐暴露。

上市公司收购明星公司常常忽视的一大因素就是高增长与稳定性和可预期性之间的平衡。明星的职业生涯往往很短,不可能长盛不衰,短时间内成立的公司依靠明星个人高收入获得高估值,但未来的业绩产出难以预料。而且明星作为自然人,本身存在风险,如果个人出现了一些负面问题,哪怕是身体受伤,都很可能影响其影视作品。

(三) 启发思考题

(1) 简述影视行业如何利用资本市场进行爆炸式发展及其隐患。
(2) 简述XX集团重组方案失败的原因。
(3) 简述影视行业的产业链及其分工关系。
(4) 简述影视行业并购重组中存在的争议。
(5) 简述明星资产证券化及其在中国出现的背景。

案例3 传媒公司并购上海B传媒公司中的资产评估造假

【摘要】在并购重组交易中,企业为了抬高交易价格、达成并购重组交易,可能隐瞒企业的真实状况,采用虚假协议等方式将评估价格抬高,从而在重组业务中获利。本案例对一起并购重组造假案件的交易双方、交易方案以及造假案情进行了介绍。在该案例中,A传媒公司收购上海B传媒公司,但上海B传媒公司财务造假,导致A传媒公司对外披露的文件存在虚假记载,严重损害了上市公司及其股东的利益,致使上市公司以及相关中介服务机构受到处罚。

【关键词】 并购重组　财务造假　资产评估

一、案例陈述

A传媒公司于1992年12月成立,2007年11月在深交所中小板上市。

在经营战略方面,A传媒公司依托甲日报的品牌优势,走"甲日报+系列报刊+新媒体集群"的发展路线,业务范围涉及广告、物流、电商、新媒体、印刷等领域,构建了立体化的发展体系。

在经营规模方面,A传媒公司旗下拥有数十家子公司和分公司,产业规模较大,行业竞争力较强,是国内领先的大型传媒集团。

在收入构成方面,2012年A传媒公司实施重大资产重组,为公司注入优质传媒资产,公司新增广告经营、报纸发行、新媒体经营等收入来源。其中,广告和报纸发行成为A传媒公司主要的收入来源,占A传媒公司的收入比例高达80%。

在行业地位方面,A传媒公司借助全国影响力最大和市场化最成功的党报——《甲日报》,以"追求最出色的新闻、塑造最具公信力媒体"为办报方针,建立了权威的社会公信力和强劲的品牌价值,凭借旗下报刊、网站等媒体的强大传播和影响力,确立了显著的经营优势和独特的资源优势。

在股权结构方面,根据A传媒公司对外发布的并购重组文件,A传媒公司的股权结构如图3-2-1所示。根据该股权结构图,A传媒公司的控股股东为乙传媒,持股比例为49.4%;实际控制人为某市文资办,某市文资办通过乙传媒和XX实业间接控制上市公司68.49%的股份。

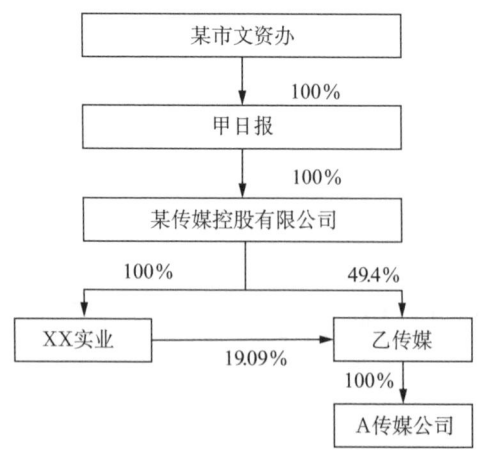

图3-2-1　A传媒公司股权结构图

B传媒公司成立于2003年,主要经营范围包括设计、制作、发布、代理国内(外)各类广告、企业形象设计、包装设计、电子计算机及配件、日用百货、文化办公用品、体育用品、工艺品、建筑装潢材料、服装服饰的销售。

在经营战略方面,B传媒公司走"优先占位"的发展路径,在同行业中率先提出要构建全国户外数字大媒体网络,凭借领先的技术创新优势和卓越的创意策划能力,构建起独特并且具有强势户外影响力的数字媒体网络,是户外数字大媒体领域最早的市场培育者和开拓者。

在经营规模方面,B传媒公司以上海为核心,业务布局全国30个省97个城市,开发LED大屏幕总面积超过26 500平方米。该公司产品遍布全国,主要集中于国内一、二线城市,如上海、北京、广州等,随着公司业务的不断扩张和前瞻性的战略性布局,公司在三、四线城市的市场渗透率稳步提高。

在收入构成方面,B传媒公司的主要收入来源为广告收入,产品的主要消费群体为汽车、酒类、食品饮料、数码家电、化妆品、金融保险等行业内的广告主以及国际4A广告公司和国内广告公司等渠道客户。

在行业地位方面,无论是户外LED媒体数量、媒体总面积还是媒体覆盖城市数量,B传媒公司在业内都居于领先地位,是中国最主要的户外大型LED媒体运营商之一,具备很强的市场竞争力、广泛的品牌认可度和领先的市场地位。

在股权结构方面,根据B传媒公司对外发布的并购重组文件,B传媒公司的实际控制人为Y女士(见图3-2-2)。Y女士直接持有以及通过丙公司间接持有B传媒公司的股份比例达到29.7954%,是B传媒公司的实际控制人。

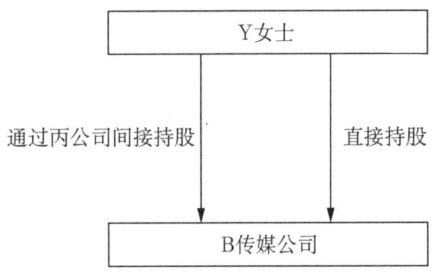

图3-2-2 B传媒公司股权结构图

1. 并购重组交易方案

2013年10月28日、30日,A传媒公司对外发布公告,为打造国内领先的跨媒体整合营销广告平台,拟并购B传媒公司,并为收购B传媒公司先后披露了一系列文件。根据对外披露文件的内容,本次并购重组交易方案为:A传媒公司及其全资子公司新媒体公司拟以现金和发行股份相结合的方式购买B传媒公司100%的股权,交易对价为4.5亿元。本次交易完成后,A传媒公司将持有B传媒公司100%的股权。

为A传媒公司收购B传媒公司提供估值服务的资产评估机构为XX资产评估有限责任公司。该公司采用收益法对B传媒公司股东权益进行估值,即以未来若干年度内的企业自由现金流量作为依据,采用适当折现率折现后加总计算得出营业性资产价值,然后再加上溢余资产价值、非经营性资产价值,减去有息债务得出股东全部权益价值。

该资产评估公司采用的具体估值模型为企业自由现金流模型,采用的公式如下:

股东全部权益价值＝企业整体价值－有息债务

企业整体价值＝经营性资产价值＋溢余资产＋非经营性资产价值

企业自由现金流量折现值＝明确的预测期期间的自由现金流量现值＋
明确的预测期之后的自由现金流量现值

其中,明确的预测期期间是指从评估基准日至企业达到相对稳定经营状况的时间。

根据该资产评估公司出具的资产评估报告,标的资产 B 传媒公司 100% 股权的评估值为 45 098.96 万元,各方协商后确认标的资产的最终交易价格为 45 000 万元。

根据这份交易方案,此次并购能够实现强强联合,扩大并购双方的经营范围,优化并购双方的经营效果。

2. 并购重组交易完成

2013 年 10 月 25 日,A 传媒公司与 Y 女士等 20 名交易对方签署了《现金及发行股份购买资产协议》,并根据交易价格及交易方案,向各个交易对手方支付现金或者股权。

交易双方确认,在《现金及发行股份购买资产协议》生效后,应在本次并购重组交易获得中国证监会批准之日起 3 个月内完成交割,约定由 B 传媒公司负责办理具体资产交割手续,A 传媒公司应就资产交割提供必要协助。

自 2014 年 7 月 1 日起,A 传媒公司将 B 传媒公司财务数据纳入合并报表的合并范围,A 传媒公司对 B 传媒公司的并购重组正式完成。

3. 财务舞弊案情

A 传媒公司并购 B 传媒公司之后,并没有从此顺利经营下去。因 B 传媒公司涉嫌财务舞弊,A 传媒公司对外披露的文件存在虚假记载,中国证监会于 2016 年 10 月 19 日对 A 传媒公司下发《调查通知书》,正式对 A 传媒公司展开调查,并在案件调查完毕后于 2019 年 2 月 28 日对 A 传媒公司及主要责任人员下发《行政处罚事先告知书》。

根据《行政处罚事先告知书》披露的内容,A 传媒公司及 B 传媒公司财务舞弊的主要手段以及相关处罚情况如下。

1) 财务舞弊手段

(1) B 传媒公司"无中生有",通过虚假合同虚增收入。B 传媒公司制作虚假合同的主要手法包括:通过伪造电子章等凭证制作虚假合同、通过找来相关人员配合制作假合同;使用已经取消的合同或者合同的扫描件来顶替;在合同取消后仍使用该取消的合同来进行财务记账;调高合同折扣,按照合同折扣入账的方式虚增利润。

在 A 传媒公司并购 B 传媒公司之前(2011—2013 年),B 传媒公司制作虚假合同共计 127 份,虚增净利润 30 589.83 万元;在 A 传媒公司并购上海 B 传媒公司之后(2014—2015 年),B 传媒公司制作虚假合同共计 108 份,虚增净利润 25 526.27 万元,B 传媒公司的财务造假行为导致 A 传媒公司 2014 年年报和 2015 年半年报信息披露违法。

(2) B 传媒公司对外担保事项应披露而未披露。2013 年 10 月 24 日,B 传媒公司向某科技有限公司出具承诺书,以 B 传媒公司户外 LED 显示屏为实控人 Y 女士的 2 000 万元借款承担连带责任。按照我国企业会计准则的规定,该担保事项属于应当披露的或有事项,而相关文件未对外披露,从而违反了相关法律法规的规定。

2) 财务舞弊受处罚情况

(1) 上市公司财务舞弊的受处罚情况如下:

A 传媒公司对外披露的并购重组文件以及收购完成后披露的 2014 年和 2015 年的财务定期报告中包括了 B 传媒公司的上述财务造假情况,因此,A 传媒公司披露的上述文件存在虚假记载,该行为违反了《2014 年证券法》。《2014 年证券法》第六十三条规定,上市公司依法披露的信息,必须真实、准确、完整,不得有虚假记载、误导性陈述或者重大遗漏。按照《2014 年证券法》第一百九十三条第一款、第二百三十三条规定,中国证监会对 A 传媒公司及相关责任人员作出如下处罚:第一,责令 A 传媒公司改正,给予警告,并处以 60 万元罚款;第二,对 15 名责任人员罚款 3 万~30 万元。

(2) 中介机构财务舞弊的受处罚情况如下:

A. 会计师事务所

为 A 传媒公司收购 B 传媒公司提供审计服务的会计师事务所——XX 会计师事务所,未能勤勉尽责,具体情形包括:第一,未能通过有效的风险评估程序识别出存在的舞弊风险;第二,内部控制及控制测试审计程序执行不严谨;第三,所执行的实质性程序存在缺陷;第四,审计过程中存在其他缺陷。

由于存在上述未能勤勉尽责情形,中国证监会依据《2014 年证券法》第二百二十三条,没收××会计师事务所业务收入 66 万元,并处以 198 万元罚款;对直接负责的两名主管人员给予警告,并分别处以 5 万元的罚款。

B. 律师事务所

为 A 传媒公司收购 B 传媒公司提供法律服务的律师事务所——北京 XX 律师事务所,未能勤勉尽责,具体情形包括:第一,对 B 传媒公司重大合同的真实性核查不到位;第二,未能有效发现 B 传媒公司对外担保事项;第三,对 B 传媒公司广告阵地和屏幕尽职调查工作不到位。

由于存在上述未能勤勉尽责情形,中国证监会依据《2014 年证券法》第二百二十三条,责令北京 XX 律师事务所改正,没收其业务收入 30 万元,并对其处以 90 万元罚款;给予 2 名项目经办律师警告,并分别处以 5 万元罚款。

C. 资产评估机构

为 A 传媒公司收购 B 传媒公司提供资产评估服务的资产评估机构——XX 资产评估有限责任公司,未能勤勉尽责,具体情形包括:第一,未能对应收账款的函证程序执行有效控制;第二,未能有效评估 B 传媒公司历史财务数据;第三,对其他证券服务机构出具的专业意见核查程度不够;第四,其他程序缺陷问题。

由于存在上述未能勤勉尽责情形,中国证监会依据《2014 年证券法》第二百二十三条,责令 XX 资产评估有限责任公司改正,没收其业务收入 25 万元,并对其处以 75 万元罚款;给予 2 名资产评估师警告,并分别处以 5 万元的罚款。

D. 独立财务顾问

为 A 传媒公司收购 B 传媒公司提供财务顾问服务的证券公司 XX 证券,未能勤勉尽责,具体情形包括:第一,尽职调查工作执行不到位,未按照严格的标准执行尽职调查工作内容和程序;第二,对此次并购重组涉及的风险未能做到全面审慎评估;第三,对 B 传媒公司收入真实性核查程度不够,对收入和应收账款的调查未能做到充分、广泛、合理;第四,在监督项目组工作、坚守项目风险底线方面,内核机构工作不到位,内核程序流于形式。

由于存在上述未能勤勉尽责情形,中国证监会依据《2014 年证券法》第二百二十三条,责令 XX 证券改正,没收业务收入 595 万元,并处以 1785 万元罚款;对 2 名责任人员给予警告,并分别处以 10 万元罚款。

4. 案例小结

在并购重组交易中,企业为了抬高交易价格,可能隐瞒企业的真实状况,采用虚假协议等方式进行资产评估造假,从而在重组业务中获利。

在本案例中,B 传媒公司通过制作虚假合同虚增收入,实现了与 A 传媒公司的并购重组交易,B 传媒公司相关责任人员取得现金及股票对价,获得了巨额收益,而这一行为严重损害了上市公司及其股东的利益,造成了恶劣影响。为了净化资本市场环境,必须完善相关制度建设,严惩造假主体,提高财务造假的成本。该案例中对相关违法主体的处罚依据为修订前的《2014 年证券法》,新《证券法》已于 2020 年 3 月开始施行。新《证券法》修订后,大大提高了违法违规的成本,未来将有力地震慑上市公司财务造假的冲动。

2018 年 12 月,中央经济工作会议指出,我国要通过深化改革,打造规范、透明、开放、有活力、有韧性的资本市场。规范、透明被放在最前面,没有规范、透明,市场的活力和韧性就无从谈起。而要提高资本市场规范性和透明度,需要建设一个有效的社会监督体系,有效地发动社会力量进行监督,让财务造假公司无处遁形,成为人人喊打的过街老鼠。

监管者与造假者就像是"道高一尺,魔高一丈",财务造假的手段也随着监管手段的提高不断变化。因此,我们要不断提升监管的智能化、科技化水平,通过科技手段提升对造假的监管力度。

二、案例解析

(一) 涉及知识点

巴菲特认为,买股票就是买公司,所以购买公司的价格应该是公司未来现金流的折现,是这个公司在剩余寿命中可以产生的现金流的价值。因此,自由现金流模型也成为在评估投资和企业时常见的逻辑手段。具体流程是:预测公司未来 3~5 年的自由现金流(息税前利润加折旧减去资本支出再减去营运资本增加),然后预测未来现金流的增长速度,通常以无风险利率作为机会成本进行折现。

该模型指明了度量公司内在价值的三个维度:自由现金、持续经营能力、业绩的增长。评判一个公司,优先考虑企业运营是否创造自由现金流,不光是经营活动收获现金流,更重要的是现金流要能够覆盖企业维持经营、市场优势,并能进一步扩张投入;然后,需要考量企业是否具有坚韧的生命力,能够经受残酷的商业竞争和经济周期,从而避免业绩昙花一现的企业。这就引出了我们考量企业的第三个视角:成长性。精准把握企业的生命周期,在企业步入成长期之前埋伏买入,就有望享受业绩成长给股价带来的戴维斯双击。

理论上,由于自由现金流是很难被操纵的数据,不像利润很容易被调整粉饰,自由现金流折现模型应该是最合理的估值方式。其作用如下:

(1) 正如前述,自由现金流很难操纵,操纵空间也较小,投资者根据这样的基础数据进行估算可以避开大部分的雷。

(2) 不受市场短期波动影响,投资者可关注长期的趋势,冷静决策。

(3) 使长期价值投资者在配置资产时,关注几个关键指标,而这些指标会影响公司长期表现;着眼于长期投资,关注公司竞争优势的深度、广度,如得到资本回报率、相对于无风险收益的合理收益率支持的加权平均成本和自由现金流,从而去更好地关注其竞争优势的宽度和深度,有利于投资者配置资产,尤其是长期价值投资者。

但该模型在现实运用中要注意以下几点:

(1) 这个模型会给投资者产生一个错觉,认为所得出的精确数值可以反映公司的价值,但切记,估值本身就带有很大的主观因素。

(2) 在运用这个模型时预测未来几年的现金流、公司未来的增长率和平均资产成本的难度很大,很难做到精确预测。如果对于折现率稍微进行一些调整(如上下调整2%),内在价值可能会相差20%~30%。所以,合理的估算应该是保守的,但是保守的估算本身也导致误导性。迷信这个方法,很可能会失去很多机会。

(3) 折现现金流是模型的基础数据,它们需要不断地更新和预测,一旦新数据产生,就很容易对未来的预测形成扭曲,从而加大估算的波动。而且模型的更新和调整需要花大量的时间去研究,需要对行业和公司有着极为深刻理解,这就容易限制研究的方向,并很可能因为调整产生了决策的时滞,从而产生大量的机会成本和时间成本。

(4) 模型涉及的变量太多,什么是合适的折现率、未来现金流又该如何去估算,这些都是极难解决的问题。

因此,这种估值方法有可能会沦为巴菲特所反对的"精确的错误"。所以,关键是要厘清该模型背后的思想:公司价值是由公司未来的自由现金流和盈利能力所决定的,不能盲目简单套用公式,而是了解公司,真正理解弄懂公司的盈利模式,然后通过安全边际来大致估算出公司价值,以"模糊的正确"代替"精确的错误"。

为此,我们更应该把它看作一个思维的逻辑过程,而非具体的估值解决方案,它不可能给投资者一个确定的答案。当投资者运用这些模型时,必须自问:价格是否具有很高的安全边际、自己有无考虑公司长期成长性、能否应对未来严重的经济危机、公司的财务强度如何、能否在严苛的竞争中胜出、是否具有长期的收益率等。这才是我们更深刻理解公司的方式,是公司研究的核心因素。我们要站在更宏观的角度,深刻而全面分析研究公司。投资者要抽丝剥茧,不浮于表面,不武断推论,脱离过多的数据导致的纷扰,不断完善模型,才能用有效的信息去得出更具有逻辑、更有根据的判断要点分析。

（二）要点分析

1. 财务舞弊

财务报表是投资者了解上市公司的"指南针"。上市公司的盈利状况、现金流等指标，是投资者选择购买 A 股标的的重要参考。投资者可以通过解读上市公司财务报表数据，获得判断上市公司"成色"的重要信息。然而，一旦被解读的财务数据是经舞弊"粉饰"过的，就可能给投资者带来巨大损失。因此，识破财务舞弊尤为重要。

我们可以形象地把财务舞弊分成两种：整容式和换脸式。"整容式"财务舞弊通常表现为会计处理错误，如提前确认收入、滞后确认费用等。这些局部"整容"往往基于真实交易，通常不需要牵涉上市公司不同部门人员，隐蔽性相对较高。而"换脸式"财务舞弊则是一种伪造经济业务活动的"无中生有式"舞弊，如虚构不存在的交易、夸大交易规模等。"换脸式"通常是系统性舞弊，需要调动上市公司内部较多资源，并涉及企业不同部门一起参与。

面对花样繁多的舞弊套路，普通投资者该如何识别出上市公司舞弊的迹象呢？首先要分析有无舞弊的动机，如上市公司的大股东特别是重要股东有无短期变现的需求、大股东禁售期是否将近届满、重要股东是否有资金链压力或套现需求等。这些满足财务指标的动机虽然隐蔽，但仍可以通过阅读上市公司季度报告、半年度报告、年度报告，以及财务报表及附注中外部债务相关信息、主要管理人员薪酬变化与业绩变化的相关性等方面来加以分析和识别。其次要开展舞弊迹象识别。"换脸式"财务舞弊作为一种恶劣且短期难以察觉的财务舞弊方式，其财务报表经常表现为：一是"超凡脱俗"——近几年的财务业绩变化大大超出同行业公司的表现，将财务报表与业务数据进行关联分析时，会发现大量"优异"表现。例如，分析产量与工人数量分析，会发现人均产量大大超出同业水平；将收入除以销量，会发现单价大大超过正常水平。二是"临界状态"——每年的业绩均以一个稳定比例上升，或者周期性"业绩回暖"，或者每 3 年一次"扭亏为盈"等。三是"不同凡响"——在一些负面外部环境（如政策变化、技术迭代等因素）影响下，企业业绩不降反升等。因此，当投资者看到这些看似"优异"的财务报表时，要谨防是否存在虚构式舞弊风险。

通过分析 2010 年至 2019 年 113 家样本公司的财务舞弊，我们发现以下基本特征：

（1）在行业分布上，制造业和农、林、牧、渔业较多，分别达到 67 家和 14 家。由于舞弊往往涉及虚增营业收入和税后利润，会虚增一些如存货、在建工程之类的资产，在这些行业较难核实，不易被发现，为财务舞弊提供了机会。从审计风险防范角度看，难以核实的存货和在建工程为特定行业上市公司虚增经营业绩提供了绝佳的掩饰机会。

（2）在地区分布上，欠发达和中等发达地区、市场化程度较低地区的占比明显高于经济发达地区，财务舞弊与经济发达程度和市场化程度呈反比关系。因为经济越不发达、市场化程度越低的地区，其上市公司要达到全国"一刀切"的监管标准难度越大。为了实现新股发行、再融资或维持上市资格等目的，一些公司不惜铤而走险、财务舞弊。

（3）在经营规模上，收入规模在 10 亿元以下的居多，占比 60.75%；净利润规模在 5 000 万元以下（含亏损）的上市公司占比为 51.40%，净利润为 5 000 万元至 1 亿元的上市公司占比为 21.50%，净利润在 1 亿元以上的上市公司占比亦高达 27.10%。这显示出财务舞弊与经营规模呈反比关系：经营规模越小，内部控制越不健全，不相容职务越难分离，大股东与经营者高度重叠,逾越内部控制的可能性越高。而且经营规模越小,公司治理体系和治理能力越薄弱,权力结构、权力分配、权力制衡、利益协调等治理行为往往是形式大于实质、内部控制和公司治理的不足,这无疑为上下串通、内外勾结等财务舞弊合谋提供了更多的机会。

(4) 舞弊金额超过 1 亿元的上市公司比例非常高,这与旧《证券法》的处罚力度不合理有关。在新《证券法》实施前,不论财务舞弊金额是大是小,对上市公司的最高罚款以 60 万元为限,这客观上助长了上市公司做大舞弊规模的心态。虽然新《证券法》对上市公司财务造假的最高处罚从 60 万元提高到 1 000 万元,但与财务舞弊带来的收益仍然不成比例,处罚金额仍有进一步提高的空间。样本公司舞弊金额特征的一个重要启示是,处罚不力容易助长舞弊规模。

(5) 在舞弊时间上,2011 年之后财务舞弊发生公司家数呈较大增长趋势,累计占比为 68.30%,这可能与 2011 年以来经济处于下行周期导致上市公司业绩压力上升有关,同时也与 2018 年之后监管部门的处罚力度呈明显加大有关。2018—2019 年,累计处罚 49 家上市公司,占比 43.36%。

2. 虚增利润

虚增利润是指不按照财务制度规定的要求进行核算,大多反映经营成果,掩盖其真实情况,以及将不应在本期核算的某些收入采取提前入账的办法等人为操作以增加利润的行为。企业往往通过该提的不提、该列支的不列支、该摊的不摊、该核销的不核销、挂往来账或者调整会计科目的办法进行虚增利润。常见的操作手法归结为以下三大类:

(1) 虚构业务,企业通过虚拟销售对象及交易,对并不存在的业务,按正常经营程序进行模拟运转,包括伪造订单合同、账户收入、发运凭证、开具相关的业务发票等一系列操作。

(2) 提前确认收入,提前确认加盟费、预充值金额,收入确认领先于销售业务的完成。

(3) 关联方虚假交易,利用与某些公司的特殊关系制造销售收入,这是众多企业进行虚增收入的首选手段。例如,公司将产品销售给与其没有关联关系的第三方,然后再由其子公司将产品从第三方购回,这样既可以增加销售收入,又可以避免公司内部销售收入的抵销。该第三方与公司虽没有法律上的关联关系,但往往与公司存在一定的默契。从实质重于形式的角度来讲,这属于关联交易,在合并报表中应该予以抵销。

3. 中介机构在资产评估的问题

2016 年 5 月,中国证监会首次针对审计、评估机构开展专项执法行动,指出评估机构存在的共性问题:一是独立性缺失;二是执行准则不到位;三是执业怀疑不足;四是执业判断不合理。审计、评估机构的不作为助长了上市公司虚假披露的势头。在这过程中评估机构共涉及五类违法违规行为:一是审计评估程序存在重大缺陷,交易合同等重要证据收集不充分;二是重要假设不合理、公式设置不正确;三是对上市公司存在的财务造假等异常现象未保持合理怀疑;四是审计评估过程中迎合委托人需要,执业程序走过场;五是审计评估项目复核流于形式。

在上市公司进行资产收购时,上市公司往往是资产评估机构的委托方。也就是说,资产评估机构进行评估业务时所获得的收入来自上市公司,而这恰恰就是这些评估机构无法做到独立准确评估甚至有时会偏向于上市公司作出评估的原因。

这种状况并不能光靠市场竞争来解决,相反竞争越激烈,就越容易迎合委托方——上市公司,越容易出现不合规的问题。所以,要解决这个问题,只能加强政府监督力度,刑事、民事和行政三管齐下,刑事上负责人可判更长期限,民事上处罚力度甚至可以使评估机构破产,行政上终身禁入该领域,总之,就是要提高违规的成本。

4. 尽职调查

尽职调查又称谨慎性调查,一般是指投资人在与目标企业达成初步合作意向后,经协商一致,投资人对目标企业与本次投资有关的一切事项进行现场调查、资料分析的一系列活动。

财务尽职调查则是针对个别投资者的考虑及需要而对目标公司作出财务调查、分析及建议,是一个度身订造的服务。在目标公司管理层的合作下,它能针对公司的经营情况、与客户及供货商的关系、投资风险与回报、现金流量预测和可靠性以及其他交易考虑,如协同效应的可能性等特别范围,作出仔细询问和调查。财务尽职调查报告更会列出投资者在进行交易前需要注意的风险及跟进事项。

与审计报告不同,财务尽职调查报告没有标准格式,每份报告都会根据目标用户的需求及不同行业的独特性而订制及呈现,以解答投资者的疑问和关注之处,继而进行投资与否的决定。因此,每份财务尽职调查报告皆有所不同。审计和财务尽职调查虽同样是对财务信息进行审查,但由于它们基于不同的目的、范围、技巧及关注的风险,纵然看似使用相同的财务数据,相关的讨论及发现也可能完全不同。

尽职调查是股权投资流程中必不可少的环节。投资团队通常根据尽职调查结果,对标的企业进行客观评价,形成尽职调查报告,投资决策委员会再根据尽职调查报告和风险控制报告进行决策。

(三)启发思考题

(1)如何运用自由现金流模型来对公司进行估值?

(2)投资者如何识别上市公司的舞弊迹象?

(3)简述常见的利润虚增手法。

(4)能否通过市场竞争来解决中介机构在资产评估中缺乏独立性的问题?

(5)简述尽职调查的目的。

第四模块

证券公司资产管理业务

第一部分
PART 1

资产管理业务概述

一、资产管理业务概述

(一) 资产管理业务的概念

资产管理业务的概念较为宽泛,目前国际上尚未有明确的定义。它一般是指为了投资者利益而对证券资产(包括但不限于债券、股票以及其他证券)及其他财产进行专业的投资管理以实现特定投资目标的行为。

(二) 证券公司资产管理业务简介

证券公司资产管理业务(简称券商资管业务)是指证券公司及其依法设立的从事资产管理业务的子公司(简称证券公司或管理人)通过募集资金或者接受财产委托,设立资产管理计划并担任管理人,由托管机构担任托管人,依照法律法规和资产管理合同的约定,为投资者利益而进行的投资活动。从业务形态来看,券商资管业务可以主要分为两大类:①为单一或多个客户办理的单一/集合资产管理计划的投资管理类业务;②为客户办理特定目的的专项资产管理业务。

二、一般资产管理业务

(一) 一般资产管理业务简介

1. 单一(定向)资产管理计划

单一资产管理计划在2018年资管新规细则颁布以前又称定向资产管理计划,是指证券公司为单一投资者设立的、为客户提供定向资产管理服务的一种资产管理业务(以下统称单一产品)。管理人通过与单一客户签订资产管理合同,通过专用账户进行投资管理,并在合同中约定具体的投资方向。

2. 集合资产管理计划

集合资产管理计划是证券公司集合多个客户的资产进行投资管理,为投资者提供的一种增值型理财服务。投资对象一般为产品约定的权益类或固定收益类投资品种。

证券公司资管业务的种类及标准如表 4-1-1 所示。

表 4-1-1　　　　　　　　　　证券公司资管业务的种类及标准

分类	类别	具体标准
投资类型	权益类	投资于股票、未上市企业股权等股权类资产的比例不低于资产管理计划总资产的 80%
	固定收益类	投资于存款、债券等债权类资产的比例不低于资产管理计划总资产的 80%
	商品及金融衍生品类	投资于商品及金融衍生品的持仓合约价值的比例不低于资产管理计划总资产的 80%,且衍生品账户权益超过资产管理计划总资产的 20%
	混合类	投资于债权类、股权类、商品及金融衍生品类资产的比例未达到前三类产品标准
特殊类型	FOF	基金中基金资产管理计划,其 80% 以上的资产管理计划资产是投资于符合国务院金融监督管理机构要求的投资机构所发行的资产管理产品
	MOM	管理人中管理人资产管理计划
投资者人数	单一	1 人
	集合	2~200 人
	大集合	200 人以上

资料来源:东证资管。

2013 年,新修订的《中华人民共和国证券投资基金法》正式实施,根据监管要求,大集合类资管产品(大小集合主要是以客户规模来划分的,大集合是指募集人数在 200 人以上的券商资管产品)被定性为公募基金。同年,中国证监会发布《关于加强证券公司资产管理业务监管的通知》,明确了 2013 年 6 月 1 日后,大集合不再允许新设,存续产品积极转型。2018 年,中国证监会发布了《证券公司大集合资产管理业务适用〈关于规范金融机构资产管理业务的指导意见〉操作指引》,对于大集合进行公募化改造给出了细化整改方案,并根据中国人民银行相关通知设立 2021 年 12 月 31 日前为过渡期。过渡期届满前,持有公募基金牌照的证券公司可以将大集合变更注册为公募基金,未持有公募基金牌照的券商可以将大集合产品管理人更换为其控股、参股的基金管理公司并变更注册为公募基金或就该大集合产品向中国证监会提交合同变更申请。截至 2021 年 1 月,从 2019 年下半年首批券商资管大集合产品公募化改造获得监管批文以来,已有数十家券商约 93 只"参公"产品陆续完成改造并推向市场,资产净值约 1 500 亿元。券商大集合产品总规模约 7 000 亿元,已完成改造部分约占 21%。

（二）一般资产管理业务的基本操作流程

从资金流动来看，券商资管业务基本流程可以分为"募""投""管""退"四个部分（见图4-1-1）。其中，"募"指的是获取资金和客户、完成产品成立的过程；"投"指的是投资运作和提供产品服务的过程；"管"主要是服务投资、运营支持和后台管理的过程；"退"指的是客户退出、产品清算的过程。

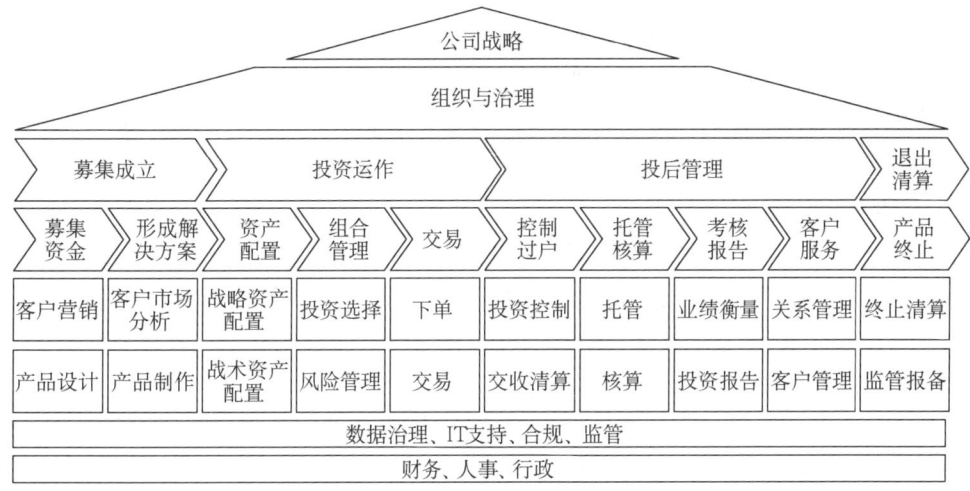

图4-1-1　资产管理业务的工作流程

资料来源：东证资管根据文献整理。

1. 募集成立

募集成立是获取客户与资金的过程，也是券商资管业务的起点。销售应当通过分析市场环境、确定目标客户与市场、评估自身优势来确定可以提供的服务，以确定营销策略，将客户需求与自身供给匹配；然后，制作资产管理合同作为产品载体，对接客户资金，在产品成立、完成法律法规规定的备案、账户开立等手续后正式开展投资运作。销售不仅需要销售人员和产品人员，也需要确定销售渠道、搭建销售组织、制订投资计划并考核投资运作业绩。

募集成立的基本流程与操作如下。

1) 产品设计

资产管理产品是资产管理机构提供一系列服务的重要载体。健全的产品体系与完善的产品线会成为获得客户合作的有力帮手，形成差异化的核心竞争优势，有助于证券公司进一步扩大资产管理规模。产品设计与开发需要符合证券公司的发展战略，同时结合竞争优势、市场时机、客户需求、竞争格局、产品规划等综合考虑。一般而言，新产品的开发需求来源于投资驱动、渠道驱动、机构驱动、投资策略驱动、竞争驱动以及技术驱动。

证券公司根据产品设计中确定的要素与条款，制作符合相关法律法规与自律规则要求的资产管理合同、计划说明书、风险揭示书等法律文件。

2) 产品募集

管理人向合格投资者非公开募集资金。管理人应当向合格投资者非公开募集，并与投资者、托管人签订资产管理合同。

(1) 募集渠道。管理人可以自行推广资产管理计划(直销),也可以委托具有基金销售资格的机构代理推广资产管理计划(代销)。

(2) 募集过程。管理人应当按照法律法规的规定履行适当性管理义务,充分了解投资者,对投资者进行分类,对资产管理计划进行风险评级,遵循风险匹配原则,向投资者推荐适当的产品,禁止误导投资者购买与其风险承受能力不相符合的产品,禁止向风险识别能力和风险承受能力低于产品风险等级的投资者销售资产管理产品。同时,销售机构应当将销售过程中产生和保存的投资者信息及资料全面、准确、及时提供给管理人。

(3) 募集失败的处理。募集期届满,集合产品未达到成立条件的,管理人应以其固有财产承担因募集行为而产生的债务和费用,并在募集期届满后30日内返还投资者已缴纳的款项,并加计银行同期活期存款利息。

3) 产品成立与备案

不同类型的产品要求有所差异。其中,集合产品成立应当具备法律法规及自律规则要求的条件。在募集金额缴足之日起10个工作日内,管理人应当委托会计师事务所进行验资并出具验资报告。集合产品在取得验资报告后,由管理人公告成立;单一产品在受托资产入账后,由管理人书面通知投资者资产管理计划成立。

管理人应当在成立之日起5个工作日内,将法规要求的相关材料报中国证券投资基金业协会备案,并抄报中国证监会相关派出机构。

2. 投资运作

投资运作包括三个环节:计划、执行和反馈。计划环节包括确定目标和约束、形成资本市场预期、制定资产配置策略;执行环节包含构建组合与实施组合;反馈环节包括业绩考核、组合监督以及组合调整。

(1) 制订投资组合计划。资产配置是构建投资组合的第一步。资产配置是投资中的关键环节,决定了投资组合业绩差异。根据资产配置的展望期限不同,资产配置可以分为战略资产配置与战术资产配置。战略资产配置通常包含以下步骤:明确可投资的资产类别,通过趋势外推法、情景分析法以及量化分析法预测各类资产收益率的构成结构,同时通过历史数据计算不同资产的相关性系数来构建方差—协方差矩阵。战术资产配置的时间跨度一般在5年以上,跨度较长,因此通过战术资产配置策略对战略资产配置策略进行修正。战术资产配置在实践中将形成跨资产类别的交流对话机制,推动战术配置的调整。

同时,根据相关法规,集合产品的投资运作应当采用资产组合的方式,因此投资组合不仅是超额收益的制胜法宝之一,也是合规的客观要求。构建股票投资组合,可以通过主动投资策略采用自上而下或自下而上的方法来构建;构建固定收益投资组合,可以通过自上而下的方法判断利率走势并择时构建,相比股票,它可以通过宏观分析准确判断利率变化趋势来获得超额收益;构建另类投资组合,因其主要为非标准化资产,另类投资组合的构建通常包括项目储备、项目立项、项目评审、尽职调查、内部决策、交易设计、交割与投后管理等流程。尽职调查的水平直接决定了风险防范能力的强弱,因此相关投资人员的专业能力非常重要。

(2) 明确具体的投资范围。管理人根据法律法规的规定与合同的约定,可以通过投资于表4-1-2所示的投资标的来实现投资组合计划的目标。

表 4-1-2　　　　　　　　　　　　资产管理计划投资标的

标准化资产	标准化债权类资产	在证券交易所、银行间市场等国务院同意设立的交易场所交易的可以划分为均等份额、具有合理公允价值和完善流动性机制的债券、中央银行票据、资产支持证券、非金融企业债务融资工具等
	标准化股权类资产	上市公司股票、存托凭证
	标准化商品及金融衍生品类资产	在证券期货交易所等国务院同意设立的交易场所集中交易清算的期货及期权合约等
	公开募集证券投资基金(简称公募基金),以及中国证监会认可的比照公募基金管理的资产管理产品	
非标准化资产	非标准化债权类资产、股权类资产、商品及金融衍生品类资产(统称产品以外非标资产)	
	其他受国务院金融监督管理机构监管的机构发行的资产管理产品	
可以依法投资/参与:中国证监会认可的其他资产;证券回购、融资融券、转融通以及中国证监会认可的其他业务		

资料来源:东证资管。

(3) 风险与绩效管理。券商资管风险管理分为对投资管理资产风险(信用风险、市场风险、流动性风险)的管理以及对自身风险(声誉风险、新业务风险、操作风险、战略风险、合规风险、法律风险)的管理。信用风险管理一般由信用评估部门负责,对各类信用主体、债项和资产进行信用评级,并以此为基础构建内部信用产品投资库,通过设定交易对手白名单与负面清单、限定授信额度、加强组合信用风险管理等方式对投资形成约束,限制低评级主体与债权的投资范围、额度与比例,有效防控信用风险。市场风险管理一般通过风险控制部门进行控制管理,识别、测量、分析、监控、报告及管理市场风险与流动性风险。合规风险管理一般由合规部负责,基于业务需求与实际情况并结合监管要求对标的进行系统性分析,明确关键节点控制方案,有效管控合规风险。法律风险管理一般由法律部负责,制定法律风险管理制度,对各项业务、操作及相关书面文件进行法律审查,有效防范风险、维护公司权益解决法律问题。另类投资项目风险管理一般由项目评审部负责,通过投前立项、投中尽职调查和投资决议以及投后风险管理来防范风险事件。

此外,绩效管理是对投资管理决策结果的衡量与评价,包括业绩衡量、业绩归因和业绩评价三个部分,体现了证券公司的管理思想与战略意图。业绩衡量是对投资组合收益率的计算与评估;业绩归因是将业绩衡量结果与业绩基准进行比较并总结不同收益来源的贡献率;业绩评价的核心是对投资经理的投资能力进行考核和评估。

3. 投后管理

投后管理主要包括运营管理、财务管理、产品变更展期管理与报备、IT 管理及其他事项管理。

1) 运营管理

根据前、中、后不同阶段,运营管理主要涵盖了以下内容:产品运营前主要负责账户管理(托管户及交易账户的开立、备案、变更、注销及其状态跟踪,账户信息维护,账户相关资料的档案管理,以及投资相关的账户类信息审核)、席位租用、份额注册登记(确权)、募资资金清算交收等事项。席位的租用、相关账户的开立需托管人、证券公司的配合办理相关手续。产品运营中主要负责交易结算（管理人发送划转指令与相关需求，由托管人完成实际资金和证券的清算交收）、交易数据管理、估值核算、信息统计与报表管理、信息披露以及账户管理。产品终止时负责资金退出，具体包括注册登记、销售资金清算、信息统计与报告管理、终止与清算的信息披露、账户销户等事项。

2）财务管理

券商资管的财务管理工作主要包括盈利分析、成本分摊、内部服务计价、收入分成、绩效管理和预算管理。

3）产品变更展期管理与报备

资产管理合同需要变更的，管理人应当按照资产管理合同约定的方式取得投资者和托管人的同意，保障投资者选择退出资产管理计划的权利，对相关后续事项作出公平、合理安排；产品展期则需要符合中国证监会规定和资产管理合同等约定，并没有损害投资者利益的情形等。此外，产品完成变更或展期的，管理人应当自资产管理合同变更之日起5个工作日内报证券投资基金业协会备案，并抄报中国证监会相关派出机构。

4）IT管理

IT管理主要体现在对于资产管理业务的支持、推动和引领。积极应用人工智能（AI）、区块链、云计算和大数据等金融科技提升业务与质量，如线上线下协同、加强渠道建设；产品投研并重、发展智能投顾；开发风控平台、推动净值转型；科学数据治理、挖掘数据价值。更重要的是，IT管理需要为资产管理公司量身定制大数据中心，大数据不仅可以在更好地了解客户、为客户提供个性化定价、提供更具成本效益的财务建议等领域发挥巨大作用，而且在产品开发、营销与销售、风险管理、投资管理等场景中为业务开展提供有力支持。

4. 退出清算

1）产品终止

产品终止的情形如下：①资产管理计划存续期届满且不展期；②管理人、托管人被依法撤销资产管理业务资格或者依法解散、被撤销、被宣告破产，且在6个月内没有新的管理人、托管人承接；③经全体投资者、管理人和托管人协商一致决定终止的；④发生资产管理合同约定的应当终止的情形；⑤集合产品存续期间，持续5个工作日投资者少于2人等情形；⑥法律、行政法规及中国证监会规定的或合同约定的其他情形。

2）清算流程

资产管理计划终止的，管理人应当在发生终止情形之日起5个工作日内开始组织清算资产管理计划财产。清算后的剩余财产，集合产品应当按照投资者持有份额占总份额的比例或者资产管理合同的约定，以货币资金形式分配给投资者，中国证监会另有规定的除外；单一产品应当按照合同约定的形式将全部财产交还投资者自行管理。

3）备案与报告

管理人应当自资产管理计划终止之日起以及清算结束后5个工作日内根据法律法规的规定进行备案。

（三）一般资产管理业务的基本规范要点

1. 相关法律法规及自律规则

2018年10月，中国证监会发布实施细则《证券期货经营机构私募资产管理业务管理办法》与《证券期货经营机构私募资产管理计划运作管理规定》，明确私募资产管理产品均依据信托法律关系设立。资管业务的统一监管促使证券公司资管业务持续去杠杆、去通道，切实发挥主动管理优势，回归本源。截至2020年9月15日，证券公司资产管理业务适用的法律法规及自律规则如表4-1-3所示。

表4-1-3　　　　　　　　　　券商资管业务法律法规及自律规则

定位	法律法规/自律规则名称	发文文号/发文机构	实施时间
总体框架	关于规范金融机构资产管理业务的指导意见	银发〔2018〕106号	2018-04-27
过渡期内的执行口径	关于进一步明确规范金融机构资产管理业务指导意见有关事项的通知	中国人民银行办公厅	2018-07-02
	优化资管新规过渡期安排引导资管业务平稳转型	中国人民银行	2020-07-31
标准化资产认定	标准化债权类资产认定规则	人民银行　银保监会　证监会　外汇局〔2020〕第5号	2020-08-03
证监会体系资管细则	证券期货经营机构私募资产管理业务管理办法	证监会令〔第151号〕	2018-10-22
	证券期货经营机构私募资产管理计划运作管理规定	证监会公告〔2018〕31号	2018-10-22
《资管细则》适用解答	《资管细则》适用相关问题解答（一）（上海证监局《关于落实〈证券期货经营机构私募资产管理业务管理办法〉及其配套规定有关工作的通知》附件）	上海证监局	2019-01-28
	《资管细则》适用相关问题解答（二）（机构监管动态2019年第5期总第55期）	证监会机构监管动态	2019-04-26
	《资管细则》适用相关问题解答（三）（机构监管动态2019年第8期总第58期）	证监会机构监管动态	2019-06-28
法律文件操作细则	单一资产管理计划资产管理合同内容与格式指引（试行） 集合资产管理计划资产管理合同内容与格式指引（试行） 资产管理计划风险揭示书内容与格式指引（试行）	中基协发〔2019〕3号	2019-05-01
备案操作细则	证券期货经营机构私募资产管理计划备案管理办法（试行）	中基协发〔2019〕4号	2019-07-01

(续表)

定位	法律法规/自律规则名称	发文文号/发文机构	实施时间
备案口径	证券期货经营机构私募资管产品备案问题通报(20190808、20190820)	中国证券投资基金业协会资管产品部	—
	备案提示:"备案提示"至"备案提示(十四)"		—
	证券期货经营机构私募集合资产管理计划适用简易备案核查程序条件清单		2019-10-08
	证券期货经营机构从事私募资产管理业务投资经理登记常见问题解答		2019-07-10

数据来源:东证资管整理。

管理人应根据上述法律法规与自律规则,在募集成立、投资运作、投后管理与产品终止阶段,主动合规、实质合规,切实增强主动管理能力。

2. 募集成立的相关规定

1) 合格投资者的界定

参与证券投资的人员,不仅有"普通投资者"和"专业投资者",还有合格投资者,只有满足相关条件(见图 4-1-2)的自然人、法人、金融机构等才能被称为合格投资者。

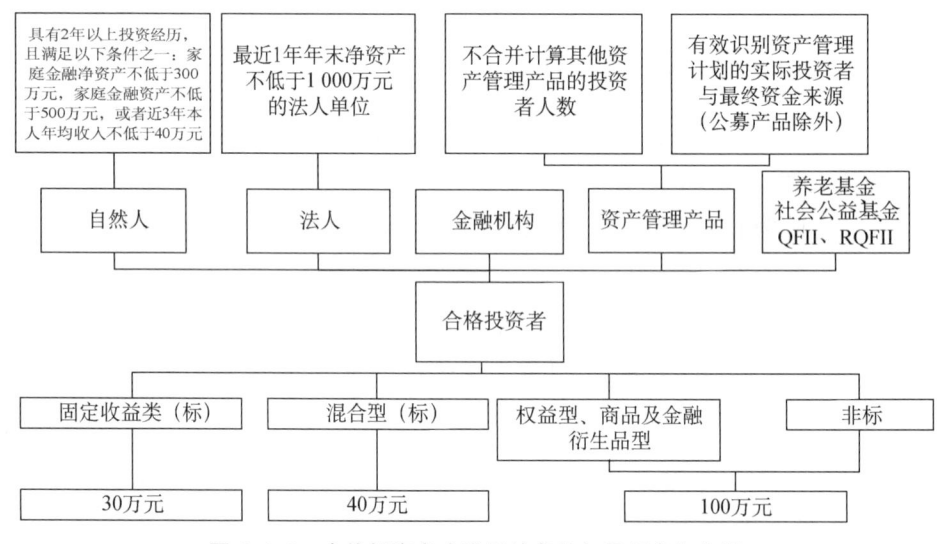

图 4-1-2 合格投资者应满足的条件与最低参与金额

资料来源:东证资管。

2) 募集渠道与募集过程的规范

管理人可以自行推广资产管理计划,也可以委托具有基金销售资格的机构代理推广资产管理计划。

投资者应当以真实身份和自有资金参与资产管理计划,并承诺委托资金的来源符合法律、行政法规的规定。投资者未作承诺,或者管理人、销售机构知道或应当知道投资者身份不真实、委托资金来源不合法的,管理人、销售机构不得接受其参与资产管理计划。

销售机构应当在募集结束后 10 个工作日内,将销售过程中产生和保存的投资者信息及资料全面、准确、及时提供给管理人。资产管理计划存续期间持续销售的,销售机构应当在销售行为完成后 5 个工作日内,将销售过程中产生和保存的投资者信息及资料全面、准确、及时地提供给管理人。

3. 投资运作

1) 投资非标资产的特殊要求

(1) 建立健全制度与限额管理。投资于产品以外非标资产的,管理人应当建立专门的质量控制制度,进行充分尽职调查并制作书面报告,设置专岗负责投后管理、信息披露等事宜,动态监测风险。同时,管理人管理的全部资产管理计划投资于非标准化债权类资产的资金不得超过全部资产管理计划净资产的 35%,投资于同一非标准化债权类资产的资金合计不得超过 300 亿元。

(2) 其他规范性要求。资产管理计划投资于产品以外非标资产的,所投资的资产应当合法、真实、有效、可特定化,原则上应当由有权机关进行确权登记;投资于不动产、特许收费权、经营权等基础资产的收(受)益权的,应当以基础资产产生的独立、持续、可预测的现金流实现收(受)益权;投资于产品以外非标资产,涉及抵押、质押担保的,应当设置合理的抵押、质押比例,及时办理抵押、质押登记,确保抵押、质押真实、有效、充分。资产管理计划不得接受收(受)益权、特殊目的机构股权作为抵押、质押标的资产。

2) 投资禁止规定

根据中国证监会发布的实施细则,资产管理计划不得从事以下领域的投资:

(1) 法律依据不充分的收(受)益权。资产管理计划不得投资于法律依据不充分的收(受)益权,对投资于不动产、特许收费权、经营权等基础资产的收(受)益权的,应当以基础资产产生的独立、持续、可预测的现金流实现收(受)益权;资产管理计划不得直接投资商业银行信贷资产;不得直接或者间接投资法律、行政法规和国家政策禁止投资的行业或领域。

(2) 违反国家产业政策、环境保护政策的项目(证券市场投资除外)。其主要包括投资项目被列入国家发展改革委发布的淘汰类产业目录;投资项目违反国家环境保护政策要求;通过穿透核查,资产管理计划最终投向上述投资项目等。

(3) 信贷资产及其他。不得直接投资商业银行信贷资产、违规为地方政府及其部门提供融资、要求或者接受地方政府及其部门违规提供担保;不得直接或者间接投资于禁止投资的行业或领域。

3) 投资比例规定

根据中国证监会发布的实施细则,资产管理计划要求符合相应的投资比例要求。

(1) 双"25%"比例限制。为落实组合投资要求,避免流动性风险,一个集合产品投资于同一资产的资金不得超过产品资产净值的 25%;管理人管理的全部集合产品投资于同一资产的资金不得超过该资产的 25%;银行活期存款、国债、中央银行票据、政策性金融债、地方政府债券等中国证监会认可的投资品种除外;根据法规规定可以豁免该等限制的集合产品除外。

(2) 单票投资比例。管理人管理的全部资管产品及公募基金合计持有单一股票不得超过上市公司可流通股票的 30%;根据法规规定可以豁免的情形除外。

(3) 证券发行申购比例。产品参与新股申购,或者申购债券、可转换公司债券、可交换公司债券等证券时,申报的金额不得超过该产品的总资产。单个产品所申报的数量不得超过拟发行公司本次发行的总量。

同时,对产品存续运作的,管理人应当严格依法依规依约进行资管产品的投资运作。资管产品改变投向和比例的,应当事先取得投资者同意,并按规定履行合同变更程序。对因客观原因导致投资比例超限,管理人应当在流动性受限资产恢复流动性后及时调整。若因客观原因无法调整的,应向监管机构履行报告义务。

4) 建仓期及久期要求

(1) 建仓要求。集合产品的建仓期自成立之日起不得超过 6 个月(专门投资于未上市企业股权的除外);建仓期的投资活动,应符合资产管理合同约定的投向和资产管理计划的风险收益特征;以现金管理为目的,投资于法律法规规定的投资品种的除外;仓期结束后,产品的资产组合应当符合法律、行政法规、中国证监会规定和合同约定的投向和比例。

(2) 久期要求。管理人应当加强资管产品的久期管理,且应当设立明确的存续期限。封闭式资管产品的期限不得低于 90 天。

4. 投后管理

1) 流动性合规管理

(1) 限制开放频率与开放期管理。考虑到券商资管业务的私募特征,产品开放频率受限,高频开放产品投资运作要求较高。集合产品可以每季度多次开放(主动投资于流动性受限资产≤资产净值20%);每个交易日开放的,其投资范围、投资比例、投资限制、参与和退出管理比照适用公募基金投资运作有关规则。

不同资管产品的开放期存在差异。其中,标准化投资的集合产品可以每季度多次开放(主动投资于流动性受限资产≤资产净值20%);每个交易日开放的,其投资范围、投资比例、投资限制、参与和退出管理比照适用公募基金投资运作有关规则。非标准化资产中,投资于非标准化债权类资产的,终止日不得晚于封闭式产品的到期日或者开放式产品的最近一次开放日;投资于非标准化股权类资产的,产品应当为封闭式,并明确该资产的退出安排,且该资产的退出日不得晚于产品到期日。若该资产无法依约退出,产品可以延期清算,也可以按照法规要求将其持有的非标准化股权类资产分配给投资者。

(2) 开放退出期的流动性安排及风险管理。集合资管计划开放退出期内,保持10%的高流动性资产,应对投资者赎回的流动性管理需求,制定流动性管理措施。流动性管理措施,包括延期办理巨额退出申请、暂停接受退出申请、延缓支付退出款项、收取短期赎回费等。

(3) 非标债权限额管理。明确投资非标债权类资产的限额管理要求,明确证券公司管理的全部资产管理计划投资的非标准化债权类资产小于或等于全部资产管理计划净资产的 35%。

2) 嵌套投资合规管理

(1) 主动管理。资产管理计划接受其他资产管理产品参与,证券期货经营机构的下层资管产品管理人应当切实履行主动管理职责,不得进行转委托,不得再投资除公募基金以外的其他资产管理产品。

(2) 禁止多层嵌套。已经嵌套一层的资产管理计划不再投资除公募基金以外的其他资产管理产品，并不得将其管理的资产管理计划资产投资于该机构管理的其他资产管理计划，基金中的基金(FOF)除外。

(3) 穿透监管。资产管理计划应当按照穿透原则合并计算所投资资产管理产品的总资产，且投资同一资产的比例以及投资同一或同类资产的金额应当遵守监管规定。

3) 交易合规管理

(1) 公平交易合规管理。① 建立健全制度。管理人应建立公平交易制度及异常交易监控机制，监控、分析、评估、核查投资交易行为进行，对投资交易的过程和结果进行有效监督，禁止潜在的利益输送和不公平交易的交易行为。②同反向交易监控。管理人应监控不同资产管理计划之间发生的反向交易和同向交易，禁止同一资产管理计划同一交易日内的反向交易行为。基于投资策略或流动性等需要且履行法规要求的相关程序的除外。

(2) 关联交易合规管理。重大关联交易应事先取得投资者同意，事后及时告知投资者和托管人，并严格履行报告义务；管理人不得将计划资产直接或者间接为管理人、托管人关联方提供融资；禁止利用分级产品为劣后级投资者及其关联方提供融资；管理人关联方参与资管计划，管理人应当履行披露和报告义务，并监控资管计划账户。

(3) 人员合规管理。① 利益冲突禁止。管理人应当加强对私募资管业务从业人员的管理投资经理、交易执行、风险控制等岗位不得相互兼任，并应建立从业人员投资申报、登记、审查、处置等制度，以防范与投资者发生利益冲突。②长效激励机制。管理人应当完善长效激励约束机制，不得以人员挂靠、业务包干等方式从事私募资产管理业务。③离任审查机制。管理人分管私募资产管理业务的高级管理人员、私募业务部门负责人以及投资经理离任的，应当立即对其进行离任审查，并根据法规规定履行报告义务。④收入递延机制，即对主要业务人员和相关管理人员建立收入递延支付机制，递延支付年限原则上不少于3年，递延支付的收入金额原则上不少于40%。管理人应合理确定收入递延支付的标准、年限和比例。

4) 信息披露合规管理

(1) 信息披露原则。管理人应当保证所披露信息的真实性、准确性、完整性、及时性，确保投资者能够按照资产管理合同约定的时间和方式查阅或者复制所披露的信息资料，并需根据法律法规及自律规则的规定提供规范的信息披露文件。

(2) 专岗负责。管理人应当建立健全信息披露管理制度，设置专门部门或者专岗负责信息披露工作，明确负责的高级管理人员，并建立复核机制，通过规范渠道向投资者披露有关信息，还应当定期对信息披露工作的真实性、准确性、完整性、及时性等进行评估。

5) 其他

(1) 净值化合规管理。管理人应当对资产管理计划实行净值化管理，确定合理的估值方法和科学的估值程序，定期对估值执行效果进行评估，真实公允地确认和计量资产管理计划净值。当计量方法不能真实公允反映价值时，管理人应当与托管人及时对资产净值进行调整。在符合法律法规要求的情况下，资产管理产品可使用摊余成本法估值。

(2) 风险准备金合规管理。管理人应当每月从管理费中计提风险准备金，或者依法计算风险资本准备，选定符合法规要求的商业银行开立风险准备金账户。风险准备金计提比例不得低于管理费收入10%,风险准备金余额下限为上季末资产管理计划资产净值的1%。

(3)业绩报酬管理。业绩报酬提取频率不得超过每6个月一次(投资者退出除外),提取比例不得超过业绩报酬计提基准以上投资收益的60%,且提取应当与产品的存续期限、收益分配和投资运作特征相匹配。

5. 产品终止

产品应当自资产管理计划终止之日起5个工作日内、清算结束后5个工作日内报中国证券投资基金业协会备案,并抄报中国证监会相关派出机构。产品因客观原因延期清算的,管理人应及时履行相应的报告义务。

三、专项资产管理业务

(一)专项资产管理业务简介

1. 定义与分类

专项资产管理业务是指由某个单位或机构独立出资,通过投资管理公司或证券公司资产管理部来单独进行管理并获取受益的一种资产管理计划。专项资产管理计划通常做大型融资项目,例如城建、基建、市政工程、大型企业专项融资等。专项资产管理计划是券商资管业务的又一项重大创新,通常主要为资产证券化产品。资产证券化(Asset-backed Securitization,ABS)是指将缺乏即期流动性,但具有可预期的、稳定的未来现金收入流的资产进行组合和信用增级,并依托该资产(或资产组合)的未来现金流在金融市场上发行可以流通的有价证券的结构化融资活动。

我国ABS可分为信贷资产证券化产品及企业资产证券化产品。信贷资产证券化由中国人民银行和中国银保监会主管;企业资产证券化又进一步分为中国证监会主管的资产支持证券和交易商协会主管的资产支持票据,如图4-1-3所示。专项资产管理计划是中国证监会主管资产证券化产品的载体。

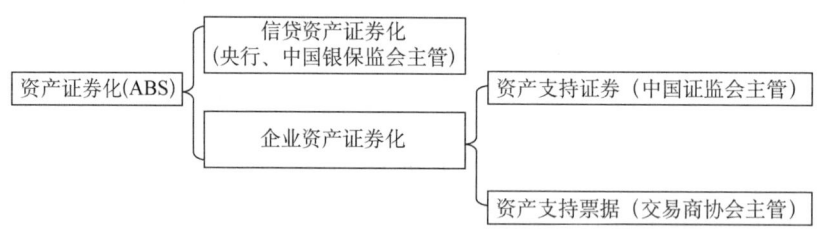

图4-1-3 我国资产证券化的分类

2. 基本原理与特点

资产证券化是对资产池现金流的切割组合,通过对底层资产现金流的切割重组来满足不同投资者的风险偏好。现金流分配次序越靠后,信用损失越大。资产证券化业务资产筛选和分层过程一般如图4-1-4所示。

资产证券化融资具有以下特点:

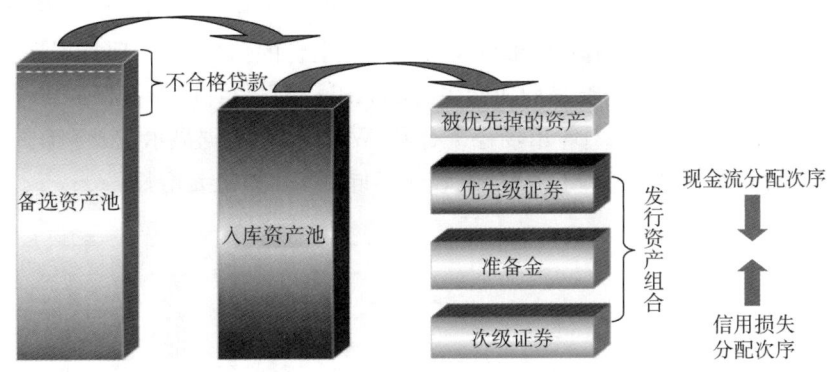

图 4-1-4　资产证券化业务资产筛选和分层过程

（1）改善财务状况：资产证券化可盘活存量资产，增强企业资产流动性；通过资产证券化融资可实现表外融资，调节财务报表。资产证券化涉及资产交易，通过灵活的结构设计可以满足不同发行人不同的需求。

（2）降低融资成本：通过基础资产与企业的风险隔离，以及其他增信措施，可获得比主体级别更高的债项评级，进而降低企业融资成本。

（3）关注资产质量：资产证券化对主体限制相对较少，业务模式更关注资产质量。

（4）资金使用灵活：资产证券化原理上属于资产出售，因而募得资金使用符合法律法规及国家产业政策要求即可，资金用途相对较广。

（5）融资限制较少：融资期限没有硬性要求，与资产期限匹配。

3. 现状与前景

据中国证券投资基金业协会公布的数据，截至 2020 年年末，券商资管业务规模为 8 万亿元，产品数量为 1.7 万只。据中国证券业协会公布数据，2020 年证券公司共实现资产管理业务净收入 299.60 亿元，同比增长 8.88%。尽管券商资管总规模在资管新规的指引下有所压降，但经营状况整体向好，如图 4-1-5 所示。

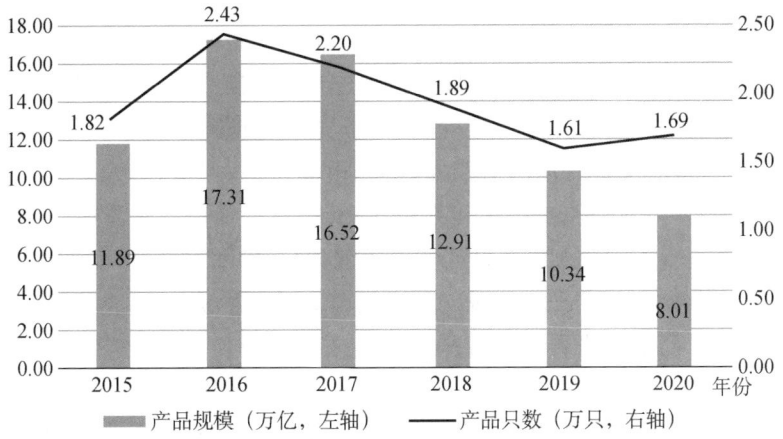

图 4-1-5　证券公司资产管理规模（2016 年年末至 2020 年 6 月）

数据来源：东证资管、中国证券投资基金业协会。

自2014年以来至2020年7月,中国证监会主管的企业ABS项目累计已发行3 530个,合计发行金额42 756亿元;中国人民银行及银保监会主管的信贷ABS项目累计已发行810个,合计发行规模38 050亿元;交易商协会主管的ABN项目累计已发行574个,合计发行规模6 805亿元(见图4-1-6)。ABS市场稳中有升,Wind资讯数据显示,2020年ABS市场共发行2 080单项目,发行规模达2.9万亿元,较去年同期2.4万亿元增长22%。

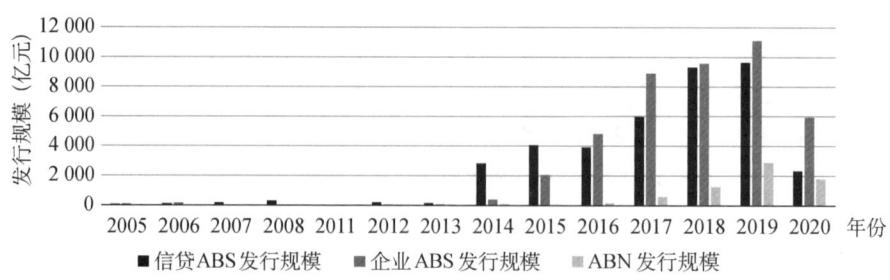

图4-1-6　全ABS市场历年发行规模

数据来源:Wind资讯、东证资管。

由此可见,在严监管的要求下,证券公司资产管理高度依赖通道的时代已经结束,券商资管行业将延续从严态势,正本清源,逐渐回归投资本质。同时,证券公司资管业务发展面临着业务定位不清晰、主动管理规模偏低、产品线不够完善、同类产品业绩不具优势等问题。另外,银行理财子公司的成立与净值型理财产品的批量发行,进一步加剧了资产管理行业的竞争。因此,证券公司应当积极主动转型,发挥综合业务平台的特殊优势。

在产品方面,基于自身优势完善产品线,打造特色净值化产品。证券公司可以围绕业务优势打造产品特色,进一步发挥全资本市场业务链的优势;可通过产品设计来推动产品净值化转型,如发行"固收+"产品满足客户稳健收益需求;通过设计收益结构、产品期限引导客户接受产品净值化理念与实践。另外,针对产品配置相对单一的情况,证券公司可借提升直接融资比重、服务实体经济、"一带一路"跨境产品等契机,拓展产品布局广度,推进多元化发展。

在投研方面,强化投资研究体系,构建外部投资能力。证券公司应充分应用金融科技提升投研能力,进一步发展券商资管权益投研优势,提升综合能力,创建品牌形象,收获市场声誉。首先,重视风险控制能力、控制各类风险,准备充足的预案来应对各类事件;其次,注重资产配置能力,通过资产配置获取贝塔收益,得到市场认可;再次,引入人工智能,提高数据的统计和处理能力,并对数据作出识别和判断,降低投资人员的工作量,提升整个投研团队的效率;最后,通过提升宏观和大类资产研究能力建立科学化、系统化管理人甄选体系,提升FOF和MOM(Manager of Managers,管理人中管理人产品,是一类成熟的资产管理产品,指母管理人将资管产品部分或者全部资产委托给多个子管理人进行管理的资管产品)的管理能力。

在资产方面,实现"资管投行化、策略产品化"。资管投行化,即大力发展资本中介业务,加强投行与资管的协同效应。券商资管可以以买方视角掌握资金端需求,挖掘优质资产、创设金融产品,解决实体企业的融资需求。如此,既突破了市场无高收益产品可投的困境,又用定制化的金融产品拓展了业务面,同时支持了实体经济发展。策略产品化可以将证券公司自营部门在权益、商品、信用债等方面成熟且表现优秀的投资策略进行定制化,并应用到资管产品端。

在资金方面,加强内部协同,强化直销能力。证券公司经纪业务部门与投行部门分别积累了大量零售客户与企业客户资源,且都有着强烈的理财需求,提供有针对性的优质资产管理产品,有助于增强客户粘性。另外,面对机构客户,证券公司要进一步发展直销团队,做到真正了解客户,为不同客户的不同久期、不同风险偏好、不同成本的资金设计专属投资解决方案。

在合规风控方面,健全合规体系,强化风险管理。一方面,证券公司应健全相关体系机制,建立与资产管理业务发展相适应的管理体系与制度,同时借力外部资源,健全风险管理、内部控制和问责机制;另一方面,证券公司应确保平稳过渡,合规风控的相关决策应充分考虑过渡期内新老产品的交接。

(二)专项资产管理业务基本操作流程

资产证券化业务流程大致可以分为准备、审核、发行三阶段。各阶段具体事项如图4-1-7所示。

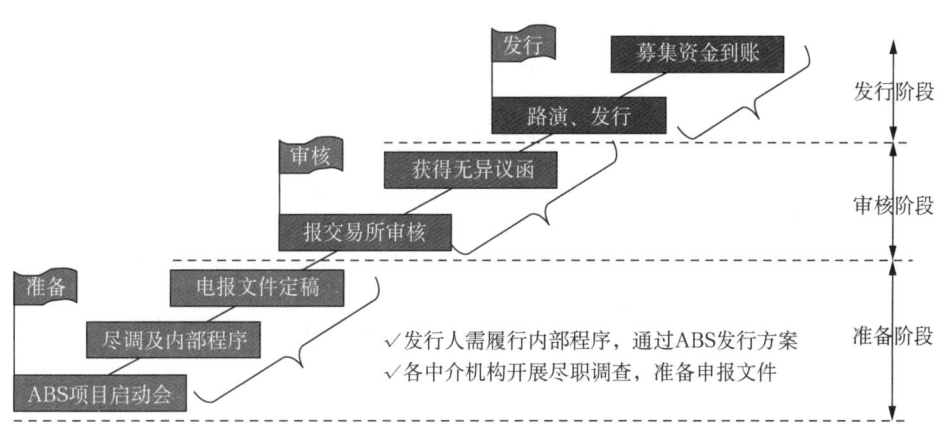

图4-1-7　资产证券化业务流程示意图

(三)资产证券化业务基本规范要点

1.资产证券化业务规则体系

不同资产证券化业务品种需要遵守不同主管机关发布的规则,各类具体业务规则体系如表4-1-4所示。

表4-1-4　　　　　　　　　　ABS业务规则体系

信贷资产证券化	证监会企业资产证券化	资产支持票据
中国人民银行、中国银保监会主管	中国证监会主管,交易所事前论证,中国证券投资基金业协会备案	中国银行间市场交易商协会主管

(续表)

信贷资产证券化	证监会企业资产证券化	资产支持票据
◆《信贷资产证券化试点管理办法》 ◆《金融机构信贷资产证券化试点监督管理办法》 ◆《资产支持证券信息披露规则》 ◆《关于进一步扩大信贷资产证券化试点有关事项的通知》 ◆《信贷资产证券化基础资产池信息披露有关事项的公告》 ◆《中国人民银行中国银行业监督管理委员会公告〔2013〕第21号(关于规范信贷资产证券化发起机构风险自留行为)》 ◆《中国人民银行关于信贷资产支持证券发行管理有关事宜的公告》 ◆《关于信贷资产证券化备案登记工作流程的通知》 ◆《个人汽车贷款资产支持证券信息披露指引(试行)》 ◆《个人住房抵押贷款资产支持证券信息披露指引(试行)》 ◆《个人消费贷款资产支持证券信息披露指引(2019版)》 ◆《棚户区改造项目贷款资产支持证券信息披露指引(试行)》 ◆《微小企业贷款资产支持证券信息披露指引(2018版)》 ◆《关于进一步规范信贷资产证券化发起机构风险自留行为的公告》 ◆《不良贷款资产支持证券信息披露指引(试行)》	◆《证券公司及基金管理公司子公司资产证券化业务管理规定》 ◆《证券公司及基金管理公司子公司资产证券化业务尽职调查工作指引》 ◆《证券公司及基金管理公司子公司资产证券化业务信息披露指引》 ◆《资产证券化业务指引》 ◆《资产证券化业务指南》 ◆《资产支持证券挂牌条件确认业务指引》 ◆《上海证券交易所资产证券化业务问答》(一、二、三) ◆ PPP项目、企业应收账款、融资租赁债权资产支持证券挂牌条件确认指南 & 信息披露指南 ◆《资产支持证券存续期信用风险管理指引(试行)》 ◆《资产支持证券定期报告内容与格式指引》 ◆《资产支持专项计划备案管理办法》 ◆《资产证券化业务基础资产负面清单指引》 ◆《资产证券化业务风险控制指引》 ◆《基础设施类资产支持证券挂牌条件确认指南》 ◆《中国证监会资产证券化监管问答》(一、二、三) ◆《深圳证券交易所资产证券化业务问答》 ◆《资产支持证券临时报告信息披露指引》 ◆《政府和社会资本合作(PPP)项目资产证券化业务尽职调查工作细则》	《银行间债券市场非金融企业资产支持票据指引(修订稿)》 《非金融企业资产支持票据公开发行注册文件表格体系》

2. 资产证券化业务基础资产的负面清单

中国证监会主管的企业ABS业务基础资产试行负面清单管理。负面清单列明不适宜采用资产证券化业务形式或者不符合资产证券化业务监管要求的基础资产。实行资产证券化的基础资产应当符合《证券公司及基金管理公司子公司资产证券化业务管理规定》等相关法规的规定,且不属于负面清单范畴。

负面清单内容如下:

(1) 以地方政府为直接或间接债务人的基础资产。但地方政府按照事先公开的收益约定规则,在政府与社会资本合作模式(PPP模式)下应当支付或承担的财政补贴除外。

(2) 以地方融资平台公司为债务人的基础资产。本条所指的地方融资平台公司是指根据国务院相关文件规定,由地方政府及其部门和机构等通过财政拨款或注入土地、股权等资产设立,承担政府投资项目融资功能,并拥有独立法人资格的经济实体。

(3) 矿产资源开采收益权、土地出让收益权等产生现金流的能力具有较大不确定性的资产。

(4) 有下列情形之一的与不动产相关的基础资产:①因空置等原因不能产生稳定现金流的不动产租金债权;②待开发或在建占比超过10%的基础设施、商业物业、居民住宅等不动产或相关不动产收益权。当地政府证明已列入国家保障房计划并已开工建设的项目除外。

(5) 不能直接产生现金流,仅依托处置资产才能产生现金流的基础资产,如提单、仓单、产权证书等具有物权属性的权利凭证。

(6) 法律界定及业务形态属于不同类型且缺乏相关性的资产组合,如基础资产中包含企业应收账款、高速公路收费权等两种或两种以上不同类型资产。

(7) 违反相关法律法规或政策规定的资产。

(8) 最终投资标的为上述资产的信托计划受益权等基础资产。

3. 中国证监会资产证券化监管问答

《资产证券化业务基础资产负面清单指引》颁布较早,在后续的业务申报及运作中监管机构根据业务发展情况以监管问答的形式,对一些新问题进行了补充说明。"负面清单"及"监管问答"联合构成了对企业资产证券化业务基础资产的基本范围限定。

4. 上海证券交易所资产支持证券挂牌条件

作为资产证券化业务的实质审核机构,上海证券交易所及深圳证券交易所分别制定了相应的申报指引性的文件以规范业务运作。以上海证券交易所资产支持证券挂牌条件确认流程的规范为例,根据《上海证券交易所资产支持证券挂牌条件确认业务指引》,挂牌条件确认基本流程如下:

(1) 核对申请文件:交易所接收提交的挂牌条件确认申请文件后,在2个交易日以内对申请文件是否齐全和符合形式要求进行核对。

(2) 审议会讨论:交易所受理申请文件后,确定2名工作人员进行审议。相关工作人员对申请文件进行审议,提出意见,并提交审议会集体讨论。审议会对专项计划涉及的基础资产、现金流预测、交易结构、风险控制以及信息披露等事项进行审议,主要讨论审议中关注的主要问题,确定需要管理人补充披露、解释说明、中介机构进一步核查落实的问题和其他需讨论的事项,并确定书面反馈意见。

(3) 首次书面反馈:首次书面反馈意见在受理之日起10个交易日以内,通过交易所电子申报系统,送达管理人,特殊情况除外。

(4) 回复反馈意见:管理人应当于收到书面反馈意见之日起20个交易日以内,提交书面回复文件,对反馈意见进行逐项回复;涉及申请文件修改的,应当同时提交修改后的申请文件及修改说明。因特殊情形需延期回复的,应当在书面反馈意见回复期届满前提交延期回复申请。回复延期时间最长不得超过20个交易日。

(5) 审议会讨论反馈意见回复:相关工作人员应当在管理人提交反馈意见回复后5个交易日以内,就反馈意见回复及申请文件修改情况,提交审议会集体讨论。

(6) 出具会议意见:无需出具书面反馈意见或补充反馈意见的,由审议会作出"通过""有条件通过""不通过"3种会议意见。

(7) 封卷归档:管理人应当根据交易所相关要求对资产支持证券挂牌条件确认申请文

件等材料原件进行封卷、归档和留存。

参考文献

周一帆.非交易过户打新只待发令枪,券商+基金合作分成[N].经济观察报,2020-08-30(5).
段国圣.资产管理实务、方法与理论:概论[M].北京:社会科学文献出版社,2018.
巴曙松,杨倞.2019年中国资产管理行业发展报告:市场大动荡中的资管行业[M].北京:中国经济出版社,2020.
中国证券业协会.中国证券业发展报告(2019)[M].北京:中国财政经济出版社,2019:74-75.
崔浩雄.证券公司资产管理业务发展研究[J].中国物价,2020(09):33-36.
吴慧文.关于证券公司资产管理业务转型发展的思考[J].债券,2019(10):45-50.
缪楠,丁林朦.证监会资管新规细则对券商资产管理业务的影响[J].现代商业,2019(13):98-100.

第二部分 PART 2

一般资产管理业务案例与解析

案例1 非交易过户打新业务的前世今生与隐忧

【摘要】2018年10月中国证监会资管新规与相关细则出台之前,券商常通过"证券划转"业务发行以新股申购为主要策略的资产管理产品。资管新规细则实施后,非交易过户开始盛行,并掀起了一股非交易过户的打新热潮。通过非交易过户参与市值打新(即申购新股)成为券商一项潜在需求极大的市场业务,众多上市公司和资产管理机构都对此表示出浓厚的兴趣。本案例主要结合XH定向资产管理计划和ZX单一资管计划等相关资管产品的介绍,对非交易过户打新这种单一资产管理业务的发展历史、基本运作模式及其特点进行介绍和讨论,希望帮助读者了解非交易过户打新类资管产品在结构、策略和创设流程上的特点及其中的风险与隐忧。

【关键词】非交易过户　市值打新　单一资产管理计划

一、案例陈述

2018年10月资管新规与相关细则出台之前,券商常通过"证券划转"业务发行以新股申购为主要策略的资产管理产品。资管新规实施后,非交易过户开始盛行,并掀起一股非交易过户的打新热潮。虽然"非交易过户"与"证券划转"在性质上略有区别,但所针对的资管业务场景(即资管计划接受委托人证券委托)是完全一致的,均属于单一(定向)资产管理业务模式。

1. 非交易过户打新业务的前世今生

1) 曾经的记忆:定向划转打新的XH定向资产管理计划

2017年4月8日,HT公司发布公告称,拟与管理人J、托管人Z设立XH定向资产管理计划,委托资产主要为其所持有的 3 000 万股 FZ 公司股票。该公司还宣称,设立此项资管计划的目的主要是以公司所持有的部分存量股票资产为市值基本配置,参与网下申购新股,谋求一定的资产回报。

随同公告发布的还有该资管计划合同的主要内容,包括投资目的、委托期限、主要投资范围、投资限制、管理机制、费用计提等信息。根据公告,产品的投资目标为通过参与网下新股申购盘活公司的存量资产,从而获得打新收益。委托人初始交付的资产中,包含 FZ 证券股票 3 000 万股以及现金资产 150 万元。该产品除了可以参与网上或网下新股申购,投资范围还包含了固定收益类资产,以保证投资的灵活性。同时,在未经委托人允许的情况下,管理人在任何时点不得卖出证券类委托资产。由此可见,该计划是较为纯粹的打新策略产品,具体如表 4-2-1 所示。

表 4-2-1　　　　　　　　XH 定向资产管理计划的基本信息

单一资产管理计划产品要素表		
产品基本信息	产品名称	XH 定向资产管理计划
	投资者	HT 股份有限公司
	托管人	Z 银行股份有限公司天津分行
委托资产类别	股票、现金	
初始规模	证券资产:FZ 证券股份有限公司股票 3 000 万股(以 2017 年 3 月 31 日收盘价计算,市值总额为 24 330 万元);现金资产:人民币 150 万元	
产品交易结构简介	HT公司 —委托股票现金→ XH单一资产管理计划 ←管理— 管理人J; XH单一资产管理计划 —投资→ 市值打新; XH单一资产管理计划 ←托管— 托管人Z	
存续期限	1 年(协商一致可提前终止)　　开放安排　　封闭	
投资范围	本项委托资产的投资范围包括现金类资产(包括现金、银行存款、同业存款、场内开放式市场基金、债券逆回购等高流动性短期金融产品);新股申购(包括网上或网下新股申购);沪深交易所品种(包括但不限于股票、债券、债券逆回购、场内资产支持证券、证券投资基金等);股票质押式回购	
投资限制	1. 不得将委托资产用于资金拆借、贷款、抵押融资或者对外担保等用途 2. 委托资产投资于单家上市公司股份不得超过该公司股份总数的 5%,但客户明确授权的除外。委托人持有上市公司股份达到 5% 以后,管理人通过专用证券账户为委托人再行买入该上市公司股票的,应当在每次买入前向委托人发送《征询函》(附件九),委托人应当自《征询函》发出的 3 个工作日内作出书面答复,委托人书面答复不同意该项买卖或没有作出答复的,管理人不得进行该项买卖 3. 未经委托人允许的情况下,管理人在任何时点不得卖出证券类委托资产 4. 委托资产用于股票质押式回购业务需经委托人特别授权 5. 不得从事相关法律法规及中国证监会禁止的其他行为	
结算模式	银行结算模式	

(续表)

单一资产管理计划产品要素表		
相关费率	管理费	无
	托管费	0.03%/年,每日计提,每年11月20日后20个工作日内支付
	业绩报酬	扣除由于初始委托资产中的股票涨跌对产品投资收益的影响,委托人按本计划所获投资收益的20%部分向管理人支付业绩报酬。初始委托资产为证券资产的,净值按收到证券资产的前一交易日收盘价计算。管理人业绩报酬的计算:管理人的业绩报酬在业绩报酬计提日由管理人计算并计提,业绩报酬计提日为每年11月20日(遇节假日顺延至下一工作日)或合同终止日。业绩报酬计提区间为上一次业绩报酬计提日(不含)至本次业绩报酬计提日(含)

资料来源:上市公司公告。

此外,该计划相关文件在风险揭示部分明确了该业务可能涉及的主要风险,具体包括四类:①新股申购并不会每次都获得配售,并且随着新股配售率骤降,打新综合收益率持续下滑或将会成为一种趋势,未来甚至有可能出现新股上市首日跌破发行价的情况,因此参与新股申购同样有可能产生资产损失风险;②新股市场的波动可能造成委托人的投资损失;③委托人授权管理人在网下申购时以申购上限进行申请,存在获配金额超出资管计划可用财产的可能性,因此存在需要委托人追加资金的风险;④股票发行制度和监管政策调整对资管计划投资运作造成负面影响。

2)今日的欢歌:非交易过户打新风云再起

2020年8月6日,WY公司发布公告称,为开展股票、基金等金融产品投资,公司控股股东委托ZS资产管理有限公司设立ZX9号单一资产管理计划,拟向中国证券登记结算有限责任公司上海分公司申请办理证券非交易过户业务,将其持有的300万股上市公司股份过户至该单一计划;集团的另一全资子公司也将委托ZS资产管理有限公司设立ZX12号单一资产管理计划,拟向中国证券登记结算有限责任公司上海分公司申请办理证券非交易过户业务,将其持有的300万股上市公司股份过户至该单一计划。此外,另有多位公司董事同样委托并设立单一资产管理计划,拟办理股票非交易过户业务。

在继WY公司之后,TB、YG、WS、JM等近十家上市公司也在当月内纷纷发布公告表示,有股东、董事或者高管拟将所持公司股份进行非交易过户,委托资产管理机构设立单一资管计划,旨在开展股票、基金等金融产品投资,具体如表4-2-2所示。

表4-2-2　　　　　　　　部分非交易过户涉及的上市公司与资管计划

上市公司	公司股东	管理人	资管计划
TB	股东A	GF资管	某证券资管YX17号单一资产管理计划
JM	股东L	JY基金	某证券资管YY10号单一资产管理计划
WS	股东G	PA资管	某证券资管GJ32号
YG	股东Y	GF资管	某证券资管YX11号单一资产管理计划

(续表)

上市公司	公司股东	管理人	资管计划
HD	股东J	HT资管	某证券资管ZX9号单一资产管理计划

资料来源：Wind资讯。

这一情况的出现与委托人计划通过资管产品将自身持有的上市公司股份作为底仓市值参与打新密切相关。其业务背景是，部分上市公司股东持有的上市公司股份没有减持或质押的需求，长期处于闲置状态，非交易过户则可以盘活这部分股票，通过参与新股申购或证券出借等业务获得增量收益。具体而言，公司大股东可以将股份非交易过户给资管产品，然后资管机构就可以为其作一些增值服务，盘活这一部分存量市值，如利用这部分股份进行市值管理或者作为底仓参与打新等。目前，普通投资者仅能参与科创板、创业板的网上新股申购，申购上限较低，一般仅可申购几万股；而通过单一资管计划则可以参与网下打新，申购上限可提升至百万股规模，并且依靠资管机构专业的报价策略，新股的入围率和中签数量也容易大幅提升。

3）历史总是惊人的相似：单一资产管理计划重出江湖

事实上，HT公司的XH定向划转打新与WY公司的ZX9号非交易过户打新业务非常类似，均属于单一（定向）资产管理计划。2012年10月发布并实施的《证券公司定向资产管理业务实施细则》规定，符合合格投资者条件的委托人可以委托券商资管设立定向资管计划，该资管计划开设的专用证券账户和委托人自身普通账户同名，委托人可将其合法持有的上市公司股票作为委托资产，通过登记公司将股票从自身普通账户划转至专用账户，从而进行投资管理或开展其他资本市场业务。不过，定向划转最开始主要用于股票质押业务，旨在解决上海市场股东无法在多家券商同时开立普通证券账户并分割股份用于质押融资的困局。随着后续网下打新规则的出台，市场才逐渐挖掘出它打新的功能。

资管新规实施前，券商常通过"证券划转"业务发行以新股申购为主要策略的资产管理产品，其具体操作方式为：委托人使用股票作为委托资产的，初始委托时，委托人将股票从委托人自身普通证券账户划转到定向业务专用证券账户；委托人提取或定向合同到期时，将股票从专用证券账户划回委托人自身普通证券账户。在划转操作方面，先由股票原本所在的券商开立拟划转证券无权利瑕疵并同意划出的书面证明，委托人填妥《证券划转申请表》并经受托证券公司盖章，一并提交至中国结算公司柜台、缴纳证券划转手续费（目前费率为面值的0.05%）。在正常情况下，中国结算会在2个工作日内划转股份。

资管新规细则实施以来，虽然单一资管计划依然可以接受证券委托，但是由于两个原因实际处于暂停状态：一是资管新规规定产品的成立顺序为"资产到账—成立—备案—开户—投资"，这与证券作为初始委托资产时先开设证券账户方能接收资产并确认到账成立的需求有矛盾，操作上无法实现；二是资管新规细则要求对单一资产管理计划的账户名称进行统一规范，命名格式为"证券期货经营机构名称—投资者名称—资产管理计划名称"，委托人自身账户和资管计划专用账户不再同名。因此，因委托而过户证券的操作将会涉及所有权转移、税收、减持认定等一系列问题,这些问题导致关于委托证券划转操作的业务细则迟迟难以出台。上述两点原因阻断了非交易过户的途径,相关的打新业务自然也就被迫暂停。

2020年4月底,中国结算发布《证券非交易过户业务实施细则》,其中明确了非交易过户需提供的材料,包括中国证券投资基金业协会出具的资管计划备案证明文件。随后在2020年6月,中国证券投资基金业协会起草了《证券期货经营机构私募资产管理计划备案管理规范第5号——接受证券委托私募单一资产管理计划(征求意见稿)》(简称《备案规范第5号》),其中规定资产管理机构可以投资者所持证券资产证明及资产管理合同作为资产缴付证明先向中国证券投资基金业协会备案,而不再需要资产先行到账;待协会对有关材料核查完毕并完成备案后,资管机构便可向中国结算提交相关材料申请办理证券资产非交易过户手续。待《备案规范第5号》落地后,以非交易过户打新业务为代表的证券委托单一资管业务将会正式重启。

2. 非交易过户打新产品的结构

自2019年科创板和创业板注册制推出以来,网下询价市值门槛不断提高。虽然目前主板的打新底仓门槛普遍仍为1 000万元,但科创板和创业板的加入实质上将把沪深两市的打新门槛均提升至6 000万元。鉴于股东往往只持有单一市场的股票,单纯通过非交易过户无法同时参与沪深两市的打新,因此,对于资管产品可以采取融资融券的方式解决上述问题(见图4-2-1)。例如,上市公司股东非交易过户市值为3亿元的非限售股份至单一资管计划,该计划再将上述股份作为担保品,融资买入另一市场的证券,由此便可以参与沪深两个市场的打新。由于资管产品参与新股申购申报规模不得超过产品总资产,对于规模较小的账户而言,参与融资融券业务(信用交易)还可提高账户总资产规模,从而提升申报金额、实现顶格申购,进而提高组合收益。除此之外,为规避底仓下跌风险,打新者也可同步进行同一标的的等额融券卖出交易,从而实现多头与空头头寸的完全对冲,保障打新收益。

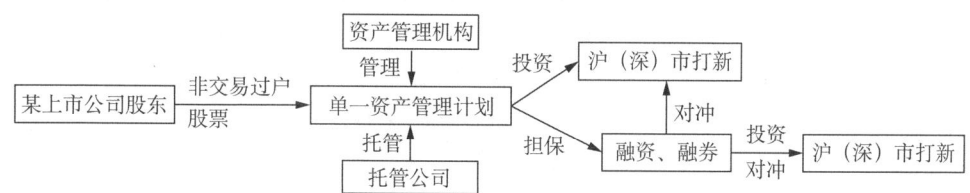

图4-2-1 非交易过户打新产品的结构

资料来源:东证资管。

3. 非交易过户打新方案

1) 基本方案

根据现有的法律法规以及自律规则,私募资产管理所涉证券可进行非交易过户的股票应为无限售条件的流通股。其中,受控股、非受控股、受限股、非受限股均为流通股(这里的受控股、受限股特指受中国证监会和沪深交易所减持已过锁定期,但交易需满足一定规定的影响的股份),可以进行非交易过户。另有公司高管解禁后的流通股、解禁之后的定增股票也均可进行非交易过户。此外,股票非交易过户还应满足减持规则的要求。

根据某券商向客户提供的打新方案,成立单一资管计划参与非交易过户打新主要分为两种方式:一是满足打新市值要求的情况下,参与单边市场的打新(见表4-2-3方案一);二是成立单一资管计划并开立信用账户参与融资融券,同时参与沪深两市的打新(见表4-2-3方案二)。

表 4-2-3　　　　　　　　某券商提供的非交易过户打新方案

方案一
产品形式:成立单一资管计划 底仓要求:沪市打新要求连续20日平均至少6 000万元市值沪市股票,深市打新预计要求连续20日平均至少6 000万元市值深市股票。所持有沪市/深市的相应底仓股票只能网下申购对应市场的新股 产品规模:单市场打新,建议7 000万元至8 500万元市值股票+1 000万元现金 备注:目前市场缺乏针对深市的股指期货品种,若单边市场打新,深圳市场的底仓股票无法通过股指期货进行对冲
方案二
产品形式:成立单一资管计划,开立信用账户 底仓要求:使用已过户的部分底仓作为担保品融资买入另一个市场的证券,从而获得两市的底仓同时进行打新 产品规模:单账户3亿元至5亿元 配置策略:打新股票底仓+融资融券头寸 收益构成:两市打新收益-融资融券成本(5.5%左右或略高) 备注:融资买入的股票可以是单票,也可以是组合

资料来源:东证资管。

2)流程概要

(1)基本流程及所需材料。

从非交易过户打新产品的设立和运作管理流程上看,首先需要进行尽职调查和需求沟通,了解客户的基本情况及其投资需求,包括股东性质、持有股份的数量和性质、计划参与打新的市值规模、投资期限、收益预期、风险偏好、费率安排等。待各项细节确定后进行合同签订、产品备案和开户、资产的非交易过户,待满足打新条件后开始开展正常打新运作。值得注意的是,参与申购时需要满足20个交易日日均底仓不低于6 000万元的要求,因此从初始资产交付到产品正式参与打新可能需要1~2个月的时间。直至产品运作结束,再将委托资产非交易过户回到客户的账户中,产品进行清算销户。

上述业务流程中,与产品设立相关的材料主要包括资管合同等法律文件、尽职调查报告及相关证明材料(如身份证明文件、承诺函、尽职调查问卷、资产证明、专户产品风险评价表、产品洗钱风险评价报告、资产委托人开户材料等)。与非交易过户相关的材料主要包括过户业务申请表、资产管理计划备案证明、资产管理协议、管理人及委托人身份证明、出资承诺书(如委托资产基本信息、到账期限、是否分期缴付及分期缴付安排)等,如图4-2-2所示。

(2)具体操作过程(以参与沪深两市打新为例)。

假设:①委托人交付市值为3亿元的深市股票A;②A股票的折算率为70%;③融资买

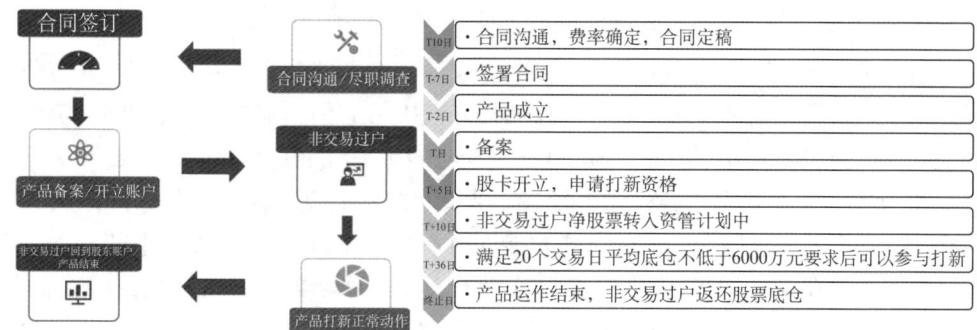

图 4-2-2 非交易过户的产品成立流程

资料来源：东证资管。

入保证金比例为100%,融券卖出保证金比例为50%;④证券公司授予该账户的授信额度不低于可用保证金与保证金之比。

在上述假设基础上,管理人参照方案二构建沪深两市网下打新组合,具体为:①将初始交付的3亿元深市股票A全部划入信用证券账户作为担保品,按70%折算率折算为2.1亿元可用保证金余额;②融资买入1.4亿元市值的沪市股票B,形成1.4亿元融资负债,按100%保证金比例计算,占用1.4亿元保证金;③同时融券卖出市值1.4亿元的沪市股票B,形成对应数量股票B的融券负债(负债金额余额随着股票B的价格变化而波动),并获得1.4亿元现金,按50%保证金比例计算,占用0.7亿元保证金;④融券卖出所得的1.4亿元现金全部买入货币市场基金。

在该策略结构下,资产管理计划持有深市市值3亿元(股票A),沪市市值1.4亿元(股票B,且该部分持仓的波动通过等额融券卖出交易完全对冲),货币市场基金市值1.4亿元,因此单一资管计划的总资产为5.8亿元;融资和融券负债各1.4亿元,资管计划总负债2.8亿元,净资产3亿元,杠杆比例=5.8÷3=193%。

在上述方案中,单一资管计划将会获得如下收益:①沪深两市(含主板、中小板、创业板、科创板等)打新收益,具体而言,每只新股的申报金额上限为该股票网下申购上限与5.8亿元两者取孰低值。②1.4亿元货币市场基金的收益。打新者需承担的成本主要是1.4亿的融资成本与1.4亿元的融券成本。投资者还需承担资管产品层面的管理费、托管费、业绩报酬(如有)、过户费用、相关税费等。

4. 非交易过户打新模式的隐忧

毫无疑问,面对数以千计的上市公司和数以十万亿元计的上市公司流通股份,各大资管机构都在觊觎非交易过户打新这块巨大的"蛋糕"。目前,许多上市公司的大股东都明确表示了对于非交易过户打新的兴趣,多家券商资管公司也已经储备了不少业务资源,只等监管细则出台。

但是,该模式可能存在以下隐忧:

(1) 新股申购中签率走低。从历史数据来看,2019年204只新股平均中签率为0.07%,2020年热门新股的中签率进一步突破下限,低于0.02%的新股有45只,如天地在线等新股的中签率甚至无限趋于0.01%。从投资者分类来看,单一资管计划作为C类投资者,中签率一般低于A类和B类投资者。C类投资者由于参与门槛较低,在中签率方面处于劣势。一旦网下打新业务形成热潮,中签率势必将由于打新参与户数的增多而进一步走低。

(2) 在注册制改革下,无风险打新套利可能成为历史。随着注册制的推进,上市公司数量将迅速增多,市场化询价发行机制进一步挤压新股上市后的上涨空间。在港股、美股等成熟的资本市场,新股破发并不鲜见,因此打新也未必能带来"稳稳的幸福"。

(3) 非交易过户与融资融券的成本较高。非交易过户打新产品的委托人如果仅持有单边市场股票,则需要通过融资融券的方式才能同时参与沪深两市打新,而两融的相关息费较高,年化费率通常在5%~10%。若打新收益率无法覆盖两融成本,该业务模式将无以为继。另外,投资者通过非交易过户的方式初始交付与提取证券资产时,还需要向登记公司缴纳过户手续费。根据目前登记公司的收费标准,每次划转按股份面值0.1%、封顶10万元计算,对转让双方双向收取,两次过户将合计产生0.4%、封顶40万元的过户费用。由此可见,非交易过户打新业务综合成本较高,随着打新收益率下滑,该策略可能很难持续有效。

二、案例解析

(一) 涉及知识点

1. 资产管理业务的基本概念与类型

1) 资产管理业务的基本概念

2018年4月27日,中国人民银行等联合正式发布的《关于规范金融机构资产管理业务的指导意见》(以下简称《指导意见》)首次从法律法规的层面系统地定义了资产管理业务:资产管理业务是指银行、信托、证券、基金、期货、保险资产管理机构、金融资产投资公司等金融机构接受投资者委托,对受托的投资者财产进行投资和管理的金融服务。资产管理业务是金融机构的表外业务,金融机构开展资产管理业务时不得承诺保本保收益。出现兑付困难时,金融机构不得以任何形式垫资兑付。金融机构不得开展表内资产管理业务。该定义基本体现了资产管理业务的主要特征与外延。

2) 资产管理业务的基本类型

根据不同标准,资产管理产品可以分为以下几类:

(1) 从发行机构来看,资产管理产品可以分为银行非保本理财产品、资金信托、证券公司、证券公司子公司、基金管理公司、基金管理子公司、期货公司、期货公司子公司、保险资产管理机构、金融资产投资公司发行的资产管理产品。

(2) 从募集方式来看,资产管理产品可以分为公募产品(面向不特定社会公众公开发行)和私募产品(面向合格投资者通过非公开方式发行)。

(3) 从投资性质来看,资产管理产品分为固定收益类产品(存款、债券等债权类资产的比例不低于80%)、权益类产品(股票、未上市企业股权等权益类资产的比例不低于80%)、商品及金融衍生品类产品(商品及金融衍生品的比例不低于80%)和混合类产品(投资于债权类资产、权益类资产、商品及金融衍生品类资产且任一资产的投资比例未达到前三类产品标准)。资管新规下不同资管产品的监管规则如表4-2-4所示。

表 4-2-4 资管新规下不同资管产品的监管规则

监管部门	管理机构	公募产品	私募产品
中国证监会	基金公司及其子公司	证券投资基金	集合资产管理计划、单一资产管理计划、资产支持专项管理计划
	证券公司及其子公司	证券投资基金（需公募牌照）	单一/集合资产管理计划（投资类业务）、专项资产管理计划（资产证券化业务）
	期货公司及其子公司	证券投资基金（需公募牌照）	集合资产管理计划、单一资产管理计划
	私募基金管理人	—	有限合伙型基金、契约型基金、公司型
中国银保监会	银行及理财子公司	公募理财计划	私募理财计划
	信托	—	单一资金信托计划、集合资金信托计划
	保险资管	证券投资基金（需公募牌照）	单一产品、集合产品、资产支持计划

资料来源：东证资管。

2. 资管新规及配套细则的主要内容与创新点

近年来，随着我国金融业与资产管理业务的快速发展，部分业务发展不规范、多层嵌套、刚性兑付、规避金融监管和宏观调控等问题逐渐显现，新的资产管理新规变得越来越重要。为规范金融机构资产管理业务，统一同类资产管理产品监管标准，有效防控金融风险，引导社会资金流向实体经济，更好地支持经济结构调整和转型升级，2018年4月，中国人民银行与中国证监会等联合发布了《指导意见》；2018年7月，中国人民银行发布《关于进一步明确规范金融机构资产管理业务指导意见有关事项的通知》并进行说明；2018年9月，银保监会发布《商业银行理财业务监督管理办法》；2018年10月，中国证监会发布《证券期货经营机构私募资产管理业务管理办法》和《证券期货经营机构私募资产管理计划运作管理规定》。一行两会同时发文，在资管新规基础上细化出台资管新规配套细则，就过渡期内有关具体的操作性问题进行明确，以促进资管新规平稳实施。

资管新规按照产品类型统一监管标准，从募集方式和投资性质两个维度对资产管理产品进行分类，分别统一了投资范围、杠杆约束、信息披露等要求。例如，坚持产品和投资者匹配原则，加强投资者适当性管理，强化金融机构的勤勉尽责和信息披露义务；明确资产管理业务不得承诺保本保收益，打破刚性兑付；严格非标准化债权类资产投资要求，禁止资金池，防范影子银行风险和流动性风险；分类统一负债和分级杠杆要求，消除多层嵌套，抑制通道业务；加强监管协调，强化宏观审慎管理和功能监管。

这个首次横跨各类机构的纲领性文件，涵盖了资管业务的方方面面，与以往分散、分割的部门监管规定相比，资管新规在金融风控、市场规范等方面都作出了新的规定，其主要变化体现在以下10个方面：

（1）明确资管产品的定位。明确资产管理业务是金融机构的表外业务，不得承诺保本保收益。金融机构不得开展表内资产管理业务。资产管理产品包括但不限于银行非保本理财产品，资金信托计划，证券公司、证券公司子公司、基金管理公司、基金管理子公司、期货公

司、期货公司子公司和保险资产管理机构发行的资产管理产品等。该文件对产品按照募集方式和投资性质进行分类,不再按照机构分类,将机构监管转为功能监管。

(2) 推动产品向净值管理转型,对刚性兑付有相应的惩戒和监督。该文件在资管产品的定义中明确资管产品不允许承诺保本保收益。

(3) 对合格投资者的界定标准更高。对合格投资者的资产要求和投资经验要求提高为:家庭金融资产不低于 500 万元,其中金融净资产不低于 300 万元;或者近 3 年本人年均收入不低于 40 万元,且具有 2 年以上投资经历;或者最近 1 年年末净资产不低于 1 000 万元的法人单位。该文件对合格投资者投资各类型产品的额度也作了要求:合格投资者投资于单只固定收益类产品的金额不低于 30 万元,投资于单只混合类产品的金额不低于 40 万元,投资于单只权益类产品、单只商品及金融衍生品类产品的金额不低于 100 万元。

(4) 未来银行资管子公司可能成为获批的方向。新规要求主营业务不包括资产管理业务的金融机构应当设立具有独立法人地位的资产管理子公司开展资产管理业务,暂不具备条件的可以设立专门的资产管理业务经营部门开展业务,且相应提出资管产品资产应由具有托管资质的第三方机构独立托管的要求。在过渡期内,商业银行可以为单只产品单独开户,暂时托管本行的资管产品,但在过渡期后,具有证券投资基金托管业务资质的商业银行应当设立具有独立法人地位的子公司开展资产管理业务。该商业银行可以托管子公司发行的资产管理产品,但应当实现实质性的独立托管。

(5) 对委外理财作出了规范而非限制,认可投资顾问模式。在不允许多层嵌套中,要求资管产品最多嵌套一层(公募基金除外),其中,对当前委外的两种主要模式(投资顾问、FOF/MOM)在委外流程、交易模式等方面均进行了规范。总体来看,新规承认了委外理财的客观需求,承认了投资顾问的模式,对委外理财采取了引导规范的监管方式。

(6) 细化了标准化债权类资产的界定,对非标的定义有更新,同时允许投资信贷资产受(收)益权。银监发〔2013〕8 号文对非标准化债权资产的定义是:未在银行间市场及证券交易所市场交易的债权性资产。此次新规对该定义出现了更新。标准化债权类资产是指在银行间市场、证券交易所市场等国务院和金融监督管理部门批准的交易市场交易的具有合理公允价值和较高流动性的债权性资产。标准化债权类资产应当同时符合以下条件:①等分化,可交易;②信息披露充分;③集中登记,独立托管;④公允定价,流动性机制完善;⑤在银行间市场、证券交易所市场等经国务院同意设立的交易市场交易。除了根据未来的认定规则认定的标准化债权类资产,其他均为非标准化债权类资产,拓宽了非标准化债权资产的界定范围。新规不允许资管产品直接或间接投资银行信贷资产,但是可以投资信贷资产受(收)益权,投资限制由金融监督管理部门另行制定。

(7) 鼓励资管产品投向国家战略或宏观调控引导的方向。新规鼓励金融机构通过发行资产管理产品募集资金支持国家重点领域和重大工程建设、科技创新和战略性新兴产业、"一带一路"建设、京津冀协同发展等领域;鼓励金融机构通过发行资产管理产品募集资金支持经济结构转型和降低企业杠杆率。同时新规提出,公募产品主要投资标准化债权类资产以及上市交易的股票,除法律法规和金融管理部门另有规定外,不得投资未上市企业股权。公募产品可以投资商品及金融衍生品,但应当符合法律法规以及金融管理部门的相关规定。

(8) 监管协调与监管分工,统计采用事后报备,分工明确一行三会的职能,原则上强调宏观审慎和穿透式实时动态监管。在统计制度上，采取事后报备的方式。在监管分工上，明确中国人民银行负责对资产管理业务实施宏观审慎管理，金融监督管理部门实施资产管理业务的市场准入和日常监管，加强投资者保护。在监管原则上，主要是四点：机构监管与功能监管相结合，按照产品类型而不是机构类型实施功能监管；实行穿透式监管，向上识别产品的最终投资者，向下识别产品的底层资产；强化宏观审慎管理，建立资产管理业务的宏观审慎政策框架；实现实时监管，进行全面动态监管，建立综合统计制度。

(9) 智能投顾的监管探索。新规对智能投顾这一刚刚发展的资管产品运营模式进行定义和规范，先规范再发展，体现了中国人民银行和金融监管部门在金融监管上的主动性和敏锐度的提高。新规要求开展智能投顾需要获得金融监管部门许可，并符合投资者适当性、投资范围、信息披露、风险隔离等一般性规定。

(10) 强化刚兑认定及其外部审计责任。新规新增"外部审计机构在审计(金融机构是否存在刚兑行为)过程中未能勤勉尽责，依法追究相应责任或依法依规给予行政处罚，并将相关信息纳入全国信用信息共享平台，建立联合惩戒机制"的规定，模糊化对于非存款类持牌金融机构发生刚兑行为的具体处罚标准。

3. 券商单一(定向)资产管理计划的基本概念与特点

单一资产管理业务又称定向资产管理计划，是指证券公司接受单一客户委托，与客户签订合同，根据合同约定的条件、方式、要求及限制，通过专门账户管理委托资产。投资范围包括股票、债券、基金、资产管理计划、央行票据、资产支持证券等，具体投资范围由证券公司和客户通过合同约定。

单一资产管理业务的基本特点是一对一的独立托管、投资灵活、限制少、资金较为安全等，但申购下限要求资产净值不得少于100万元，证券公司董事、监事从业人员及配偶不得参与，并禁止券商以自有资金参与本公司的定向计划。

(二) 要点分析

1. 非交易过户的概念

非交易过户是指不通过场内或场外交易的形式，而使股票的所有权在出让人和受让人之间的过户。其包括继承、捐赠、依法进行的财产分割、法人资格丧失、私募资产管理等情形涉及的证券非交易过户。根据中国结算于2020年4月发布的《证券非交易过户业务实施细则(适用于继承、捐赠等情形)》，证券非交易过户业务包括以下情形：

(1) 继承所涉证券过户。

(2) 捐赠所涉证券过户，指向基金会捐赠所涉证券过户，且基金会是在民政部门登记并被认定为慈善组织的基金会(不含境外基金会代表机构)。

(3) 依法进行的财产分割所涉证券过户，暂仅指离婚情形。

(4) 法人资格丧失所涉证券过户。

(5) 私募资产管理所涉证券过户。

(6) 中国证监会认定的其他情形。

非交易过户由申请人到指定营业网点柜台办理，提交相应的申请材料，经业务主管部门批准后办理。

2. 非交易过户打新的优势

相较于传统的网下打新定制专户,以往个人投资者、普通机构甚至是上市公司股东参与网下打新中签率非常低,条件也非常苛刻。中信证券有关研报统计显示,2019年传统A股的网下打新平均中签率为0.02%,科创板为0.32%。以科创板网下打新为例,根据监管要求,科创板网下打新必须借道专业机构,如公募基金和有资质的私募基金,且单市场市值跟主板打新一样需要6 000万元以上的市值。此前,上市公司股东参与只有一个通道,即大宗交易过户股票到专业机构的指定账户,交由机构完成网下打新的操作,并收取一定的管理费和业绩报酬。但这种交易过户打新面临两个问题:一是需要自己准备与股票市值等额的资金转入专业机构的指定账户,然后通过大宗交易的方式购买新股。这对客户的资金要求非常高,一般需要6 000万元以上的资金。二是公告问题通过大宗交易过户相当于股票减持,根据相关规定,如果上市公司大股东或者持股超过5%的股东大量减持,则需要出具公告,这可能会对该公司二级市场股价产生一定的负面影响。

非交易过户打新可以完美地解决上述两个问题。其一,非交易过户不需要另外提前准备打新资金,可以直接过户到指定账户,并可以充分利用闲置股份;其二,非交易过户也不需要发减持公告,即便是上市公司大股东也只需要发一个拟申请办理非交易过户的公告就可以了。同时,普通投资者仅能参与科创板、创业板的网上新股申购,申购上限较低,一般仅可申购几万股;而通过单一资管计划则可以参与网下打新,申购上限提升至上百万股规模,并且享受资管机构专业的报价策略服务,大幅提升新股的入围率和中签数量。非交易过户打新具有上述非常明显的优势,因此其对于上市公司等机构类客户市场需求很大,成为券商资管机构竞相追捧的新的业务增长点。

3. 非交易过户打新类资管产品的基本结构与主要创新点

1) 基本结构

概括而言,非交易过户打新即上市公司大股东通过非交易过户的方式,将名下股份划转至单一资管计划作为市值底仓,委托券商或基金在网下打新。其实质上是一种上市公司股东将其没有减持或质押需求的"闲置"股票,通过委托给证券公司旗下的资产管理机构参与网下新股申购而获取低风险收益的一种创新型单一资管业务。其参与方主要包括上市公司股东、资产管理机构和托管机构。其中,上市公司股东为委托人,以所持有的股票作为投资资产;券商等资产管理机构作为管理人,接受上市公司股东的委托,帮助其参与打新股投资;托管人则为独立的第三方机构,一般由依法设立并取得托管资格的商业银行或金融机构担任,按照法律法规的规定及单一计划资产管理合同、托管协议的约定,履行安全保管集合计划资产,办理资产估值、资金收付和会计核算等事项,以及监督证券公司投资行为等职责。

2) 主要创新点

与传统的证券定向划转打新相比,非交易过户打新除可满足上市公司股东等高净值客户的打新需求外,在账户管理与参与市场打新模式及风险管理方面都有所创新。

其一,在账户管理与参与市场打新模式方面有较大创新。对于传统的证券定向划转打新资管计划而言,上市公司股东作为委托人参与市场新股申购只有一个通道,即需将6 000万元以上的与股票市值等额的资金转入券商资管机构的指定账户,然后交由券商资管机构通过大宗交易的方式完成网下打新操作业务,并支付一定的管理费和佣金。而非交易过户打新单一资管计划并不需要另外提前准备打新资金,可以直接将公司的闲置股份直接过户到券商资管机构的指定账户,从而参与市场打新股活动,至产品运作结束后,再由券商资管机构将委托资产以非交易过户的方式返回到客户账户中,进行产品清算销户。这样,既简化了上市公司股东参与市场新股申购的手续,也解决了证券定向划转打新模式对客户资金要求非常高的难题,并可节约部分股票交易成本。

其二,在打新资金的风险管理方面也有很大创新。传统的证券定向划转打新资管计划还存在打新中签率与收益双低问题,客户甚至可能面临新股上市首日跌破发行价而导致的资产损失风险。而客户通过非交易过户打新的单一资管计划,既可参与沪市或深市的单边市场打新,也可通过开立信用账户参与融资融券,使用已过户的部分底仓作为担保品融资买入另一个市场的证券,从而获得两市的底仓,同时参与沪深两市的打新,并可通过同步进行同一标的的等额融券卖出交易,实现多头与空头头寸的完全对冲,规避底仓下跌风险,保障打新收益。

(三) 启发思考题

(1) 非交易过户打新资管产品在结构、策略和创设流程上是怎样的?
(2) 你觉得非交易过户打新业务真的可以获得可观的低风险收益吗?
(3) 你觉得非交易过户打新对于参与网下打新的二级市场投资者而言是否公平?

参考文献

曾刚,栾稀.资管新规的十大要点[EB/OL].(2017-11-20)[2021-9-4].https://www.sohu.com/a/205353612_115443.

海银财富研究部,资管新规及配套细则解读[EB/OL].(2018-8-1)[2021-9-4].https://www.163.com/dy/article/DO4OHI730519AIJ7.html.

定向资产管理业务[EB/OL].(2020-09-25)[2021-9-4].https://baike.so.com/doc/6593014-6806793.html.

周一帆.非交易过户打新只待发令枪,券商+基金合作分成[N].经济观察报,2020-08-30(5).

案例2 T上市公司的员工持股计划

【摘要】2014年,中国证监会发布《关于上市公司实施员工持股计划试点的指导意见》后,国内员工持股计划开始蓬勃发展,员工持股成为激励员工、加强企业管理的重要方式。通过资产管理业务实施员工持股计划,是资管机构为上市公司提供资产管理服务的重要方式,在实践中已有较多应用,具备一定的研究价值。本案例主要通过研究T上市公司的第一期员工持股计划——"DT1号定向资产管理计划",分析员工持股计划资管产品的交易方案、交易结构和交易细节,指出可能存在的问题及需要关注的重点,为国内类似资管产品的发行和研究提供一定的参考。

【关键词】T上市公司 员工持股 券商资管 定向资管计划

一、案例陈述

员工持股计划是一种由员工购买本企业股份,参与企业利益分享和管理的长期股权激励计划,员工持股通过股份分配实现企业持有者与员工之间的利益捆绑,使两者共享企业所有权和未来经济收益。员工持股起源于20世纪50年代的美国,其概念于20世纪80年代被引入我国。2014年6月20日,中国证监会发布的《关于上市公司实施员工持股计划试点的指导意见》,首次对中国模式的员工持股计划作出了规范。在实践中,员工持股计划有参与对象广、期限内无业绩考核、灵活度更高的特点,受到众多上市公司的青睐。一般而言,公司自行管理持股计划难度较大,因此,大部分公司都选择委托专业性较强的投资机构管理相关资产。其中,券商凭借其主动投资和全资本市场业务链方面的优势,成为最主要的员工持股计划受托人。

1. 员工持股计划的发展状况

早在2012年,中国证监会就研究了员工持股计划,并发布《上市公司员工持股计划管理暂行办法(征求意见稿)》。该征求意见稿已具备了员工持股计划开展规则的雏形,只是在资金来源、锁定时间和管理方式等方面规定较为严苛。

2014年5月,国务院发布《关于进一步促进资本市场健康发展的若干意见》,允许上市公司按规定通过多种形式开展员工持股计划。在此背景下,中国证监会正式发布《关于上市公司实施员工持股计划试点的指导意见》,得到上市公司的广泛认可和积极响应。该指导意见出台的半个月后,H上市公司披露了董事会预案,成为依据该指导意见实施员工持股计划的第一家上市公司。2014年9月,上交所和深交所相继发布了《上市公司员工持股计划信息披露工作指引》和《员工持股计划信息披露业务备忘录》,明确了持股计划的具体信息披露要求。自此,推出员工持股计划的上市公司数量迅速扩容。截至2020年6月,国内已有810家上市公司累计开展1 159次员工持股计划,如图4-2-3所示。

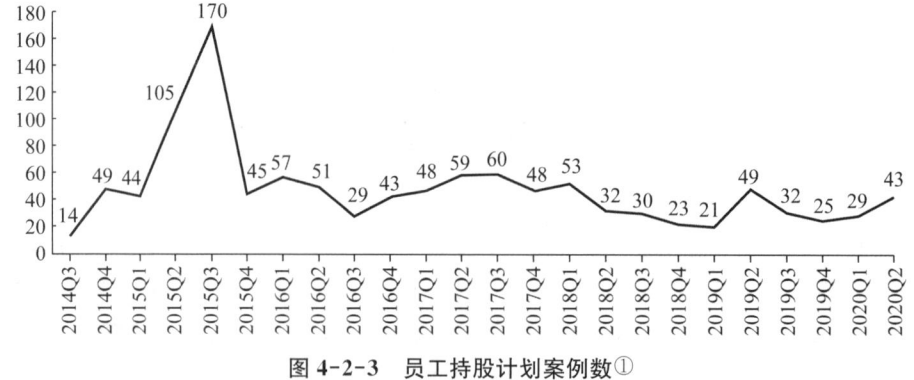

图 4-2-3 员工持股计划案例数①

数据来源:Wind资讯,数据截至2020年6月30日。

---

① 根据法规规定的实施程序,上市公司需首先披露关于员工持股计划的董事会预案,而完成股票购买需在股东大会后的6个月内,因此相对有强制时间要求的股东大会决议日和股票购买日,董事会预案日发布时间更加自主,更能表明公司实施员工持股计划的意愿。

2. 员工持股计划与资产管理

从管理方式上看,员工持股计划可以选择自行管理和委托专业投资机构管理两种方式。但是,公司自行管理的难度一般较大,员工持股计划爆仓、被迫中止或者出现大幅亏损的情况日益突出。因此,使用自行管理这一运作方式的员工持股计划比例较低,仅占所有员工持股计划的20%~30%。相较而言,一般员工持股计划涉及资金规模较大的上市公司往往选择委托专业的投资机构进行管理。其中,专业机构包括券商、基金、私募、信托、期货和保险等机构。

员工持股计划的受托管理实质上是为上市公司提供的一种特殊类型的、与资本市场相关的资产管理服务。因此,券商相比其他类型资管机构而言具备较大的优势:一是除了管理上市公司管理员工持股计划,券商还可凭借其资本市场全业务链覆盖,在投行业务、经纪及财富管理业务、资产管理业务等方面为上市公司提供全方位多角度的服务;二是券商在证券市场研究方面积累深厚,具备一定的主动管理优势。凭借这两大优势,券商成为最主要的员工持股计划受托人。在员工持股计划中,委托券商进行管理的案例占委托专业机构管理案例的60%,占所有持股计划的一半以上。

具体而言,券商可以通过设立单一资产管理计划或者集合资产管理计划,对接上市公司员工持股计划。集合资产管理计划成立需要至少2位投资者及1 000万元资金,券商可以搭建平层小集合或者结构化集合资管计划。资管新规实施之前,上市公司更偏好结构化资管计划,这样可以由银行资金或管理人募集资金作为优先级,由员工持股计划认购劣后级,从而形成资金端杠杆,放大员工收益。但是资管新规实施以后,通过结构化小集合开展员工持股计划遇到以下障碍:一方面,资金端杠杆比例受限。开放式集合产品不得进行份额分级,且分级私募产品可根据所投资资产的风险程度设定分级比例,权益类产品的分级比例不得超过1:1。这表明,委托专业机构管理的员工持股计划,资金端杠杆比例只能为1倍,且产品必须为封闭式,资金端高杠杆时代不复存在。另一方面,资管新规明确规定,结构化产品应当坚持"利益共享、风险共担"的基本原则,分级产品不得直接或间接对优先级份额提供保本保收益安排。这就意味着,当结构化资管产品整体产生收益或亏损时,所有份额的投资者都能够享受收益,也都需要承担风险,即优先级份额与劣后级份额"同亏同盈"。因此,当结构化产品整体净值大于1时,劣后级份额投资者不得承担亏损;当产品整体净值小于1时,优先级份额投资者不得享有收益。这就使得结构化资管产品很难找到优先级资金,也导致结构化资管产品发行难度加大。

3. T上市公司员工持股计划案例

1)基本情况简介

2015年上半年,T上市公司筹划实施第一期员工持股计划。此次员工持股,T上市公司委托D资产管理有限公司作为管理人对资产进行投资管理,并成立DT1号定向资产管理计划。该资管计划托管人为P银行,具体如表4-2-5所示。

表4-2-5　　　　　　　　T上市公司员工持股方案具体内容

资金来源	员工自筹及控股股东提供借款支持
股票来源	定向大宗交易

(续表)

锁定期	18 个月
存续期	36 个月
规模	1.21 亿元
参与人员	符合下述标准之一：①未持有公司股票的公司董事、监事、高级管理人员；②公司中层以上人员；③公司技术、研发、销售骨干；④公司优秀员工；⑤公司全资子公司中层以上人员；⑥工龄超过 10 年（含 10 年）的人员；⑦经董事会认定有卓越贡献的其他员工

数据来源：公司公告。

但是，2015 年 6 月之后，大盘暴跌，T 上市公司股价也未能幸免于难，当年 9 月 2 日股价仅为 12.99 元，仅为最高点的 1/3 左右（见图 4-2-4）。市场的暴跌为员工持股计划建仓提供了机遇。2016 年 2 月 1 日，D 资管通过定向大宗交易（定向购买公司控股股东持有的公司股份）买入的方式，以 16.19 元/股的均价购买了 450 万股公司股票，占公司总股本的 1.949%。2016 年 2 月 17 日，D 资管再次通过定向大宗交易买入的方式，以 18.38 元/股的均价购买了 183 万股公司股票，占公司总股本的 0.793%。两次大宗交易完成了员工持股计划股票的购买。

图 4-2-4 T 上市公司员工持股计划前后股价表现

数据来源：Wind 资讯。

2）员工持股计划的法律主体

《中华全国律师协会律师承办公司治理业务操作指引》第四十条"职工参与公司治理"中明确，员工持股计划是指由企业内部员工出资以优惠的价格认购本公司的部分股权，并委托员工（职工）持股会或工会管理运作，员工持股会或工会代表持股员工进入董事会参与表决和分红。因此，员工持股其实不是让每个员工直接参与公司治理，而是由员工持股会或工会作为员工的代表间接参与。但是，对于"员工持股计划"的民事主体地位并以此有权对外享有民事权利、承担民事义务，法律法规并没有明确规定。

之前的实践中，工会或者员工持股会可以代表员工持股计划签订合同、对外行使权利，或者员工持股计划往往会明确由公司、员工持股计划管理委员会代表员工持股计划对外行使权利。

T上市公司实施的第一期员工持股计划中,管理机构为员工持股计划所设的管理委员会。管理委员会为员工持股计划下设机构,对员工持股计划持有人会议负责,是员工持股计划的日常监督管理机构,对员工持股计划负有忠实义务,履行对外签署相关协议、合同等职责。然而,其并非法人或其他组织,无法直接对外签订合同。因此,T上市公司决定由上市公司代员工持股计划作为投资者与D资管签订了定向资管计划合同。

3) 资金来源

国务院在《关于进一步促进资本市场健康发展的若干意见》中表示,员工持股计划依据依法合规、自愿参与、风险自担的基本原则。员工持股计划的资金可以来自公司员工用合法薪酬或其他方式(如大股东给予员工的低息或无息借款、银行配资等)。

在此次T上市公司的员工持股计划中,来自员工自筹的资金不超过2 420万元;同时,公司控股股东以其自有资金或以其持有的部分T上市公司股票向金融机构申请质押融资取得资金,向员工持股计划提供借款支持,借款部分为员工自筹资金金额的4倍,金额不超过9 680万元,借款期为员工持股计划存续期。

公司大股东为员工提供借款支持,在股票上涨时能够增厚员工持股的收益。这表现出公司股东对于未来公司业绩增长的信心,也为员工提供了充足的激励。

4) 股票来源

从股票来源看,员工持股计划的模式主要有二级市场购买(含大宗交易)、定向增发、大股东赠与等,比较主流的为二级市场购买和定向增发。选择股票来源时需要考虑两个因素:一是市场状况,二是审批周期。市场处于上升态势时,二级市场购买模式是最优选择,有利于获得更高的收益。但若股价已经处于较高的位置,则会使二级市场购买面临较大的压力。另外,由于定向增发需待监管批复后才能实施,流程较长,容易错过持股计划推行的时点;采用定向增发作为股票来源的,持股锁定期相比其他方式更长,不确定性更大;审核时间较长,审核期间公司运营等方面也会发生一定的变化,原有的持股计划可能不再适用。

T上市公司筹划员工持股计划的时间点正好位于2015年牛市的起点,大盘处于上升趋势。因此对于员工持股计划来说,采用二级市场购买的方式是最好的选择。

具体来看,此次T上市公司员工持股计划的股票购买采用了定向大宗交易的方式,即从控股股东处累计买入633万股公司股票。由于持股计划买入股票的规模较大,而T上市公司的流通市值相对较小,如果直接通过二级市场竞价交易方式买入股票,可能对市场造成冲击,导致股价大幅上升,从而提高持股成本。而采用大宗交易的方式可以避免这一问题,有助于以相对较低的成本购入股票。

5) DT1号员工持股计划的资管模式

如上所述,上市公司与资管公司的合作模式包括单一资产管理计划和集合资产管理计划。虽然T上市公司在筹备员工持股计划时,资管新规还没有发布,但是控股股东已经为员工提供了4倍杠杆,没有通过资管计划加杠杆的需求。最终,公司选择了定向资产管理计划的模式。

资产管理计划合同涉及委托人、管理人和托管人三方。在DT1号定向资产管理计划中,委托人为T上市公司第一期员工持股计划(由于员工持股计划无独立法律主体地位,公司代其签订了资管合同);D资管作为管理人对计划财产进行管理;P银行作为托管人保管计划资产、监督管理人的投资行为。T上市公司、D资管及P银行三方签署协议后,员工持股计划将汇集的员工资金打款至资管计划的银行托管账户,管理人在中国证券投资基金业协会办理产品成立备案。管理人完成证券账户开立以后,在二级市场购买股票,完成建仓,如图4-2-5所示。

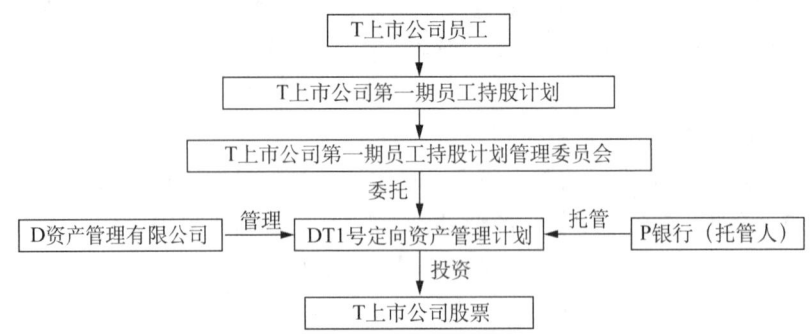

图 4-2-5　T上市公司员工持股计划资管模式结构

数据来源:东证资管。

资产管理模式下的员工持股计划,实施前期主要包括拟定合同、签署合同、设立托管账户、资金划入托管行等。其中,各方拟定的资管合同不仅订明投资范围,还载明详细的投资比例、投资限制、投资策略等投资政策,对于委托人、管理人、托管人应该尽到的义务和相应的权利进行明确的约定,防止后续可能出现的纠纷。在签署合同后,D资管与P银行要为资管计划开立托管账户,然后委托人将相应的计划资产划入托管户。在管理人通知各方产品成立并完成备案后,产品正式开始投资运作,如图4-2-6所示。

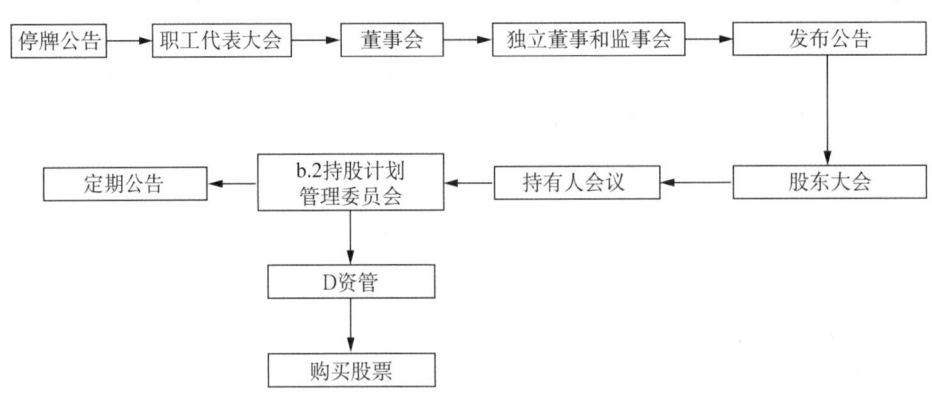

图 4-2-6　T上市公司员工持股计划资管模式主要环节

数据来源:东证资管。

具体实施员工持股计划的步骤如下:T上市公司首先于2015年7月7日公告停牌,防止出现公司股票价格发生较大波动;7月14日,T上市公司召开了职工代表大会、董事会和股东大会征求相关建议,拟定员工持股计划草案;通过董事会和监事会的修订后;7月15日,公司公告了员工持股计划草案摘要及员工持股计划管理细则。随后,公司召开股东大会决定是否实施员工持股计划,然后召开持有人会议,建立员工持股计划管理委员会。最终,公司委托D资管设立资产管理计划买入股票,并定期发布相关公告。

由于本次员工持股计划作为单一委托人与D资管设立资产管理产品，故采用定向计划的形式运作。在产品运作过程中，D资管需要根据合同的约定对计划资产进行主动管理，力争实现委托人资产持续稳健增值。此次员工持股计划的投资范围仅限于T上市公司股票和现金类资产。管理人可以通过二级市场（含大宗交易）或协议转让等方式买入上述股票，在股票锁定期届满后可以进行市值管理。

资产管理计划的后期收益分配阶段主要包括股票变现、投资收益分配、划款指令以及资金流转等环节。员工持股计划结束前，上市公司分红、股票变现所得资金等将留存在资管计划账户中，管理人根据资管合同约定向托管人出具划款指令，指示其将分配、提取、清算等资金划转至委托人（即员工持股计划）的银行账户，由员工持股计划管理委员会根据持股计划方案事先约定的规则向参与员工进行分配。

将员工持股计划整体作为委托人的优势在于，每个员工的参与起点可以自行确定，且单个员工无需满足私募资产管理业务合格投资者的相关要求。若采用集合模式，由每个员工直接作为资管计划的委托人，则不仅需要所有参与员工均满足合格投资者的要求，而且每个员工的参与金额还需满足相应类型产品的认购起点（权益类为100万元），这对大部分员工而言门槛过高。不过，员工持股计划整体作为委托人时，资管计划仅将整体的资产分配给持股计划，具体员工持股份额的变动及清算分配工作需由上市公司自行完成。

4. 员工持股计划需要关注的问题

T上市公司的资管模式员工持股计划方案细节都十分严谨，但在实施过程中仍存在许多需要注意的地方，包括管理问题、市场问题和效果问题。

在管理问题上，员工持股计划相对股权激励方案而言，涉及面更广，参与人数更多，因此管理问题也更加复杂和多样。T上市公司员工持股计划涉及员工166人，如果管理做得不到位，可能会泄露公司机密，甚至影响股票价格，对公司造成较大的负面影响。并且，公司股票价格的波动也会反过来影响员工持股方案的实施效果，对各参与方都造成不利影响。因此，员工持股在实施过程中，更应当注意各个环节的管理问题，控制敏感信息的不当流动、防范内幕交易。

在市场问题上，金融市场面临巨大的波动和不确定性，股票市场更是如此。员工持股计划的投资对象是上市公司股票，因此也往往面临一定的市场风险。例如，T上市公司的员工持股计划在2015年年初筹划期初时，市场正值牛市的开始，股票上涨趋势明显。但是短短6个月后，公司正式开始实施员工持股计划时，市场却急转直下，整个金融市场陷入危机，给此次员工持股计划的管理和实施带来了巨大的挑战，导致股票买入时点一再延后。因此，公司实施员工持股计划时应结合市场环境和上市公司实际情况选择适当的时机，同时也应当制定相应的重大风险应对预案和风控措施，通过大股东担保等特殊安排，力争减少企业和员工的损失。

在效果问题上，员工持股计划的出发点是提高员工的积极性，使员工和公司共同成长、共同发展。但在现实实施过程中，各公司的情况差异较大，对于参与对象的衡量标准往往较为主观。例如，此次T上市公司员工持股计划涉及面较广，不仅包括了公司高管，也包括了许多基层员工，如公司优秀员工、经董事会认定有卓越贡献的其他员工等。为避免未被包括在持股计划内的员工产生消极心理，公司应当对"优秀员工""卓越贡献"设置尽量公开、透明、客观、公正的认定标准。从推广来看,上市公司在制定员工持股计划方案时,也应当考虑如何更加充分地发挥员工持股计划的激励效果,设立较为公平的评判标准,尽量减轻负面影响。

二、案例解析

(一) 涉及知识点

1. 激励措施的理论基础

企业激励措施一般包括股权激励与员工持股计划,这两者在国外均得到了广泛的应用。自2015年中国证监会发布《上市公司股权激励管理办法(试行)》以来,越来越多的公司采用激励措施留住核心人才,促进企业与员工共同成长,从而帮助企业实现稳定发展的长期目标。

激励措施的理论基础如下。

1) 委托代理理论

该理论重点提出委托人与代理人之间存在的信息不对称问题,导致代理人并没有以委托人利益最大化为目标的情况。现代企业运行一般采取所有权与经营权分离的制度,若经营者的目标与公司目标不一致,经营者就可能利用信息不对称谋取个人利益,对公司形成侵蚀,这种侵蚀被称为代理成本。为了最大限度地降低代理成本,股东需要通过一定的激励约束机制来规范管理者的行为。管理者拥有公司股权,将成为企业的所有者之一,在某种程度上可以削减双方的目标差异,从而促进管理层追求企业价值最大化,并使公司建立有效的激励机制,即剩余索取权与控制权配置机制,进而促使经营者的长期利益、企业效益和股东的利益紧密联系在一起。

2) 产权理论

该理论认为产权明晰是企业绩效的关键或决定性因素,企业拥有者追求企业绩效的基本动因是对公司利润的占有。因此,企业家对利润占有份额越多,提高企业效益的动机就越强。建立在股权基础上的制度契约,给予经营者拥有产权和占有利润的权利,可促进管理层追求企业利润最大化,实现公司业绩增长。

3) 管理激励理论

从管理学的角度,如马斯洛的六层次需求理论、赫兹伯格的双因素理论、麦克利兰的成就需要理论等都提出应从人的需求出发。马斯洛的六层次需求理论提出人的六层次需求包括生理需求、安全需求、社会需求、尊重的需求、自我实现的需求、自我超越的需求。赫兹伯格的双因素理论认为引起人们工作动机的因素主要有两个:激励因素与保健因素。只有激励因素才能够给人们带来满足感,而保健因素只能消除人们的不满,不会带来满足感。保健因素主要包括公司的政策、行政管理、监督、工作条件、薪水、地位、安全及各种人事关系等因素;激励因素主要包括工作富有成就感、工作本身带有挑战性、工作带来的社会认可、职务责任感和工作具有成长空间等因素。

4) 人力资本理论

人力资本理论由以舒尔茨和贝克尔为代表的经济学家提出,认为社会发展中的财富创造由原来单纯的物质资本和货币资本扩充到了人力因素上,即人力因素也是财富增值的重要一环。人力资本主要包含知识技能、资历经验、身体健康状况等,概括了人的能力和素质。它属于人本身,具有财产性质及增值属性。因此,作为一种产权存在,人力因素同样应该获得因增值产生的要素收益。股权激励有利于促进人力资本拥有者通过对公司作出贡献,获取企业部分剩余索取权,实现公司目标。

2. 员工持股计划的主要类别

员工持股计划(Employee Stock Ownership Plan,ESOP)主要分为非杠杆型 ESOP 及杠杆型 ESOP。

1) 非杠杆型 ESOP

这类员工持股计划的主要特点包括由公司计划提供股票或现金,员工无需额外支付;由员工持股信托基金会持有员工的股票,并定期向员工通报股票数额及其价值;当员工退休或因故离开公司时,将根据情况取得相应的股票或现金。

2) 杠杆型 ESOP

这类员工持股计划需要借助信贷杠杆来实现,即由员工持股计划基金会以员工持股计划的名义向金融机构贷款购买公司股东的部分股票,购买所得由信托基金掌握,利用分得的公司利润及其他可用资金归还银行贷款的本息。随着贷款的归还,股票将逐步转入员工账户。这类员工持股计划的特点相较于非杠杆型的 ESOP,还包括基金会通过银行信贷购买股票,实现配资杠杆;信托基金会每年取得的利润和其他资金需归还公司或银行的贷款。

(二) 要点分析

1. 员工持股计划的实施流程

(1) 进行实施员工持股计划的可行性分析,主要关注相关政策的限制、对企业参与人员激励效果的评估以及公司股东的意愿等。

(2) 拟定员工持股计划方案。一般而言,上市公司需明确员工持股计划的核心条款,主要包括参与人员的范围、股票来源、资金来源、认购价格、存续期及锁定期的设置及持有人权益的处置。其中股票的来源有定向增发、二级市场购买及大股东赠与等,企业应考虑实际情况选择最优方式。此外,资金来源包括自有资金、员工筹款、向银行借款等,还应关注其中是否存在资金杠杆。对于持有人权益的处置条款,公司需要明确何种情况会影响到持有人权益,并提出具体处理办法。

(3) 准备相关文件,在企业内部召开决议大会。拟定好持股方案后,公司应召开职工代表大会征求员工意见,审议持股方案草案,并就相关决议进行公示。

(4) 开展认购缴款、文件签署工作。在企业内部形成对员工持股计划的统一意见后,公司可在满足条件的参与人员范围内收集有意向认购份额的员工名单,并下发《缴款通知书》等认购文件。

(5) 股票的购买及过户。选择二级市场买入作为股票来源的,应根据《信托合同》的规定由信托机构下达购买指令进行买入。流通股较少的企业,应采用大宗交易的方式买入股票,以避免对公司股价造成较大冲击。在股票购入完成后,公司应于 2 个交易日内进行信息披露。

(6) 清算分配工作。在员工持股计划锁定期满后,存续期满前,参与计划的员工可择期卖出公司股票实现收益。股票全部卖出后，应在规定时间内进行清算、分配。

2. 为什么选择将员工持股计划与资管计划相结合的原因

上市公司选择将员工持股计划与资管计划相结合，可获得更具专业水准的资产管理服务，包括但不限于买入股票的时点选择、获得可能的主动投资回报等。如前所述，一般上市企业在实施员工持股计划时并不选择自行管理，而是委托专业的金融机构代为管理，如券商、信托、基金公司等，这主要出于经营重点、自身精力及专业度方面的考量。其中，券商作为受委托管理机构的情况居多，一般是由其资产管理部或独立的全资子公司进行管理，如本案中的D资产管理公司，具体项目可通过设立定向资产管理计划或者集合资产管理计划开展业务。资产管理合同涉及委托人、管理人及托管人三方。其中，定向资产管理委托人只能为单一客户，集合资产管理计划则要求客户不少于2人且参与金额不低于1000万元。自资管新规发布后，过去能够通过加杠杆的方式放大收益的集合资产管理计划也必须遵守1倍的杠杆要求，但企业仍可通过杠杆型员工持股计划实现收益放大。

对于资管公司而言，选择将员工持股计划与资管计划相结合，有利于拓宽盈利渠道，丰富收入来源。资管公司凭借其专业的服务水平，可对委托人收取产品管理费及认购退出费等实现收益。此外，对于专项计划中主动管理获得的盈利，资管公司可与委托人协议获取业绩提成。

3. 员工持股计划的实施中存在的风险

除了管理风险、价格风险与效果风险，员工持股计划的具体实施步骤中，可能存在的风险还有：

（1）价格风险。若采用二级市场买入的方式作为股票来源，买入股票的时点便显得尤为重要，且不少上市公司选择杠杆型的员工持股计划，通过自有资金或银行配资谋求杠杆收益。在这种情况下，股价处于高位而市场预期下行时，买入股份极易导致计划出现大幅亏损，而延后购入股票则可能错过计划推行的最佳时期。

（2）流动性风险。对于流通市值较小、交易量不足的上市公司，流动性问题也是员工持股计划中可能存在的风险。当员工持股计划对公司股票进行减持时，由于欠缺流动性，所持股票可能无法迅速以低成本转变为现金，从而导致损失。此外，对于拥有临时开放期的员工持股计划，若出现集中退出的情况，企业可能难以通过交易取回足够的现金以应付参与人员要求退出计划的支付需求。

（3）企业内部风险。相对股权激励方案而言，员工持股计划可能的参与人数更多，涵盖的范围更广。本案中涉及的员工数达到166人，若在管理环节出现纰漏，则可能会导致公司机密的泄露，引发的内幕交易很可能会影响到股票价格甚至公司形象，同时对员工持股计划的实施造成不利影响。此外，计划实施的效果还取决于参与人员选取标准的公平性、公正性、公开性，企业应注意避免未被选入计划的员工出现消极情绪。

（三）启发思考题

（1）员工持股计划的交易方案应包括哪些内容？

(2) 从股票来源来看,员工持股计划主要有哪些方案?公司应如何选择?
(3) 委托资管机构作为资产管理人时应关注哪些要点?
(4) 选择员工持股计划的参与人员应遵循什么原则?
(5) 如何应对员工持股计划中可能出现的风险?

参考文献

谭亚娟.上市公司员工持股计划的资管模式应用研究[J].财会通讯,2019(17):53-57.

岑志斌.A股上市公司员工持股计划的实践、问题与建议[J].企业改革与管理,2019(24):42-45.

刘雪敬.为什么是股权激励——关于股权激励的理论研究[EB/OL].(2020-03-10)[2021-09-04].https://page.om.qq.com/page/Oon6w3Cg1u3rZ9Q_Ac9epBjQ0.

员工持股计划[EB/OL].(2021-05-28)[2021-09-04].https://baike.baidu.com/item/员工持股计划/469976?fr=aladdin.

股权激励[EB/OL].(2021-04-08)[2021-09-04].https://baike.baidu.com/item/股权激励/10608775?fr=aladdin.

员工持股计划操作实务[EB/OL].(2020-04-28)[2021-09-04].http://www.360doc.com/content/20/0408/17/48421311_904671889.shtml.

员工持股计划的目的与基本原则[EB/OL].(2020-08-04)[2021-04-04].https://wenku.baidu.com/view/64933c0b0d22590102020740be1e650e53eacf0d.html.

资管新规下的员工持股计划分析[EB/OL].(2018-08-09)[2021-09-04].https://www.sohu.com/a/246062466_482481.

曹中铭.员工持股计划背后的风险不可不防[EB/OL].(2017-10-24)[2021-09-04].http://opinion.jrj.com.cn/2017/10/24080923274707.shtml.

刘盼.关于员工持股计划风险分析——以OF员工持股计划为例[J].商,2016(07):198.

案例3 创新封闭式产品——D资管模式能否延续

【摘要】 封闭式是我国公募基金最早采取的运作形态,但自2001年国内首只开放式基金华安创新发行以来,封闭式产品日趋边缘化。2014年,D资管在X集合资产管理计划成功运作的基础上,将封闭式权益大集合的运作经验推广至公募领域,发行了市场首只创新封闭式权益基金R,并取得了优秀的投资业绩。由此带来的成果与经验在之后的公募行业引起了一波3年期封闭式产品的发行热潮,彻底改变了投资者对于封闭式产品的态度。本案例主要围绕D资管的创新封闭式产品,探讨封闭式资管产品的发展以及模式创新,以期给未来资管产品的创新带来启示。

【关键词】 创新封闭式产品　D资管模式　集合资产管理计划

一、案例陈述

2014年7月,A股市场开始出现连续上涨,日常关注财经新闻的资深股民王大爷隐约感受到了牛市气息。自从在7年前的牛市里"追涨杀跌"亏了不少钱以后,他就决定"隐退江湖",存款与退休金都老老实实地买了银行理财。

然而这次,王大爷还是经不过股市的诱惑,决定投入一些钱来增强投资收益。不过这次他吸取了教训,打算通过购买风险收益相对稳健的基金来投资股市。2014年9月,他认购了一只创新封闭式基金D,购买的原因无非是想让自己管住手,避免反复申赎基金份额,错失长期收益。市场在经历了几个月的上涨之后,D基金给王大爷带来了十分可观的投资收益,基金净值从成立以来已经上涨了大约80%。同时,牛市似乎也还在继续。

2015年6月19日上午,王大爷和平时一样关注着股票市场的开盘。虽然上证综指在昨天下跌了3.67%,但考虑到过去一段时间上涨过快,适当的调整也是十分自然的事情。因此按照王大爷的过往经验,今天股市应该会迎来一波反弹,他也期待着基金净值的进一步上涨。不过实际情况事与愿违,出乎大多数人的预料,上证综指全天低开低走,暴跌307点,跌幅达到了6.42%。而这只是一个开始,在随后的几个交易日里,虽然市场偶有反弹,但大趋势已然不可逆转。从2015年6月15日至7月8日这不到1个月的时间里,上证综指累计下跌32.11%,创业板指数同期更是下跌近40%。直到8月底,市场终于在政府救市的行动中基本企稳。而此时,D基金的净值也从高点回撤了20%以上,同时由于基金运作的前3年采用封闭式管理,王大爷在整个过程中并不能对基金进行赎回,只能眼睁睁看着基金投资收益不断减少。

在随后1年的时间里,牛市过后的市场一地鸡毛,自然不可能有什么大的起色,基金净值也是起起伏伏。王大爷心里认为,这两次牛市之间相隔了8年,之后基金能不跌就不错了。他想赎回基金以保住剩下的收益,避免不必要的风险。但是,D基金的产品设计使得这一想法暂时无法实现。

不过,事情的发展再次出乎了王大爷的预料。中国股市十几年来所暴露出的问题让市场参与者重新认识到价值投资的意义和重要性,一批优秀的企业开始受到更多投资者的重视,一批专业的机构投资者也持续践行着自己的投资理念。而王大爷的基金也从2016年二季度开始稳步上涨,到2017年4月份,基金的复权累计净值已经超越了上证综指2015年牛市时的高点,如图4-2-7所示。

2017年9月19日,D基金终于迎来了封闭转开放的日子。此时,基金的复权累计净值已经高达2.65,王大爷发现他的投资回报已在不知不觉中达到了165%,比牛市高点时的净值涨幅还要多出70个百分点。他在高兴之余心想,还好自己当时不能赎回基金,不然以自己的性格肯定会贸然退出,也就不可能赚到如此多的收益。凡是购买了这只基金的投资者,最终都获得了这3年来的回报,而不再是过去常有的那种基金赚钱而投资者亏钱的局面。

1. 创新封闭式产品的创新模式

1) 封闭式产品的创新起源

封闭式是我国公募基金最早采取的运作形态,但自2001年国内首只开放式基金华安创

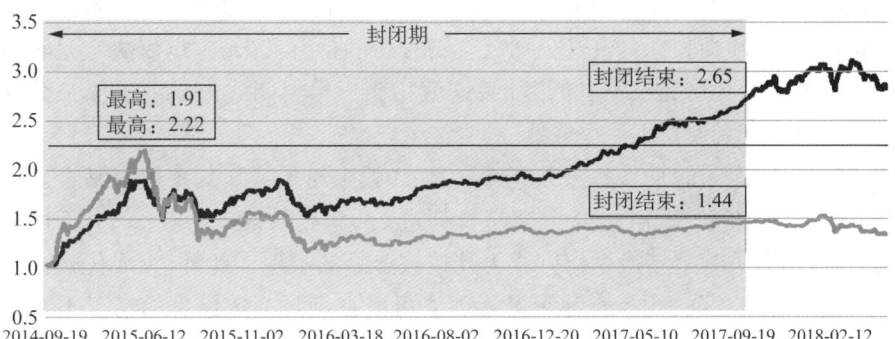

图 4-2-7　2014—2018 年 D 基金与上证综指的同期走势对比①

数据来源：Wind 资讯。

新发行以来，封闭式产品日趋边缘化，即使 2007 年市场推出了一系列创新封闭式产品也没能挽回这一局面。众所周知，封闭式产品相对于开放式产品的优点在于其规模稳定，且对于资产管理公司而言没有赎回的压力，因此投资经理可以较好地坚持自己的投资理念，保证产品风格的稳定性和延续性。封闭式产品也适合投资者进行长期投资。所以，在美国 100 多年的资管发展历史中，封闭式基金曾经长时间占据着主要的地位。但是它的缺点也是明显的：首先，透明度和流动性均较弱；其次，存续期内无法募集资金；再次，面临着明星基金经理离职的不确定性；最后，尽管部分封闭式基金为了提供流动性补偿会将基金份额在证券交易所等场所上市交易，但二级市场交易价格往往相比基金净值存在折价，投资者为了换取流动性需要损失折价部分的收益。因此到 20 世纪 30 年代，西方封闭式基金的地位逐渐让位于开放式基金。

1998 年，我国的第一批公募基金经中国证监会批准成立，国泰基金和南方基金分别发行了封闭式基金——基金金泰和基金开元。面对 1 600 多亿元资金的抢购，其成立规模最终各自为 20 亿元，拉开了中国公募行业乃至资产管理行业的序幕。事实上，公募基金刚开始进入广大投资者视野的时候都是封闭式的产品。封闭式的运作有利于投资经理对基金资产的管理，资管公司也可以获得稳定的管理费收入。不过随着后续开放式基金的发行，封闭式产品的锋芒逐步被开放式基金所掩盖。2002 年 8 月，封闭式基金停止发行，总数固定在当时的 54 只。

封闭式产品的规模稳定、有利于长期投资等优势决定其存在的必要性，而其流动性弱、场内折价率高、存续期内无法募集资金等劣势就要求对其进行创新，因此为了改变被"边缘化"的困境，创新封闭式产品便应运而生。2007 年，市场又陆续推出了多种创新封闭式产品，旨在减小折价率，提高流动性，促进封闭式产品的发展。

2）常规创新封闭式产品的局限

与一般的封闭式产品相比，这些创新封闭式产品的创新之处主要集中在三个方面：一是引入"救生艇条款"；二是进行结构化分级；三是缩短封闭期，将封闭与开放相结合。

---

① 上证综指净值系根据指数涨跌幅调整得到，以保证指数起点与基金净值起点相同（均为 1），便于比较。

(1) 引入"救生艇条款"。所谓的"救生艇条款",就是在产品存续期内,若其折价率达到一定程度并持续一段时间之后,资管公司就会召开份额持有人大会,审议决定是否将封闭式产品转为开放式产品并接受投资者的赎回,这就相当于给封闭式产品内嵌了一个开放式产品的概念从而给投资者设立了一个底线。

例如,当时封闭 5 年的某款基金 DC 就设置了"救生艇条款",其中规定基金合同生效满 12 个月后,若基金的折价率连续 50 个交易日超过 20%,则管理人将在 30 个工作日内召集持有人大会,审议有关基金转换运作方式为开放式产品的事项。此外,大成优选还引入了业绩报酬和业绩风险准备金制度,前者使得管理人可以在满足一定条件的情况下每年提取一次业绩报酬,后者将单独设立专门的业绩风险准备金账户,每月从产品管理费和托管费中提取 10% 划入业绩风险准备金账户用以弥补基金亏损。

(2) 进行结构化分级。所谓结构化分级,就是将产品的份额分成收益和风险不同的两个级别,从而在同一产品内提供多元化风险收益特征的份额,满足不同投资者的需求。两个级别分开募集,但合并运作,因此在法律主体上仍然是同一只产品。

例如,同样是封闭 5 年的另一款产品 RF 就通过收益的安排将产品分成了优先级份额和普通级份额。两个级别的份额分开募集、合并运作,并采取不同的交易方式。其中,优先级份额与传统封闭式产品类似,在深交所上市并持续交易,存续期内规模不变;而普通级份额则先不上市交易,而是采取每年开放一次,定期开放申购、赎回的模式。同时,该产品的两类份额实行差别收益分配,产品整体实现的收益需先满足优先级份额的基准(1 年期贷款利率),超出基准的部分(超额收益)再按照事先约定的比例(1∶9)分别分配给优先级份额和普通级份额,对普通级份额而言形成了杠杆收益的效果。由此,优先级份额会呈现出低收益、低风险的特征,而普通级份额则将表现出高收益、高风险的特点。

(3) 缩短封闭期,将封闭与开放相结合。这种机制更像是开放式产品的封闭式运作,但反过来其实也为封闭式产品的创新提供了思路,即对产品设置一定的封闭期,封闭期结束后则转为开放式产品。

例如,当时的一款产品 HL 在成立的第一年按照封闭式产品运作,但不在交易所上市交易,从而可以避免折价对投资者的心理影响。同时,在封闭期内提高分红水平,只要达到分红条件,则每个季度都允许进行分红。而在封闭期结束后,基金则转为一般的开放式产品。

不过,虽然上述这些创新机制在产品设计上投入了大量的精力,但是投资者似乎反而被这些复杂的设计弄糊涂了,并不能完全理解其中的逻辑。同时也有分析师称,这些创新封闭式产品本身也存在设计不合理的地方。例如,分级机制意味着普通份额的投资者可以以 1 年期的贷款利率向优先份额的投资者借入资金并投资股市,而超额收益的绝大部分也将由普通份额的投资者获得。相反,对于优先份额的投资者来说,由于并不是保本产品,因此风险和收益实际上并不对等。在剔除认购和赎回费之后,优先份额的收益能否超过货币基金都存在疑问。

因此,2007 年左右成立的这一批创新封闭式产品最终依然没有改变封闭式产品被逐渐边缘化的困局。前述设置"救生艇条款"的基金折价率曾在 2008 年 2 月 16 日至 4 月 13 日的 40 个交易日里,一直维持着 20% 的"封转开"的触发点,与该产品合同约定的 50 个交易日仅相差 10 天。

2. D资管模式下的创新封闭式产品

1) 大集合产品试水"封闭式",A集合资管完美收官

2011年,市场中的封闭式产品已经所剩无几,创新封闭式产品也基本被大众所遗忘。在这样的情况下,D资管成立了一只期限为2.5年、运作期间完全封闭的A资管计划。出人意料的是,在当时低迷的市场环境里,截至发售首日下午3点,A资管计划的认购金额就超8亿元。而在2011年7月,公募基金产品成立的平均规模才8.26亿元,券商"大集合"产品的平均规模只有5.75亿元,"小集合"更是仅为2.18亿元。关于A资管计划热卖的原因一般认为有二:一是该产品是首只专注于定向增发的券商集合产品,二是D资管的集合理财产品有着长期业绩优异的历史基础。但是从产品设计和后续的运作结果来看,该产品其实还带来了更多的实际意义。

其一是关于封闭期的引入。A资管计划的设计和发行初衷在当时是非常清晰的,就是要做一只高性价比的产品,在熊市的环境里通过参与定增或者大宗交易而获得低成本的股票持仓,从而为投资者带来高性价比的收益。因此其核心的两方面在于:①定增和大宗交易本身就会涉及锁定期,通过这些方式买入的股票需要一定时间以后才能买卖交易;②这类交易需要有足够的时间才有可能等来足够好的项目,这是需要时间和耐心的,回报也可能不是立竿见影的。但在当时,市场行情十分低迷,投资者在看不到收益的情况下往往很难坚持投资在一只产品上,因此为了产品能够规模稳定、顺利运作,也为了让投资者克服自己的"追涨杀跌"心理从而最终获得长期回报,引入封闭期不失为一种办法。

其二是后续的投资运作。实际上,最终产品在运作期间并没有碰到太多好的定增项目,主要还是通过大宗或者正常交易开展投资。但是因为封闭期的引入,使得产品在这一期间能够较为稳定地运行而不受规模压力的影响,投资经理也可以专注在自己的投资方式上而免受干扰。同时,相比过去动辄5年的封闭时间,2.5年封闭期的接受度更高,同时也给投资者带来了更大的灵活度。依托D资管强大的投研能力,该产品自成立日(2011年9月5日)至终止日(2014年3月4日)期间累计取得了31.46%的收益,而同期上证指数则下跌了18.07%,沪深300指数更是下跌22.10%,A资管计划完美收官,具体如图4-2-8所示。

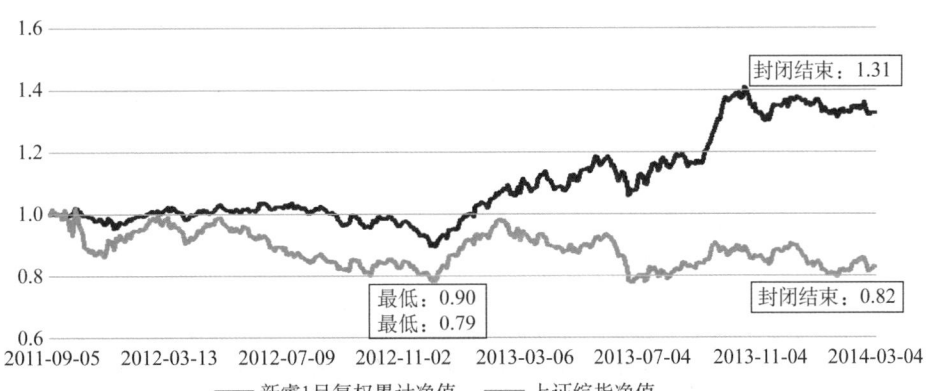

图4-2-8 2011—2014年A资管计划存续期内与上证综指走势的对比

数据来源:Wind资讯。

乍一看，A资管计划似乎只是一只很普通的封闭式产品，并没有体现出多少创新，其实，这种创新是来自理念上的，而非形式上的。事实上，当时市场上设置封闭期的产品主要是固定收益类，像A资管计划这样的权益类封闭式产品寥寥无几。这是因为投资者已经习惯了开放式股票基金高流动性的特点，甚至像股票一样对其做"波段"交易，对于封闭权益产品的接受度很低；在熊市中敢于销售封闭权益产品，更是需要足够的历史业绩和投资逻辑支撑，以及强大的魄力。敢于逆势布局，本身就是一种理念创新。

过去，创新封闭式产品的设计聚焦在解决封闭式产品的折价问题上，因此，相关条款往往参考国外案例，引入了许多复杂的运作规则，对投资者也非常不友好。同时为了获得足够的影响力，这些产品也选择在牛市成立，大部分产品的回报也差强人意。而A资管计划创设的出发点是管住投资者的手，产品在设计、运作上都服务于投资者，让投资者切实获得回报，而不是仅仅为了基金公司自身的利益。该产品的背后是对"当下什么样的策略能让投资者赚钱"和"怎样运作能让投资者克服心理缺陷"以及"在封闭运作的模式下有多少把握赚到钱"等一系列问题的思考，而封闭式的产品设计可以说只是这些理念和思考之后所自然采取的方法。

2）"D资管模式"：从集合到公募

A资管计划的成功让D资管进一步关注如何通过对封闭式产品进行创新从而让投资者赚钱。不过在当时，"大集合"产品已根据监管要求不再允许新设，因此D资管决定将这一理念直接引入公募产品，于是也就诞生了前述王大爷所购买的D基金。

D基金是行业首只3年封闭运作的偏股混合基金，成立于2014年9月19日，3年封闭运作期间经历了市场牛熊转换、三轮股灾洗礼。D基金的封闭时间介于1年到5年之间，它赋予投资经理灵活的操作空间，也降低了投资者对于产品封闭期过长的反感。同时在封闭期结束后，产品自动转为上市开放式基金（Listed Open-ended Fund，LOF）而无需召开份额持有人大会，简化了流程。此外，D基金在封闭期用于上市交易的份额仅占总份额的2%，完全不同于过去大部分份额都上市交易的封闭式产品。D资管表示，希望投资者能做时间的朋友，给予管理人3年时间来为投资者获得稳健的回报；之所以允许一定份额进行上市交易，并非希望投资者短期投机，而是考虑到一些投资者可能会有紧急的流动性需求，因此提供了一条退出途径。D基金产品概况如表4-2-6所示。

表4-2-6　　　　　　　　　　D基金产品概况

产品名称	D灵活配置混合型证券投资基金（LOF）
场内简称	D
产品类别	混合型证券投资基金
管理人	D资产管理有限公司
合同生效日	2014/9/19
基金运作方式	1. 在封闭期内不开放申购、赎回业务，但投资人可在本基金上市交易后通过深圳证券交易所转让基金份额 2. 封闭期届满后，产品转换为上市开放式基金（LOF） 3. 本基金封闭期为3年（含3年），封闭期届满后转换为上市开放式基金（LOF）

(续表)

投资目标	本基金以追求绝对收益为目标,在有效控制投资组合风险的前提下,追求资产净值的长期稳健增值
投资比例	本基金转换为上市开放式基金(LOF)后股票资产投资比例为基金资产的0～95%,封闭期内股票资产投资比例为基金资产的0～100%;权证投资比例为基金资产净值的0～3%
基金分红	1. 封闭期间,基金收益分配采用现金方式 2. 本基金的每份基金份额享有同等分配权 3. 封闭期内,本基金的收益分配,每年不得少于一次,且每次基金收益分配比例不低于截至收益分配基准日可供分配利润的90%。转换为上市开放式基金(LOF)后,在符合有关基金分红条件的前提下,本基金收益每年最多分配6次,且每次基金收益分配比例不低于截至收益分配基准日可供分配利润的25%

资料来源:东证资管。

从结果上来看,脱胎于集合资产管理计划的创新封闭理念在公募产品上的应用同样获得了成功。值得注意的是,认购D基金的老客户中,有30%的客户曾经购买过A资管计划,可见这一模式已经在投资者心中留下了可靠的印象。在A资管计划和D基金上所获得的成功促使D资管进一步将这一模式应用于后续发行的各类资管产品中,除"R系列"偏股公募基金外,M系列、Y系列等集合资管产品也同样采取了前3年封闭的产品设计。同时,D资管在3年期封闭产品上的成功也引来了其他基金公司的跟随,YF、HT、CT等多家基金公司后续都发行了此类产品。投资者对于封闭式产品的认知度与认可度也发生了根本性的改变。

3. "D资管模式"带来的启发与思考

我们发现,"D资管模式"的创新封闭式产品摒弃了封闭式产品的不足,一方面助力管理人着眼长期、更好地实现投资目标,另一方面帮助投资者逃离"追涨杀跌"的引力陷阱,树立价值投资理念,培养长期投资的习惯。从结果来看,这些产品也确实为投资者创造了切切实实的长期回报。总结来看,"D资管模式"为资管产品的设计和创新提供了如下几点启发:

第一,"封闭"虽好,不可照搬,产品创新应从投资者利益角度出发。封闭式产品虽然具有规模稳定、便于投资管理等优点,但也有着流动性弱、场内折价高等缺点,前者成为国内资管机构跟随国外发展的原因,后者也成为模仿国外同行解决缺点的动机。但是由此所推出的创新封闭式产品并没有达到应有的效果,复杂的产品设计更像是照猫画虎,形式上的创新既没有让投资者赚到钱,也没有获得投资者的认可。

第二,扬长避短,发挥优势。"D资管模式"的创新本质来源于"知行合一、以客户利益为先"的理念,3年封闭期、低场内份额、自动封转开等产品设计都是为了保护投资者的利益,让投资收益与客户收益画上等号。作为长期配置的工具,其不仅保留了原先封闭式产品的固有优势,同时给投资者带来的持有体验提升也淡化了流动性和折价的劣势。

第三,产品创新,业绩加成。"D资管模式"的成功与其业绩有着密不可分的关系。由于封闭式产品有流动性损失,投资者往往对此类封闭式产品的业绩要求较高,代销机构也高度关注管理人的投资理念与投资经理的个人能力。虽然产品可以通过机制设计提高获取稳定业绩的概率,但最终能否真正给投资者带来良好的持有体验,达到产品设计的初衷,最终还是要看基金管理人在实际运作中的表现,即"是否能为客户赚钱"。

优良的基金业绩与创新的产品设计使"D资管模式"的创新封闭式产品得到投资者与市场的认可。放眼未来,面对复杂多变的资本市场,资管机构仍应"战战兢兢,如履薄冰",不断夯实自身专业投研和专业服务能力,坚持从客户利益出发考虑战略决策,寻求差异化、长期化发展之道。

二、案例分析

(一)涉及知识点

1. 券商集合资产管理计划的基本特点与主要业务类型

集合资产管理计划是券商的重要资产管理业务之一。依据中国证监会公布的《证券公司客户资产管理业务管理办法》(2013年修订)、《证券公司集合资产管理业务实施细则》(2013年修订),集合资产管理计划是由证券公司推出的、管理形式类似于基金,但属于私募性质的一种理财方式,其主要是指证券公司通过与客户签订集合资产管理合同,将客户资产交由取得基金托管业务资格的资产托管机构托管,通过专门账户为客户提供资产管理服务。

集合资产管理计划募集的资金可以投资中国境内依法发行的股票、债券、股指期货、商品期货等证券期货交易所交易的投资品种,央行票据、短期融资券、中期票据、利率远期、利率互换等银行间市场交易的投资品种,证券投资基金、证券公司专项资产管理计划、商业银行理财计划、集合资金信托计划等金融监管部门批准或备案发行的金融产品,以及中国证监会认可的其他投资品种。

集合资产管理计划可以参与融资融券交易,也可以将其持有的证券作为融券标的证券出借给证券金融公司。

证券公司可以依法设立集合资产管理计划在境内募集资金,投资于中国证监会认可的境外金融产品。

2. 券商集合资产管理计划与基金、信托三者的重要区别

1)发行主体与流通方式不同

券商集合理财与证券投资基金、资金信托产品三者均属于资产管理业务类型。其中,券商集合理财是由具备客户资产管理业务资格的证券公司负责管理与运作的;证券投资基金是由基金管理公司负责发行并管理运作的;资金信托产品是由信托投资公司负责发行并管理运作的。但是,在产品发行后,证券投资基金中的开放式基金投资者可以根据自身需要将所持份额向基金公司赎回,封闭式基金在封闭期内也可以在二级市场上进行自由转让,而集合资产管理产品和资金信托产品不得在证券市场上公开发行,因而也不能在证券交易场所自由流通,其能在产权交易所、金融资产交易所等场所挂牌交易转让,完成信托受益权登记转让,并需进行线下进行面对面谈判,转让成功后需到信托公司完成受益权变更登记,因而其流动性相对均比较差。

2) 投资者的定位以及要求不同

证券投资基金中的公开发行的公募基金是大众化的理财品种,其对投资者的人数与资产规模没有任何限制,大型的基金产品动辄数千认购投资者,私募基金对个人合格投资者则有相应要求,即家庭金融资产为 300 万元以上,同时新增起售金额为 100 万元以上(两项指标同时满足)。而券商集合资产管理计划带有一定的私募性质,它的目标群多为中高端客户,证券公司办理定向资产管理业务,接受单个客户的资产净值不得低于人民币 100 万元。集合资产管理计划应当面向合格投资者推广,合格投资者累计不得超过 200 人,合格投资者是指具备相应风险识别能力和承担所投资集合资产管理计划风险能力且符合下列条件之一的单位和个人:①个人或者家庭金融资产合计不低于 100 万元人民币;②公司、企业等机构净资产不低于 1 000 万元人民币。集合资金信托计划面向的是具有一定风险识别和承担能力的高净值投资者,其投资者必须符合下列条件之一:①最低金额不低于 100 万元人民币的自然人、法人或依法成立的其他组织;②个人或家庭金融资产总计在其认购时超过 100 万元人民币;③个人收入在最近 3 年内每年收入超过 20 万元人民币或者夫妻双方合计收入在最近 3 年内每年超过 30 万元。

3) 投资范围与投资风格不同

券商集合资管计划的股票投资下限最低可以为零,而证券投资基金都有持仓下限,尤其是股票型基金的最低持仓下限为 80%。信托合同的当事人是委托人、受托人、受益人三方,其投资范围非常广泛,除中国银监会(现银保监会)规范性文件的少许明确限制外,其投资范围可根据信托文件的约定,跨越和打通实业市场、资本市场和货币市场。因此,信托资金可投资于其他类型资产管理产品,如券商资管产品、基金资管产品和信托产品本身(如 TOT)等。

3. 封闭式基金与开放式基金及上市开放型基金

1) 封闭式基金和开放式基金的基本概念与特点

证券投资基金根据是否可以追加投资或赎回投资份额可分为封闭式基金和开放式基金两种基本类型。其中,封闭式基金(Closed-end Fund)是指经核准的基金份额在基金合同期限内固定不变,基金份额可以在依法设立的证券交易所交易,但基金份额持有人不得申请赎回的基金。该类基金在发行期满后封闭,不可再追加新的发行单位和赎回的一类基金。开放式基金(Open-end Fund)是指基金份额总额不固定,基金份额可以在基金合同约定的时间和场所可自由申购或者赎回的基金。

2) 封闭式基金和开放式基金的主要区别

(1) 期限不同。封闭式基金有固定的存续期,通常在 5 年以上,一般为 10 年或 15 年,期满后投资者可按照基金份额分配剩余资产;开放式基金没有固定的期限,投资者可以随时向基金管理人赎回基金份额,但是如果大量赎回会导致基金清盘。

(2) 交易方式不同。封闭式基金的基金份额在封闭期内不能自由赎回,持有人只能在证券交易场所进行上市转让,转让价格由市场供求决定,故常容易出现折价现象;开放式基金的投资者则可以在首次发行结束一段时间后,随时向基金管理人或其销售代理人提出申购或赎回申请,绝大多数开放式基金不上市交易,交易在投资者与基金管理人或其销售代理人之间进行。

(3)交易费用不同。投资者在买卖封闭式基金时,在基金价格之外要支付手续费;在买卖投资开放式基金时,则要支付申购费和赎回费。

另外,封闭式基金的基金份额资产净值一般每周或者更长时间公布一次;开放式基金一般在每个交易日连续公布。

上市开放式基金 LOF 是一种既可以通过基金管理人或其委托的销售机构以基金净值进行基金的申购、赎回(场外交易),也可以通过证交所以交易系统撮合成交价进行基金的买卖(场内交易)的特殊型开放式基金。LOF 是我国特有的一种证券投资基金。

4. 固定收益类基金和权益类基金的区别

固定收益类基金是指为投资者提供稳定收益,并有部分保本功能的一种保本型基金,其投资标的主要包括中长期债券、货币基金、国债、银行定期等固定收益类产品。因此,固定收益类基金具有低风险、低收益的特点。

权益类基金产品是指通过分散投资方式,寻求市场高额回报率的一种收益与风险均相对较高的基金,其投资标的主要以股票、证券投资和偏股型基金等中高等风险产品为主。常见的权益类基金有股票型基金和混合型基金。

因此,固收类基金和权益类基金从本质上来看,是属于两种截然不同的收益类产品,投资者在实际选择时根据自己的风险偏好来进行选择。

(二) 要点分析

1. 传统封闭式基金的优缺点

相比开放式基金,封闭式基金具有规模稳定、资产管理公司没有赎回压力等优势。因此,在封闭期内,投资经理可以较好地坚持自身投资理念,投资周期较长但有着高成长性的投资品种,有利于引导市场树立价值投资理念,减小市场的波动,也有利于证券市场的稳定和发展。封闭式基金的投资交易费用低廉,尤其是与股票的交易成本相比优势明显,因为其不需征收印花税、委托费和过户费,所以投资者在进行证券投资时,投资封闭式基金的交易成本明显比股票的交易成本要低,同时也低于开放式基金的申购和赎回费用,故比较适合投资者进行长期投资。

相比开放式基金,封闭式基金也存在明显的缺点。

(1)透明度和流动性较低。传统型封闭式基金的存续期基本上都长达 10~15 年,在封闭期内投资者不能直接赎回,而只能在二级市场上进行转让。同时,由于透明度较低,操作过程中可能存在利益输送现象和"老鼠仓"行为,容易损害投资者利益。

(2)基金运作缺乏有效的激励机制。由于传统型封闭式基金经理的薪酬主要是来自基金管理费,而基金管理费用是按照基金净值的一定比例提取的,对基金经理的激励效应有限,因此,封闭式基金往往成为基金经理的锻炼平台,面临着明星基金经理离职的不确定性。

(3)折价现象较为普遍。传统型封闭式基金由于存在上述不足,部分封闭式基金在二级市场交易价格往往相比基金净值存在明显的折价现象。

2. 创新封闭式产品的创新性

由于传统型封闭式基金存续期过长、流动性较差,同时存在限制条款较多、对投资者收益保障不足,且在操作过程中存在利益输送以及流动性不足等多方面问题,投资者对传统封闭式基金的投资热情不高,折价现象比较明显。折价幅度一度高达40%以上,给投资者造成了非常大的损失,这也在较大程度上解释了2002年以后我国没有再发行过传统封闭式基金的原因。

2007年,我国重新启动了封闭式基金的发行,而这次发行的封闭式基金与早年的传统封闭式基金存在着很大的不同,被称为"创新型封闭式基金"。

与传统封闭基金进行对比,这类产品的创新之处主要集中在以下几点:

(1) 大多引入了"救生艇条款",嵌入了开放式基金元素。"救生艇条款"是指在基金合约中规定,在封闭式基金的折价率达到一定程度并持续一段时间之后,资管公司就会召开大会,审议决定是否将封闭式基金转为开放式基金。这就使得封闭式基金中嵌入开放式基金因素,相当于给基金折价与投资者收益的不确定性设置了一个底线,在一定程度上保护了广大投资者利益。

(2) 大大缩短基金存续期。相较于传统封闭式基金,创新型封闭式基金基本都是存续期为5年以内的基金,而传统型封闭式基金的存续期基本上都是10~15年。存续期较短使得投资者对于收益的不确定性大大减小,在很大程度上阻止了大幅折价情况的发生。

(3) 注重对投资者收益的保障,扩大分红比例。部分方案还对强制分红进行了规定,以保障投资者的收益固定性,在很大程度上提高投资者的认购积极性。

(4) 引入新型结构化产品设计,增强收益多元性,满足不同投资者的个性化需求。收益的多元化有助于不同类型的投资者分别认购,有利于提高投资者的申购积极性。

(5) 投资标的与操作风格多元化。创新型封闭式基金比传统封闭式基金在投资风格和投资标的(传统封闭式基金一般都是规定投资于股票、债券)上形式更为多样化,引入了纯债型基金、指数型基金、股票成长型基金、股票价值型基金等多种投资标的和投资风格的产品供不同的投资者选择,这样也大大增加了新型封闭式基金的吸引力。

因此,创新型封闭式基金在对投资者收益以及权益保护、产品结构、流动性等方面都比传统封闭式基金有重大改进。

3. "D资管模式"的创新封闭式产品的特色和走红原因

综上,"D资管模式"的创新封闭式产品的特色与创新性主要体现在以下几个方面:

(1) 产品投资标的的创新。该产品是首只专注于定向增发的券商集合产品,投资对象主要为定向增发和大宗交易,在当时市场行情十分低迷的背景下,这类投资标的能给投资者以良好的心理预期,增强产品的吸引力。

(2) 封闭期限适度,市场认可度高。该产品引入封闭期,使得产品在封闭期间能够较为稳定地运行,也有利于投资经理坚持自身的投资策略与风格而免受干扰。同时,相比过去动辄5年的封闭期,其2.5年的封闭期,能给投资者带来较大的灵活性,市场接受度更高。

(3) 投资理念的创新。在当时市场上的封闭型产品主要为固定收益类的情形下,A资管计划敢于打破陈规,逆势布局,定位于权益类产品,其本身就是一种投资理念的创新。

"D资管模式"的成功走红市场与其产品存在上述创新点有较大关系,同时也存在以下几点优势:

(1) D资管集合理财产品的长期业绩优异,有着良好的市场口碑与投资者基础。

(2) 注重投资者利益的保护,性价比高。例如,A资管计划设计和发行初衷非常清晰,即做一只高性价比产品,秉承"以客户利益为先"的理念,产品在设计、运作上都是从投资者利益保护出发,如3年封闭期、低场内份额、自动封转开等产品设计都是着眼于服务投资者,保护投资者利益,让投资者切实获得回报,而不是仅仅只关注公司的自身利益。由此,A资管计划赢得了市场的良好反馈与追捧。

(三)启发思考题

(1) D资管创新封闭式产品为何属于集合类资管业务?

(2) D资管模式下的创新封闭式产品与一般的创新封闭式产品有何区别?其创新性主要体现在哪里?

(3) D资管模式下的创新封闭式产品能给资管行业带来什么启示?其可复制性如何?

参考文献

王黎.创新型封闭式基金相关条款价值研究[D].上海:上海交通大学,2009.

陈大伟.传统封闭式基金折价原因的实证分析以及创新型封闭式基金的改进[D].上海:复旦大学,2015.

郭树,宋明恩.我国封闭式基金发展中存在的问题及其解决对策[J].经济视角:中旬刊,2014(1):16-17.

郭瑞.论我国封闭式基金的出路选择[D].成都:西南财经大学,2012.

骑牛看熊.固收类基金和权益类基金到底有哪些区别[EB/OL].(2020-03-23)[2021-06-30].https://www.sohu.com/a/382467253_120089601.

案例4 ESG资管产品方兴未艾

【摘要】ESG[①]是一种长期投资理念,要求资产管理人在选择投资标的时,不仅仅关注其财务绩效,同时还关注其社会责任的履行。2019年以来,作为舶来品的"ESG投资"日渐成为一股新风尚,国内资产管理机构纷纷开始试水ESG投资。2020年7月,在H银行的委托下,XX资管发行了国内第一只ESG主题资管产品——"XX资管—H银行ESG集合资产管理计划",带头开展社会责任投资。然而,国内的ESG投资才刚刚兴起,制度不完善、机构不健全、投资者不认可等问题使其在中国举步维艰。未来ESG资管产品在投资方向、投资业绩以及能否真实投资于履行社会责任的企业等方面仍存在一定的不确定性。本案例主要通过对ESG的投资理念及相关资管产品的介绍,让读者对该类新型资管产品有一个较为全面的了解。

【关键词】ESG 责任投资 集合资产管理计划

---

① ESG是英文Environmental(环境)、Social(社会)和Governance(治理)的首字母缩写。

一、案例陈述

2019年以来,K公司等上市公司财务造假事件使得A股市场一度"雷声隆隆"。在此背景下,作为舶来品的"ESG投资"也日渐成为一股新风尚。

ESG是新兴起的一种长期投资理念,它是指在选择投资标的时,不仅仅关注其财务绩效,同时还关注其社会责任的履行。企业ESG表现良好,才能稳健、持续地创造长期价值。ESG的投资组合通常具有相对较低的风险及相对稳定的长期化资产配置取向。并且,在投资策略中纳入ESG因子,投资机构可以在投资组合中避免或者剔除存在高风险、闪崩风险或"黑天鹅"风险的公司,获得更好的风险调整后的回报率。例如,在K公司造假案中,如果投资机构发现了摩根士丹利资本国际公司(Morgan Stanley Capital International,MSCI)下调K公司评级,就能更好地识别风险,避免造成更大的损失。

目前,越来越多的投资者和资产管理公司已将ESG引入公司研究和投资决策的框架。自2006年起,联合国责任投资原则组织(UN-PRI)规模持续增长。截至2019年6月,UN-PRI已经有2 532家签约机构,覆盖的资产规模总和已超过80万亿美元(见图4-2-9)。同时,责任投资资产配置也更加多元化。除传统金融资产外,责任投资也逐渐开始进行另类资产投资,包括对冲基金、现金或存款工具、大宗商品和基础设施等。多元资产配置拓宽了责任投资领域,同时也为责任投资理念在更广范围内的传播应用提供了空间。

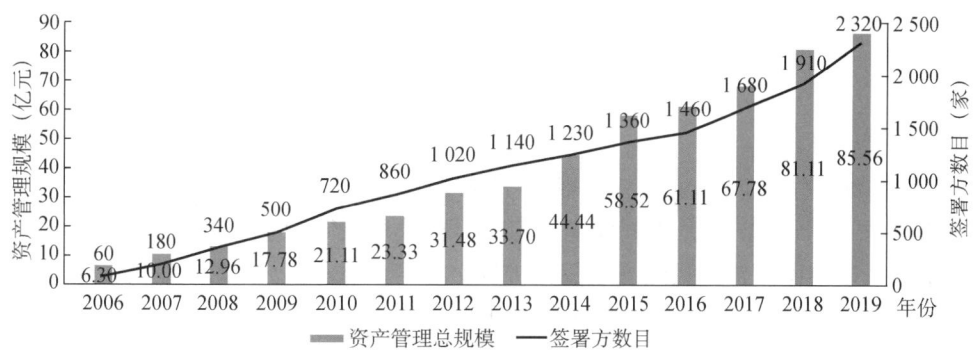

图4-2-9 UN-PRI资产管理规模

数据来源:Wind资讯。

1. 国外ESG高速发展,国内ESG理念兴起

1)海外ESG高速发展,海外资管公司在投资中融入ESG理念

20世纪70年代,国外就已开始兴起ESG的投资理念。在投资者层面,海外投资者关注投资标的在社会贡献、环保、公司治理方面的举措,直接推动金融机构开发ESG产品,这可谓市场化的、需求推动的自发性行为。在机制层面,可持续发展会计准则委员会等机构针对不同行业制定了一系列可持续会计准则等,为促进ESG发展提供了有益助力。在监管层面,海外信息披露制度非常完善。全球有60多个国家和地区已出台了ESG信息披露的要求。ESG投资着重长期价值,符合养老金的投资理念,被加拿大养老金投资公司、日本政府

退休金投资公司等许多发达国家的养老金投资机构所采纳。

海外的资管机构已经将 ESG 融入了投资之中。以国际著名资管公司 G 为例,G 资管一直致力于社会责任投资,已经建立了一套 ESG 评分体系,对不同行业的 ESG 参与情况进行评分,如图 4-2-10 所示。

目前,G 资管有两只 ESG 开放式基金:ESG Emerging Markets Equity Fund 和 International Equity ESG Fund,分别投资于新兴市场和美国境外公司。两只基金先剔除公司治理能力较弱,或是涉及酒精、烟草、武器、赌博等不符合 ESG 观念的公司,然后在传统基本面研究的基础上,对不同行业公司的 ESG 因子进行自下而上的研究。此外,投资团队还会与公司管理层积极沟通,以更好地传达投资理念,促进公司长期发展。G 资管 ESG 评级体系如图 4-2-10 所示。

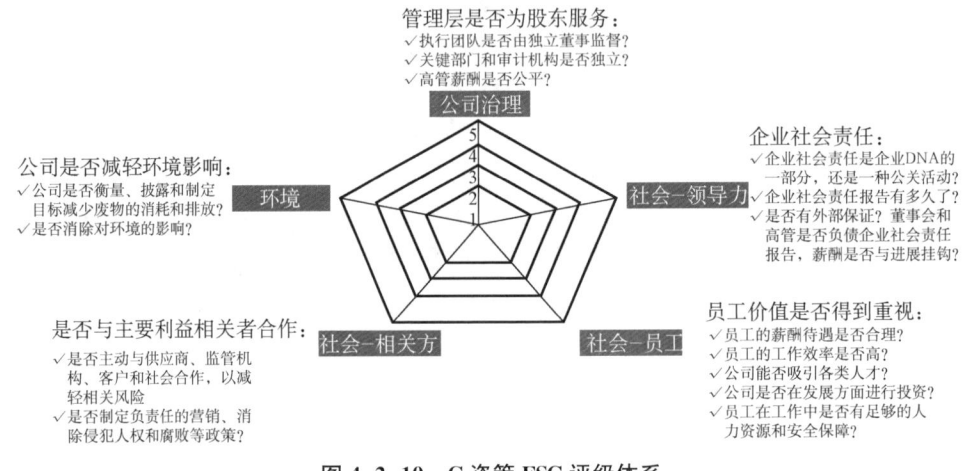

图 4-2-10　G 资管 ESG 评级体系

资料来源:G 资管公司官网。

2) 国内政策高度重视,自上而下推行 ESG 投资理念

在我国,虽然 ESG 的系统发展较晚,但其"可持续发展""绿色"等核心思想与我国长期以来的发展战略不谋而合。我国国家相关机构出台了一系列文件,不断强化企业生产经营过程中的环保意识,加强 ESG 信息披露数量和质量,如表 4-2-7 所示。

表 4-2-7　　　　　　　　　　国内 ESG 相关法律法规

年份	文件名称	发布部门	主要内容
2014	环境保护法(2014 修订)	全国人大常委会	以法律形式对公司披露污染数据、政府环境监管机构公开信息提出明确规定
2015	生态文明体制改革总体方案	国务院	明确提出"要建立我国的绿色金融体系"
2016	关于构建绿色金融体系的指导意见	中国人民银行等	首个政府主导的较为全面的绿色金融政策框架,对绿色金融的发展给出了顶层设计
2017	绿色债券评估认证行为指引(暂行)	中国人民银行、中国证监会	从机构资质、业务承接、业务实施流,报告出具,以及监督管理等方面作出了具体的规范和要求

(续表)

年份	文件名称	发布部门	主要内容
2018	上市公司治理准则(2018修订)	中国证监会	增加了环境保护与社会责任的内容,明确了上市公司对于利益相关者、员工、社会环境等方面的责任,突出上市公司在环境保护、社会责任方面的引导作用,确立了ESG信息披露基本框架
2018	中国上市公司ESG评价体系研究报告、绿色投资指引(试行)	中国证券投资基金业协会	提出衡量上市公司ESG绩效的核心指标体系
2019	对外投资合作国别(地区)指南	商务部	提出要将绿色发展理念贯穿于"一带一路"建设中

资料来源:东证资管整理。

2017年以来,中国证券投资基金业协会发起并开展了ESG专项研究,积极推广、倡导ESG理念。目前,国内签署加入UN-PRI的金融机构不断增多。与此同时,国内投资者日趋理性,越来越多投资者主张在选择投资标的时,不仅关注业绩表现,还要考量社会责任的履行及表现。随着2018年6月中国A股被正式纳入MSCI新兴市场指数和MSCI全球指数,ESG的重要性日益凸显。为此,MSCI公司需对所有纳入的中国上市公司进行ESG研究和评级,不符合标准的公司将会被剔除。此举无疑推动了国内各大机构与上市公司对ESG的研究探索,相关政策与监管文件亦陆续推出(见表4-2-7)。

2. 资管新规下,ESG类资管产品应运而生

1) 资产管理与ESG结缘

国内ESG投资发展较晚,主要产品以公募基金为主。前已述及,ESG投资不仅仅关心投资收益,也关心社会发展。ESG的这一特性,使其能够更好地识别风险、管理风险,从而兼顾风险控制和价值发现。也正是因为ESG能够更全面地反映企业经营业绩和经营风险,转型期的资管行业高度重视ESG这一新兴投资理念。

2018年,资管新规及其配套细则出台,要求资管产品打破刚性兑付、加速净值化转型。这就意味着,底层资产的波动会对产品净值产生直接影响。因此,如何控制产品风险,特别是底层投资标的的风险,对于资管公司来说就显得尤为重要。这与ESG的投资理念不谋而合。将ESG融合进资管产品中,一方面可以精选更加优质的标的,有效控制产品风险;另一方面也能够获得优质标的的资产增值,以提升投资绩效,更好地满足投资者需求。并且,积极开发ESG投资产品,可以帮助资管公司差异化发展,实现经济效益、社会效益和环境效益的有机统一。

2) ESG资管产品的基本特征——以某资管公司为例

2019年,国内某资产管理公司发行了第一只ESG资管产品,这只产品面向不特定社会公众公开发行。也就是说,普通投资者也可以参与到ESG投资中。

(1) 产品业绩基准。该资管产品是一只固定收益类资管产品,业绩比较基准为4.15%(年化收益率)。事实上,ESG资管产品的收益率高于传统的非ESG资管产品。因为ESG资管产品主要投资于符合ESG评价标准的企业及相关资产,结合更多维度的信息,从财务及非财务信息入手进行处理分析,可发现企业的潜在风险并且进行有效的规避,从而极大提高产品收益率。这与国外的发展趋势也是一致的。从海外市场长期的业绩数据和经验来看,考虑了社会责任的公司通常也会获得更高的收益。

(2)产品运作模式。该资管产品是一只一年定开的产品,即成立后每年开放一次,投资者只可以在产品开放日的开放时间内进行申购和赎回,在封闭期内则不能进行申购和赎回操作。这种一年定开的模式,结合了开放式产品和封闭式产品的优点。在封闭期内,这种模式可以有效避免大额赎回带来的压力,也无需担心大额申购摊薄收益,从而降低投资者频繁申购、赎回带来的冲击,保证产品规模相对稳定,同时有利于提高资管产品投资的稳定性,提高资管产品的收益。这对于设置了较高业绩比较基准的ESG产品来说更加重要。另外,相对于更长封闭期限的产品,一年定开的产品流动性相对更高,可以更好地满足客户对于资金流动性的需求。

(3)产品费率。在产品费率方面,ESG产品收取的固定管理费、托管费和销售手续费都相对较低。该产品固定管理费率为0.20%/年,托管费为0.05%/年,销售手续费为0.3%/年。除此之外,该产品还会收取超额管理费。具体而言,扣除各项费用后,当产品的当前封闭期内年化收益率低于或等于业绩基准时不收取超额管理费;当其年化收益率超过业绩基准的部分,50%归投资人所有,其余50%作为管理人的超额管理费。相比其他产品平均80%的超额管理费,该ESG产品50%的超额管理费明显较低,这有助于投资者分享优质企业带来的投资回报,加深投资者对于ESG理念的接受程度。

3. 银券合作类ESG资管产品:以H银行——XX资管合作产品为例

近年来,随着利率市场化进程推进,银行重要的盈利来源息差不断收窄,加之地方城商行、农商行的加速设立,业务竞争激烈叠加,盈利水平下降,各类银行为维持较高利润水平,均积极谋求在投资、资管等非信贷业务领域的突破与扩张。然而在低利率环境下,手握巨额理财及自营资金的银行寻求风险收益比高的资产难度明显加大,快速增长的高成本负债却找不到合适的资产来消化。在此背景下,积极寻求委托模式,将银行的自营及理财资金交由第三方非银资管机构代为投资成为银行的重要选择。

中国银保监会于2018年9月26日发布《商业银行理财业务监督管理办法》,允许商业银行公募理财资金借道公募基金投资权益资产。这使得商业银行理财委外业务的投资对象从货币型、债券型基金拓展至股票型、混合型基金。2018年12月2日,中国银保监会发布的《商业银行理财子公司管理办法》,允许理财子公司公募理财产品直接投资股票资产。自此,在仅嵌套一层的情况下,可以直接对接投资范围包含股票的券商资管与基金专户。因此,银行可以凭借在大类资产配置上的优势与丰富经验,通过与业绩优秀的证券公司进行合作,投资于其设立的资管产品,从而为理财投资者获得稳健的、超越理财产品业绩基准的收益。

1)银行委外业务管理人的选择

目前,委外市场的管理人以证券公司、基金公司、保险公司和私募基金管理人为主。相比其他类型的管理人,证券公司作为理财产品的合作机构来管理委外资金具有以下优势:首先,证券公司可以发挥自身研究、自营和经纪等业务方面的综合优势,通过专业的主动管理能力增强理财产品的投资收益;其次,在与优秀的证券公司的紧密合作与交流中,商业银行可以提升其对权益等产品的投资能力,逐步强化投研能力;再次,委托专业机构进行ESG投资,能够满足客户对于责任投资的独特需求,也能更好地为客户提供更有竞争力的差异化服务,满足客户个性化投资需求;最后,相较公募基金,券商资产管理产品设立周期较短、发行速度较快,可以及时开展投资活动。

H银行的ESG理财产品已于2019年起陆续发行。为了更高效地利用资金,更好地实现资产增值,在实际操作中,H银行也选择券商资管子公司"XX资管"作为管理人,通过投资其管理的集合资产管理计划来实现投资目标。XX资管是国内投资规模最大、主动管理能力最强的券商资管之一,同时,XX资管的母公司XX证券的研究部门也致力于ESG研究。ESG研究团队于2019年陆续发表了多篇关于ESG投资的研究报告,为XX资管的投资提供了资源和技术支持。

2) ESG银券合作资管产品运作模式

在产品运作上,H银行向个人投资者公开发行ESG主题理财产品募集资金,理财产品以开放式净值型运作。个人投资者1万元起认购,以1 000元的整数倍递增,产品发行规模下限为1 000万元。与此同时,XX资管开始筹备设立集合资产管理计划,供上述银行理财产品作为投资者参与。XX资管按照法律规定及其与H银行的约定,将募集到的集合资金委托给A银行托管。

H银行—XX资管ESG集合资产管理计划于2020年7月24日宣告成立,并于2020年7月27日完成备案。此后,XX资管受H银行委托,根据约定的投资范围、投资限制、投资比例进行主动管理,以获得稳健的投资收益。在集合资管计划到期后,XX资管再根据合同约定扣除产品相关费用后,将本金和收益返还给委托人(即H银行的理财产品),如图4-2-11所示。

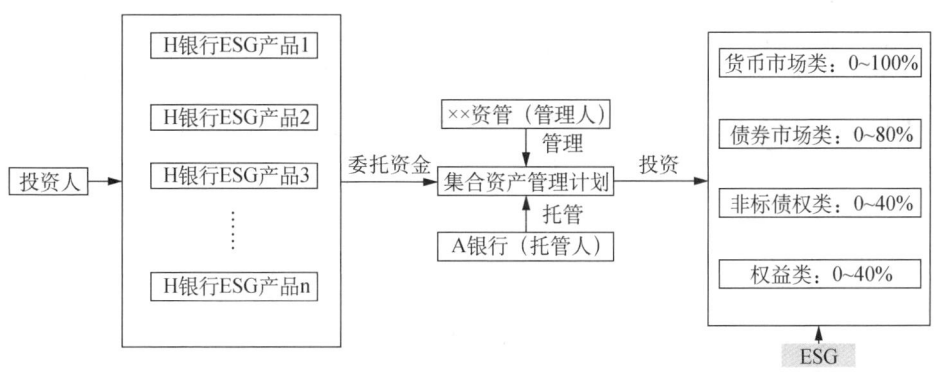

图 4-2-11　H银行—XX资管ESG集合资产管理计划产品运作模式

3) ESG资管产品的投资

为了践行社会责任投资,该集合资产管理计划贯彻可持续发展投资理念,重点投资于节能环保、清洁生产、清洁能源、生态环境、基础设施绿色升级以及绿色服务等环保产业,以及民生、乡村振兴、普惠金融、高质量发展等领域的相关产业。

在数据收集方面,该集合资产管理计划利用ESG评级报告、公司主动披露以及数据发布平台等渠道,结合现场调查等方式,获取和收集标的企业或项目的ESG数据。在项目审批方面,该集合资产管理计划将ESG因子纳入非标、债券、股票和股权投资的项目筛选、风险评估、定价、投后管理过程。在资产配置方面,该集合资产管理计划将 ESG 评估纳入大类资产配置框架,自上而下地在区域和行业维度方面研究气候风险和社会风险等 ESG 因子对资产配置的影响,并在此基础上结合行业头部公司的 ESG 表现,优化建仓、调仓和集中度等配置策略。在风险控制方面,该集合资产管理计划主要在负面清单和风险预警两方面应用了 ESG 分析,将 ESG 评价不佳的企业列入业务负面剔除清单;发现持有的资产涉及 ESG 表现恶化问题时,及时采取风险缓释措施或提前退出。

为拓展 ESG 策略投资领域、布局股票投资类产品,H 银行资管部及 XX 资管还启动了 ESG 股票指数编制及 ESG 策略股票型理财产品的研发工作,后续还将持续推出可持续发展、绿色金融等 ESG 相关主题的理财产品和券商资管计划,力争打造全球一流的 ESG 产品体系。

4. 国内 ESG 资管产品的困境与未来

经过近百年的发展,海外已经形成一套完整的 ESG 投资体系,监管层、投资机构、上市公司、投资者都对社会责任投资产生了认同,并积极践行。然而,国内 ESG 投资才刚刚起步,还面临着诸多问题。

第一,ESG 主题的券商资产管理产品投资业绩并不透明,具体投资策略和 ESG 评价方法并不对外公开,同时缺乏客观统一的行业标准,导致对产品实际投资情况是否符合 ESG 投资理念进行检视和约束十分困难。虽然国内资管机构已经开始尝试进行社会责任投资,但是 ESG 资管产品于 2020 年才刚刚出现,受限于产品私募发行的性质,其真实投资政策并未向社会公开,投资业绩难以查询,ESG 主题的相关资管产品推广受限。

2011 年,国内某家公募基金管理人曾发行过一只绿色投资公募基金,该基金与 ESG 投资理念非常类似。该基金在招募书中表示,重点关注清洁能源和绿色环保等绿色科技产业,也关注其他产业中基金履行社会责任的公司。该基金也取得了较好的业绩表现。但是,这只绿色投资主题的公募基金投资却并不"绿色"。从行业分布看,这只基金成立初期主要投资于制造业,涉及较多的环保类公司。但是近年来,环保股并没有获得市场的认可。该基金金融、地产、零售行业占比逐渐增加。并且,从基金的重仓股上看,这只绿色投资基金重仓了中国平安、保利地产、格力电器、永辉超市等金融地产和消费股。这些股票是近年市场的热点,并没有明显的"绿色"主题特点。

类似地,在 ESG 主题的公募基金中,以"社会责任投资"为名,却没有真正投资相关产业的例子不在少数。因此,资管产品作为私募产品,信息更加不透明,是否会出现类似的现象值得怀疑。

第二,相关法规仍不健全,底层数据缺失,ESG 投资困难。虽然政府和监管机构已经认识到了社会责任投资的重要性,并逐渐建立和完善相关法律法规,但目前实现真正的 ESG 投资仍困难重重。国内信息披露不完善,实操性规则缺失。国内法律并没有强制要求企业披露履行社会责任的工作情况。因此,大部分企业没有动力主动披露非财务信息。并且,由于缺乏统一的指标和框架,企业披露的 ESG 信息不太统一,导致难以在统一的框架内对不同企业进行分析,信息使用效率低下。底层数据缺失,使得 ESG 定性和定量研究都非常困难。因此,资管机构很难识别真正履行社会责任的公司,难以保证资金都投资于 ESG 方向。

第三,个人投资者对责任投资的意识不足。投资者在选择投资标的时,往往只关注业绩表现,没有考虑社会责任的履行及表现。并且,面临巨大的市场竞争和投资者的"用脚投票",在业绩指标的压力下,资管产品为了赢得客户的信任,也有投资于市场热点的动机,最终偏离ESG投资。

第四,资管机构ESG投资的专业性不足。ESG在国内仍是一个非常新的概念,大部分资管机构还处于了解和学习阶段。加之"社会责任"本身是一个抽象、难以量化的概念,运用不专业的投资策略甚至可能加剧投资风险。因此,为了防止出现这类风险,资管机构在ESG投资时可能会更加谨慎。特别是在该领域发展之初,资管机构可能将ESG方向投资的仓位控制在较低的水平,以防在策略或模型出现问题时面临较大的回撤。

不过,海外长期经验已经表明,ESG能够稳定获得超额收益,是一种有效的投资策略。对于国内市场而言,只有克服短期困难,才能获得长期的发展前景。港交所在2019年对ESG信息披露的法律法规《环境、社会及管治报告指引》作出修订,对企业社会责任的信息披露提出了更高的要求。这一指引为内地ESG相关法律的制定提供了参考。中国内地的相关监管政策需要向高标准看齐,但同时需要注重ESG理念的宣传,并制定激励机制,充分调动企业披露社会责任等非财务信息的积极性,一方面不断完善ESG投资的底层数据基础,另一方面帮助企业更加稳健地创造长期价值,展现责任与担当。

二、案例解析

(一) 涉及知识点

1. 券商集合资产管理产品与银行理财产品的区别

券商集合资产管理产品一般是由证券公司发行的、期限固定的一种契约类理财工具。它是通过集合客户资产,经中国证监会批准和监管的,由证券公司担任发起人和管理人、由银行担任托管人的一种理财产品。该类理财产品是证券公司针对高端客户开发的、具有私募性质的理财服务创新产品。资管新规明确合规投资者条件的同时,还规定合格投资者投资于单只固定收益类产品的金额不低于30万元人民币,投资于单只混合类产品的金额不低于40万元人民币,投资于单只权益类产品、单只商品及金融衍生品类产品的金额不低于100万元人民币。

银行理财产品是商业银行按照约定条件和实际投资收益情况向投资者支付收益、不保证本金支付和收益水平的非保本理财产品,一般分为公募理财产品和私募理财产品。商业银行发行公募理财产品的,单一投资者销售起点金额不得低于1万元人民币;发行私募理财产品的,合格投资者投资于单只固定收益类理财产品的金额不得低于30万元人民币,投资于单只混合类理财产品的金额不得低于40万元人民币,投资于单只权益类理财产品、单只商品及金融衍生品类理财产品的金额不得低于100万元人民币。

2. 银行委外业务的基本概念

银行委外业务,是指银行将理财资金或自有资金委托给银行体系之外的基金、证券、保险和私募等机构,双方约定收益率,后者对日常投资承担主动管理或投资顾问职责的业务模式。委托方,即资金提供方,可以是商业银行、保险公司、财务公司等金融机构,也可以是企业类法人；管理人，即资金实际投资运作方，一般是证券公司、保险公司、基金公司及阳光私募等。委托人按照协议约定获得投资管理的收益，管理人则一般以"固定管理费率加超额业绩分成"的方式收取管理费。

委外业务是委托人及管理人协商式的高度定制化的业务，其投资范围及投资期限非常灵活，可以按照资金委托方的要求来定制。其中，投资范围由委托人确定，一般商业银行自营类委托资金投资范围主要以货币市场类及纯债类资产为主，理财类委托资金的投资范围一般还会包括债券基金、国债期货、利率互换等衍生品，部分针对高端客户发行的银行理财类委托资金的投资范围还可以扩展至包含混合类基金、股指期货甚至个股等在内的权益资产。就投资期限而言，委外市场以 1 年期限的委托资金为主，一般到期会有续期条款；期限还可根据委托人的需求定制，如 3 个月、6 个月及各种非标准期限。业绩比较基准根据产品投资范围会有所不同，一般会高于银行发行同期限理财产品的平均收益率。收费模式一般为固定管理费率加上超额业绩提成。

3. MSCI 全球指数、MSCI 新兴市场指数和 MSCI 中国指数

MSCI 全球指数又称大摩指数，是摩根士丹利资本国际公司编制的证券指数，指数类型包括产业、国家、地区等，范围涵盖全球，是欧美基金经理人对全球股票市场投资的重要参考指数。

MSCI 指数体系非常庞大。其中，旗舰指数体系是 MSCI 全球指数，分为两部分：MSCI 发达市场指数和 MSCI 新兴市场指数。MSCI 新兴市场指数是一种市值自由浮动调整后的指数，用以衡量全球新兴市场的股票业绩表现。目前，该指数涵盖 25 个新兴市场国家和地区。2018 年 6 月，中国 A 股正式纳入 MSCI 新兴市场指数和全球基准指数。

MSCI 中国指数（MSCI China Index）是由摩根士丹利国际资本公司编制的跟踪中国概念股票表现的指数。MSCI 中国指数系列主要是用来反映中国内地、香港地区以及台湾地区股票市场的股票价格变动。MSCI 发布的中国系列指数主要包括 MSCI 中华指数和 MSCI 金龙指数。MSCI 中华指数包括 MSCI 中国香港指数和 MSCI 中国外资自由投资指数；而 MSCI 金龙指数包括 MSCI 中国香港指数、MSCI 中国外资自由投资指数以及 MSCI 中国台湾指数。其中，MSCI 中国外资自由投资指数用来反映可供外国投资者投资的中国股票的表现。目前，该指数成分股的选择范围包括红筹股、H 股、沪深 B 股以及在纽约上市的 N 股。MSCI 中国外资自由投资指数成分股数目为 30 只，包括 14 只红筹股、14 只 H 股、2 只 B 股。

（二）要点分析

1. ESG 理念及其发展状况

ESG 是一种关注企业环境、社会、治理绩效的投资理念和企业评价标准。ESG 理念最早于 2006 年由联合国确立的"社会责任投资"引出。相较于传统的财务评价指标，ESG 指标主要从环境、社会、公司治理三个角度来评估一家企业经营的可持续性及其对社会价值观的影响。

关于 ESG 的基本内涵，这里以投资领域具有一定代表性和市场影响力的高盛公司的界定为例。高盛公司提出，ESG 包括环境标准、社会标准和治理标准。环境标准包括投入

(Input)和产出(Output)两方面,前者指能源、水等资源的投入,后者指气候变化、排放物、废料等。社会标准包括领导力、员工、客户和社区四个方面。其中,领导力包括可问责性、信息披露、发展绩效等;员工方面包括多样性、培训、劳工关系等;客户方面包括产品安全性、负责任营销等;社区方面包括人权、社会投资、透明度等。治理标准则包括透明度、独立性、薪酬和股东权利等方面。

20世纪70年代,国外就开始兴起ESG投资理念。目前,这一投资理念在国外的发展已经非常成熟。一方面,可持续发展会计准则委员会等机构针对不同行业制定了一系列可持续会计准则等,积极促进ESG的发展。另一方面,全球有60多个国家和地区已出台了ESG信息披露的要求,在监管与信息披露方面的制度也非常完善。此外,海外资管公司已经将社会责任融入日常投资行为之中,如高盛资管已经建立了一套ESG评分体系,对不同行业的ESG参与情况进行评分。

相较于国际市场,ESG策略在我国资本市场应用较晚,相关实践尚处初级阶段,ESG资产管理规模整体上较小。2017年以来,中国证券投资基金业协会发起并开展了ESG专项研究,积极推广和倡导ESG理念。2018年11月,中国证券投资基金业协会发布《中国上市公司ESG评价体系研究报告》和《绿色投资指引(试行)》,这标志着我国ESG投资开启了实践新进程。近年来,相关监管部门、行业协会也相继发布了一系列践行ESG理念的指引性文件。2019年,华夏银行开始全方位推进ESG理念,明确了ESG评价标准,将13项ESG因子整合到投资、信贷融资等项目的评审过程中,其中包括环境因子3项、社会责任因子7项、公司治理因子3项。

2. ESG资管产品与传统类资管产品的区别

根据案例介绍,本案例涉及的ESG资管产品是一只公募型固定收益类资管产品,其与传统类资管产品的区别主要体现在:

(1) 投资对象不同。该产品主要投资于符合ESG评价标准的企业及相关资产。

(2) 产品业绩相对较高和稳定。由于该产品的投资标的为ESG标准的优质类企业及产品,因此其收益率高于传统类资管产品。同时,由于其结合财务及非财务信息等多维度信息进行处理分析,比较容易发现企业的潜在风险并有效规避,故该产品的收益率相对较高而稳定。

(3) 运作模式较为独特。本案例涉及的ESG资管产品是一只一年定开的产品,即成立后每年开放一次。这种模式结合了开放式产品和封闭式产品的优点,可以通过封闭期有效避免大额赎回带来的压力,保证产品规模和投资的稳定性,提高资管产品的收益。同时,其流动性也相对更高,能更好地满足客户对于资金的流动性需求。

(4) 产品费率相对较低。本案例涉及的ESG资管产品是收取的固定管理费、托管费、销售手续费三项费用合计为0.55%/年,同时对年化收益率超过业绩基准的部分收取50%的超额管理费,大幅低于传统银行资管产品平均80%的超额管理费。这明显是让惠于投资者,有助于提高投资者回报率及投资者对ESG理念的接受度。

3. ESG资管产品运作模式的基本特点及优势

本案例涉及的ESG资管产品是H银行于2019年发行的一种ESG理念资管产品;H银行——XX资管ESG集合资产管理计划是H银行与XX资管公司联合打造的一款ESG集

合资管类产品,目的是帮助 H 银行所发行的 ESG 资管来实现其投资目标的。

H 银行——XX 资管 ESG 集合资产管理计划实际上是一种商业银行与券商资管公司合作的一层嵌套式集合资管产品。该类资管产品的特点是由商业银行选择券商资管子公司作为管理人,通过投资其管理的集合资产管理计划来实现投资目标。资管公司受银行委托,根据约定的投资范围、投资限制、投资比例进行主动管理,以获得稳健的投资收益,在集合资管计划到期后,资管公司再根据合同约定扣除产品相关费用后,将本金和收益返还给委托人。

该集合资产管理计划实际上也是银行的一种委外业务,其嵌套优势主要在于:一是可以突破限制,直接对接投资范围包含股票的券商资管与基金专户;二是通过将资产委托给投资经验丰富的券商资管等第三方非银资管机构进行投资管理,可以解决中小银行投资策略相对单一、专业投资团队力量不足等现实问题。特别是比较新颖复杂的 ESG 概念投资对管理人投资团队的专业素质和投资逻辑要求较高,这会使得银行的投资难度和投资成本都非常高。银行与券商资管公司在资管产品发行上进行深度合作,有利于发挥双方的各自优势,是一种优势互补与双赢的方式。

(三) 启发思考题

(1) 何为"ESG 理念"？ESG 理念将对我国的资管市场产生什么影响？

(2) ESG 资管产品的投资有什么特点？

(3) ESG 资管产品的发展前景如何？目前存在哪些主要问题？

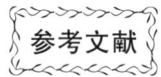

参考文献

路贺.银行理财资金委外投资的问题与监管[J].金融法苑,2018(02):89-100.

宋志平.加强公司治理 提高上市公司质量[J].清华金融评论,2019(09):18-20.

第三部分 PART 3

专项资产管理业务案例与解析

案例1 消费金融与资产证券化

【摘要】 由于消费金融业务具有普惠性且影响广泛,消费金融一直是资产证券化业务的重要组成部分,也是资产证券化业务中与个人联系最为紧密的业务板块。以消费金融类资产为基础资产的ABS交易结构较为单一,基础资产分散程度较高,创新和变化主要集中在基础资产层面。本案例主要结合A系专项资管、B系ABS、C系ABS以及公寓租金类ABS等消费金融领域类ABS相关经典业务,分析消费贷款资产证券化业务中的模式创新。

【关键词】 专项资产管理计划 消费金融 资产证券化ABS

一、案例陈述

1. A系资产证券化之路

1) A系费金融贷款ABS产品

2013年,由D资管公司设立的A10号专项资产管理计划在深交所挂牌。当时ABS业务刚起步,《证券公司及基金管理公司子公司资产证券化业务管理规定》尚未颁布,ABS业务处于需要报送中国证监会审批核准阶段。该专项计划基础资产是A小贷公司对小微企业和个人的贷款债权。A公司将该产品归纳为"金额小、期限短、随借随还"。A公司本身资金较为充裕,并通过ABS迅速回笼资金再放贷,实现了业务规模的快速扩张。D资管的创新也开启了券商参与非银行信贷资产证券化的新纪元。D资管A10号专项资产管理计划系列的基本要素如表4-3-1所示。

表 4-3-1　　　　　　　　A10 号专项资产管理计划的基本要素

原始权益人	A 小贷公司
基础资产	A 公司及旗下 2 家电子商务平台向借款人发放信用贷款和订单贷款等贷款的债权资产
募集资金规模	不超过 50 亿元人民币,每期不超过 5 亿元人民币
分级方案	优先级∶次优先级∶次级＝75∶15∶10
债项评级	优先级 AAA 级,次优级 A＋,次级不评级
次级购买方	A 小贷公司自持
期限	15 个月
偿还方式	最后 3 个月分三次过手偿付
管理人/发行人	D 资产管理有限公司

2）A 系消费贷款 ABS 产品的演化

A 系个人消费贷产品 ABS 产品从 2013 年开始经历了多轮演化,该类产品特点是小而分散、历史偿付数据有较大参考意义、科技赋能优势明显。从发展特点上来看,该产品的演化大致可分为 3 个主要阶段。

(1) 起始阶段:原始权益人主要是重庆市 A 小额贷款有限公司和浙江 A 小额贷款股份有限公司,主要涉及的基础资产包括信用贷(A 平台的卖家向小贷申请的贷款,约 1 年账期)、订单贷(以 X 平台收到但未确认付款的货款作抵押的贷款,约 32 天账期)等。

(2) 发展成熟阶段:原始权益人主要包括重庆市"X1"小微小额贷款有限公司、重庆市"X2"小额贷款有限公司。其基础资产主要包括 E 系列及 F 系列。其中,E 系列场景更明确,利率较 F 系列更低。据统计,2018 年 E 系列发行 50 单,规模合计 1 129 亿元,加权平均利率约 4.92%;F 系列发行 17 单,规模合计 555 亿元,加权平均利率约 5.25%。

(3) 全出表阶段(最新发展趋势):原始权益人一般由保理公司、租赁公司担任。基础资产通过第三方金融机构在 A 系表外生成资产,A 系成员作为资产服务机构仅提供技术支持。该模式得以运行的原因在于经过多年的历史数据验证和投资者教育,基础资产质量得到了各参与机构和投资者的认可。

除 A 系外的其他主要互联网机构也在积极探索消费金融资产证券化,包括有场景的消费贷款类产品和无场景的消费贷款类产品等。

2016 年 1 月,TB 公司发行了以 B 为基础资产的资产证券化产品,产品首期融资规模为 20 亿元,优先 01 级的票面利率低至年化收益率 3.92%。该票面利率比 2015 年银行 1 年定期存款年利率 3.25% 仅高 0.67%,比 2015 年 5 月份发行的 1 年期国债票面年利率 3.70% 仅高 0.22%。

TB 公司的消费贷款 ABS 票面利率较低的主要原因包括:①参与此次认购的投资者类型较之前更加丰富,有保险资管参与认购,产品整体获得较高倍数超额认购;②TB 公司的不良率低于行业平均水平,资产质量更加优质;③在市场资产配置荒,机构投资的风险偏好下降的宏观背景下,TB 公司的资产质量是投资者选择低价认购的核心原因,并且 TB 公司具有强大完善的数据收集能力,征信及风控模型信息来源较为广泛且多元,可以做到有别于传统信贷机构的高速准确的审核。TB 公司曾多次表示其核心竞争能力是科技防控能力。

2. ZX 证券 C 公司第 N 期 CP 资产支持专项计划

2018 年 3 月 19 日,ZX 证券 C 公司第 N 期 CP 资产支持专项计划在上交所获批。这是继小米、蚂蚁金服之后第 3 家获批发行供应链金融 ABS 的新经济平台型企业。C 公司是我国知名互联网企业,致力于"让出行更美好",提供的主要价值在于信息整合优化分发。C 公司第 N 期 CP 资产支持专项计划是一种创新型 ABS,其主要创新点在于基础资产为 CP 公司(与 C 公司平台合作的汽车租赁公司,即 Car Partner,简称"CP")依照汽车租赁合同对承租人享有的租赁债权。该产品的实际原始权益人为 CP 公司,代理原始权益人为 C 公司旗下的某科技有限公司。产品的相关基本要素如表 4-3-2 所示。

表 4-3-2　　　　　　　C 公司第 N 期 CP 资产支持专项计划的基本要素

发行规模	储架额度 100 亿元,单期发行规模不少于 3 亿元
代理原始权益人	C 公司旗下的某科技有限公司
实际原始权益人	与 C 公司平台合作的汽车租赁公司,即 Car Partner,简称"CP"
资产服务机构	C 公司旗下的某科技有限公司
资产服务支持机构/租金补足义务人	上述汽车租赁公司
债务人	从 CP 承租车辆并运营网约车的驾驶员(即承租人)
基础资产	CP 依照汽车租赁合同对承租人享有的租赁债权
产品期限	循环期分为 1 个月/6 个月/12 个月三种类型(每期产品发行前确定具体期限),摊还期 12 个月
循环购买安排	循环期内按月进行循环购买
兑付方式	循环期按季付息(若循环期为 1 个月,则该月付息一次),摊还期 12 个月
分层和评级	优先 A(AAA)/优先 B(AA)/中间级(BBB−)/次级 中间级和次级合计不低于 12%,中间级由迪润科技认购,次级由 CP 认购
增信方式	(1) 入池资产按照发行规模 115% 的比例进行超额覆盖 (2) 募集资金中预留 5% 作为保证金留存于专项计划账户 (3) 资产服务机构每月从驾驶员的收入流水中优先扣收当月租金,从而在基础资产回款层面进行优先保障 (4) CP 每月对逾期资产进行差额补足

该产品的主要业务逻辑为:C 公司的战略是连接车主与乘客,提供出行服务。C 公司强项在于信息流的整合、优化和分发。C 公司本身是轻资产运营,并不拥有汽车等重资产。C 公司的介入降低了汽车租赁公司 CP 的融资成本,拓展了 CP 的融资渠道。同时,CP 获得金融支持后可扩大汽车租赁业务规模为 C 公司创造更多网约车司机资源,该部分司机将在一定年限内被 C 公司锁定,难以跳槽去别的网约车平台,资产证券化产品的发行将赋予 C 公司独特的市场竞争力。网约车司机的增加可以推动 C 公司业务规模发展,进一步提高 C 公司的公信力。产业链各方可相互促进最终达到螺旋上升的效果。C 公司自身风险敞口仅为购买夹层证券的资金,该项目整体设计体现了如下特点:产品依托产业链中核心企业"C 公司"对产业链合作机构赋能;解决了在传统模式下 CP 资质较难获得公开市场认可的问题;通过

C公司强大的业务系统和市场号召力解决了底层资产回款信息的及时性与可靠性较差、基础资产小而散、回款资金监管难等几项传统融资方式面临的痛点。

C公司第N期CP资产支持专项计划还原了汽车使用真实场景，框定了特定现金流，使汽车从消费品变成生产工具，与市场上其他汽车租赁ABS产品在底层资产的产生和运营等方面有重大差异。该项目同时给业绩以保证，即ABS业务中核心企业并不一定需要重资产，而是可以利用自身的公信力和科技系统赋能提升项目的安全可靠程度和各方的认可程度。

公寓租金类ABS是近期消费金融领域的创新型项目，底层资产主要为房屋租户应付原始权益人（通常为信托等金融机构）的房屋租赁分期应付款。该类项目的发展主要依托于一批市场性的房屋租赁机构的发展。典型的公寓租金类ABS交易结构如图4-3-1所示。

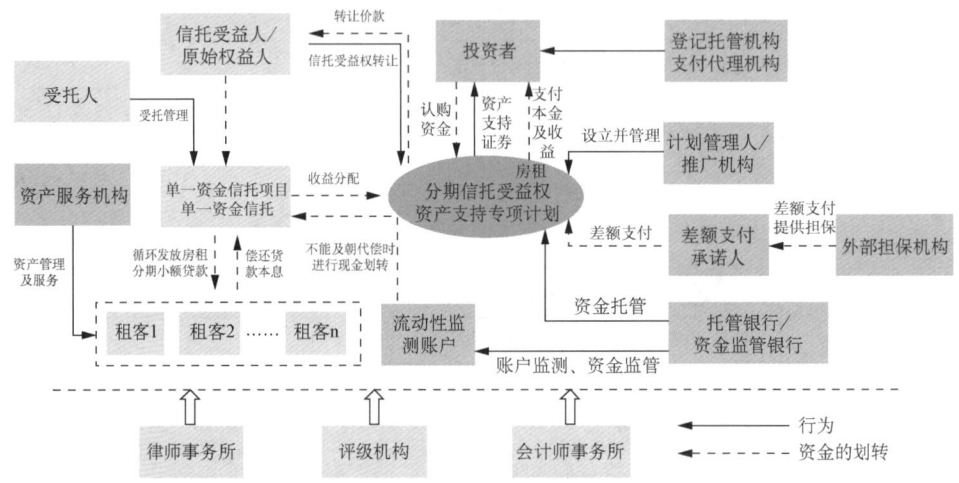

图4-3-1 公寓租金类ABS交易结构示例

从底层资产相关业务运行逻辑上看，长租公寓运营主体连接了房屋业主端与租户端。业主方提供可出租房屋给长租公寓运营主体，长租公寓运营主体支付给业主租金频率不定，如按月、按季或按年。租户端目标客户通常为刚毕业不久的大学生及尚未购房群体，目标客户短期现金流不充裕，但长期收入增长预期良好，天然有分期支付需求，但目标客户工作时间较短难以提供良好的信用记录。一般，房屋出租方会要求租户押一付三。

公寓租金类ABS存在的重要意义是通过长租公寓品牌影响力和较为稳定的业务场景对底层公寓租户的房租分期贷款赋能。公寓租金类ABS通常在Pre-ABS阶段通过主体信用增信引入第三方金融机构为原较难获得金融支持的租户提供房租分期贷款，形成贷款基础资产。第三方金融机构提供的金融服务允许房屋租赁方将原"押一（月）付三（月）"的房屋租赁款变更为"按月付房租"。分期付款缓解了租户租金支付压力，租户端"按月付房租"成为长租公寓公司在竞争激烈的公寓租赁市场差异化竞争的宣传重点，并最终助力长租公寓公司获得重大竞争优势。

总之，公寓租金类ABS产品为第三方金融机构提供了源源不断的资金，缓解了长租公寓公司自身业务扩张产生的现金流压力与租户现金流的双重压力。但值得关注的是，该业务模式也隐含着风险，即当长租公寓公司现金流不足，甚至爆雷无法支付原房东房屋租金时，底层租户按合同仍需偿还贷款本息，但可能面临"无房可住"的情况，进而产生业务纠纷以及贷款本息逾期甚至违约。

近年来，市场陆续出现了多家长租公寓企业爆雷或跑路。相关资料显示，在2020年2月到4月之间，就已经有16家长租公寓爆雷，倒闭原因要么是资金链断裂，要么是高收低租。其实，这并非长租公寓首次集中爆雷。据不完全统计，早在2019年之前，已经至少有20家长租公寓爆雷，包括爱公寓、上海寓见等知名公寓。而它们爆雷的原因，无一例外都是资金链断裂。造成该状况的主要原因是长租公寓已经告别了2017年的创业风口，从单纯的中间商赚差价中演变为通过"租金贷"的方式快速扩大。创业的目标不是持续创造利润并最终上市，而是依靠租客支付房租和房东收取房租的时间差赚取现金流以快速扩大业务规模。更有甚者，部分爆雷倒闭的长租公寓企业的共同经营模式就是高收低租，为了抢夺市场，它们以高价从房东手中收购房源，再以低价出租给租客。这种模式不符合市场规律，注定会带来较大的风险。同时，这也挤占了合规经营企业的生存空间，属于不正当竞争的范畴。更为恶劣的是，一些长租公寓从一开始就是为了"圈钱跑路"，先是快速扩大规模，用高市场占有率和发展速度获得融资，以获得更高的市场占有率，快速"圈"到租客的钱，最后直接跑路，欺骗租户和房东。

长租公寓的接连爆雷，影响最大的还是租客和房东。对于房东而言，有不少业主是贷款买房的，还欠着银行月供，出租房屋实为收租还贷。中介跑路后，房东就会收入减少，有些现金流不好的房东，甚至有可能因此断供。而对于租客的影响可能更大，房租是一线城市年轻人最大的一笔开支。很多现金短缺的年轻人在中介机构的引导下，为了以较低的价格租到房子而通过"租金贷"的模式提前预付房租，然后按月还贷。可一旦遇到中介爆雷，不仅自身有可能被房东驱赶无处安身，不正常还贷还有可能影响到日后的信用消费。此时，按照贷款协议还贷意味着白白支付了房租款项但并未获得相应的服务，很多租户被迫开始了维权。任何行业都可能会面临艰难的发展时期，但"善良为先"应是所有创业人应秉承的底线，未来长租公寓是否还能可持续性地创造价值将是该行业持续生存发展的关键所在。

3. ABS产品小结

ABS产品主要面向机构投资者发行，而机构投资者对资产的质量要求严格且挑剔。通常，标的资产越丰富、风险越分散，越适合作为ABS的基础资产。消费金融小额分散的资产特点，能够吸引机构投资者的兴趣。A系企业是最早一批探索消费金融产品ABS的机构，其发行的消费金融类ABS产品目前依然是消费金融ABS市场的重要组成部分，且经过多年的产品运作，其资产的市场认可度较高。目前，其他消费金融类ABS产品，如京东白条ABS、滴滴汽车租赁ABS以及公寓租金类ABS等专项资管计划也运转顺利。与ABS的有机结合是该类产品运行成功的重要因素之一。

二、案例解析

（一）涉及知识点

1. 专项资产管理计划的定义及特点

专项资产管理计划是指由某个单位或机构独立出资，通过投资管理公司或证券公司资产管理部来单独进行管理并获取受益的一种资产管理计划。证券公司为开展资产证券化业务专门设立专项资产管理计划。专项资产管理计划通常用于大型融资项目,如城建、基建、市政工程、大型企业专项融资等。

根据中国证监会的规定,专项计划投资于"符合法律法规,权属明确,可以产生独立、可预测的现金流的可特定化的财产权利或者财产。基础资产可以是单项财产权利或者财产,也可以是多项财产权利或者财产构成的资产组合"。所规定的财产权利或者财产,可以是企业应收款、信贷资产、信托受益权、基础设施收益权等财产权利,商业物业等不动产财产,以及中国证监会认可的其他财产或财产权利。专项计划是以特定基础资产或资产组合所产生的现金流为偿付支持,通过结构化方式进行信用增级,在此基础上发行资产支持证券的业务活动。所以,其投资可选的标的,必须是可测现金流,并符合相关规定。

2. 证券公司专项资产管理计划与其他两类资管计划的区别

证券公司专项资产管理计划与集合资产管理、定向资产管理的比较如表4-3-3所示。

表4-3-3 证券公司专项资产管理计划与集合资产管理计划、定向管理计划的比较

分类比较点	集合资产管理(计划)	专项资产管理(计划)	定向资产管理(计划)
含义	证券公司设立集合资产管理计划,与客户签订集合资产管理合同,设立集合资产管理计划,与客户签订集合资产管理合同,将客户资产交由取得基金托管业务资格的资产托管机构托管,通过专门账户为客户提供资产管理服务	证券公司以管理人身份发起设立专项资产管理计划,依照能够产生独立、可预测的现金流且可特定化的财产权利或者财产支持受益凭证,受益凭证持有人据此享有该资产的收益分配	证券公司接受单一客户委托,与客户签订合同,根据合同约定的条件、方式、要求及限制,通过专门账户管理委托资产
内部分类	合格投资者、公募基金	债权类专项、收益权类专项以及其他	通道类和非通道类
产品类型	股票型、债券型、混合型、FOF型等	资产证券化或创新型	SOT类、票据类、特定收益权类、银行间市场类
投资范围	中国境内依法发行的股票、债券、股指期货、商品期货等证券期货交易所交易的投资品种;央行票据、短期融资券、中期票据、利率远期、利率互换等银行间市场交易的投资品种;证券投资基金、证券公司专项资产管理计划、商业银行理财计划、集合资金信托计划等金融监管部门批准或备案发行的金融产品;中国证监会认可的其他投资品种	企业应收款、租赁债权、信贷资产、信托受益权等财产权利,基础设施、商业物业等不动产财产或不动产收益权,以及中国证监会认可的其他财产或财产权利	股票、债券、基金、资产管理计划、央行票据、资产支持证券等,具体投资范围由证券公司和客户通过合同约定

(续表)

分类比较点	集合资产管理(计划)	专项资产管理(计划)	定向资产管理(计划)
投资额度限制	集合计划申购新股,可以不设申购上限,但是申报的金额不得超过集合计划的现金总额,申报的数量不得超过拟发行股票公司本次发行股票的总量。集合计划参与证券回购应当严格控制风险,单只集合计划参与证券回购融入资金余额不得超过该计划资产净值的40%,中国证监会另有规定的除外	大额投资,合同约定	合同约定
委托人(客户)限制	合格投资者	合格投资者	单一客户委托;证券公司董事、监事从业人员及配偶不得参与
募集下限	募集金额不低于3 000万元人民币,客户不少于2人	依据合同约定	一对一,投资灵活,限制少,独立托管,资金安全
申购下限	单个客户参与金额不低于100万元人民币	合同约定,一般起点较高,大额认购	不少于100万元人民币
资产限制性条件举例	不得违规将集合资产管理计划资产用于资金拆借、贷款、抵押融资或者对外担保等用途;不得将集合资产管理计划资产用于可能承担无限责任的投资	管理人不得以专项计划资产设定担保或者形成其他或有负债,不得违反计划说明书的约定以专项计划资产对外投资。原始权益人不得侵占、损害专项计划资产	不得将委托资产用于资金拆借、贷款、抵押融资或者对外担保等用途;不得将委托资产用于可能承担无限责任的投资
投资证券限制	一个集合资产管理计划投资于同一资产的资金,不得超过该计划资产净值的25%;同一证券期货经营机构管理的全部集合资产管理计划投资于同一资产的资金,不得超过该资产的25%	—	不得以自有资金参与本公司的定向资产管理业务;不得以签订补充协议等方式,掩盖非法目的或者规避监管要求
自有资金参与限制	证券公司自有资金参与单个集合计划的份额,不得超过该计划总份额的20%	按有关规定和合同约定	禁止以自有资金参与本公司定向计划

3. 消费金融的定义与发展历程

消费金融作为个人金融业务的补充,通常与特定消费场景相结合,且主要面向中低收入的个人或家庭,提供以生活消费为目的的小额、短期借贷融资服务。学生、蓝领、农村户籍人口等群体是消费金融的主要客户群体。消费金融强调普惠性和便捷性,主要特点包括单笔授信额度小、无需抵押担保、审批速度快、贷款期限短等。

自1985年中国银行发行第一张信用卡"中银卡"起,中国的消费金融业务发展进入萌芽期。那时的消费金融产品主要是由商业银行和汽车金融公司提供,面向的对象多为央行征信体系覆盖下的高净值、高收入人群,产品主要是信用卡和汽车贷,审核手续较为严格。该阶段提供的消费金融产品相对有限,服务人群也以央行征信体系覆盖的人群为主。

2009年,中国银监会颁布了《消费金融公司试点管理办法》,标志着我国消费金融进入试点期。北京、上海、天津、成都4个城市成为第一批试点城市。2013年,随着互联网技术的快速发展和广泛使用,加之国内金融环境的完善,大型电商、消费分期电商、网贷平台、P2P平台、细分领域平台等纷纷进入消费金融市场。银监会发布的《消费金融公司试点管理办法(修订稿)》也扩大了消费金融公司试点,新增沈阳、南京、杭州等10个城市。此外,中国香港和中国澳门的金融机构也可在广东试点设立消费金融公司,以支持居民教育、旅游等方面的信贷需求。2015年,国务院常务会议决议进一步开放市场,将消费金融公司试点扩大至全国范围,并将审批权下放到各省级银监局,鼓励符合条件的民间资本、国内外银行业机构和互联网企业设立消费金融公司。与此同时,通过网络购物和社交积累了大量用户数据与丰富风控经验的互联网平台,绕过消费金融公司牌照,选择通过申请互联网小贷牌照,直接在某些特定的消费市场开展消费信贷业务。从此,我国的消费金融行业进入快速发展期。

4. 资产证券化的概念与业务风险

资产证券化业务是指以基础资产所产生的现金流为偿付支持,通过结构化等方式进行信用增级,在此基础上发行资产支持证券的业务活动。其目的是获得融资。概括而言,它是一种以特定资产组合或特定现金流为支持,发行可交易证券的融资形式。

资产证券化的业务风险主要包括:①基础资产的信用风险;②发起人的道德风险;③资信评级机构的道德风险;④债务人选择提前偿付带来的再投资风险。具体而言,每一种基础资产都有其固有的信用风险,即证券化产品现金流断绝的风险,可能的原因包括债务人的破产或违约等。此外,发起人可能由于利益关系忽视初始借款人的财务风险,放松对基础资产的监督,盲目放贷。资信评级机构可能违规提高证券化产品的信用等级,误导投资者决策。原始债务人还款的时间及数额均存在不确定性,这会引起资产支持证券现金流的波动,而且提前收回的款项将存在再投资风险。

(二) 要点分析

1. 选择将消费贷款进行资产证券化的原因

除自有资金外,企业往往通过融资来获取更多的资金,以支持业务扩张。消费金融公司及互联网平台的外部资金来源主要是金融机构,如银行、信托、保险等。资产证券化一般通过将资产进行打包、出售吸收资金,这也逐渐成为消费金融相关企业的重要资金来源之一。

选择资产证券化的动因主要如下:

(1) 相比发行债券,资产证券化可获得更高的信用评级与更低的融资成本。一般而言,投资者更关注债券发行人的主体信用,而对于资产支持证券,首要关注的是基础资产的质量及交易结构安排,如资产组合的信用水平、交易风险、现金流压力测试及外部增信机制与效果等。消费金融机构的原始债务人通常基数较大,其基础资产较为分散,这使得它的信用资质得到明显提升后一般可以获得比发行人主体更高的信用评级,从而取得成本更低的融资。

(2) 相比直接向金融机构借款,资产证券化拥有更灵活的融资期限。目前,银行仍然是企业最主要的外部资金来源,然而由于消费金融相关企业的业务主要是资金密集型的贷款业务,具有轻资产及高资产负债比的特点,其在向银行融资时利率较高且借款期限不长。相较而言,资产证券化产品可以将循环购买结构和回拨选择权相结合,根据发行时的市场环境设计出更灵活的产品期限结构,为企业提供持续稳定的资金来源。

(3) 资产证券化不会受到企业净资产的限制。对于开展信贷业务的小贷及租赁公司,在业务规模受限的情况下,资产证券化可以实现出表作用,即企业可以通过融资不断获得资金,形成新的资产,改善企业财务结构。

2. 信贷资产证券化运作的一般流程

消费金融作为典型的信贷资产,其证券化流程与一般信贷资产证券化流程一致。一个完整的资产证券化融资过程的主要参与方包括发起人、特设信托机构、债券销售方、投资者、信用增级机构或担保机构、证券评级机构、托管人及律师事务所等。一般而言,信贷资产证券化的运作程序主要包括以下步骤:

(1) 重组现金流,构造证券化资产。发行人,通常是原始权益人,根据其融资需求,确定资产证券化目标,对企业所拥有的能够产生未来现金流的信贷资产进行清理、估算与考核,按照贷款的期限结构对现金流进行重组,同时考虑到本金与利息的分配,最终将这些资产汇集为一个资产池。

(2) 设置特殊目的载体,实现资产出售及破产隔离。特殊目的载体的主要表现形式有特殊目的公司及特殊目的信托等,它仅为资产证券化服务,具有独立的实体,可由发起人设立。信托机构注册后,该机构的活动将受到法律的严格限制。作为资产转化为证券的媒介,特殊目的载体的存在可有效实现企业的破产隔离,保障投资者的利益。

(3) 完善交易结构,进行信用增级。特殊目的载体应与发起人指定的资产管理公司签订贷款服务合同,与发起人共同商议、确定托管银行并签订托管合同,同时与银行签订周转协议,以获取必要的流动性支持,最后还需要与相关金融服务机构签订承销协议以保障证券销售的顺利进行。该机构应在对所持有的资产池进行风险分析后,寻求额外的现金流来源,以弥补可预见的损失并降低信用风险,这样也有利于提高资产支持证券的信用等级。

(4) 对资产支持证券进行信用评级。投资者在选择证券时的重要依据就是证券的评级情况。资产支持证券的信用评级应由资本市场中获得广泛认可的独立评级机构进行,以保证公平性、公开性。

(5) 由承销商进行证券销售。完成信用增强及评级工作后,所有信息应予以公开。在此之后由承销商负责销售资产支持证券,可采用的销售方式主要为包销和代销。特设机构从承销商处获得发行收入后,按约定的购买价格将大部分发行收入交给原始权益人,以满足发起人的筹资需求。

(6) 上市交易及到期支付。资产支持证券在证券交易所申请挂牌上市后,若发起人不选择亲自进行管理,还应指定一家金融服务公司作为资金池管理公司代为收取并记录资产池的现金流,并将这些资产池的收入全部存入托管行的专用收款账户。

3. 如何控制消费金融资产证券化中的业务风险

(1) 注重审核借款人资质。小贷公司一般要求借款人的五级分类属于正常类。考虑到目前互联网消费金融的实际还款场景,用户逾期还款可能并不代表其还款意愿或信用状况出现问题。简言之,用户可能存在偶尔忘记还款的情况。因此,公司可以对入池资产的用户逾期行为给予一定的容忍度。

(2) 交易对手应符合准入限制。交易对手主要包括基础资产的原始权益人,如商业银行、小额贷款公司等,或撮合形成原始资产的中介服务机构,包括但不限于互联网信贷平台、第三方风险管理提供商等。原则上,交易对手应保证商业模式合法合规,信息披露及时、充分,满足有效存续及规模等要求,还应具有完善的信贷审批技术方法和流程,拥有独立的风险策略团队、审批团队及催收团队。

(3) 基础资产应满足金融集中度、行业集中度及地域集中度要求。消费金融类资产一般不存在金融过于集中的问题,购车类的信贷资产通常会考虑在交易结构中设置单笔金额上限。此外,行业集中度及地域集中度要求可以确保债务人不集中于某一领域或某几个城市,可以降低集中违约的风险。

(4) 资产证券化产品应具有明确、完整的现金流归集路径,以避免基础资产现金流和原始权益人其他资产混同的情况。现金流归集账户的安排优选次序一般为:第一,基础资产直接回款至特殊目的载体的账户;第二,基础资产回款至由特殊目的载体共管的能够与其他回款账户及资金产生隔离的监管账户;第三,基础资产回款至不能与其他资金产生隔离的账户。资产服务机构应在收入归集日将现金流划入可产生隔离的监管账户,收入归集日与基础资产债权回款日保持一致。

(5) 采取分层结构化安排。特殊目的载体募集资金时,可设置不同分配次序的分层结构,如优先级、夹层和次级等结构化安排。当基础资产出现违约状况时,按照次级、夹层、优先级的顺序依次承担风险。一般而言,次级部分应由原始权益人认购。

(6) 设置流动性储备账户。发行人或受托机构可将等额于初始基础资产池本金余额的特定比例的募集资金存入流动性储备账户,这部分资金即为流动性备付金,是优先层级安全兑付的重要保障措施。当债权回款或其他相关款项不足以支付当期费用与支出时,发行人或受托机构应提取流动性储备账户中的资金,以弥补差额。该账户中的资金也可用于在法定到期日临时支付各档的资产支持证券,或在违约事件发生后支付资产支持证券。一旦有资金从流动性储备账户中被提取,应在自此后的每个支付日通过可用资金加以补充。

(7) 若采取超额质押或转让的形式,基础资产的本金总值应超过实际融资本金金额。

(8) 设置超额利差。在任一支付日,超额利差为前一个还款周期的基础资产利息或收益回收款,与资产支持证券融资利息、特殊目的载体费用及开支以及流动性储备账户所要求的存入款总和的差额。超额利差可用于支付资产支持证券的本金。

(9) 设置差额支付。当发生差额支付触发事件时,差额支付承诺人一般是原始权益人或原始权益人的担保方,应根据约定对优先级别投资者预期收益的差额部分承担不可撤销及无条件补足的义务。

(10) 设置债权回购条约。若发现原始债权人对债权的陈述不真实,且对任何债权产生严重不利影响时,原始债权人或资产服务机构必须购买受影响的基础资产,除非其能纠正该等违反事项。

(11) 进行逾期资产置换。对于逾期超过一定天数的基础资产,可选定特定日期由原始权益人重新选择正常资产加以置换,一般要求置换后的资产所产生的现金流结构与被置换资产在正常表现下的现金流结构一致。

(12) 设置信用触发机制。当基础资产的不良率达到一定阈值后,或重要参与方发生解任事件,专项计划需启动赎回或加速清偿安排,要求产品在资产加速恶化前尽快兑付,通知债务人并将债务人的还款路径改为直接还入专项计划账户。信用事件触发后,应对措施包括但不限于加速清偿、提供特别储备金、宣告违约等。

(13) 对未来现金流进行预测,并进行压力测试。一般,根据原始权益人提供的基础资产可比资产的历史数据,在现金流模型里加入违约和早偿的假设;然后,通过压力测试考察各类违约和早偿倍数下,基础资产的现金流回款是否可以覆盖专项计划各期的本息支出,并产生一定的覆盖倍数。此外,基础资产的现金流和资产支持证券需支出的资金在时间上应相互匹配。

(三) 启发思考题

(1) 专项资管计划有何特点?
(2) 消费金融的类别主要有哪些?
(3) 消费信贷资产证券化对企业而言有哪些优势?
(4) 消费金融资产的遴选标准包括哪些方面?
(5) 如何有效控制消费金融资产证券化的业务风险?

相关法律法规

中国证券监督管理委员会:《证券公司集合资产管理业务实施细则》
中国证券监督管理委员会:《证券公司客户资产管理业务管理办法》
中国证券监督管理委员会:《证券公司及基金管理子公司资产证券化业务管理规定》

参考文献

消费金融的资产证券化业务介绍[EB/OL].(2018-11-05)[2021-09-04].https://www.sohu.com/a/273397763_509953.

中国消费金融发展历史[EB/OL].(2018-12-17)[2021-09-04].https://www.sohu.com/a/282421274_452147.

资产证券化[EB/OL].(2020-11-05)[2021-09-04].https://wiki.mbalib.com/wiki/资产证券化.

陈乾坤.资产证券化的风险分析与防范[J].商,2015(10):172.

一文详解资产证券化[EB/OL].(2017-06-15)[2021-09-04].https://www.sohu.com/a/149219165_499067.

消费金融资产证券化概况及业务操作要点全面解读[EB/OL].(2016-11-28)[2021-09-04].http://www.360doc.com/content/16/1128/17/33152014_610226633.shtml.

消费贷款证券化全景解析——信贷资产证券化分析手册[EB/OL].(2017-1-23)[2021-09-04].http://www.360doc.com/content/17/0123/08/36864145_624286129.shtml.

资产证券化业务风险管理指引[EB/OL].(2020-5-18)[2021-09-04].https://wenku.baidu.com/view/4c35c637148884868762caaedd3383c4bb4cb42a.html.

资产证券化业务风险控制指引[EB/OL].(2015-07-01)[2021-09-04].http://www.csrc.gov.cn.

案例 2 REITs 业务的发展

【摘要】REITs 是资产证券化业务的重要组成部分,我国 REITs 业务的发展经历了多年的实践和演化。其中,类 REITs 是最先落地的 REITs 业务模式,也是公募 REITs 的简化版和先行版。类 REITs 业务的发展使得各管理人、中介机构积累了较为丰富的结构设计经验,同时让投资者得以熟悉并认可这一特殊的投资品种。本文将主要分享类 REITs 业务发展中的部分案例,并就公募 REITs 的发展进行一定展望和分析。

【关键词】类 REITs 结构设计 基础设施公募 REITs

一、案例陈述

REITs(Real Estate Investment Trusts,房地产投资信托基金)是资产证券化业务的重要组成部分,同时也是发达金融市场国家已经存在多年的重要投资品种。REITs 作为投资品兼具股性和债性,同时与传统股票、债券等资产的关联程度较低,是构建风险分散投资组合的重要投资品种。我国类 REITs 产品已发展多年,各管理人积累了一定的结构设计和存续管理经验,为未来公募 REEITs 产品的发行运作打下了坚实的基础。

1. 类 REITs 业务

自 2020 年 4 月 30 日,中国证监会、国家发展改革委发布《关于推进基础设施领域不动产投资信托基金(REITs)试点相关工作的通知》(证监发〔2020〕40 号)以来,各监管机构和交易所密集发布了一系列公募 REITs 相关规则,拉开了我国基础设施公募 REITs 市场的帷幕。其中,类 REITs 是最先落地的 REITs 业务模式,也是公募 REITs 的简化版和先行版。类 REITs 业务是一类特殊的资产证券化业务,其结构设计上带有权益属性。专项计划通过各类 SPV 最终控制标的物业的股权。专项计划的现金流主要源于标的物业的出租收入,而专项计划优先级证券的本金偿付通常需要变现底层物业。

1) 类 REITs 业务案例——DP 广场资产支持专项计划

DP 广场资产支持专项计划于 2015 年 12 月通过交易所审核并获得无异议函,是最早一批类 REITs 产品。其主要交易要素如图 4-3-2 所示。

DP 广场资产支持专项计划实现了资产实际控制方的真实出表,同时允许 XX 公司通过缴纳权利金的方式享有优先回购权并通过商管公司继续运营目标资产,实现品牌输出,保持

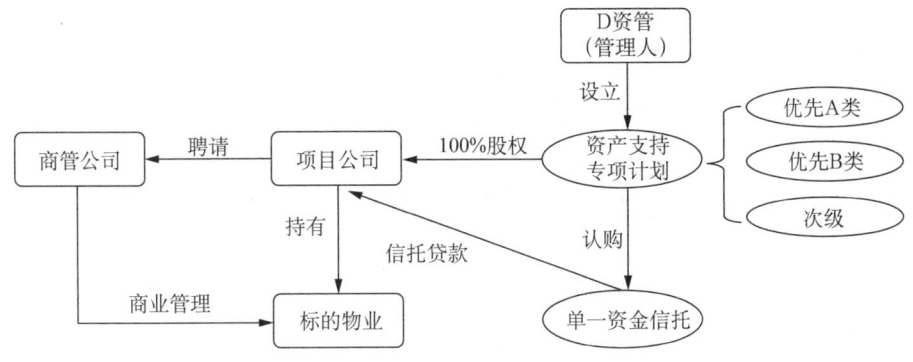

图 4-3-2　DP 广场资产支持专项计划

物业经营权的完整性。该项目简化了交易结构设计,通过项目公司资本结构安排(股权、债权),可以在降低操作风险的同时减少税费负担。

该项目的主要亮点包括以下几点:

(1) 满足了企业出表及融资需求,助推地产业轻资产转型。DP 广场资产支持专项计划实现了母子公司全出表、调结构前提下的融资。该项目的发行为国内存量商业物业提供新的退出渠道,促进商业地产从散售向持有经营转变,从重资产模式向轻资产模式转型。该项目的运作提高了发行人的物业管理能力,实现规范化管理和品牌价值提升。

(2) 实现了简化交易结构和规避重复征税的双重目标,降低了运作风险。由于发行时国内尚未正式建立标准 REITs 规则体系,该项目对交易结构和增信安排作了重要创新,大大降低了运作风险;同时,在缺少税收优惠规则的情况下合理安排税务筹划,基本没有因交易新增税务成本,提高了该业务的可推广性。

(3) 匹配了资产端和资金端需求,为 REITs 培育专业投资者。该项目聘请了国际知名机构保证物业估值及现金流测算的客观性和公信力,充分全面的信息披露安排也为投资者提供了解商业物业运营管理的窗口,为国内 REITs 业务预热并培育专业投资者。

2) 类 REITs 业务案例——类 REITs 项目退出案例

类 REITs 项目不同于其他资产证券化业务,项目设计中优先级产品的兑付主要依靠的不是底层资产运营产生的现金流,而是项目处置(包括发行人回购)产生的现金流。因而产品退出成了 REITs 产品的重要运作环节,也是 REITs 产品相较于其他 ABS 产品更能体现资产信用对产品增信的原因。

(1) QH 项目退出案例。QH 项目是最早发行的类 REITs 项目,也是我国第一支真正的权益类 REITs 产品,对中国 REITs 的发展产生深远的影响。该产品首次创设了"私募基金+专项计划"的双 SPV 结构。QH 专项资产管理计划于 2014 年 4 月通过交易所审核,并于当月正式发行。该项目主要要素如表 4-3-4 所示。

表 4-3-4　　　　　　　　　　QH 专项资产管理计划

产品名称	QH 专项资产管理计划
规模	52.10 亿元

(续表)

产品名称	QH 专项资产管理计划	
分级	优先级 70%；次级 30% 优先级份额存续期间获得基础收益,退出时获得资本增值的 10%(浮动收益部分) 次级份额存续期间获得满足优先级基础收益后的剩余收益,退出时获得资本增值的 90%(浮动收益部分)	
	优先级	次级
规模	36.50 亿元	15.60 亿元
产品期限	预期 3 年,不超过 5 年(产品有权提前结束)	预期 4 年,不超过 5 年(产品有权提前结束)
投资者预期收益率 (基础收益)	7%	日常满足优先级基础收益后的剩余收益
投资者预期收益率 (整体收益增值预期测算)	约 7%~9%	约 12%~42%
基础收益分配时点	每年最后一个工作日分配,分配金额为完整年度的基础收益(首年分配金额为产品设立日到 12 月 31 日的应计利息)	
评级	优先级 AAA	无评级
发售对象	合格机构投资人	

该产品优先级规模 36.50 亿元,劣后级规模 15.60 亿元,次级比例约 30%,并且次级对外进行了真实销售。项目底层目标物业资产共 2 幢,其中,北京物业 7 万余平方米,深圳物业 3 万余平方米。

项目发行时,ZX 证券首先在天津注册成立 A、B 两家全资子公司,注册资本均为人民币 10 万元。然后,ZX 证券将公司的 2 座办公大厦的房地产权属分别过户给 A、B 两家子公司。ZX 证券全资子公司的附属全资子公司——某基金管理有限公司发起设立非公募基金全资子公司。该全资子公司作为非公募基金的投资载体,向 ZX 证券收购 A、B 两家子公司的股权,以达到为前述非公募基金的投资者提供投资业务的目的。该项目最终通过将物业出售给资产原控制人 ZX 证券实现退出。项目初始交易时,专项计划向私募基金出资约 51.90 亿元(根据 ZX 证券披露信息,初始募集资金 52.10 亿元,其中 2 200 万元为预留费用);项目退出时,ZX 证券(作为物业股权收购方)向私募基金支付转让价款合计 56.22 亿元。据此推算,项目于 2014 年 4 月起息,2017 年 4 月为资产处置评估基准日。劣后级 3 年收益率合计约 17.9%(算数平均收益率约 6%)。

(2) HT 大厦类 REITs 项目退出案例。HT 大厦资产支持专项计划是首个实现市场化处置底层资产的类 REITs 项目。HT 大厦资产支持专项计划 B 类证券比例约 39%,H 公司行使优先收购权前,应一次性收购非由其持有的 B 类资产支持证券。该项目最终通过将物业出售给(非发行人及关联方的)第三方机构某集团公司实现证券投资人的退出。HT 大厦资产支持专项计划 A 类份额 15.31 亿元、B 类份额 9.69 亿元。目标物业资产位于上海陆家嘴核心商圈,总建筑面积约 4 万平方米,初始交易时估值为 25.24 亿元,凯德收购价格为 27.52 亿元。该项目的退出是对类 REITs 项目在脱离主体信用后仅依靠资产信用实现产品兑付的成功实践。

(3) 其他创新型的类 REITs 项目。其他创新型的类 REITs 项目包括:①SN 类 REITs:利润出子公司表,不出母公司表,实现了上市公司利润调节。②重庆 LY 类 REITs 项目:首单采用有限合伙企业作为项目公司持有物业的类 REITs 项目(有限合伙企业拥有节省所得税优势),JM 为产品优先级提供流动性支持。项目原为地产基金 JM 资本和 GH 资本持有,通过类 REITs 方式实现了地产基金的退出。

2. 公募 REITs 业务

2020 年 7 月 31 日,国家发展改革委发布了《关于做好基础设施领域不动产投资信托基金(REITs)试点项目申报工作的通知》;2020 年 8 月 7 日,中国证监会发布《公开募集基础设施证券投资基金指引(试行)》,中国正式进入 REITs 时代。

REITs 起源于 20 世纪 60 年代的美国,之后近 40 个国家或地区推出了 REITs。REITs 作为中等收益、中等风险的权益性产品,是股票和债券的重要补充。全美 REITs 合计持有了价值 3 万亿美元的不动产,其中上市的 REITs 合计持有约 2 万亿美元的资产①。上市 REITs 合计持有超过 1 万亿美元的权益资本总额。全美预计有 8 700 万人通过退休金或其他基金直接或间接持有 REITs,是影响广泛的重要投资品种。全美 REITs 持有超过 52 万幢不动产物业资产并贡献了约 240 万个全职工作岗位。

REITs 业务具有较高的技术壁垒和管理能力要求,是公募基金公司、证券公司扩大管理规模、发挥管理赋能优势、打造品牌口碑的重要增量市场。

1) 推进基础设施领域 REITs 业务的重要意义

基础设施领域 REITs 是党中央、国务院的重要部署,对发行人具有不可替代的战略意义,具体体现在以下几个方面:

(1) 基础设施领域 REITs 业务符合国家战略导向,是金融机构"提高政治站位"的重要体现。基础设施领域 REITs 是党中央、国务院防风险、去杠杆、稳投资、补短板的重要部署,受到党中央、国务院的重视,具有广阔的发展前景。基础设施领域 REITs 类同于资产 IPO,技术壁垒较高且业务拓展频率低、客户粘性强、成功项目效用持久。

(2) 有利于扩大管理人业务管理规模。一方面,基础设施领域 REITs 作为永续存在的权益性产品,一旦成功设立即可为项目管理人贡献持续稳定的基金管理规模,且随着扩募及资产增值,未来基金规模具有巨大的持续扩张潜力;另一方面,传统 ABS 业务已进入存量时代,竞争激烈,基础设施领域 REITs 可有效带动类 REITs/CMBS 等具有高增长潜力业务的发展。

2) 基础设施领域 REITs 体量及发展趋势分析

(1) 基础设施领域的 REITs 体量。按照目前很多机构的测算,中国基础设施 REITs 的潜在体量有望达到万亿级别,但是否能发展到这个量级还取决于政策试点的节奏和宽度,更取决于能否形成市场化的商业模式。上述测算的主要参考依据为美国 REITs 的规模和国

---

① 数据来源于 NAREIT(全美房地产投资信托协会)网站。

内基础设施存量资产规模。根据 NAREIT（全美房地产投资信托基金协会）披露，全美 REITs 合计持有了价值 3 万亿美元的不动产。Wind 资讯数据显示，全国城镇基础设施累计投资额已达百万亿级别，若按证券化资产占总资产比例 1% 计算，国内基础设施 REITs 市场也将达到万亿级别。同时，近年来新基建作为国家重点鼓励支持方向，供需两旺。公募 REITs 也将是新基建投资的重要退出平台。

（2）基础设施领域 REITs 的发展趋势分析。中国公募 REITs 实现良性发展的关键在于形成市场化的商业逻辑，激发产业方持续深度参与利益驱动，通过管理赋能实现资产运作效率与资产回报率的提升，进而带动规模扩大并创造增量价值。以成熟市场项目为例，香港领展 REITs 在 2003 年上市初资产规模为 222 亿港元，管理人通过资产提升、管理赋能、负债并购等方法使管理规模提升至超过 2 000 亿港元。单位价格也从 2005 年首发时的 10.30 港元（在每年保持分配超过 90% 可供分配收入的情况下），涨至约 62.85 港元，为投资人创造了稳定、优异的回报。

未来 REITs 业务发展的趋势将是专业化、精品化，管理人的管理运作能力将起到重要作用。美国 REITs 发展至今已有约 60 年的历史，产品数量自 20 世纪 90 年代中期开始一直保持在 150～240 只这个数量级，但产品总规模保持了持续增长。美国 REITs 市场规模的增长更多是源于存续 REITs 通过内生或外延式的并购、扩建等方式实现规模扩张，而非持续上市发行新产品。各领域内龙头企业的先发优势与头部效应明显。以美国市场数据中心 REITs 为例，较早进入这一细分市场的 EQIX 通过持续注入新资产快速扩张，2020 年 6 月末，这一只 REITs 市值占数据中心板块 REITs 总市值的 52%。

3）基础设施领域 REITs 的项目甄别和投资者保护分析

（1）公募 REITs 不同于传统证券品种，是"产业＋金融"相结合的业务模式。管理人需要深入行业，培育产业端的管理能力，只有在产业端具有一定的赋能能量，才可通过整合资源创造增量价值。对优质项目的识别需要建立在深入研究历史及行业数据的基础上，管理人要持续研究跟踪市场行业变化，构建行业领先的定价能力。

（2）从保护投资者利益角度看，最需要防范的风险是"买贵了"。具体而言，管理人需注意的风险包括：①特定行业面临的发展风险，如行业建设周期、行业政策变化、行业供需力量变化等。②特定项目的运作风险，如项目本身的合规性（审批建设手续的完备）、客户对于提供服务的标准及违约责任（例如：IDC 要求提供 7×24 小时不间断服务）、终端客户的稳定性及市场需求变化。③尽职调查疏漏等风险，如发行人提供虚假销售合同（香港曾出现过睿富房地产基金诈骗发行并最终被取消上市地位的案例）、发行人伪造短期业绩等。

4）未来各资管机构参与 REITs 业务展望

（1）各资管机构可根据自身的优势特点发挥特长开展合作。例如，公募基金管理人加强人才储备并构建资产组合、资本结构、日常维护等多维度的管理能力；券商投行发挥在尽职调查、资产挖掘方面的优势；银行、保险等机构可发挥在资金端获取客户的优势。

（2）除了交易结构中必备的角色，可能的业务形态还包括资产挖掘、资产培育、产品推介等。例如，新加坡上市的"KD"REITs，其管理人 KD 集团除了运作上市公募 REITs，还不断在公募 REITs 体外建设、培育新的优质资产等方面努力。Pre-REITs 环节前端的价值挖掘也将是公募 REITs 在管理费收入之外的重要盈利模式。

（3）公募基金作为重要参与方，优势在于服务的客群广泛，品牌认知度高，产品链条布局合理。REITs 为养老产品和 FOF 产品提供了与其他大类资产相关度不高的配置选择。

全美预计有 8 700 万人通过退休金或其他基金直接或间接持有 REITs，REITs 是在美国影响广泛的重要投资品种。投资者对 REITs 的认可源于其较高的收益水平和稳定性。FTSE Nareit All Equity REITs（该指数代表美国的 REITs 市场）在 1978—2018 年的复合收益率达到 12.02%，且与标普 500 指数相关系数仅为 0.47，与 10 年期美国国债的相关系数仅为 0.15，有利于分散股票与债券的投资组合风险。

二、案例解析

（一）涉及知识点

1. REITs 的定义与发展历程

REITs，是一种以发行受益凭证或股票的方式汇集众多投资者的资金，由专门投资机构进行房地产投资经营管理，并将投资综合收益按比例分配给投资者的一种信托基金。

REITs 最早于 20 世纪 60 年代在美国发行，最初的发行目的是盘活存量地产，并为投资者提供间接投资房地产的方式。美国国会于 1960 年颁布的《房地产投资信托基金税法》和《美国税法典》，于 1986 年出台的《税制改革法案》，正式确认了这一新型投资工具在美国的法律地位。2000 年以来，全球范围内 REITs 蓬勃发展，市场规模不断扩大。截至 2020 年 3 月，全球 REITs 数量达 827 只，总市值规模达 1.52 万亿美元左右，主要分布在美国、日本、英国等。美国是当前 REITs 总规模最高的国家（1 万亿美元左右），约占全球 REITs 总规模的 65%。历经几十年的发展，全世界范围内已有 30 余个发达国家和地区相继推出 REITs，REITs 现已成为国际金融市场的重要金融投资产品。

2. REITs 的种类与特点

国际意义上的 REITs 在性质上等同于基金，少数属于私募，但绝大多数属于公募。REITs 既可以封闭运行，也可以上市交易流通，类似于我国的开放式基金与封闭式基金。

公募 REITs 能够以公开发行权益类证券的方式向社会大众募集资金。按照是否上市，公募 REITs 可分为公开上市型 REITs 和公开非上市型 REITs。私募 REITs 于 2000 年在美国兴起，满足 REITs 设立的一般要求，但资金募集对象仅限于特定的投资者，且其股份不在公开市场或柜台市场交易。总体而言，私募 REITs 发行程序较公募 REITs 简单。由于资金较为稳定且可以利用更高的杠杆率进行投资，因此，私募 REITs 股息回报率一般比公募 REITs 更高。但由于公募 REITs 监管更加严格，信息公开透明，能更好地保护投资者权益且比私募 REITs 流动性更强。目前，公募 REITs 市场份额远高于私募 REITs。

REITs 的价值创造建立在不动产资产的经营之上，价值体现在资产的长期稳定分红以及提升运营水平而使得资产增值的能力。中国基础设施项目在形成中多存在债务融资，很多项目的杠杆率均在 70% 以上。如果杠杆率上限较低，原始权益人就可能面临用高融资成本资金偿还低融资成本资金的问题,会在一定程度上抑制 REITs 市场的壮大。REITs 参与扩张并购是海外 REITs 市场十分普遍的实践方式,具有专业能力和实践经验的管理人管理更多的资产在某种程度上有助于提升基础设施运行效率,也在一定程度上有助于实现地产资产的分散化。REITs 在众多国家或地区能够成为主流的不动产投融资工具,在复杂多变的金融市场占据一席之地,与其自身的特点密不可分。总体而言,REITs 有以下特点:

(1) 流动性较强。相比直接投资于不动产,REITs 流动性更加好,便于交易,为投资者进行战术资产配置和投资组合再平衡提供了工具和机会。

(2) 形式多样化。一方面,REITs 通过持有不同的实际有形资产构成不动产组合,加之 REITs 的租户群体比较多样化,能够有效降低持有的不动产单一以及租户群体单一的风险。另一方面,REITs 与其他股票、债券的相关性较弱,具有较高的风险调整收益,为大类资产配置提供了多样化的选择。

(3) 信息透明化。个人投资者在进行不动产投资时,通常由于资产价格、租购条约等方面缺乏透明度而觉得交易比较复杂烦琐。REITs 可公开进行交易,且须定期披露公司的经营治理、股东权益以及经审计的财务报告等,极大地提高了透明度。

(4) 高分红低税收。REITs 一般要求每年至少把收益的 90% 分配给投资者,其长期平均分红比例稳定且高于其他股票的平均股息率。对于 REITs 产生的分红,投资者通常享有免征个人所得税待遇。

3. 中国引入 REITs 的意义

自 2020 年 4 月 30 日,中国证监会、国家发展改革委发布《关于推进基础设施领域不动产投资信托基金(REITs)试点相关工作的通知》(证监发〔2020〕40 号)以来,各监管机构和交易所密集发布了一系列公募 REITs 相关规则,一系列的行动拉开我国基础设施公募 REITs 市场的帷幕。2020 年 7 月 31 日,国家发展改革委发布了《关于做好基础设施领域不动产投资信托基金(REITs)试点项目申报工作的通知》。2020 年 8 月 7 日,中国证监会发布《公开募集基础设施证券投资基金指引(试行)》,中国正式进入 REITs 时代。

首先,引入 REITs 有利于完善中国房地产金融架构。REITs 在国外既参与房地产一级市场金融活动,也参与二级市场活动,是房地产金融发展的重要标志,也是促进房地产金融二级市场的重要手段。REITs 直接把市场资金融通到房地产行业,是对以银行为手段的间接金融的极大补充。因此,推出 REITs,将大大地提高房地产金融的完备性,是房地产金融走向成熟的必然选择。

其次,引入 REITs 有助于分散与降低系统性风险,提高金融安全。从房地产金融的角度来看,引进具有市场信用特征的 REITs,将一定程度提高房地产金融当期的系统风险化解能力,提高金融体系的安全性。

最后,引入 REITs 有助于疏通房地产资金循环的梗阻。REITs 的引入,可以避免单一融通体系下银行相关政策对房地产市场的硬冲击,减缓某些特定目的的政策对整个市场的整体冲击力度,有助于缓解中国金融体系的错配矛盾。房地产的固有特性决定了 REITs 具有保值增值的功能,因此房地产投资的收益相对比较稳定。

(二) 要点分析

1. 类 REITs 业务的概念及其特点

类 REITS 主要是指直接或通过私募地产基金间接持有标的物业完整产权,发行资产支持证券。不同于以"开发—销售—滚动开发"为链条的销售型物业,类 REITS 主要针对的是租赁型物业和经营型物业等成熟存量资产的盘活。类 REITs 业务是一类特殊的资产证券化业务,其结构设计上带有权益属性。专项计划通过各类 SPV 最终控制标的物业的股权。专项计划的现金流主要源于标的物业出租收入,而专项计划优先级证券的本金偿付通常需要变现底层物业。

类 REITs 项目不同于其他资产证券化业务,项目设计中优先级产品的兑付主要依靠的不是底层资产运营产生的现金流,而是项目处置(包括发行人回购)产生的现金流。因而产品退出成了 REITs 产品的重要运作环节,也是 REITs 产品相较于其他 ABS 产品更能体现资产信用对产品增信的原因。

2. 基础设施 REITs 的特点与发展意义

1)基础设施 REITs 的特点

基础设施 REITs 是指以基础设施为底层资产的权益投资产品。REITs 通过发行股份或收益凭证的方式设立投资公司或募集资金,将资金投资于不动产等领域,并由专门投资机构进行管理,将投资综合收益按比例分配给投资者。

美国自 2012 年起发行基础设施 REITs,目前基础设施 REITs 约占美国 REITs 总规模的 16% 左右。REITs 发展至今,已成为世界上通行的主流投资产品之一,底层资产拓展至仓储物流、收费公路、水电气热等较多领域。REITs 在不断发展过程中形成了多种不同类型的产品,其在资金投向、资金募集方式、组织形式、运作方式等诸多方面有自身特点。作为 REITs 产品中的一种,基础设施 REITs 与其他 REITs 产品存在一定差异。

(1)底层资产所有权和流动性不同。基础设施 REITs 的底层资产为基础设施,一般为国家或政府所有且不发生交易。基础设施 REITs 的持有人不具有底层资产的所有权。商业物业的交易活跃,因此,商业物业类 REITs 的持有人一般拥有底层资产的所有权。

(2)产品估值方法和价值走势不同。基础设施的收益一般由国家制定,通常在特许经营权到期后自动停止,因此,基础设施 REITs 仅可采用收益法估值,估值通常逐年降低。而商业物业类 REITs 可采用收益法和比较法估值。近年来国内各类物业价值保持上升趋势,商业物业类 REITs 估值价值也稳中有升。

(3)风险和收益不同。基础设施 REITs 的收益主要来自未来基础设施稳定的经营收入,风险较低;但基础设施项目多以公益性目的为主,收益不高。因此基础设施 REITs 主要为低风险低收益产品。相反,商业物业主要以盈利为目的,其经营效率和盈利能力较强,但风险也较高,故商业物业类 REITs 的收益和风险也较高。

2)基础设施 REITs 的发展意义

传统基础设施建设项目一般具有资金需求大、建设周期长、投资回收慢等特点,基础设施 REITs 能为相关行业提供新的直接融资渠道,有效地吸收社会资本,把政府资金从基础设施建设置换出来,降低政府负债,盘活存量资金,加快资金周转,改善现金流,并降低融资成本,提高资产收益率水平。另外,以信息网络、大数据中心为代表的新型基础设施属于重资产行业,前期投资大且折旧较快,实现盈利时间长(一般5年以上)。从行业发展趋势看,下游数据存储和运营需求的快速增长及5G网络建设的加速推进,亟需增量资金驰援。同时,随着数字经济的发展,互联网行业面临着服务和技术升级,对融资有更多元化的需求。引入REITs能够降低社会大众参与新型基础设施建设门槛,提高融资效率,推动新型基础设施长期健康发展,有助于我国经济战略性转型升级。

对于新建基建项目,基础设施REITs可在一定程度上替代政府资金,减小地方政府的新举债规模,还可以丰富资本市场投资品种,推动基建融资利率市场化,促进基建行业长期健康发展。这主要表现在:一是存量基建资产运营往精细化、专业化方向迈进;二是基建投资资金来源明显拓宽;三是提供资产价格锚,提升社会资本参与基建投资热情。基础设施REITs有助于改善建筑企业的商业模式和资产负债表,一方面可以拓宽基建融资渠道,利好基建新项目落地及存量项目推进;另一方面可盘活建筑公司在手存量资产,提高企业的资金周转效率,改善现金流,降低资产负债率,提升净资产收益率。

此外,鉴于基础设施公募REITs具有现金流收益稳定、投资回收期限较长以及投资风险相对较易识别等特点,有望成为长期资金在资产配置中的有效补充。长期来看,我国REITs市场具有广阔的发展空间;但短期内,我国REITs仍面临管理人的选择、税收支持有待明确以及交易流动性可能不足等现实约束。

3. 基础设施REITs的投资者保护分析与建议

要保护投资者利益,重在提高投资者的风险识别能力和定价能力。对优质项目的识别需要建立在深入研究历史及行业数据的基础上,管理人要持续研究跟踪市场行业变化,构建行业领先的定价能力。保护投资者的合法权益是激发资本市场活力的根本所在,是资本市场持续健康发展的重要根基。因而,构建投资者保护机制是我国REITs市场健康发展和平稳运行的关键。

1) 投前审查是基础

在投前阶段,对REITs产品进行多维度的审查,是保护投资者权益的第一步。对底层资产进行相应的监管审核,同时明确各主体的参与资质,可以有效避免不合格底层资产或参与主体进入市场,从而维护REITs的市场秩序。

2) 投中保障REITs平稳运行

投中阶段主要针对REITs存续期间的管理,有助于保障REITs平稳运行。投中阶段主要包括以下三种机制:第一,完善信息披露机制,保障投资者的知情权;第二,完善合规监管机制,确保产品的参与主体依法依规参与交易;第三是参与决策机制,保障投资者有权参与投资管理,依照法律规定对其投资行使相应的权利。

3) 投后为市场投资者提供全面保护

在投后阶段,对于市场投资者的保护主要包括违规追责机制和保护基金机制。违规追责机制能强化民事责任的追究,提高资本市场违法成本。在构建违规追责机制之外,监管部门还可以探索建立由于参与主体违法违规行为受到损害的投资者完善个体性保护的赔偿救济机制,建立投资者保护基金机制,强制分红按照一定比例存入投资者保护基金,对适格受损投资者予以先行赔付;强化民事责任的追究,提高资本市场违法成本,并让受到侵害的投资者,特别是中小投资者得到公平高效的赔偿,保护中小投资者合法权益。

(三) 启发思考题

(1) 从国内和国际上看,REITs 的各方面有何差异?
(2) 你觉得国内 REITs 有何需要改进之处?
(3) 未来中国在 REITs 上将会面对怎样的挑战?
(4) 投资者如何甄别和把控 REITs 风险?

参考文献

周景彤,叶银丹.基础设施 REITs 开启新时代[J].中国金融,2020(18):58-59.
北京大学光华管理学院"光华思想力"REITs 课题组.中国公募 REITs 市场成长为万亿元级需要做什么[N].中国财经报,2020-11-03(006).
吴中兵.REITs 市场健康发展和平稳运行的关键[N].中国财报经,2020-09-22(007).
张佳佳.后疫情时代中国 REITs 发展之路[J].海南金融,2020(10):32-41.

案例 3 资产证券化与区块链

【摘要】 自信息技术革命以来,科学技术的发展对各行各业产生了深远的影响。以区块链为代表的科技创新成为各行业发展的重要动力,其不仅提升了企业的运行效率,也为企业创造了越来越多的增量价值。近年来,区块链技术继贸易融资、供应链等金融领域获得广泛应用后,也被逐步运用到资产证券化这一创新型金融业务中。本文选取了 OY 区块链 TB 一号 ABS 等几组区块链相关的 ABS 小案例,旨在展示区块链在资产证券化业务中的应用与影响,让读者对该类新型资管产品有基本了解。

【关键词】 区块链　资产证券化　新型资管产品

一、案例陈述

1. OY 区块链 TB 一号 ABS 项目简介

2019 年 12 月 27 日,由 HP 证券作为管理人的 OY 区块链 ABS(资产证券化)——OY 区块链 TB 一号资产支持专项计划(简称 OY 区块链 TB 一号 ABS)正式设立,这是中国 OY 金融信息服务股份有限公司应用区块链技术,通过上交所将产业链的优质资产进行数字化、标准化和证券化,并首次面向公开市场输出产品和服务模式。该项目创新性地将区块链技术应用在应收账款流转领域,其核心要素如表 4-3-5 所示。

表 4-3-5　　　　　　　　OY 区块链 TB 一号 ABS 核心要素表

原始权益人	OY 保理有限公司
基础资产	本次专项计划的基础资产为 TB 债权。TB 是核心企业基于其贸易应付账款,向其供应商在线开立的债权凭证
核心企业	宝钢股份
区块链技术服务机构	OY 金融信息服务股份有限公司
债项评级	AAA 级、不分层
发行利率	3.50%

该产品主要存在如下几个亮点:

(1) 信用传递顺畅。TB 持有人可以将 TB 流转、在线融资或持有至到期收款。TB 具有易于流转、便于融资等特点,可有效实现将核心企业优质信用延伸至产业链条末端,解决中小企业融资难、银行风控难等问题。

(2) 确权便捷。与以往供应链 ABS 由核心企业主导不同,借助于 TB 平台"将确权工作前置"的特性,证券化过程中无需核心企业额外操作。专项计划由 OY 保理公司发起并主导,基础资产涉及的融资客户为真正有融资需求的中小企业,切实践行了普惠金融理念。

(3) 具有一定的比较优势。相对于传统应收款,TB 一号 ABS 模式解决了确权难、折扣低、融资贵、难流转、不可拆等问题;相对于商业票据,TB 一号 ABS 模式解决了不可拆、难追踪、信用衰减等问题。

(4) 信用创造功能。TB 一号 ABS 模式在一定程度上实现了信用创造功能。

2. 区块链 ABS 概览

区块链是由包含交易信息的区块从后向前有序链接起来的数据结构,是比特币实现的底层技术。区块链的引入可以提高资产在 ABS 全流程的透明度,降低信息不对称程度,重建信任机制,降低监管成本;同时可以实现发行全生命周期信息化管理,实现多方协作,提高业务操作效率。目前 ABS 类项目根据区块链的应用方式大致可以分为两种基本类型,一是基础资产的产生环节应用了区块链技术的 ABS;二是基础资产的产生环节和区块链无关,仅在项目设立中使用了区块链技术的 ABS。

1) 基础资产的产生环节应用了区块链技术的 ABS

该类 ABS 比较典型的案例有两个。

(1) OY 区块链 TB 一号 ABS。OY 区块链 TB 一号 ABS 的基础资产为 OY 金服系统,确权为 TB 的区块链应收账款。本项目区块链的应用主要解决了基础资产特定化(金额、期限)和确权的问题。根据 OY 金融信息服务有限公司网站信息,债权人(TB 用户)和债务人在 OY 金融信息服务有限公司提供的区块链上对每笔交易进行签名确认,以达成留痕的共识系统。

(2) LR(2018)区块链 ABS。LR(2018)区块链 ABS 是 LR 在 2018 年度第一期企业应收账款资产支持票据,其基础资产为在 ZS 银行应收款链平台系统上签发的区块链应收账款。《LR(2018)区块链 ABS 计划说明书》披露:"应收账款的付款人或收款人,在已形成应收账款的前提下,通过应收款链平台签发区块链应收款,明确交易合同形成的债权债务关系的收款人、付款人、金额、付款日期、附带利息等信息,经承兑的应收账款付款人确认具有到期无条件支付的义务,且经承兑后的应收账款可以办理其他应收账款业务,签发应收账款的应收款链平台用户对应收账款的交易背景真实性承担责任,在应收账款签发时根据应收链平台的要求提供交易背景资料并由浙商银行经办行公司银行部进行审核。应收账款签发时,应收款链平台自动对应收账款进行编号,用于在办理应收账款业务时对应收账款进行具体指向。"在该项目中区块链技术主要批量性地解决了应收账款的特定化(金额、期限)及确权问题,且确权记录不可篡改,其实质是将应收账款票据化。

在上述模式下,区块链的搭建方的信用及信誉较为关键。例如,LR(2018)区块链 ABS 发行时,ZS 银行对上述区块链应收款进行了承兑;OY 金融信息服务股份有限公司为宝钢旗下企业,宝钢集团对 OY 系统上确权的应收款进行了实质上的确认。

2) 仅在项目设立及运作中使用了区块链技术的 ABS

BD—TF2017 年第一期 ABS、HT 资管[19]号应收账款债权资产支持专项计划、BS 车贷汽车金融资产支持专项计划、B 金融—华泰资管 2018 年第 6 期供应链保理合同债权 ABS 等属于这类 ABS 产品。这类 ABS 产品的多数基础资产为债权,区块链技术的使用主要体现在:①利用区块链"上链"保存原始基础资产,利用智能合约进行上链和筛选,确保原始资产数据质量;②利用智能合约实现 ABS 关键业务流程,提高业务效率;③利用智能合约实现监管体系建设;④设计智能合约模板,支持多种底层基础资产,实现灵活的业务逻辑;⑤构建券商间通用的 ABS 信息服务平台,实现互联互通和数据共享。

在实际操作中,原始权益人及相关中介机构需要将相关信息传输上链,信息一旦上链,区块链上各方无法单独篡改。在信息已上链的基础上,利用智能合约实现自动资产筛选、运行监控、特殊事件触发等功能,可以减少了人工干预,在一定程度上提高了公信力。

但是,该模式也存在一定的问题:①区块链只能解决底层资产上链后数据的可信传输,无法解决链上链下资产的对应问题,仍然存在着委托人数据不真实的可能,即数据的产生无法去中心化;②对产品的内在信用风险防控提升效应较小等。

3. 区块链的引入对项目发行利率的影响

1) 基础资产的产生环节应用了区块链技术的 ABS

(1) 目前,上述 LR 区块链 ABS 系列产品已在沪深两市发行多期产品(评级均为 AAA),第一期产品 18LR 的发行日期为 2018 年 8 月 17 日,发行利率为 4.9%,期限约为 0.97 年。第二期产品 19LR 发行日期为 2019 年 11 月 11 日,发行利率为 3.95%。该系列产品从第一期成立至今,发行利率总体上呈微幅下降态势,第一期产品与第二期产品较同期中债收益率的利差有较明显变化。上述变化的产生可能是由于投资人对区块链应收款的认可程度逐渐上升。

(2) 上述由 HP 证券管理的 OY 区块链 TB 一号 ABS,发行于 2019 年 12 月 5 日,票面利率 3.5%,预计期限 0.5 年。该产品通过区块链引入了宝钢主体信用,实质效果类似债务人确权或差额补足。

2) 仅在项目设立及运作环节中使用区块链技术的 ABS

(1) 如 BD-TF2017 年第一期 ABS 为系列产品。该产品 2016 年的发行价格分别为优先:证券5.5%、夹层:证券8%;2017年的发行价格分别为优先:证券6.3%、夹层:证券7.5%;2018年的发行价格分别为优先:证券5.5%、夹层:证券7%;2019年的发行价格分别为优先:证券6.5%、夹层:证券7%;2020年的发行价格分别为优先:证券5.8%、夹层:证券7.5%。其总体价格变化并未出现明显下降趋势。

(2) 如HT资管[19]号ABS为系列产品。结合该产品2017年2月至2019年8月发行的多期金融ABS产品来看,区块链元素的加入并未导致其发行利率出现明显下降。

综上所述,区块链对于产品发行利率的影响与区块链的介入方式以及区块链的运作方和发行主体的信誉等多方面因素密切相关。对于基础资产的产生环节和区块链无关,而是在项目设立中使用了区块链技术的ABS项目而言,区块链的引入对其发行价格的影响不大。

二、案例解析

(一) 涉及知识点

1. 区块链技术的发展与应用

区块链是一个信息技术领域的术语。从科技层面来看,区块链涉及数学、密码学、互联网和计算机编程等诸多学科领域。从应用视角来看,区块链是一个分布式的共享账本和数据库,具有去中心化、不可篡改、全程留痕、可以追溯、集体维护、公开透明等特点。这些特点保证了区块链的"诚实"与"透明",为区块链创造信任奠定了基础。而区块链丰富的应用场景,基本上都基于区块链能够解决信息不对称问题,实现多个主体之间的协作信任与一致行动。基于这些特征,区块链技术奠定了坚实的信任基础,创造了可靠的合作机制,具有广阔的运用前景。2019年1月,国家互联网信息办公室发布《区块链信息服务管理规定》。2019年10月,习近平总书记强调把区块链作为核心技术自主创新的重要突破口,加快推动区块链技术和产业创新发展。区块链已走进大众视野,成为社会的关注焦点。

目前,区块链技术在金融、物联网物流、公共服务、数字版权领域、公益等众多领域均有广泛运用。其中,将区块链技术应用在金融行业中,能够省去第三方中介环节,实现点对点的直接对接,从而在大大降低成本的同时,快速完成交易支付。区块链技术在国际汇兑、信用证、股权登记和证券交易所等金融领域有着巨大的潜在应用价值。

2. 区块链ABS的概念与优势

区块链ABS是区块链技术在ABS领域的运用,以立足于区块链底层数据库系统设计来支持ABS项目的运行,是高科技与资产证券化结合的产物。

区块链与ABS联手具有众多优势。

(1) 区块链ABS以ABS云为支撑平台,利用区块链技术手段,实现将ABS业务流程化、电子化、标准化,可以让市场上众多的资产证券化项目透明清晰地呈现,从而迅速对接资产或资金,降低资产证券化的操作门槛,有效控制运作成本。

(2) 区块链技术作为独立的底层数据存储和验证技术,具有去中介信任、防篡改、交易可追溯等特性。ABS云通过引入区块链技术,各节点共同维护一套交易账本数据,可实时掌握并验证账本内容,有效解决 ABS 中存在的环节多、流程复杂、底层资产透明度差等问题,使得债项评级更加精准,从而能够实现交易过程中的高透明化,有效打破信息黑箱,大幅提升证券交易的高效性和透明度。这不仅有利于穿透式监管,还可提高金融资产的出售结算效率,降低增信环节的转移成本。

(3) 基于区块链的 ABS 一体化流程的解决方案可以囊括所有参与方的联盟链,将各参与方接入共识节点,同时底层架构设计引入分链、多通道和共识节点技术,保证系统处理开发数据能力。

(4) 区块链数据库能支撑 ABS 产品的整个生命全周期,覆盖了资产证券化的六个全部流程,从前期的资产池数据、风险评级及交易结构导入,到准备期的产品设计发行,再到中期投资人注册登记环节的链上数据获取与上传,最后到后期对基础资产的现金流进行全面实时的展示与监控等。所搭建的管理平台可涵盖贯穿资产登记、数据清洗、资产组合构建、风险评级、产品设计、现金流管理及交易转让等业务,从而高效实现对基础资产全生命周期的管理能力,包括放款、还款、逾期以及交易等全流程的数据上链,以达到对现金流进行实时监控和精准预测的目的,优化 ABS 的现金流管理。

(5) 从风险控制角度来看,基于区块链的 ABS 可通过在智能合约中编入预警参数与相应的违规处置、合约终止等止损操作设置,设置业务时间、资金阈值,触发条件后自动执行投资或担保措施,从根源上预防特殊目的载体(SPV)管理人等参与方的违约行为,保障投资人利益。

(二) 要点分析

1. 区块链类 ABS 的发展前景

区块链技术从资产证券化产品的业务流程中的多个环节切入,解决了传统 ABS 业务中的多方痛点。对于资管公司而言,区块链的引入可以重建信任机制,实现发行全生命周期信息化管理,实现多方协作,提高业务操作效率。对于投资者而言,区块链的引入可以提高资产在 ABS 全流程的透明度,降低信息不对称程度,同时二级交易的估值和定价也变得有据可依。对于监管机构而言,区块链的引入能够在更大程度上满足穿透式审核和监管的要求,降低监管成本,有效把控金融杠杆、提前防范系统性风险。对于项目方而言,采用区块链技术增加了投资收益,降低了融资和沟通成本,使得投前、投后的管理更有效,同时让资金流转速度更快,资金的分配效率更高。

可以说,区块链与资产证券化是最佳拍档。区块链技术不仅可改变金融系统的底层设计,实现所有市场参与人对资产所有权和交易信息的无差别记录,保证底层资产数据的真实性。同时,链上处理 ABS 交易信息,任何一次变动都可以同步更新到所有节点,可节省此前冗长的手续和资源的消耗。

从长远趋势来看,区块链加资管将成为资管行业发展的一个重要趋势。由于金融衍生品市场非常复杂,ABS 是一个高度依赖评级的金融标的,这个领域的信息不对称非常严重,普通投资者无法了解到 ABS 背后真实的资产和信用情况,而区块链天然存在信用追溯的价值,而且记录在案,比第三方评级更加可靠,是资管行业未来重要的应用技术。

2. 发展区块链类 ABS 所面临的挑战

区块链技术只是一项工具,区块链 ABS 还存在如下一些挑战:

(1) 区块链技术规模化面临挑战。就目前设施水平来说,账本中不断增添的数据可能占用过多计算与储存资源,无法完全应对现存交易规模。面对将多个区块链方案与不同特定技术并存的现象,业务拓展的跨链需求要有足够的通用标准来满足,这给信息互通和场景适应化带来更高挑战。

(2) 资产数据透明与客户隐私保护两个目标之间存在矛盾,在系统设计时需要采用多种密码技术做好统筹,但这又对区块链的系统性能形成了挑战。

(3) 纠错成本较高。ABS 主要解决的是链上的问题,如果一个金融产品本身存在问题,在上链之前做了隐匿,那么上链之后所有的记录实际上都存在一定的不确定性。此外,区块链是中性的,不管好坏都会如实地记录。

(4) 联盟链治理比较难。未来需要找到一种治理机制让多家金融机构合作,共同建立联盟链,形成一个健康的生态。

3. 区块链类 ABS 的发展可能面临的问题

(1) 区块链技术并不算成熟,存在着密码算法的安全性、协议安全性、使用安全性、系统安全性等诸多方面的挑战。区块链安全问题包含多个方面,如传统的安全问题,包括私钥的保护、应用层软件传统的漏洞等。另外,新的协议层面也有一些新的协议带来的漏洞。除了外部恶意攻击风险,区块链也面临其内生风险的威胁。如何围绕着整个区块链应用系统的设备、数据、应用、加密、认证以及权限等方面构筑一个完整的安全应用体系,是各方必须要面对的重要问题。

(2) 区块链技术更多的是工具上的创新,因为资产是动态变化的,技术只能更及时地进行预警,但并不能减少或者消除不合格资产。

(3) 区块链只能解决底层资产上链后数据的可信传输,无法解决链上链下资产的对应问题,因此,委托人数据不真实的情况仍然存在。

(4) 区块链相关法律制度亟待完善。区块链技术的基本构成要素存在法律认定空白,如账本中的共识信息是否认定为参与方需履行义务、数字资产的权利与义务关系、智能合约与现存合同法的内容形式冲突问题等。

4. 发展区块链 ABS 的对策

区块链 ABS 的发展任重道远,未来需要从以下几方面着手:

(1) 区块链技术研发力量布局较分散。区块链技术研发力量和资源比较分散,不利于快速推动区块链技术的突破和应用标准的制定。

(2) 面对诸多安全性挑战,需要系统化的解决方案。作为新兴产业,区块链产业的从业人员安全意识较为缺乏,导致目前的区块链相关软硬件的安全系数有待提高。此外,整个区块链生态环节较多,而相关的安全从业人员力量分散,没有形成合力来解决问题。

(3) 需要加强区块链 ABS 项目示范工作。例如,推动相对成熟的区块链 ABS 平台或项目落地,或组织研究现存的"区块链+ABS"平台或项目,形成市场示范效应。

(4) 探寻产业主体合作有效机制。例如,参考国际经验,借助行业联盟、行业协会等平台促进各主体之间的联动与合作,助力区块链技术应用软着陆。

（5）需要加快制定区块链行业标准和监管机制。行业标准包括技术标准、应用标准、产业合作标准等，对实用性较强、可行性较高领域的改革给予优先度。

（三）启发与思考题

（1）目前，区块链技术主要应用于 ABS 中的哪些方面？

（2）ABS 为何青睐区块链技术？区块链技术的引入可以解决哪些问题？

（3）区块链类 ABS 未来发展中可能面临哪些机遇与挑战？

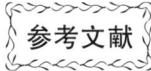

区块链（数据结构）[EB/OL].（2020-10-22）[2021-08-04]. https://baike.baidu.com/item/区块链/13465666? fr＝aladdin.

杨望,周钰筠.区块链在资产证券化中的应用[J].中国金融,2018(21):67-69.

第五模块

证券投资咨询业务

第一部分 PART 1

证券投资咨询业务概述

证券投资咨询业务是指取得监管部门颁发的相关资格的机构及其咨询人员为证券投资者或客户提供证券投资的相关信息、分析、预测或建议,并直接或间接收取服务费用的活动。其定义体现了以下两个要点:一是从业务资质方面来说,从事证券投资咨询业务的机构,必须事先取得由监管部门核准的业务资格。以证券投资咨询机构为例,其需要获得由中国证监会核发的《经营证券期货业务许可证》方可展业。此外,个人从事证券投资咨询业务,需加入一家具有证券投资咨询业务牌照的机构,并获得由中国证券业协会核发的证券投资咨询业务执业资格方可执业。简言之,机构须持牌,人员须持证。二是从业务内容方面来说,证券投资咨询机构及从业人员为证券投资者或客户提供证券投资的相关信息、分析、预测或建议,不直接替代客户作出投资理财决定,不涉及客户证券账户管理等服务内容。

证券投资咨询行业经过多年的平稳发展,目前主要涵盖了证券投资顾问业务、发布证券研究报告业务、证券资讯服务、财务顾问业务以及私募基金管理业务等多种业务形态。其中,发布证券研究报告业务和证券投资顾问业务是比较具有行业代表性的传统业务。

一、发布证券研究报告业务概述

(一) 研究报告定义

证券研究主要是通过研究报告的形式呈现。根据《发布证券研究报告暂行规定》(2020年修订),是证券投资咨询业务的一种基本形式,指证券公司、证券投资咨询机构对证券及证券相关产品的价值、市场走势或者相关影响因素进行分析,形成证券估值、投资评级等投资分析意见,制作证券研究报告,并向客户发布的行为。

证券研究报告主要包括涉及证券及证券相关产品的价值分析报告、行业研究报告、投资策略报告等。按照领域或行业划分,证券研究报告可分为股票报告和总量报告等,股票报告包括公司报告及行业报告,总量报告通常为策略报告、债券报告、宏观报告、金融工程报告等;按照报告类型划分,证券研究报告可分为重点报告和一般报告等,重点报告篇幅较长,需要详细阐明投资逻辑并提供相关数据佐证,而一般报告通常是指点评类报告,篇幅较短,阐述简明。证券研究报告可以采用书面或者电子文件形式。

(二) 发布证券研究报告的客户服务

证券分析师通过广播、电视、网络、报刊等公众媒体以及报告会、交流会等形式,发表涉及具体证券的评论意见,或者解读其撰写的证券研究报告,应当符合证券信息传播的有关规定以及下列要求:

(1) 由所在证券公司或者证券投资咨询机构统一安排。

(2) 说明所依据的证券研究报告的发布日期。

(3) 禁止明示或者暗示保证投资收益。

证券分析师通过广播、电视、网络、报刊等公众媒体,以及自媒体、报告会和交流会等形式,发表涉及具体证券的评论意见,应当严格执行证券信息传播及中国证监会的相关规定,准确地表述自己的研究观点,不得与其所在公司已发布证券研究报告的最新意见和建议相矛盾,也不得就所在研究机构未覆盖的公司发表证券估值或投资评级意见。证券分析师提供研究报告后续解读服务应是对既往已发布报告的解读,不涉及新的分析意见。

证券分析师可以将已经在公司证券研究报告发布平台上统一发布过的证券研究报告,通过在公司报备后的微信群、微信公众号、微博、云共享平台、邮箱等其他形式提供给客户并进行解读。

经营机构应当对证券分析师服务客户的方式、内容、渠道进行统一规范管理,覆盖各种形式的服务客户行为,包括与客户举行座谈会、交流会、路演活动,为客户解读其撰写的证券研究报告,使用互联网工具等传播媒介向客户提供服务等。

(三) 发布证券研究报告的基本操作

证券研究报告的基本要素包括:宏观经济、行业或上市公司的基本面分析;上市公司盈利预测、法规解读、估值及投资评级;相关信息披露和风险提示。证券公司、证券投资咨询机构发布的证券研究报告,应当载明下列事项:"证券研究报告"字样;证券公司、证券投资咨询机构名称;具备证券投资咨询业务资格的说明;署名人员的证券投资咨询执业资格证书编码;发布证券研究报告的时间;证券研究报告采用的信息和资料来源;使用证券研究报告的风险提示。

(四) 发布证券研究报告的基本规范要点

发布证券研究报告,应当建立健全研究对象覆盖、信息收集、调研、证券研究报告制作、质量控制、合规审查、证券研究报告发布以及相关销售服务等关键环节的管理制度,加强流程管理和内部控制;建立健全证券分析师发表公开言论前的内部报备程序。

制作证券研究报告应当合规、客观、专业、审慎。署名的证券分析师应当对证券研究报告的内容和观点负责,保证信息来源合法合规,研究方法专业审慎,分析结论具有合理依据。制作证券研究报告应当秉承专业的态度,采用严谨的研究方法和分析逻辑,重点围绕宏观经济形势、资本市场走势、行业发展、上市公司投资价值等进行深入分析,并基于合理的数据基础和事实依据,审慎提出研究结论。

二、证券投资顾问业务概述

(一)业务简介

证券投资顾问业务是证券投资咨询业务的一种基本形式,指证券公司、证券投资咨询机构接受客户委托,按照约定,向客户提供涉及证券及证券相关产品的投资建议服务,辅助客户作出投资决策,并直接或者间接获取经济利益的经营活动。投资建议服务内容包括投资的品种选择、投资组合以及理财规划建议等。

(二)基本操作

证券投资顾问的主要职责包括投资建议服务、证券组合管理、客户信息分类。投资建议服务的内容包括品种选择、投资组合、理财规划;证券组合管理的基本步骤分别是确定证券投资政策、进行证券投资分析、构建证券投资组合、投资组合的修正、投资组合业绩评估;客户信息分类会按照基本信息、财务信息、个人兴趣及人生规划和目标分类。

(三)基本规范要点

除证券从业人员一般禁止行为外,证券投资咨询机构的从业人员特定的禁止行为包括接受他人委托从事证券投资;与委托人约定分享证券投资收益,分担证券投资损失,或者向委托人承诺证券投资收益;依据虚假信息、内幕信息或者市场传言撰写和发布分析报告或评级报告;中国证监会、中国证券业协会禁止的其他行为。

第二部分
PART 2

研究报告发布业务案例与解析

案例　某家电龙头公司研究

【摘要】 家电与地产行业为上下游的产业关系,尤其空调与房地产关系十分密切。通过分析期房、现房销售面积增速和家用空调销量增速之间的相关性变化,我们发现2013年后相关性显著下降,影响的滞后期延长至1年左右,地产行业发展的减速对空调行业的影响在逐渐减弱,空调需求转向更新类需求。本案例将从A公司的渠道、成本、产品、战略发展、盈利预测等进行多维度价值研究。

【关键词】 行业分析　竞争优势　公司价值

一、案例陈述

A公司成立于1990年,业务覆盖空调、生活电器、高端装备等领域。经过30年的发展,A公司已经成为白色家电领域的龙头公司,是机构投资者偏好配置的投资标的。A公司报告是典型的研究场景,由于竞争优势持续发挥,各产业的龙头公司整体持续跑赢大盘指数,机构配置也一直处于整体比较高的水平,发布研究报告有广泛需求,但撰写出有价值的研究报告是很具有挑战性的任务。

公司研究是针对企业价值的研究,公司研究可长可短,可以是多个维度。不过,这些研究分析都是围绕着公司未来盈利决定企业价值这条主线展开,研究的经典问题是业务规模和盈利能力的预测。

1. 所处行业分析

公司报告中通常都包含所处行业的研究,这部分研究围绕着行业增速以及行业盈利能力波动,这些研究要对公司预测提供定量的判断基础。

行业增速研判是所处行业分析首先需要研究的问题。这需要对行业历史增长情况进行研究，发现增长的驱动规律，并最终形成对未来增速的预测。行业增长研究既可能采用数量化的统计方法进行研究，比如经常被采用的增长弹性分析，也可能是基于国际对标的长期增长潜力预测，还可能是基于关键驱动关系构架的产业模型预测。

如果行业存在显著的供应能力的变化，则需要进行盈利能力波动研究或者周期研究。

家电行业需求增速判断要基于产品驱动内在驱动力的认识进行全面研究。比如，空调行业相关研究需要研究空调需求是什么因素在推动，是经济发展还是房地产驱动，在地产行业增长减速的情况下，空调行业的增长前景如何等。

（1）家电需求更多来自不断增长的添置和换新装修需求拉动，房地产行业的减速对空调行业增速影响的重要性在减弱。

空调行业与房地产行业是伴生的产业关系，空调行业是房地产行业的下游产业。数据分析检验发现，地产期房、现房销售面积增速和家用空调内销量增速之间存在相关性。不过，2006年以来，房地产期房、现房销售面积增速和家用空调内销量增速之间的相关性在逐渐变化，空调与房地产相关度变化主要分为2006—2013年和2013年以后两个阶段：2006—2013年，家用空调出货量与商品房销售面积高度相关，滞后4～6个月；2013年以后，相关度显著下降，房地产对空调行业影响时间迟滞，滞后期延长至10～14个月。

更细致地考虑空调需求的场景，家用空调的需求可以分为更新需求和新增需求，如图5-2-1所示。其中，更新需求是指存量空调的置换，并不影响空调的总保有量水平；新增需求包括地产拉动（新增住房带来的需求）和添置需求（存量住房每百户保有量提升带来的需求）。基于空调更新周期的历史经验，并结合历史数据可以发现，地产销售对空调拉动的比例呈现下降趋势。

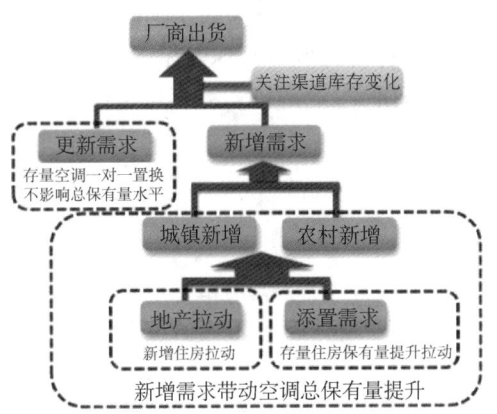

图5-2-1　家用空调需求拆分研究的方法

资料来源：国家统计局，申万宏源研究。

（2）空调的长期需求增长动力是经济发展引起的需求增长。

空调每年的需求量是新增需求（地产拉动＋添置需求）和更新需求（存量一对一置换）的叠加体现，因此，在地产拉动能力逐年放缓的背景下，添置需求增量成为拉动空调需求增长更重要的驱动力。添置需求是国民收入提高后居民使用意愿的增加引起的，所以观察和预测每百户保有量的变化是添置需求分析的重点。

长期需求预测是非线性预测,对标分析是一种常用方法,选取对标参考是关键。以空调长期需求预测为例,基于地理因素和经济发展速度,相关研究可以采用日本作为对标分析对象。2001年以后,日本家电市场进入稳态发展阶段,传统家电品类基本完成普及,日本空调在这一阶段普及率仅仅从86%小幅提升到91%,但是因为居民使用空调意愿增强,所以2000—2019年空调每百户保有量从208台提升到292台,如图5-2-2所示。中国家电保有量也经历了类似的提升过程,2018年我国城镇和农村的空调每百户保有量分别为142台和65台,而这只相当于日本1993年和1982年的保有量水平。所以,从中长期看,随着中国经济的发展,我国城镇和农村空调保有量仍有比较大的提升空间。

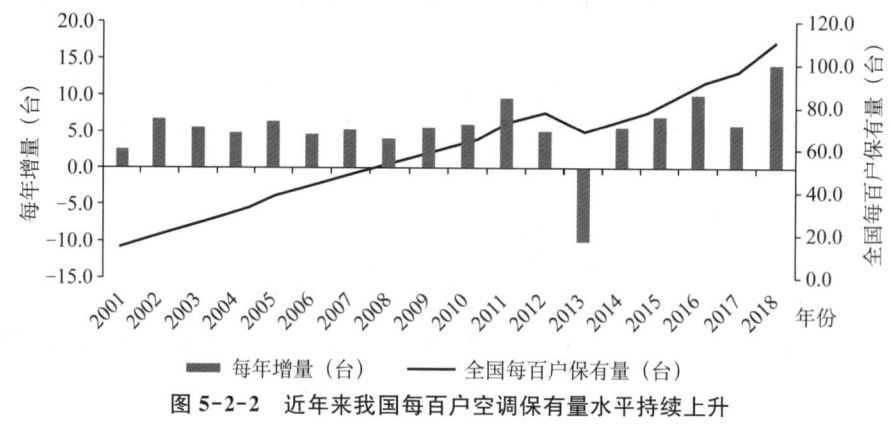

图 5-2-2 近年来我国每百户空调保有量水平持续上升

资料来源:国家统计局,申万宏源研究。

(3)基于产业环境假设的总需求模型预测,判断行业的增长潜力。

要得出数量化的行业整体增速判断,就要对各个需求部分进行分析预测。其中,添置需求需要基于经济发展速度预测平均每空调百户保有量变化,考虑城市和农村的市场差异,结合国际对标和国内发展进程分析研究;地产拉动需要对新增房地产带来的需求进行分析,对新房销售和户均销售数量进行预测;更新需求需要了解空调平均使用年限,估计空调保有量水平。由于更新需求今后将持续提升,产业将逐渐进入稳定增长状态,增速也将逐渐放缓。总需求测算表如表5-2-1所示。

表 5-2-1 总需求测算表

年份	2018	2023E	2028E
百户保有量(台/百户)	111	150	185
家庭总户数(亿户)	4.6	4.6	4.6
全国空调保有量(亿台)	5.1	6.9	8.5
保有量提升空调需求(万台)		18 000(5年)	16 000(5年)
地产拉动空调需求量(万台)	2 200	11 000(5年)	11 000(5年)
更新空调需求(万台)		26 000(5年)	35 000(5年)
空调总需求(万台)	9 300	55 000(5年)	62 000(5年)

资料来源:国家统计局。

2. 公司研究的核心任务

公司研究的起点是信息的获取，这是公司研究的重要基础，既包括基于案头研究的公开数据整理和研究，也包括基于现场交流的各类调研。在数据支撑的基础上，公司研究需要对行业基本面、公司业务、竞争优势等进行综合分析，并基于财务模型完成盈利预测，基于盈利预测进行价值评估。

盈利影响因素来自业务盈利能力和收入规模的变化。对于周期类产业的公司，行业盈利波动是重要的盈利波动原因，也是分析的重点，这需要对行业的供需分析进行深入分析。非周期类产业的公司则更多需要关注公司竞争力的变化，这是决定公司长期盈利能力的内在基础。收入规模的变化分析要基于行业增长，同时对公司具体项目或业务的发展状况进行翔实的研究，行业成本费用分析要基于历史数据的研究并结合公司经营的变化进行判断。

家电行业属于轻资产行业。家电公司的研究重点是预测收入增速、评价公司竞争优势以及这些竞争优势的可持续性，进而通过对近期产品盈利能力的研究预测未来。

1) 家电公司的竞争优势来自渠道力、成本力和产品力

竞争优势分析需要结合采用经济理论与公司的业务实践进行，并采用行业同行对比和历史对比的方式，评价公司竞争力的相对强弱以及变化。

渠道力来是研究居民用消费品的必备要素。评价企业营销模式竞争力，需要对多个维度因素进行融合，发现公司的独特模式。研究家电公司经销商政策、自建渠道能力，则尤其需要关注经销商的公司销售部门的利益如何协调。

成本力的主要成因是规模效应、一体化生产优势、灵活生产优势等。其中，规模效应是最需要重视的成本力，家电行业走向就集中的竞争格局也反映了这个行业存在明显的规模效应。当规模比较大后，企业会考虑关键零配件产业的纵向投资，这不仅仅可以提供成本优势，还可以保持技术优势的垄断性。比如，空调行业中的压缩机和电机就是重要组件，压缩机和电机作为空调最核心的零部件，分别占成本35%和15%左右，因此成为龙头公司实施纵向一体化的重点方向。

产品力来自技术和质量。科技能力越来越成为企业的核心竞争力，技术能力强的公司可以使公司产品更受市场青睐，表现了更好的盈利指标。公司技术能力评估可以从业务发展状况角度进行，也可以从科技投入角度进行。比如，从行业对比角度分析，A 公司的研发费用通常高于大部分公司，略低于行业另一家龙头公司 B 公司(见图 5-2-3)。考虑到 B 公司是产品线更多的公司，所以，A 公司的实际产品研发投入密度是更高的。

家电公司可以通过与同行对比产品性能水平以及产品盈利能力，以评价公司的产品科技水平，还可以通过历史纵深和行业横向比较，研究公司科研人员数量变化、研发费用支出水平等变化，以评价其科技投入状况。产品质量水平也是家电产品技术的体现。这类分析需要把用户质量反馈类数据与公司经营政策思路的分析相结合。

产品力的最终体现是产品定价能力。从同行产品均价来看(见图 5-2-4)，A 公司处于第一梯队，且稳定保持领先于第二梯队公司的水平，反映其行业龙头地位相对稳定。值得注意的是，同处第一梯队的 B 公司的产品均价呈现相对上升，这与该公司加大高端市场策略有关。

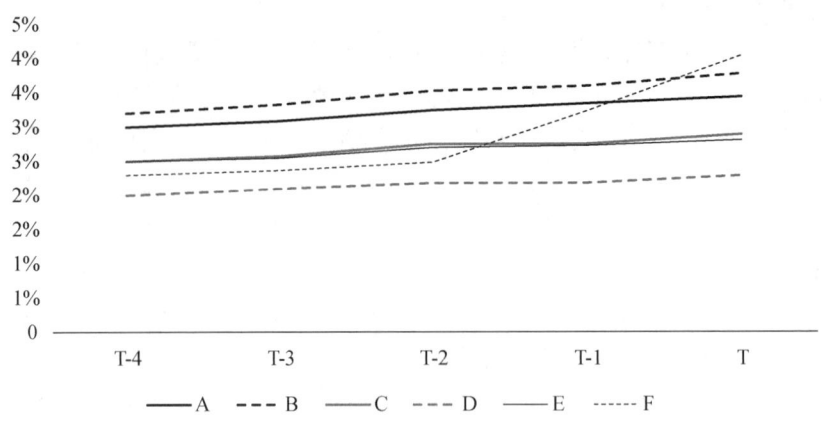

图 5-2-3 近 5 年家电公司的研发费用占营业收入比例

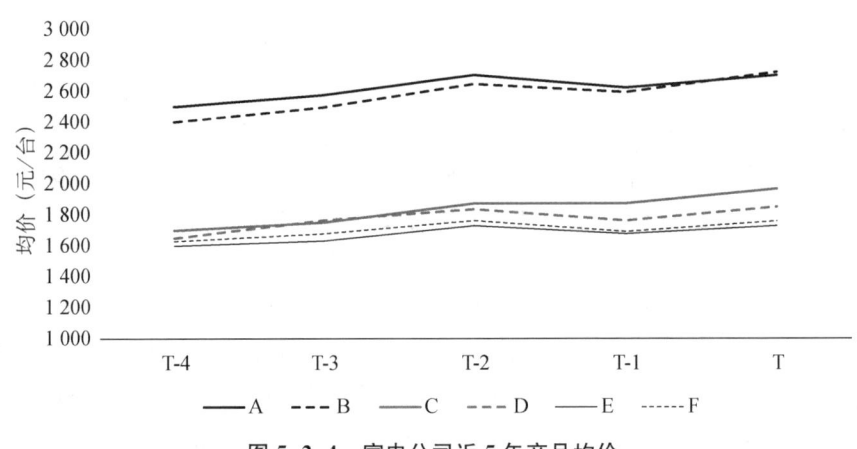

图 5-2-4 家电公司近 5 年产品均价

2)业务分析

业务分析着眼于 3～5 年的公司收入预测。业务分析通常需要结合行业增长背景、公司发展战略、业务具体进展等角度展开。

公司发展战略研究要详细研究公司公开表述的发展战略,同时结合公司资本层面变化、高级管理层或研发人员变动,以及新产品推出状况综合研究;要注意公司股东变动带来的股东资源变化以及治理结构变化的影响;要重视重大新业务方向的收购事项,包括新增的来自全新业务领域的高管,这些往往预示公司未来的发展方向。

空调行业的公司要研究空调以外的产品发展态度和策略,寻找新增长的意愿,并评估这类发展策略的可达成状况;也要研究家用空调市场以外的中央空调业务的发展趋势。这是因为中央空调正处于内资品牌份额上升阶段,即相对更快的增速阶段。

3)盈利预测

盈利预测是通过公司财务模型而完成的,需要把行业及公司各项研究进行数据化假设,最终得到对公司财务状况的预测。尽管在研究报告中看不到财务模型的全貌,但是,实际上财务模型是公司研究的最核心载体,反映了公司研究的主要成果。

盈利预测的关键是结合历史财务数据分析和公司业务发展趋势分析成果,提出数字化的假设。其中,比较重要的假设有收入分项目增速假设、分产品毛利率假设、各项总费用率假设、资本开支假设、资本运营项目假设等。这些重要假设需要与分析部分相互印证,并对有重大变化的指标假设进行充分说明。以营业收入预测为例,对家用空调、冰洗业务和中央空调3项业务的销量和产品均价变动进行分析假设后,我们最终可以得到A公司未来3年的营业收入增速分别为7.0%、6.2%和6.0%,如表5-2-2所示。

表5-2-2　　　　　　　　　　A公司分业务收入预测

项目	T−1	T	T+1(E)	T+2(E)	T+3(E)
家用空调(亿元)	1 488	1 571	1 675	1 768	1 861
冰洗(亿元)	422	454	489	526	566
中央空调(亿元)	110	122	134	145	158
营业收入合计(亿元)	2 020	2 147	2 297	2 439	2 585
营业收入合计同比		6.3%	7.0%	6.2%	6.0%
家用空调销量同比		3.0%	4.0%	3.0%	2.7%
冰洗销量同比		5.0%	5.0%	5.0%	5.0%
中央空调销量同比		8.0%	7.0%	6.0%	6.0%
家用空调价格同比		2.5%	2.5%	2.5%	2.5%
冰洗价格同比		2.5%	2.5%	2.5%	2.5%
中央空调价格同比		2.5%	2.5%	2.5%	2.5%

市场关注的重要驱动变量相关研究需要进行敏感性分析。比如,铜价是影响家电公司盈利的关键成本项,如果铜价正处于波动比较大的时期,则可能需要对铜价和公司盈利进行敏感分析,以说明不同铜价场景对公司盈利的影响。

3. 价值评估和投资评级

价值评估和投资判断是公司研究的终极任务。研究报告需要采用绝对价值评估或相对价值评估的方法进行公司价值判断。考虑到影响公司价值的因素很多,所以,多角度地进行价值评估越来越成为惯例。

相对价值评估是基于可比公司的市场定价指标的进行定价的方法,最常见的是市盈率法和市净率法。相对价值评估需要对参照公司估值进行计算,并判断标的公司的合理价值。相对估值评估本身是基于公司盈利状况的可比关系,但由于参照公司和标的公司之间总是存在盈利能力、业绩增速以及运营风险等方面的差异,相对价值评估需要针对这些差异进行详细说明,并对合理估值进行调整。比如,对于白电公司来说,上市公司数目众多,但由于细分业务之间的差异,不同领域公司估值差异较大。大型家电在估值方面更类似,联动更明显,所以,A公司的相对估值需要更多参考其他龙头家电公司的估值水平。

绝对价值评估是采用现金流的价值评估法，最常用的是自由现金流贴现法。报告中需要对评估方法采用的假设进行披露，如净现金流假设、贴现率假设。为了说明关键假设对公司价值的影响，有时候需要对贴现率和公司增长假设等进行敏感分析。

价值评价并不是一个静态过程，而是要从发展变化角度进行解释，结合公司在增长预期或盈利能力方面的重大变化，对公司价值作出前瞻性的判断。采用多种估值方法一般会出现估值结果的差异，研究报告中需要最终给予综合性的判断结论。

二、案例解析

（一）涉及知识点

1. 信息不对称理论

信息不对称理论也称不完全信息理论，是由三位美国经济学家——乔治·阿克罗夫、迈克尔·斯彭斯、约瑟夫·斯蒂格利茨提出的。他们认为，市场中不同的人对某件事情的了解程度是不同的，有些人掌握了比较全面的信息，而有些人掌握的信息极少。如果进行交易，相较于掌握信息少的人，掌握全面信息的人处于更有利的地位。掌握信息充分的人也可向那些想获取信息但信息贫乏的人出售信息以获取收益。

信息不对称理论在证券市场中有广泛的应用，其主要体现在两方面：一方面上市公司与投资者之间存在信息不对称，投资者不论是在信息公开度还是在搜索信息的能力上均处于不利地位；另一方面是不同的投资者主体中也存在信息不对称，个人投资者相较于机构投资者处于信息不利地位，机构投资者一般与上市公司及各金融机构都有密切联系，更容易获得上市公司内部的私有信息。因此，证券分析师作为二级市场的主要信息传播者，向市场中发布已获得的信息来减少信息不对称，促进市场公平性和有效性。

证券分析师是资本市场的重要信息中介。通过搜集和研究分析各种信息，对外发布研究报告，分析师可以掌握更多的信息，这能增加公司的信息透明度，有效地弥补市场上普通投资者的信息不足，从而缓解双方的信息不对称性问题。

2. 研究报告基本形式要求

研究报告主要由以下基本部件组成：首页、投资案件、目录、正文、附表、附件。

（1）研究报告的首页并不是内容摘要，而是报告核心思想的提炼。

（2）投资案件公司类报告包括五要素：投资评级与估值、关键假设、有别于大众的认识、股价表现的催化剂、核心假设风险。行业类报告包括三要素：结论或投资建议、原因及逻辑、有别于大众的认识三大要素。

（3）标题需要引发阅读者兴趣，目录需要具有逻辑性，以反映报告的核心观点及内在逻辑。

（4）研究报告的正文需要研究分析的过程科学、逻辑准确、思路顺畅、表达清楚，可以采用文字、图和表等表达，为了便于理解通常不乱用虚词，不出现过长的句子，尽量少使用复杂语句。

（5）研究报告要清楚标记图表内容及资料来源，这是报告内在可信的基础。

(6) 附件是指不可放入正文的重要文件,如财务模型、模型简表、工作底稿和调研纪要等。撰写报告应使用经营机构统一格式的模板,不得擅自更改模板和格式,应确保提交的报告体例正确、内容完整。

证券研究报告的内容是全方位的,研究角度包括但并不限于以下方面:行业研究通常关注商业模式、行业发展历史和阶段、行业空间判断、行业周期分析、产业链研究、行业内竞争格局、主要企业对比、海外发展和对标分析;公司研究通常关注公司战略和竞争力、商业模式、股东和管理层分析、业务判断、财务预测和说明、估值分析、投资判断、风险评估。

3. 研究报告的基本质量要求

研究报告信息来源需保证合法合规,证券分析师在撰写研究报告过程中需严格遵守信息使用及底稿制作的各项规定,引用信息和数据来源进行核实,不得将无法确定来源合法合规性的信息编写进证券研究报告,不得将无法认定真实性的市场传言作为确定性研究结论的依据。报告信息来源主要是政府机构部门、上市公司公开披露信息、调研信息(未公开或内幕信息除外)、公开媒体报道信息或其他合法合规信息来源。研究报告言语措辞须严谨、表达清楚、易于理解。撰写研究报告应当坚持客观原则,避免夸大、低俗、诱导性、煽动性的标题或者用语,不应对证券估值、投资评级作出任何形式的保证。证券分析师应当充分尊重知识产权,不得抄袭他人著作、论文或其他分析师的研究成果,在报告中引用他人著作、论文或研究成果时,应当加以注明;分析须专业审慎,逻辑须完整严密,研究报告的分析过程必须科学合理、逻辑正确、思路顺畅、观点鲜明,与报告的其他部分保持一致;应当建立发布证券研究报告工作底稿制度,工作底稿包括必要的信息资料、调研纪要、分析模型等内容,对纳入发布证券研究报告相关业务档案予以保存和管理。

此外,研究报告还须保证结论合理恰当,对证券研究报告可能对市场产生影响的重要敏感信息进行审慎评估,不得基于个别数据夸大或臆测行业或市场整体风险。

4. 研究报告的基本合规要求

证券分析师应当珍惜职业称号和职业声誉,以真实姓名执业。证券研究报告署名分析师应当具有证券投资咨询执业资格。研究报告发布后,提供研究报告解读等后续研究服务工作的人员,应当取得证券分析师资格。证券分析师应当对其署名的证券研究报告的内容和观点负责。

上市公司调研纪要仅供内部存档或撰写研究报告使用,不得对外发布或提供给客户。在研究报告中使用调研信息的,应当保留必要的信息来源依据。在证券研究报告发布前,证券分析师可以就证券研究报告涉及上市公司相关信息的真实性向该上市公司进行确认,但不得透露该证券研究报告的发布时间、观点、盈利预测和结论。

制作证券研究报告应当坚持客观原则,避免使用夸大、低俗、诱导性、煽动性的标题或者用语,不得对证券估值、投资评级作出任何形式的保证;应提示投资者自主作出投资决策并自行承担投资风险,任何形式的分享证券投资收益或者分担证券投资损失的书面或口头承诺均为无效。

研究报告应当通过发布证券研究报告平台统一发送给公司约定的证券研究报告发布对象,以保障发布证券研究报告的公平性。在研究报告发布之前,制作发布研究报告的相关人员不得向研究报告相关销售服务人员、客户及其他无关人员泄露研究对象覆盖范围的调整、制作与发布研究报告的计划,证券研究报告的发布时间、观点和结论,以及涉及盈利预测、投资评级、目标价格等内容的调整计划。

(二) 要点分析

1. 研究报告的审核与制作流程

1) 研究报告审核流程

研究报告需要经过质量审核和合规审核流程。其中质量审核应当涵盖信息处理、分析逻辑、研究结论等内容,重点关注研究方法和研究结论的专业性和审慎性。合规审核应当涵盖人员资质、信息来源、风险提示等内容,重点关注研究报告可能涉及的利益冲突事项。

2) 研究报告制作流程

研究报告的撰写包括选题、调研准备及模型建立、调研、模型定稿及报告发布、报告服务等阶段。选题是寻找有价值的研究问题;调研准备是对于行业或公司的投资问题的全面梳理并发现其中需要进一步调查才能弄清楚的问题;调研是通过产业调研或公司调研弄清楚清单上的问题;报告发布是研究报告撰写完成并通过各流程审核;研究报告的推荐是把研究报告的观点向客户进行推荐。这些流程可能反复,如因为发现新的问题而重新调研,或因为发现缺乏投资价值而报告中止。

2. 研究报告撰写的关键点

公司分析包含两个方面:业务分析、财务报表分析。这两个方面共同构成财务预测的基础。

业务分析是对公司的经营业务和经营环境进行分析。一是综合信息,包括公司策略、生命周期等;二是产品与市场,包括产品系列与新产品、公司产品的市场、营销策略与售后服务、重要客户等;三是生产与分销,包括制造过程与成本、分销、供应商及原材料等;四是竞争,包括竞争环境、竞争的比较分析等。

财务报表分析是通过对公司报表的有关数据进行汇总、计算和对比,综合分析公司的财务状况和经营业绩。公司财务报表提供的仅仅是静态信息,分析者需要定期收集新的信息,更新分析结论。分析者可以运用差额分析法,通过数据的差额分析上市公司财务状况和经营成果;运用比率分析法,通过同期的相关数据比率分析把历史与现实状况加以比较,以评价公司经营活动;运用比较分析法,对财务报表中的数据按不同时期、不同公司区分,与标准化相比较来确定公司发展的趋势。

(三) 启发思考题

(1) 如何对公司进行深度研究?

(2) 公司研究报告有哪些种类?

(3) 财务预测有哪些方法?

(4) 估值分析和投资判断的关键是什么?

参考文献

季松.证券投资咨询业务市场规制研究[D].北京:北京交通大学,2018.
方卓.金融科技对证券投资咨询行业的影响研究[D].兰州:兰州财经大学,2019.
刘一策.证券分析师研究报告评级准确性及其影响因素研究[D].上海:东华大学,2019.

第三部分
PART 3

证券投资顾问业务案例与解析

案例　荐股羊皮下的"杀猪盘"骗局

【摘要】"杀猪盘"指的是一些所谓的"老师"利用抖音、股吧、微博、微信等社交平台推荐股票,投资者听信后买入推荐股票后被套,"庄家"因此卖出股票而获利。"杀猪盘"行为对市场造成严重的扰乱,对相关公司的形象造成恶劣的影响,对投资者的权益造成严重的损害。在移动互联网时代,非法荐股信息通过互联网平台扩散,使得"杀猪盘"行为更具危害且更为隐蔽,这加大了监管部门和执法部门对此类行为的整治难度。本文从AA家居遭遇杀猪盘股价闪崩跌停单个案例切入,剖析"杀猪盘"骗局的性质以及对市场、上市公司和投资者的危害;分析"杀猪盘"骗局屡屡有人上当且屡禁不止的原因;根据现有的情况思考相关各方如何才能合力遏制"杀猪盘"骗局的发生,投资者如何加强自我保护意识。

【关键词】"杀猪盘"　互联网平台　非法荐股　AA家居　投资者自我保护

一、案例陈述

"杀猪盘"虽不是什么新鲜的骗术,但是却屡屡有投资者上当受骗。一旦投资者被"杀猪盘"套路,往往会发生巨额的资金损失。而遭遇"杀猪盘"的上市公司,首先是股价异常波动并受到监管机构的问询,然后是资金大幅流出,市值大幅缩水,最后是在影响公司正常经营的同时让公司形象受损。对于整个证券市场而言,单个"杀猪盘"案例的影响有限。但是如果对这种在股市中通过违法活动获取暴利的行为不加以严厉打击,那么对于整个证券市场的秩序、风气都将造成严重的负面影响。

1. 移动互联网平台下的"杀猪盘"

2020年9月21日午后开盘,AA家居连续出现十多笔大卖单,AA家居股票从跌幅不到

3‰到被封死在跌停板上,只经历了不到12分钟。紧接着,大量股民在股吧里爆料自己遭遇了"杀猪盘"。而在这之前,证券市场上已经出现了多个"杀猪盘"事件。仅2020年6月份至9月份,除AA家居以外,还有AA科技、BB制药、CC股份等多家上市公司股票遭"杀猪盘"套路。2020年9月4日至2020年9月28日,AA家居股票走势如图5-3-1所示。

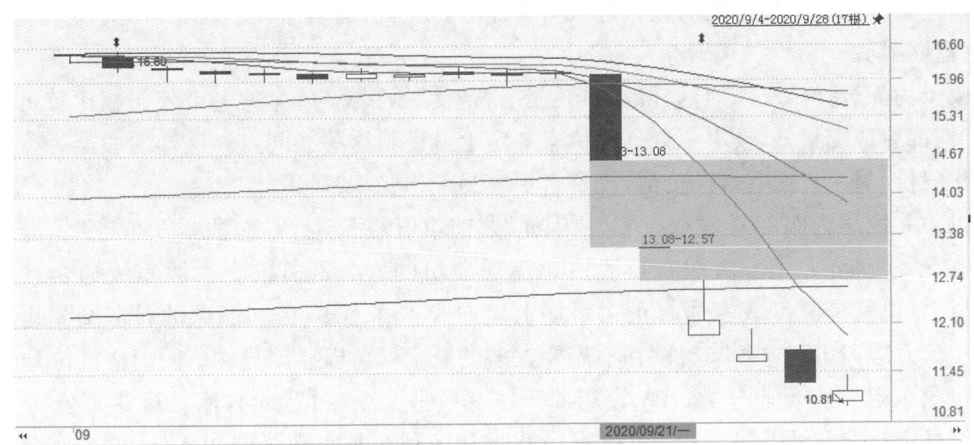

图5-3-1　AA家居股票走势

这些"杀猪盘"骗局的套路大同小异,大致可以拆解为四步。

第一步,"撒网"。移动互联时代下信息传递效率显著提高,这给不法分子疯狂扩散非法荐股信息、大规模寻找诈骗目标提供了条件。以AA家居事件为例,据受害投资者爆料,他们都是经一位名为"X民"的抖音播主推荐购买的这只股票的。这位抖音播主拥有7.3万的粉丝量,其账号简介自称是投研的外包团队,为一线职业团队提供最全面的可行性评测,树立了一个"专业人士"的形象。在类似的"杀猪盘"案件之中,相关人员都是扮演一个"财经大V""基金经理"甚者是"有内幕消息的人员",然后作为"老师"通过直播平台、抖音、股吧、微博、微信群等网络平台向散户提供投资建议、推荐股票。AA家居"杀猪盘"事件中,这个叫"X民"的抖音播主在直播中给投资者投资建议的同时,建立了人数庞大的微信粉丝群,在群里向粉丝提供投资咨询服务。

第二步,给"甜头"。根据多位"杀猪盘"骗局的受害者描述,他们在初期一般都能在这些"老师"的指导下获得一些收益。这些"老师"要么就是有一定的专业能力,对市场指数预测比较准确,还可以为其受众讲解K线图走势、MACD指标等股票知识;要么就是声称和"庄家"合作,从"庄家"那里得到消息推荐给投资者"独门股",前期给投资者一定的甜头,进一步取得专业知识不足又想在股市中获利的中小投资者的信任。

第三步,"杀猪"。当然,这里说的"杀猪"杀的不是真正的猪,而是指骗子在取得受害者充分信任、养足受害者胃口之后,开始对受害者下手,套取受害者资金。前期的准备都是为了此时对投资者进行宰割,这些"老师"往往会推荐一只声称能大幅上涨的股票,让投资者大量买进。其实,他们在前期该股票处于低位时就已经买入了该股票,投资者一旦买入他们推荐的股票,那么之前的"独门股"也就变成了"杀猪股"。骗子以较高的股价疯狂出货之后,股价大跌,投资者资金被套,留下一地鸡毛。AA家居股票在2020年9月21日跌停后,22日、

23日连续跌停,21日至25日公司股价累计跌幅超过30%,市值约缩水15亿元。

第四步,"销声匿迹"。受害者在遭到巨大的经济损失之后,首先想到的是质疑向其荐股的"老师"。而在这个时候,伪装成"老师"的骗子们早已赚得盆满钵满,从各个互联网平台销声匿迹。AA家居股票"闪崩"之后,"X民"抖音账号被注销,所有的"X民"粉丝微信群被解散。这些骗子在吃干抹净之后,从容身退,换账号、换身份继续捕捉下一轮目标,谋划下一次"杀猪盘"骗局。

骗子为何选择AA家居这样的公司呢？将遭受"杀猪盘"的相关上市公司相比较可以发现,它们都有成交量低、换手率低且股价有一定上升逻辑这些共同点。这样的股票一方面便于操作股价,另一方面有炒作价值,投资者更容易上当受骗。

以AA家居为例,AA家居在股票"闪崩"之前市值约50亿元,总股本3.17亿元,其中流通股本3.14亿元。第一大股东持股占总流通股份的64.52%,前十大股东流通合计持股85%以上,也就是说,AA家居真正在市场上流通股本并不多,公司股票的日成交量也是基本处于5万股以下。这些"老师"并不需要太多的资金就可以让该只股票的价格被拉升。

按照东财二级行业分类,AA家居属于家具行业。受疫情影响,家具行业各公司2020年中报显示行业业绩普遍下滑。AA家居营收和净利润都实现了同比增长,增长率分别为2.29%和3.8%,如图5-3-2所示。虽然AA家居的经营数据有一些亮点,但是投资价值并没有荐股"老师"所描述那么高。从大宗业务来看,家具公司的全屋定制业务受疫情影响最大,跌幅比较明显。而AA家居体量较小,虽全屋定制业务营业收入同比下降4.1%至2.35亿元,但公司橱柜业务营收同比增7.8%至3.03亿元,使公司营业收入实现了同比增长。随着疫情缓解,龙头公司的优势显现,AA家居很难在同行业竞争中维持前期的增长,且公司股票在前期已经积累了一定的涨幅,处于高位下跌的回调区域。

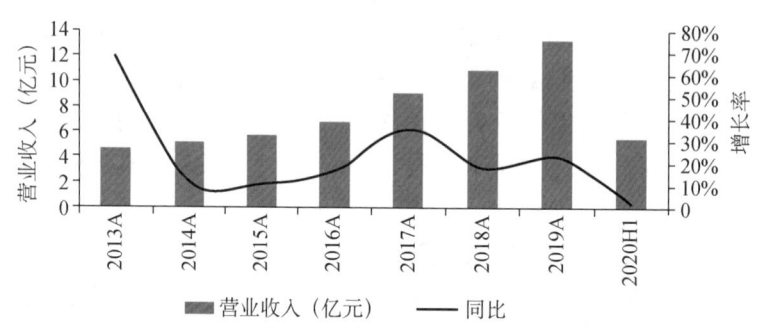

图5-3-2　AA家居股票营业收入及增速(2013—2020年)

资料来源:华泰证券研究报告。

2."杀猪盘"为何屡禁不止

"杀猪盘"并不是什么新鲜的骗术,普通投资者想利用本金赚取收益,而骗子们一开始瞄准的就是普通投资者的本金。"杀猪盘"让投资者屡屡上当,监管部门对此屡禁不止。AA家居股票"闪崩"更是发生在中国证监会发布对"股市黑嘴""非法荐股""黑群""黑App"等违法活动的专项整治行动之后。到底是怎么样的情况让这些违法人员,在监管部门严厉打击"杀猪盘"活动的风口之下顶风作案？

首先,我国A股市场虽然极力推进机构化进程,但是散户在市场中所占比例仍处于一个较高值。中国结算数据显示,截至2020年8月期末,市场投资者数量为17 196.46万人,其中自然人为17 156.18万人,占比99.7%以上。高度散户化的市场让不法分子有机可乘。这些"老师"并不用针对某个人实施诈骗,他们只需要通过互联网平台发布消息,对中小投资者广撒网,就很容易积累一定数量散户的信任。推荐AA家居股票的抖音播主拥有7万多的粉丝数量,他的视频播放量和直播观看人数不低,只要这些人中有很小一部分听信了他的推荐,他就能从中取得可观的获利。AA家居公司公告显示,还有人通过微信群等多种方式向股民推荐其公司股票。这种通过互联网平台低成本的广撒网模式,让"杀猪盘"活动无往不利。因此,我们要尽快加快市场机构化进程,减少市场中散户的比例,让投资者通过买入基金等方式间接参与股市交易。

移动互联网时代下这些非法荐股活动从线下转移到线上。微信群、App、抖音、股吧、微博等平台被其作为传播非法荐股信息的媒介,这使得对市场危害性增加的同时也加大了相关违法行为的取证难度。推荐AA家居的抖音播主在AA家居股票"闪崩后"注销账号,企图消失在网络中,这类利用互联网的隐蔽性在获利之后通过注销账号、删群、删App等方式轻松撤出的案例十分多。所以对于频发的"杀猪盘"事件,能够取证判罚的案件太少。这也就助长了这些非法荐股人员的嚣张气焰,让他们心存侥幸,而"高获利,低风险"使他们频频顶风作案。当然,监管部门也在提高追踪互联网违法人员的技术手段,且2020年9月18日公告的整治行动将联合相关部门线上线下同步追踪调查,不让违法人员有"不一定被抓住"的侥幸心理,对违法活动露头就打,对违法人员露头就抓。只要查处了一批大案,那么就能形成对这些"老师"强有力的威慑。

打击"杀猪盘"活动应该是整个社会的责任,仅凭监管部门的力量是不行的,社会各方面力量对其打击力度不够会助长不法分子的嚣张气焰。

在我国,任何人未取得证券、期货投资咨询从业资格的,或者取得证券、期货投资咨询从业资格,但是未在证券、期货投资咨询机构工作的,不得从事证券、期货投资咨询业务[①]。相关社交软件对于在其平台发布荐股信息的人员和机构资质的审核力度不够,让不法分子有伪装成"财经大V"发布虚假信息使散户上当受骗的机会。运营相关社交平台、社交工具的单位,必须承担起应尽的社会责任。一方面要对自己平台上的内容负责,以现有的法律法规为依据判断什么样的信息是符合公民言论自由的合法想法意见,什么样的证券信息是只有合法有证券投资咨询业务资格的机构和个人发布的;同时,要核实发布证券信息的账号是否具有从事相关业务的资格,千万不能让其平台成为不法分子散播虚假信息、损害投资者利益、扰乱市场的工具。另一方面要加强和监管部门的沟通,在监管部门调查相关案件人员时积极配合,主动提供相关证据,让监管部门打击"杀猪盘"的行动更加顺利。

对于相关上市公司而言,股价发生异动之后首先要做的是回复监管部门的问询,公告公司的经营情况、信息披露情况,以及澄清董监高人员对股价波动异常行为有参与情况。除了极力撇清公司和股价波动异常的关系,很少有公司去积极维权。上市公司在社会上的关注度是比单个、小群体散户高得多,在遭受"杀猪盘"之后,上市公司有义务向社会公告自证清白,但也不能只是一味地去撇清关系。作为受害方之一,上市公司要积极维权,成为对抗单

---

① 《证券、期货投资咨询管理暂行办法》。

个"杀猪盘"活动的旗帜,让监管部门、执法部门和社会各方关注到特定的"杀猪盘"事件。

要想真正地对"杀猪盘"此类事件"零容忍"地进行打击,仅仅靠一方的力度是不够的。只有让不法分子成为"过街老鼠",这样他们不管披上怎样的羊皮都会在各方的打击下露出狐狸的尾巴。

3. 投资者如何自我保护

"股市有风险,投资需谨慎",这句话很容易在证券交易中被投资者忽视。股民们想在股市中实现"暴富"梦想的想法可以理解,但是天上不会掉馅饼,股民们如果不保持清醒的头脑,想赚钱的心理就很容易被不法分子利用。不要听什么内幕消息,不要相信有所谓的"股神",如果为了一时的小利让自己的本金遭到巨大的损失,那这个"学费"也太贵了。

投资者在股市投资时要树立正确的投资理念。首先,最关键的是要对证券市场的风险有清醒的认识,高收益肯定也伴随着高风险,如果想一夜暴富,就容易遭受巨大的资金损失。普通投资者不能把在股市投资当成主要收入来源,如果把投资目标定为投资所获得的收益高过在银行存款取得的收益或是能高过通货膨胀,那么就能知足常乐、细水长流。其次,选择自己熟悉的领域进行投资。投资者在股市买入某公司股票其实就成了该公司的股东,那么肯定要对这个公司有一定的了解。虽然很少有投资者有像机构一样有一整套研究行业、研究公司方法,但是在买入某个公司股票前也应该根据公司公告、财务报告、机构研报分析这个公司的投资价值。关注公司股票的内在价值,做好长期投资的准备,才能踏踏实实地获得财富。

投资者不能向不具备资质的机构和个人进行投资咨询。中国证监会对于从事证券投资咨询业务的机构、人员都有着严格的规定,一些没有资质的机构人员从事证券投资咨询业务要么不能对投资提供真正有用的帮助,要么就是进行诈骗的违法人员。投资者切勿贪图小利,要明白免费的东西往往是最贵的。

投资者如果发现被骗,或者发现有人员在证券市场从事违法活动,应该积极向有关部门举报。对于互联网平台上的虚假误导性信息,一般互联网平台都有对其内容的举报渠道,投资者一旦发现,首先要向平台举报,减少虚假误导性信息的扩散;同时,中国证监会官网也公示了举报的渠道,每一位投资者都可以成为打击"杀猪盘"活动的力量。

"杀猪盘"固然危害极大且有各种伪装,但是只要每一位投资者都手握"猎枪",不管"羊皮"之下是什么,只要发生违法行为,"杀猪盘"都将在各方合力打击之下接受法律的制裁。

二、案例解析

(一)涉及知识点

本案例主要涉及新《证券法》的变动。新《证券法》对关于操纵证券市场行为的相关条款进行了很大程度的整改。其中,修订操纵市场规制条款具体体现在增加了禁止操纵证券市场的行为类型。与此前《证券法》中的相关条款相比,新《证券法》增加了金融监管实践中常见的虚假申报操纵、蛊惑交易操纵等行为类型,并取消了以往法规中关于"抢帽子"操纵要求特殊主体身份的限制。

(1) 增加列举了虚假申报操纵行为。通常认为,禁止任何人通过单独或者合谋,利用其资金上存在的优势、持股优势或者利用信息优势联合或者连续买卖、利用不实或者不确定的重大信息,影响投资者进行证券交易等手段操纵证券市场,影响或者意图影响证券交易价格或者证券交易量。操纵市场是证券市场长期以来存在的毒瘤,针对之前存在投资人钻法律漏洞的现象,新《证券法》第五十五条第一款第(四)项对这种不以成交为目的的虚假申报行为作了明文禁止。列举的各类虚假申报行为对金融监管机构查处证券市场虚假申报操纵,提供了直接有力的法律依据。

(2) 取消了"抢帽子"操纵主体的特殊身份限制。所谓"抢帽子"交易,是指证券公司、证券咨询机构、专业中介机构及其工作人员,在通过买卖或者持有相关证券的同时,对该证券或其发行公司作出公开的评价、个人预测或者对投资者作出投资建议,以便通过期待的市场波动从中获取经济利益的行为。旧《证券法》遗漏了除上述人员之外在证券市场上同样具有影响投资人投资决策的单位或者个人,但其本身不具备金融监管机构发放的执业牌照,即不符合其特殊身份限制。而新《证券法》第五十五条第一款第(六)项中取消了对此类行为操纵主体的特殊身份限制条件,避免出现因身份限制而躲过了金融监管机构查处的现象。

(3) 详细列举蛊惑交易操纵行为类型。行为人通过故意编造、传播、散布不实或不确定的重大消息、影响投资者的投资决策,使金融市场出现预期中的变动而自己从中牟取经济利益,就是"蛊惑交易操纵"行为。新《证券法》进行了明确的列举,弥补了旧《证券法》中的相关空缺,对于金融监管机构能够查处此类行为提供更加精准有效的法律依据。其中,近年来由于互联网平台发展而产生的行为人通过QQ群、朋友圈、微博等互联网公众平台发布编造、传播不实信息或者误导性信息,扰乱证券市场,对投资者造成经济损失的行为(俗称"黑嘴操纵")归属于"抢帽子"操纵还是蛊惑交易操纵,新《证券法》指明需要根据具体情况进行分析。一般认为,"抢帽子"行为认定具有公开荐股的欺诈性、行为人主体在证券市场具有一定影响力或具有持牌身份以及获取非法利益的必要性的特点。与此不同,蛊惑交易操纵主体可以是任何行为人或者单位,通过发布误导市场投资者的重大信息,或者对披露重大信息的时点进行人为控制,以此蛊惑市场投资者进行交易,从而导致异常的证券交易价量,因而针对蛊惑交易操纵,需要关注披露信息的时点是否存在不正当性。

(二) 要点分析

1. 互联网平台如何影响"杀猪盘"骗局

(1) 互联网技术水平的快速发展改变了资本市场信息原有的传播生态。当互联网快速发展改变了传统信息传播方式与渠道,新媒体取代传统媒体成为大部分国民接收信息与发布信息的主要渠道。互联网平台本身具有信息传播速度快、范围广、时效性强、精准性高的特点,能够使用各类智能网络技术,因此,不同于传统媒体纸质图文信息,新媒体可以通过文字、视频与动画等更容易被识别形式进行传播。新媒体的信息传播机制多样化,信息接受群体覆盖广泛,各类媒体的公众属性、新闻舆情属性、市场影响力等呈现不同特征。

针对上述互联网平台具有的特性,投资者接收信息来源从原本单一、权威的平台转变为庞大冗杂的各类平台信息,当代投资者可能通过网上信息查询、咨询荐股机构或者与亲朋好友沟通获取各类真实性与客观性难以保障的信息。部分散户投资者由于难以甄别信息真假而误入骗局。

(2) 由于互联网平台具有复杂多样的传播主体与路径,以现行的传统媒体为中心的证券信息传播管理逻辑和制度体系难以有效应对。比如,证券市场中互联网平台无法有效约束虚假广告、不实信息的传播,对于在互联网平台上的不实信息发布者的责任边界难以界定,互联网平台的审核机制对大量"擦边球"情况选择"睁一只眼闭一只眼"的审核态度。2016年10月,工商总局等十七部门联合印发了《开展互联网金融广告及以投资理财名义从事金融活动风险专项整治工作实施方案》,但上述联合部门的协作体系在方案中未将证券投资相关信息明确纳入监管整治范围,针对证券投资类广告的监管控制、认定甄别、信息通报、规章制度审核等方面也还未确切落实在日常工作程序中。部分互联网平台信息发布资格门槛低,任何行为人都可以通过网络营销的包装都可以称为人人追捧的"老师"或"专家"。

(3) 互联网平台在信息交换趋于个性化发展的同时也对监管部门对网络上存在的违法行为难以取证。微信群、QQ群等相对私密的信息交流平台作为当代信息交换的主流趋势,监管部门在保障个人信息安全的前提下难以监控平台上是否存在非法荐股情形,而且针对"杀猪盘"等骗局的法律程序具有一定的滞后性,骗局发生后,非法荐股人员往往早已在网络平台上销声匿迹或者换个"马甲"继续招摇撞骗。

2. 投资者为何屡次遭遇"杀猪盘"

(1) 投资者因时间或者精力的限制,难以及时获取并有效分析市场信息,易表现出有限理性的心理偏差。根据事件描述分析,遭遇"杀猪盘"的投资者基本为散户,与机构的投资者不同,散户在证券市场上所投入的资金或者精力都十分有限,其掌握的专业知识水平或实际操作经验都远比不上机构投资者。机构投资者往往可以通过相关渠道掌握一些可靠的"内部消息"。

(2) 投资者对证券市场风险认识不全面,存在"暴富"的心理预期。普通投资者在进入证券市场进行股票交易时,因其本身对于投资风险的偏好作出不同的经济决策。根据投资者对于风险的不同态度,投资者一般划分为风险回避型、风险追求型和风险中立型。但无论何种类型的投资者,进行投资的最终目的都是取得经济收益,而非经济损失。"杀猪盘"事件中的受害者,在事件发生前都在不法分子的指导下取得了一定的收益,因而降低了对证券市场风险该有的警惕性。

(3) 投资者容易受到新闻媒体、股市评论等外在舆论影响。在经济学中,假设不存在信息不对称的前提下,主体在从事经济活动中达到自身经济利益最大化是其唯一目标,因此也被称为"合乎理性的人",主体能够独立作出有意识、有理性的经济决策,不存在经验型和随机型的决策。而在股市交易中,散户的投资决策行为通常具有不规则性和非理性的特点,其情绪极易受市场公布的信息和市场氛围而改变,导致其作出的经济决策往往是非理性的。

(三) 启发思考题

(1) 为什么互联网平台带来大量非法荐股现象?
(2) 非法荐股有哪些表现形式?
(3) 证券投资顾问如何应对"杀猪盘"等现象?

参考文献

刘宪权.操纵证券、期货市场罪司法解释的法理解读[J].法商研究,2020,37(01):3-15.
李珍,夏中宝.新《证券法》中操纵市场条款修订的得失评析[J].金融理论与实践,2020(07):82-89.
朱华桂,王笑宸,庄晨.个体证券投资者心理与行为:评析与展望[J].经济问题,2014(11):11-15.
林雯,黄坤,王琦.互联网环境下证券投资咨询乱象分析及监管建议[J].证券市场导报,2019(07):73-78.
陈钊,邓东升.互联网金融的发展、风险与监管——以P2P网络借贷为例[J].学术月刊,2019,51(12):42-50.

第六模块

融资融券业务

第一部分 PART 1

融资融券业务概述

一、融资融券业务基本定义

融资融券业务是指证券公司向客户出借资金供其买入证券或者出借证券供其卖出,并收取担保物的经营活动。

融资融券交易分为融资交易和融券交易两类。投资者向证券公司借入资金买入证券,为融资交易;投资者向证券公司借入证券卖出,为融券交易。

融资融券交易与普通证券交易主要区别如表 6-1-1 所示。

表 6-1-1　　　　　　　　融资融券交易与普通证券交易主要区别

区别	普通证券交易	融资融券交易
法律关系不同	投资者与证券公司之间只存在委托买卖关系	投资者与证券公司之间存在: ① 委托买卖关系 ② 资金或证券的借贷关系 ③ 因借贷关系而产生的债权债务担保关系
保证金机制不同	投资者买入证券时,需有足额资金;卖出证券时,需有足额证券	投资者交纳部分保证金后即可在授信额度范围内向证券公司借入资金买入证券或向证券公司借入证券卖出,因此具有一定的财务杠杆效应
账户体系不同	一级账户体系	看穿式二级账户体系,客户信用证券账户为证券公司客户信用交易担保证券账户的二级账户;客户信用资金账户为证券公司客户信用交易担保资金账户的二级账户
交易指令不同	交易指令:买入、卖出	交易指令包括以下四类: ① 担保物买卖交易指令:买入、卖出 ② 融资融券交易指令:融资买入、融券卖出 ③ 归还负债交易指令:卖券还款、直接还款、买券还券、直接还券 ④ 强制平仓交易指令:融资平仓、融券平仓

(续表)

区别	普通证券交易	融资融券交易
收费不同	佣金、印花税及过户费	除佣金、印花税及过户费外,还收取融资利息、融券费用、固定额度占用费、逾期罚息等

二、融资融券业务主要概念

1. 信用证券账户

信用证券账户是投资者为参与融资融券交易,向证券公司申请开立的证券账户。该账户是证券公司在证券登记结算机构开立的"客户信用交易担保证券账户"的二级账户,用于记录投资者委托证券公司持有的担保证券的明细数据。每个投资者一码通账号下用于一家证券交易所上市证券交易的信用证券账户只能有一个。

2. 信用资金账户

信用资金账户是指投资者在证券公司指定存管银行开设的资金账户。该账户是证券公司在银行开立的"客户信用交易担保资金账户"的二级账户,用于记载投资者交存的担保资金的明细数据。

3. 标的证券

标的证券是投资者融入资金可买入的证券和证券公司可对投资者融出的证券。

证券交易所在满足其规定的证券范围内审核、选取标的证券的名单,并向市场公布。证券公司在上述范围内确定并公布其允许的标的证券。

标的证券限于符合证券交易所认可的上市股票、证券投资基金、债券及其他证券。

4. 保证金

保证金是指投资者向证券公司融入资金或证券时,证券公司向投资者收取的一定比例资金。符合证券交易所标准的证券可以充抵保证金。

充抵保证金的证券,在计算保证金金额时,应当以其市值为基础,按证券公司公布的折算率进行折算,证券公司公布的折算率不得高于证券交易所公布的折算率。

5. 可充抵保证金证券的折算率

可充抵保证金证券的折算率是指充抵保证金的证券在计算保证金金额时按其证券市值进行折算的比率。

按照证券交易所规定,上市国债折算率不超过95%,证券交易所交易型开放式指数基金折算率不超过90%,其他债券和基金折算率不超过80%,上证180指数和深证100指数成份股折算率不超过70%,其他股票不超过65%。证券公司公布的折算率不得高于证券交易所规定的标准。

例如,某投资者信用账户内有100元现金和100元市值的A证券,假设A证券的折算率为70%,那么,该投资者信用账户内的保证金金额为170元(100元现金×100%+100元市值×70%)。

6. 保证金比例

保证金比例是指投资者交付的保证金与融资、融券交易金额的比例,具体分为融资保证金比例和融券保证比例。

保证金比例用于控制投资者资金的放大倍数,投资者进行的每一笔融资、融券交易交付的保证金都要满足保证金比例要求。在保证金金额一定的情况下,保证金比例越低,证券公司向投资者融资、融券的规模就越大,财务杠杆效应越高。

例如,某投资者信用账户内有 100 元保证金可用余额。该投资者的融资保证金比例为 100%,则该投资者可融资买入 100 元市值(100 元保证金÷100%)的证券。

7. 保证金可用余额

保证金可用余额是指投资者用于充抵保证金的现金、证券市值及融资融券交易产生的浮盈折算后形成的保证金总额,减去投资者未了结融资融券交易已占用保证金和相关利息、费用的余额。保证金可用余额由以下五部分组成:

(1) 作为保证金的现金。投资者信用资金账户内的现金由作为保证金的现金和融券卖出所得现金两部分组成,其中融券卖出所得现金只能用于买券还券,不能作为保证金。

(2) 充抵保证金的证券。投资者信用证券账户内的证券由可充抵保证金证券和融资买入证券两部分组成,其中充抵保证金证券须经折算后计入保证金可用余额。融资买入证券不能作为保证金。

(3) 融资融券交易产生的浮盈部分。融资融券交易产生的浮盈经折算后可计入保证金可用余额。产生浮亏的,浮亏金额需全额从保证金可用余额中扣减。

(4) 未了结融资融券交易已占用保证金部分需从保证金可用余额中扣减。

(5) 利息和费用需从保证金可用余额中扣减。

8. 担保物

证券公司向投资者收取的保证金以及投资者融资买入的全部证券和融券卖出所得的全部资金,整体作为投资者对证券公司融资融券所生债务的担保物,即投资者信用资金账户和信用证券账户内的所有资产构成其对证券公司融资融券所生债务的担保物。

此外,担保物还包括投资者补仓时提交的除可充抵保证金证券外的其他证券、不动产、股权等依法可以担保的财产或财产权利等。

9. 维持担保比例

维持担保比例是指投资者担保物价值与其融资融券债务之间的比例。其计算公式为:

$$维持担保比例 = \frac{现金 + 信用证券账户内证券市值总和 + 其他担保物价值}{融资买入金额 + 融券卖出证券数量 \times 当前市价 + 利息及费用总和}$$

投资者信用证券账户内的证券,出现被调出可充抵保证金证券范围、被暂停交易、被实施风险警示等特殊情形或者因权益处理等产生尚未到账的在途证券,在计算维持担保比例时,证券公司可以根据与投资者的约定按照公允价格或其他定价方式计算其市值。

10. 授信额度

授信额度是指投资者提出融资融券申请后,经证券公司综合评估后,授予投资者的可融资或融券的最大额度。授信额度必须低于证券公司对单个投资者的融资融券规模上限。

三、融资融券业务客户准入及流程

根据《证券公司融资融券业务管理办法》的规定,参与融资融券交易的投资者应该满足以下条件:

(1) 从事证券交易超过半年。
(2) 最近 20 个交易日日均证券类资产不低于 50 万元。
(3) 具有风险承担能力。
(4) 无重大违约记录。
(5) 非提供融资融券服务的证券公司的股东(指持有超过上市证券公司 5% 流通股份的股东)或关联人。
(6) 已通过证券公司征信审核。
(7) 专业机构投资者参与融资、融券,可不受从事证券交易时间、证券类资产的条件限制。
(8) 值得注意的是,证券公司可在上述基础上,对投资者制定更为严格的准入条件。

投资者开展融资融券业务的流程如图 6-1-1 所示。

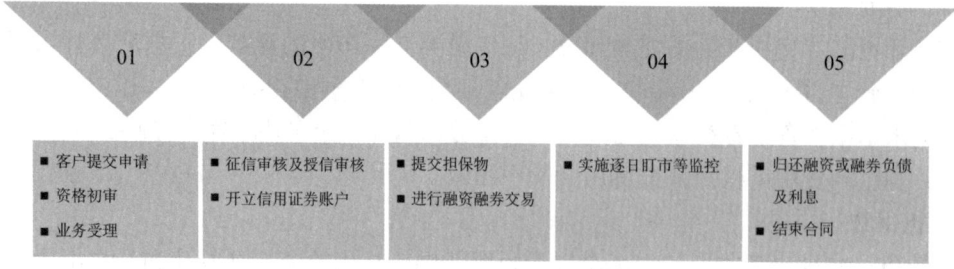

图 6-1-1　投资者融资融券流程

第二部分 PART 2

融资融券业务案例与解析

案例1 老范的投资历程与两融风险控制

【摘要】自2010年3月融资融券业务"开闸"以来,两融业务得到了迅猛发展。随着两融业务回归理性发展,证监会、交易所及证券公司都对融资融券业务的风控提出了更高的要求。本案例通过一名普通投资者的两融投资之路,简要地展示了两融业务的部分风险控制机制,旨在说明两融业务的风控机制已成为保护投资者利益、保障业务平稳有序发展的有效手段。

【关键词】 融资融券 风控机制 集中度 展期

一、案例陈述

XX证券公司某营业部有一位名叫老范的客户,他开立了融资融券信用账户。老范算是融资融券业务的老股民了,早在2010年3月两融业务"开闸"之前老范就已经入市,有机会成为第一批试水两融创新业务的股民。这么些年,老范在股市里"鏖战",自认为积累了丰富的炒股经验,颇有些自负,听不进旁人的意见,忽视券商的各项风控机制,这给他日后在两融业务上"折戟"埋下了隐患。

1. 集中度风波

2018年2月14日,老范持有的中弘股份(000979)在停牌了5个多月,并陆续发布了上市公司业绩亏损、高管辞职、控股股东股份被司法轮候冻结、终止筹划发行股份购买资产等一系列的利空消息后复牌,复牌首日不出意外地跌停了。但老范敏锐地发现中弘股份同步发布了控股股东签署《重组框架协议》的公告,其控股股东中弘卓业与中国港桥(HK:02323)旗下深圳港桥股权投资基金签订《重组框架协议》,深圳港桥拟设立一只私募股权基金,定向募集 130 亿元人民币,通过该基金进行对中弘卓业整体业务涉及的资产、负债及股权进行重组。虽然复牌首日跌停,但老范判断这是庄家在打压股价好趁机吸收低价筹码。中弘股份复牌的第二天,也就是 2018 年春节过后的第一个交易日 2 月 22 日,中弘股份的走势似乎印证了老范的想法,继开盘继续跌停后,中弘股份在 10 点 30 分后出现大量买单,一举打开了跌停板。老范认为买入时机已到,他想在信用账户立刻加仓中弘股份。

为了买入更多的中弘股份,老范计划先用"融资买入"指令融资买入一部分中弘股份,再使用"普通买入"指令用自有资金继续买入。老范登录网上交易系统后,看到他的信用账户保证金可用余额为 8.50 万元,按融资保证金比例 100% 计算,可按 1.61 元的市价融资买入 5 万股左右。于是,老范立即下达了市价融资买入"000979 中弘股份"5 万股的交易指令,结果系统弹出"因集中度受限无法买入"的弹框。

老范知道 XX 证券之前确实发布过关于信用账户持仓集中度的风控指标,但老范记得相关指标中,只要信用账户维持担保比例在 240% 以上就可以全仓任何一只股票。而此时老范的信用账户的维持担保比例超过 280%,老范认为按照要求,他的信用账户是可以全仓买入中弘股份的。但老范并没有时间纠结,毕竟行情不等人,他想着先放弃"融资买入"指令,改用自有资金使用"普通买入"指令先买入中弘股份再说。因此,老范立即改用"普通买入"指令市价买入中弘股份 5 万股,结果系统仍弹出"因集中度受限无法买入"的弹框。这下老范不高兴了,他认为自己并未使用"融资买入"指令借券商的钱买股票,XX 证券限制他使用自有资金买入股票不合理。

老范立即致电营业部投诉,反映他的信用账户明明维持担保比例足够高,但不光无法融资买入中弘股份,连用自有资金买入中弘股份也被限制。老范嚷嚷着如果是 XX 证券的问题导致他不能正常买进股票,这延误买入时机的损失他一定会要求赔偿。接电话的客户经理小李赶紧看了一下老范此时信用账户的情况,就像老范反馈的一样,他的信用账户目前维持担保比例确实在 280% 以上,保证金可用余额和授信额度两个指标也支持其继续开仓,并无异常,如表 6-2-1 所示。

表 6-2-1　　　　　　2018 年 2 月 22 日老范信用账户盘中情况

项目	股数(万股)	单价	金额(万元)	集中度	其他事项
总资产			201.17	100.00%	
其中:资金			20.31	10.09%	
中弘股份	93.80	1.62	151.96	75.54%	风险证券
山东海化	3.70	7.81	28.90	14.37%	
总负债			70.08		
维持担保比例			287.04%		
保证金可用余额			8.50		
授信额度			150		

但是,XX 证券在 2018 年年初调整了客户信用账户集中度风控指标,除普通证券持仓集中度和信用账户维持担保比例挂钩外,还新增了一个风险股票持仓集中度和信用账户维持

担保比例挂钩的指标,其中对于风险股票的范围 XX 证券将定期或不定期变更,并在官网公布,如表 6-2-2 所示。

表 6-2-2　　　　　　　　XX 证券实施的信用账户持仓集中度控制指标

指令成交后信用账户 维持担保比例(P)	普通证券 集中度控制指标	风险证券 集中度控制指标
$P<180\%$	50%	15%
$180\%\leqslant P<240\%$	80%	25%
$P\geqslant 240\%$	100%	35%

表 6-2-2 中的指标控制的是客户股票买卖指令成交后的信用账户股票集中度情况。XX 证券对此进行了系统前端控制,如果客户发出的交易指令在成交后将导致其信用账户不满足上述集中度要求的,那么客户的这笔交易指令将会被系统直接拒绝,无法正常下达。

目前,老范信用账户维持担保比例为 287.04%,如果中弘证券是普通证券,按保证金可用余额 8.5 万元的 1∶1 比例计算,如果老范按市价融资买入中弘股份 5 万股,账户维持担保比例将下降至 257.30% 左右,在此比例下任一普通证券的集中度均可达到 100%,那么老范融资买入"中弘股份"5 万股的指令就不会被系统限制。此外,普通买入指令并不改变信用账户维持担保比例,老范的购买行为更是没有理由受限。

但 XX 证券客户经理小李注意到中弘股份在 2018 年年初已经被公司调入了风险证券范围,并在公司官网上进行了公示。对于风险证券范围内的股票持仓集中度指标,公司进行了大幅下调。按老范目前账户的情况,中弘股份持仓已高达 75.54%,按照表 6-2-2 已突破了公司风险证券的最高持仓集中度标准,那么无论老范信用账户的维持担保比例有多高,即使是使用自有资金"普通买入",也已经无法再继续加仓该证券了。小李赶紧向老范解释了一番,并劝阻老范该证券风险比较大,不能继续加仓是好事,老范只好作罢。

2. 首次展期申请遇阻

小李提醒老范,因为其信用账户主要持仓证券中弘股份是风险证券,希望老范能择机及时减仓,避免账户风险,否则后续展期申请也会受到影响。对于小李的提醒,老范完全没有听进去,他认为中弘股份应该很快就能有一波上涨行情,他可以在信用账户融资合约到期之前获利了结。

老范的融资合约本应在 2018 年 2 月 13 日到期,但因为他当时融资买入的证券是中弘股份,而中弘股份自 2017 年 9 月 7 日起停牌,直到 2018 年 2 月 14 日才复牌,一共停牌 160 天。按照相关规则,他的融资合约到期日可以顺延至 2018 年 7 月 23 日,这也正好给了老范持股待涨的机会。①

---

① 根据交易所规则,"融资合约到期时如遇标的证券停牌,合约期限可以顺延,但从标的证券复牌日起计算的顺延期限与该笔合约中标的证券未停牌期间已计算的期限合计不超过六个月。融券合约到期时如遇标的证券停牌,券源提供方要求现金了结的,客户需根据券源提供方公布的证券估值方法与单价在规定时间内采用现金方式偿还负债;券源提供方未要求现金了结的,合约期限可以顺延,但从标的证券复牌日起计算的顺延期限与该笔合约中标的证券未停牌期间已计算的期限合计不超过六个月"。

谁知后续中弘股份并未像老范料想的那样上涨,老范给予厚望的重组,在5月份也公告被迫终止。不过,在此次重组告吹的1个月后,中弘股份迎来了第二次重组机会。2018年6月29日晚间,中弘股份公告称,中弘卓业拟将其所持有的全部中弘股份股权转让给新疆佳龙旅游发展股份有限公司,占中弘股份总股本的26.55%。与新疆佳龙的框架性协议一出,中弘股份立刻连续两天涨停。这又一次让老范燃起了希望,虽然中弘股份的股价一再下挫,小李也数次提示他风险,建议他尽早筹集资金或逢高减仓了结,但老范仍然决定继续持有中弘股份,等待它"脱胎换骨"的一天。

2018年7月23日,老范通过XX证券网上交易系统提交了融资合约展期6个月的申请,系统很快反馈因其信用账户持仓风险证券集中度过高,仅同意其融资合约展期1个月。老范立刻电话小李,表达了自己的不满,认为他的信用账户维持担保比例高达185.02%(见表6-2-3),XX证券只给1个月的展期时间不合理。

表 6-2-3　　　　　　　　　2018年7月23日老范信用账户盘中情况

项目	股数(万股)	单价	金额(万元)	集中度	其他事项
总资产			215.43		
其中:资金			0		
中弘股份	93.80	1.02	95.68	71.61%	风险证券
山东海化	6.30	6.02	37.93	28.39%	
总负债			72.21		
维持担保比例			185.02%		

XX证券在2018年年初变更了公司的展期政策,新增了和信用账户持仓集中度指标挂钩的展期政策(见表6-2-4)。

表 6-2-4　　　　　　　　　　　XX证券展期政策

扣除非可充抵保证金证券市值后的维持担保比例(M)	其他条件	展期期限
$M \geq 150\%$	普通证券、风险证券持仓集中度均符合公司集中度指标	6个月
$M \geq 150\%$	仅风险证券持仓集中度符合公司集中度指标	4个月
$M \geq 150\%$	风险证券持仓集中度不符合公司集中度指标	1个月
$M < 150\%$	—	不予展期

根据XX证券的展期条件,老范的信用账户维持担保比例虽然高于150%,持仓的中弘股份也是公司的可充抵保证金证券,但仍被列入风险证券范围。根据表6-2-2,以老范信用账户目前的维持担保比例,其信用账户持仓风险证券的比例不得高于25%,而老范信用账户上持仓中弘股份的比例已高达71.61%,远远超过了XX证券规定的集中度标准,仅符合展

期1个月的标准。

小李向老范详细解释了公司的展期政策,告知他公司给予的1个月展期时间,是希望客户能够在展期期间主动调仓,如果调仓后持仓情况符合公司的集中度风控标准,还可以再次申请展期。

XX证券在每次变更融资融券业务的各类风控指标时,均会向两融客户发送短信邮件,提醒客户及时关注官网信息。但经过这几次和老范的电话沟通,小李发现老范对公司发送给的短信邮件均未及时关注,平时也不注意登录公司网站查询。小李向老范强调了,后续需及时关注公司的两融业务短信邮件,避免错过重要信息。

3. 二次展期申请被拒

老范被动接受了证券公司的这次仅展期1个月的结果,谁料想展期期间中弘股份持续下跌。自2018年8月15日中弘股份市值跌破1元后,股价就此远离1元面值,被媒体称为"仙股",以至于一段时间里只要涉及中弘股份的报道,都是集中在它会不会成为中国证券史上首只因触发"连续20个交易日面值低于1元"退市规则而退市的证券的热烈讨论上。而在综合考虑了中弘股份的基本面情况,包括公司经营出现巨亏、存在多项严重违规事项、存在巨额逾期债务、证券市值介于1元附近等因素,XX证券在2018年8月17日发布公告,自当天起将中弘股份调出了公司融资融券可充抵保证金证券范围,并在官网进行了公告,同时向所有持股客户发送了短信邮件。

小李担心老范像前两次一样错过公司发送的重要短信邮件,于是第一时间电话老范告知此事。根据XX证券政策,老范如再次申请展期,其信用账户资产扣除非可充抵保证金证券的中弘股份市值后将所剩无几,展期申请将会被直接拒绝。但老范认为在这之前从来没有哪一只股票因为一元退市规则而退市的,他坚信这一次中弘股份一定是有惊无险,而且还极有可能有一波炒壳、保壳的东风可借,一旦突破"一元魔咒",中弘股份股价会被市场持续热炒一把。考虑到这些,老范决定坚定持有中弘股份。至于XX证券的展期政策,老范觉得只要自己账户维持担保比例够高,到时向XX证券申请特殊展期,证券公司应该不至于真的对他的信用账户执行强制平仓。

转眼到了2018年8月23日,老范的信用账户负债再次到期,此时老范信用账户维持担保比例为154.06%(见表6-2-5)。老范致电客户经理小李,表示自己信用账户维持担保比例在150%以上,希望XX证券能对其到期融资合约办理特殊展期。

表6-2-5   2018年8月23日老范信用账户盘中情况

项目	股数(万股)	单价	金额(万元)	集中度	其他事项
总资产			111.91		
其中:资金			0		
中弘股份	93.80	0.78	73.16	65.38%	非可充抵保证金证券
山东海化	6.30	6.15	38.75	34.62%	
总负债			72.64		
维持担保比例			154.06%		

小李向老范解释,公司已将中弘股份调出了融资融券可充抵保证金证券范围,这就意味着老范信用账户"扣除非可充抵保证金证券后的维持担保比例"仅为53.34%,已经远低于公司展期要求的150%的维持担保比例,无法办理特殊展期,希望老范能及时筹集资金或减仓及时归还到期负债。老范很是恼火,认为XX证券不应将中弘股份调出可充抵保证金证券范围,并在其信用账户维持担保比例高于150%的前提下拒绝了他的展期申请。小李耐心地向老范解释,根据融资融券业务合同约定,证券公司有权利根据市场情况实施逆周期调节,对可充抵保证金证券范围以及合约展期应满足的条件进行动态调整。

2018年8月24日融资负债到期当天,老范被迫以每股0.79元的价格卖出了其信用账户里中弘股份共计92万股,金额72.68万元。至此,老范信用账户的融资负债全部归还。

4. 带着痛感的领悟

2018年10月18日,中弘股份因市价连续20个交易日面值低于1元,成为中国A股证券史上第一支因触发"连续20个交易日面值低于1元"的退市规则而退市的证券。此时的老范惊出一身冷汗,如果当初证券公司没有对他的信用账户进行持仓集中度限制,他可能早就因为自己的执念全仓中弘股份;如果不是证券公司果断拒绝其展期申请,导致他被迫强平止损的话,可能他仍沉浸在中弘股份的几次保壳闹剧之中,最终不光会血本无归,还有可能资不抵债。正是因为有了证券公司这一系列的风控措施,老范才不至于"折戟沉沙"。老范心想,如果能在证券公司将中弘股份列入风险证券管理并集中度限制以及限制展期的时候就得到警示,及时调整仓位,他还能更早抽身,可惜当时自己太过自负,投机心理战胜了一切。

经过此次对中弘股份的融资投资业务,老范觉得自己成长了不少,对股票价值投资、融资融券业务方面等一系列的风控措施有了更深刻的理解,老范决心运用好证券公司的各项风控措施,放弃投机,回归价值投资的本质并理性投资。

5. 启示

早在2015年7月1日,中国证监会发布了第二次修订的《证券公司融资融券业务管理办法》,并在新修订的业务管理办法中首次提出了逆周期调整概念,要求证监会、交易所、证券公司各自建立融资融券业务逆周期调节风险控制机制。交易所应当根据市场发展情况,对保证金比例、标的证券范围、可充抵保证金证券种类及折算率、最低维持担保比例等进行动态调整,实施逆周期调节。证券公司应当在符合监管要求的前提下,根据市场情况、客户和自身风险承受能力,对上述指标和业务集中度等进行动态调整和差异化控制。

目前,融资融券业务回归理性发展,各证券公司对两融的风险控制机制逐步完善和成熟。随着科创板及注册制创业板的落地,各券商公司加大了标的证券范围及分层管理、客户持仓集中度、客户分类管理等各方面风控措施,两融动态风控已全面趋向常态化、精细化管理。在证券公司对融资融券业务进行动态风控管理时,证券公司需同步做好通知公告工作,加强投资者教育,提高投资者的风险防范意识,进一步推动融资融券业务的稳定健康发展。

二、案例解析

（一）涉及知识点

1. 融资融券的风险控制问题

融资融券业务风险按照不同的主体可以划分为证券公司融资融券业务风险和投资者融资融券业务风险。由于市场中经常存在不确定性因素，证券公司可能无法将出借的股票与资金及时回收，从而产生大量亏损；投资者也可能由于未掌握好融资融券的技巧而遭受损失。融资融券由于具有高杠杆性、高流动性，因而呈现出高风险性。

从证券公司角度来看，融资融券业务风险包括合规风险、操作风险、信用风险以及市场风险等。证券公司和投资者主要关注市场风险，这是最常见的非系统性风险。市场风险经常发生的主要原因有二：一是利用融资融券的杠杆性质操纵股票价格导致市场风险。如果投资者融资融券之后，为了谋利进行非正规交易，通过控制公司的股票价格获取利润，这种行为风险极大，很容易被股市所累，以致亏损、欠债甚至破产。二是国内外环境变化带来的内部和外部冲击影响股票市场变化，如果变化过于剧烈（如全球性疫情），则将产生巨大风险。

2. 全面风险管理理论

全面风险管理是指要全面管理风险，从全局的角度考虑风险管理问题。Erry Miccoils 和 Samir Shah 于 2001 年指出全面风险管理的重要性，认为全面风险管理可以提升企业以及行业的价值。Meulbroek（2002）认为全面风险管理的关键是对整个系统进行优化和管理，通过设立系统化的管理框架、制定长远的管理战略，可以防范不同层次的风险。全面风险管理理论通过制定风险的识别、评价、分析、测算等流程实现对风险的管理，同时也提出了风险管理过程中所需的人员、配套设施、程序等方面的内容。全面风险管理理论通过建立不同经济下的模型识别主要的风险，并对风险进行排序，确定优先控制次序，在运用相关配套设施，主动防范和控制现有风险和潜在风险，从而提高企业实现经营目标的速度。

（二）要点分析

1. 投资者为何要进行融资融券

投资者进行融资融券的原因主要有以下几个：

第一，融资融券为投资者带来新的盈利模式。融资融券业务是比较新的业务，该业务的开展，为我国证券业务提供了新的交易方式，因此投资者也获得了新的获利渠道。在融资融券业务开展之前，投资者只能做多不能做空，而在融资融券业务开展之后，投资者就可以在股市下跌之后借券卖出，在股市上涨之后再买入，从中赚取差价。

第二，融资融券为投资者准备了更多的避险方法。证券市场中个人投资者并没有丰富的渠道供其融资，融资融券业务的开展为这些投资者融资开辟了新路径，尤其允许投资者通过卖出的方式进行做空操作，规避市场风险。

第三,融资融券可助客户提高资金的效率。无论是个人投资者还是机构投资者,在遇到比较好的投资项目需要大量的资金时,都很难通过传统的渠道获得足够的融资,或者因已有的资金被占用、流动性不足而无法进行投资,此时投资者可将手中有限的资金充当担保物进行融资融券,获得资金进行投资。

第四,融资融券可增加证券价格反馈信息。投资者融资融券行为可反应证券市场的行情,一般情况下融资余额较大,股票价格大概率上行,而融券余额较大,股票价格大概率下行。例如,2015年6月,融资余额达2万亿元,此时股票大涨,而到8月份融资余额下降时,股票大跌。

2. 证券公司为何要开展融资融券业务

第一,融资融券业务为证券公司提供新的盈利方式。正如对投资者的作用一样,融资融券业务对证券公司而言也具有同样的作用。证券公司开展融资融券业务为其增加了收入来源,比如可以收取各种如利息、手续费和账户管理费等费用。融资融券业务的发展促进了股票市场交易,也给证券公司带来各类衍生收益。

第二,融资融券业务带动券商进行相应产品创新。融资融券业务的卖空机制为金融市场业务创新提供了新的方向,卖空机制的发展推动了与之相关金融产品的开发,加快了整个金融市场发展的步伐。

第三,融资融券提高证券公司竞争力。融资融券作为新的证券公司业务,是在传统业务发展无法突破的前提下进行的,因此融资融券业务发展好的公司能够迅速在激烈的金融市场上占有一席之地,一旦发展成为品牌,甚至可能占有多数市场从而立于不败之地。因此,众多证券公司大力发展融资融券业务、不断扩大业务规模。

3. 如何控制融资融券业务风险

第一,开户环节风险控制。投资者开展融资融券业务需要向证券机构申请,然后由证券机构对客户的情况进行审核。审核基本身份信息不是难事,关键在于认真。在审核过程中,工作人员需要给客户讲解两融业务的基本内容以及可能存在的风险,尤其告知投资者风险情况,并签下风险揭示书;然后需要对投资者进行教育,完成融资融券知识测评,从测评成绩判断其能否进行融资融券业务。

在完成测评以后,投资者应提交《融资融券业务申请表》,并填写《征信指标评分表》,由工作人员对客户的信用情况进行评估。信用管理部门按照客户的信用评级情况进行授信,此时的授信额度需要根据模型进行测算,制作《客户信用评估报告》,并上交给公司信用审核部门进行申请,审核通过后方可建立信用账户。投资者在获得信用账户后须上缴保证金,然后再提交申请获得信用额度,再次审批之后可进行交易。

第二,交易环节风险控制。融资融券业务的监管方式是强制平仓和逐日盯市。逐日盯市制度即每日无负债制度、每日结算制度,其规定每个交易日结束后,交易所结算部门根据当日结算价格算出每笔交易的盈亏数额,以此调整客户的保证金账户,以客户维持担保比例、客户集中度等。证券公司可设置平仓线和预警线,并告知客户这些风险控制线的意义;可通过设置投资者维持担保比例来控制风险,该比例是客户向证券公司提交的担保物与其负债的比例,可衡量其债务偿还能力。

(三) 启发思考题

(1) 融资融券业务存在哪些风险？
(2) 如何理解集中度问题？
(3) 如何识别融资融券业务风险种类？
(4) 融资融券业务中有哪些绕标模式？
(5) 如何保障两融风险控制的实施？

相关法律法规

中国证监会,《证券公司融资融券业务管理办法》
沪深证券交易所,《融资融券交易实施细则》

参考文献

陈亦夫.证券投资者保护机构支持诉讼问题研究[D].沈阳:辽宁大学,2020.
王跃.HT证券公司融资融券业务风险控制研究[D].太原:中北大学,2020.
王郅雅.基于科创板注册制的投资者保护机制研究[D].石家庄:河北经贸大学,2020.
孙宁.GF证券公司融资融券业务风险控制研究[D].西安:西安石油大学,2019.
杨静雯.基于压力测试的XB证券公司业务风险管理制度研究[D].西安:西京学院,2020.
MEULBROEK L K. Integrated risk management for the firm: a senior manager's guide[J]. SSRN Electronic Journal,2002.

案例2 "'融'字当头,适格为先"的投资者适当性制度

【摘要】融资融券交易是投资者向证券公司提供担保物,借入资金买入证券或借入证券并卖出的交易。相较普通证券交易,融资融券具有财务杠杆放大效应,投资者虽然有机会获取较大的收益,但也有可能蒙受巨额损失,其在参与融资融券交易前,应审慎评估自己的风险承受能力,深入了解融资融券交易规则。证券公司需采取必要措施进行投资者身份识别,了解并评估投资者的风险承受能力,做好投资者教育,落实投资者适当性管理。

【关键词】融资融券　适当性管理　风险揭示

一、案例陈述

由于融资融券存在杠杆效应,其在给投资者带来便利的同时,也会放大投资风险,因

此并不是每个投资者都适合融资融券。基于此,中国证监会要求证券公司在明确告知客户风险的同时,掌握客户身份、财务与收入状况、风险偏好等信息,以更好地实现精准风险提示。

1. 如何成为适格的融资融券投资者

1) 初识融资融券

投资者李某听朋友说最近行情不错,是炒股赚钱的好时机,还可以利用融资工具增加杠杆、提高收益。李某想到自己的普通证券账户从来没用过,正好今日得空,便来到证券营业部柜台,迫不及待地向营业部员工咨询融资融券。员工小王介绍说,融资融券交易是投资者向证券公司提供担保物,借入资金买入证券或借入证券并卖出的交易。投资者看多时,除了运用自有资金做多,还可以融资增高收益;在行情下跌时还可以利用融券工具进行卖空,获取下跌收益。

中国证监会于2015年7月1日发布的《证券公司融资融券业务管理办法》的规定:"证券公司在向客户融资、融券前,应当办理客户征信,了解客户的身份、财务与收入状况、证券投资经验和风险偏好、诚信合规记录等情况,做好客户适当性管理工作,并以书面或者电子方式予以记载、保存。"同时,该办法对融资融券业务的客户准入条件予以规定,从事证券交易时间须满半年,最近20个交易日日均证券类资产不得低于50万元,无重大违约记录,经国家金融监管部门批准设立的金融机构以及上述金融机构产品的金融产品、私募基金管理机构及其管理的私募基金产品的专业机构投资者,可不受上述从事证券交易时间、证券类资产的条件限制。交易所实施细则强调,证券公司应加强客户适当性管理,明确客户参与融资融券交易应具备的资产、交易经验等条件,引导客户在充分了解融资融券业务特点的基础上合法合规参与交易。

经过营业部员工小王对李某的交易经验查询,尽管李某的账户已经开通了好几年,但是从来没用过,因此,小王建议他先在普通账户进行交易,熟悉一下股票交易的规则及方法,积累些经验再考虑参与杠杆交易,毕竟融资融券交易与普通证券交易不同,具有财务杠杆放大效应,虽然有机会获取较大的收益,但也有可能蒙受巨额损失,甚至资不抵债。李某虽然有点遗憾,但也算没白跑一趟,他更新了普通账户个人信息,重新启动了"休眠"多年的"空户",在他那位股民老友的推荐下买进了股票,小赚了一笔。

2) 成为"适当"的客户

6个月后,李某再次来到营业部希望申请开通融资融券账户。营业部客户经理小刘接待他,并告诉他融资融券是一项中高风险的业务,适合风险承受能力较高的客户,根据监管部门要求,证券公司会对投资者进行适当性管理,对投资者进行风险承受能力评估,并将测评结果与融资融券业务的适当性进行匹配,告知投资者适当性匹配意见并录音录像。此外,适当性匹配意见并不表明证券公司对投资者融资融券业务的风险和受益作出实质性判断或者保证。

经查询,投资者李某的普通账户风险测评已经过期了,需要重新完成风险承受能力评估问卷。为确保李某顺利开通融资融券业务,小刘告诉李某可以尽可能勾选高分值的选项,最终李某风险测评得分98分,风险承受能力等级C5。小刘按照公司受理客户融资融券账户开立的流程,为客户粗略讲解了合同并说明风险。李某在并未熟练掌握融资融券交易知识的情况下,小刘指导李某完成融资融券知识测试,并办理了开户手续。

事后,证券公司客服中心对李某进行开户回访,询问李某是否了解融资融券业务的规则和风险,李某表示自己对融资融券业务规则完全不了解,自己真实的投资风格偏保守,只是听朋友推荐可以通过融资买股票大赚一笔。在与小刘沟通后,公司暂停办理了李某申请开通融资融券业务的请求。公司总部也对小刘进行了批评教育和相关处罚措施,小刘表示今后会重视适当性管理工作,杜绝此类情况再次发生。

目前,法律法规以及相关监管部门规章对投资者适当性制度的执行和落实要求越来越高。机构投资者适当性管理落实不到位的情况并不鲜见,分支机构在客户营销过程中,由于客户资源竞争激烈、业绩考核压力影响,有时在执行投资者适当性制度时流于形式,导致投资者在并不完全了解业务规则、融资融券交易风险的情况下进行投资,加剧了投资风险。

早在2008年,国务院发布的《证券公司监督管理条例》就明确规定,证券公司应当根据所了解的客户情况推荐适当的产品或者服务。2016年年底,中国证监会发布《证券期货投资者适当性管理办法》,并于2017年7月正式实施,引导投资者理性参与证券交易,保护投资者合法权益。作为监管部门第一部专项规范适当性管理的规章制度,《证券期货投资者适当性管理办法》详细规定了经营机构需要履行的适当性义务要求,明确了证券公司产品及服务分类分级和适当性匹配的基本要求,在重申"买者自负"的原则同时,更加强调"卖者有责"原则,要求业务机构在销售产品或者提供服务的过程中,勤勉尽职,审慎尽责,在了解投资者信息做好身份识别的前提下,为客户提供专业的适当性意见,并向投资者充分揭示风险,让投资者明确知道自己参与的是怎么样的交易活动,是否愿意承受这个程度的风险。营业部员工小刘的行为不但没有尽职尽责做好风险揭示、适当性告知并履行证券公司应当履行的适当性管理义务,甚至诱导客户隐瞒真实信息成为"适当"的客户以满足开通业务的资格条件。如果投资者在这种情况下未权衡自身实际情况参与融资融券,而盲目追求高收益,那么风险将是很大的。如果最终李某开户成功,合同生效,在交易过程中造成损失,证券公司可能因为缔约过失责任需要承担投资者的损失赔偿。

3) 终于成功开通融资融券账户

李某重新回到营业部,按照自己的实际情况重新进行了风险承受能力测评,据实回答了问卷答题。因其投资经验相对缺乏,参与过的投资品种不多,个人投资风格也相对保守,其最终风险测评等级评定为C3,如果参与融资融券需签署《产品或服务风险警示及投资者确认书》,同时将其接受风险揭示的过程录音录像。此外,营业部融资融券专岗还向其讲解了融资融券业务规则及交易操作要求,在投资者讲解记录本上记录了讲解时间及内容,并请李某签字确认。证券公司客服中心对李某再次进行开户回访,李某表示已充分了解融资融券业务的规则和风险。至此,李某终于成功开通融资融券账户。

4) 不幸遭遇强制平仓

李某在其朋友的辅导帮助下,逐渐对融资融券交易越来越熟悉,参与交易也越来越得心应手。某日,其账户内持有的一只股票盘中出现价格大幅下跌,融资融券账户维持担保比例跌破平仓线130%。当天,客户经理及时联系李某,建议其盘中通过增加保证金、股票等方式补仓或减少融资负债,以维持担保比例提高并保持在平仓线130%以上,但李某称其当日人在外地公务在身,无法及时进行补仓或减仓。次日,营业部通过电话、短信、邮件等形式再次要求李某按照合同约定,在2个交易日内通过增加保证金、股票等方式进行补仓,或减少融资负债,将融资融券的维持担保比例提高至预警线150%以上。李某增加了保证金,补仓后维持担保比例虽高于130%,但未达到150%,未满足合同约定。证券公司反复劝说李某及时履行合同约定,但李某拒绝补仓或减仓,其信用账户维持担保比例又一次跌破平仓线。直至最后一个补仓日,李某拒接电话,无法联系,证券公司对其信用账户进行了强制平仓,使其信用账户维持担保比例保持在150%以上。

李某向法院以"合同无效"为由向证券公司提起诉讼,并表示合同非他本人签字,开户时填写的表单都是在空白表单上先签字,表单上签章的员工未见过面,投诉证券公司客户适当性未尽责,未充分讲解融资融券规则,称自己并非适格投资者。

证券公司对已履行的投资者适当性义务提供了证明。最终,法院认为李某订立合同时具备进行融资融券的能力,根据已查明的事实,认可李某在相关风险揭示书文件上的签字确认其行为,认为李某是完全民事行为能力主体,应明知亲笔签字的法律效力,在相关风险揭示文件上签字的行为应视为其对涉案交易风险的认知。证券公司依约强制平仓,产生的各项经济损失,均属原告作为适格的投资者应该自行承担的融资融券后进行交易所产生的风险。

2019年11月,《全国法院民商事审判工作会议纪要》发布,更加明确在投资者权益保护案件审理内容中如何判定卖方机构履行了适当性义务,对义务机构切实履行自身职责提出了更高的要求。其中特别需要关注的是第七十六条规定,"告知说明义务的履行是金融消费者能够真正了解各类高风险等级金融产品或者高风险等级投资活动的投资风险和收益的关键,人民法院应当根据产品、投资活动的风险和金融消费者的实际情况,综合理性人能够理解的客观标准和金融消费者能够理解的主观标准来确定卖方机构是否已经履行了告知说明义务。卖方机构简单地以金融消费者手写了诸如'本人明确知悉可能存在本金损失风险'等内容主张其已经履行了告知说明义务,不能提供其他相关证据的,人民法院对其抗辩理由不予支持"。2019年修订的新《证券法》规定了投资者适当性管理的相关内容,这是投资者适当性管理首次出现在证券法中。其第八十八条规定,"证券公司向投资者销售证券、提供服务时,应当按照规定充分了解投资者的基本情况、财产状况、金融资产状况、投资知识和经验、专业能力等相关信息;如实说明证券、服务的重要内容,充分揭示投资风险;销售、提供与投资者相匹配的证券、服务。如果证券公司违反规定导致投资者损失,应当承担相应的赔偿责任"。

因此,仅仅在业务合同、风险揭示书中展示业务规则及相关风险,或简单要求投资者抄写一段话表述自己已知全部风险,均不足以证明金融机构做到了审慎尽责的告知说明。提供服务方不能证明其已经按照法律、行政法规和相关监管规定的要求履行了适当性义务的,应当对金融消费者因此所受的损失承担赔偿责任。金融机构相对投资者来说对理解业务规则和风险上是有信息优势的,因此对于相对复杂的以及较高风险的金融产品或者服务,直截了当地给投资者详细的讲解教育是非常有必要的,并应谨慎使用风险提示用词以免造成投资者误解。同时,投资者也应严肃认真对待风险承受能力问卷,搞清要购买的产品或服务的逻辑,不要做自己"不会"的投资。

2. 证券公司如何勤勉尽责履行适当性管理义务

1）做实客户身份识别

投资者应该理性衡量自己的风险承受能力，购买或接受适合的金融产品或服务。证券公司也应做实客户身份识别，根据《证券期货投资者适当性管理办法》，了解客户身份、年龄、职业、联系方式等基本信息，收入来源、资产负债状况、工作及投资经验、风险偏好以及风险承受能力等。实践中，上述信息一般通过投资者按照金融机构要求进行自行申报，如填写表单、更新账户留存的个人基本资料，但如要做到勤勉尽责，则应不仅于此。证券公司对于客户申报的信息应予以核实，可通过公开信息核查机构工商信息；通过中国证监会及法院失信被执行人记录查询网站查询投资者诚信记录；通过自然人客户提供的户口本、房产证等征信资料了解客户家庭情况及资产状况，对于收入来源、家庭状况、工作单位等信息之间的逻辑准确性予以判断，查看投资者申报的收入及资产状况是否与其投资资金规模相符；有必要时了解客户的家庭成员情况，如发现明显存疑或矛盾的情况，可进一步核实确认，要求投资者进行情况说明。上述也是金融机构反洗钱客户管理做好客户身份识别的要求，只有通过被动申报和主动审核相结合的方式，才能切实"了解你的客户"。

2）强化适当性实务操作规范做好留痕

融资融券业务作为风险较高的业务，具有特有的投资风险放大的风险，投资者有机会获取较大的收益，也有可能蒙受巨额的损失，稍有不慎可能损失本金，也可能被强制平仓、资不抵债。有的投资者遭遇强制平仓后无法承受损失，以自己的适当性不符合条件、券商风险揭示不到位、业务规则讲解不明等为由进行投诉甚至提交法律诉讼，申请权力机关判合同无效，希望证券公司承担投资损失。

基于此类案例，对照《全国法院民商事审判工作会议纪要》和新《证券法》的相关提示，证券公司在合规履行投资者适当性管理义务基础上，应强化业务操作规范，做好留痕工作，做到业务流程清晰、受理人员操作规范，客户征信及开户资料完整、不存在疑点。证券公司对于合同、业务风险揭示书、适当性匹配意见告知等文件中的表示应尽可能规范、充分，不存在误导性的内容，对特定的业务要素尽可能全面的揭示与披露，避免以偏概全、隐瞒弱化重点业务规则，避免投资者在对相关条款的理解上产生误解导致投诉纠纷，应方便投资者阅读理解、充分知晓可能遭受的损失。此外，证券公司对投资者的适当性告知过程、合同签署过程进行录音录像，对留痕文件记录妥善保存并可随时调阅，形成履行适当性管理业务的可靠证据，特别是无纸化电子方式留存的证明文件；还可通过其他多样的形式及渠道，如公司网站、网上营业厅、网上交易客户端、投资者园地、电话回访、投资者沙龙等加强投资者教育，增强投资者的风险意识，引导投资者理性参与融资融券。

3. 结语

融资融券相较普通证券交易，具有财务杠杆放大效应，投资者虽然有机会获取较大的收益，但也有可能蒙受巨额损失，其在参与融资融券交易前，应审慎评估自己的风险承受能力，深入了解融资融券交易规则。证券公司需采取必要措施进行投资者身份识别，了解并评估投资者的风险承受能力，做好投资者教育，落实投资者适当性管理，引导投资者理性投资。"卖者尽责、买者自负"，只有金融服务提供者和消费者的良性配合，才能营造出一个公平公正的交易环境。

二、案例解析

（一）涉及知识点

1. 投资者保护

普通投资者由于其风险承受能力、风险识别能力较弱，维护自身合法权益的能力也较弱，政府或监管部门通过制订相关政策措施对普通投资者提供特别保护。新《证券法》新增"投资者保护"专章成为证券投资者保护制度体系建设的里程碑，针对此前"市场约束机制不健全，对投资者保护不力，信息披露质量不高，监管执法手段不足，欺诈发行、虚假陈述、内幕交易等损害投资者合法权益的行为时有发生"的现象，首次以法律形式系统规定了投资者保护相关制度，进一步加强投资者合法权益保护。

2. 投资者适当性管理制度

2008年，国务院发布《证券公司监督管理条例》，首次提出证券公司从事证券资产管理业务、融资融券业务，销售证券类金融产品，应当履行投资者适当性管理义务。随后，中国证监会发布的《证券公司融资融券业务试点管理办法》《创业板市场投资者适当性管理暂行规定》《证券公司客户资产管理业务管理办法》等，以及深交所、中国证券业协会制定的配套业务规则、业务指引等，在创业板、融资融券等市场、业务、产品方面都剔除了投资者适当性管理要求。2016年，中国证监会发布了《证券期货投资者适当性管理办法》，对投资者适当性管理制度作了系统规定。2019年修订的新《证券法》在总结前实践经验的基础上有所提高，新增加了关于投资者适当性管理的规定。

投资者适当性管理，主要是指证券公司在销售证券产品或提供相关服务时，应当在对相关证券产品、服务以及投资者进行合理调查的基础上，向投资者推荐、销售符合其投资能力、投资需求以及风险承受能力的证券，主要目的在于减少投资者的不适当投资，更好地保护投资者。该规定对证券公司的投资者适当性义务作出了明确要求，要求证券公司在销售产品或者提供服务的过程中，勤勉尽职，审慎尽责，在了解投资者信息做好身份识别的前提下，为客户提供专业的适当性意见，并向投资者充分揭示风险，让投资者了解自己参与的交易活动，是否愿意承受相应的风险，想清楚、看明白，做到稳健投资、风险可控。

证券公司及其从业人员要尽职尽责履行说明义务、风险揭示义务和匹配义务，不能帮助或者诱导客户隐瞒真实信息成为"适当"的客户以满足开通业务的资格条件。同时，投资者负有如实提供信息的义务，如果投资者不提供必要信息或者提供虚假信息，导致证券公司对其风险承受能力和风险识别能力作出错误判断，则应对自己的损失负有责任。

（二）要点分析

1. 投资者适度性制度的作用

我国资本市场发展速度很快，金融产品种类不断增加，金融产品也越来越复杂，投资者面临的不确定性风险越来越多，因此监管部门需要从专业角度为投资者制定适当性制度，以更好发展资本市场。投资者适度性制度除了能够保护投资者，还具有以下作用。

首先，投资者适度性制度有利于塑造诚信社会。信用是市场经济运行的基本原则，尤其是资本市场，更是以信用为基础。投资者适度性制度根据证券市场情况，给投资者适当保护，能够维持客户与证券机构的相互关系，有利于诚实守信环境的构建，有利于形成良好的社会风气。

其次，投资者适度性制度有利于提升公司治理水平。投资者适度性制度能够影响投资者行为，而投资者行为对其合作的证券公司亦有影响。如果投资者行为存在一定问题，如违反管理制度进行投资，当然也会影响到相应的证券公司发展。投资者适度性制度一方面是对投资者行为的约束，另一方面也是证券公司发展的自我审视，即保持为投资者服务、回报股东的信念。

最后，投资者适度性制度有利于资本市场发展。投资者适度性制度可在一定程度上促进我国资本市场的稳定。资本市场的稳定对于一国发展具有重要意义，虽然监管部门采取相当多的管理措施管理证券公司以维持市场稳定，但是对投资者的行为管理却并不多。而加强投资者教育、制定投资者适度性制度是非常有效的方法。如果能够规范投资者行为，减少投资者对证券市场的冲击，对于资本市场的稳定是非常有益的。

2. 融资融券业务追保

融资融券业务追保是指客户融资融券担保比例低于证券机构规定时，证券机构会通知客户追加保证金，如果担保比例比较低达到某个标准，证券机构会对客户账户进行平仓。因此追保是证券公司为避免损失扩大、降低交易风险的一种行为，对客户和证券公司都非常重要。在投资者适度性制度中，证券机构应当规范地通知投资者账户风险情况，讲清楚追保规则，指导投资者降低负债或提高保证金数量。

投资者负债逾期是指融资融券到期日未按时归还债款，或未对该债款实施展期。投资者负债逾期是一种典型的违约行为。如果投资者出现这种行为，证券公司可强制平仓，而且可收取违约金。如果在此过程中客户按照证券公司的指导进行处理，可免于强制平仓。比如，当客户两融账户维持担保比例低于警戒线时间达到连续两日，证券公司可通知客户添加保证金或者减少债务。如果此时客户不操作，证券公司不会进行强制平仓。但是，证券公司提示第3个交易日时客户仍不操作就可实施强制平仓。

3. 投资者适当性管理对证券公司投资者关系的影响

融资融券投资者适当性管理制度作为一种新的制度，增加了证券公司的工作内容，延缓了融资融券业务的处理时间，同时对证券公司工作人员知识储备和专业素养提出了更高要求，对投资者也提出了新的要求，即要求投资者具有投资基础知识以及适度的理解力和执行力。融资融券投资者适当性管理制度的实施，在提高证券公司工作人员和投资者专业素质和专业知识的同时，可促进证券公司及其从业人员和投资者之间的合作关系，从而能够协同规范行动、防范风险，有利于我国资本市场的稳定。

（三）启发思考题

（1）融资融券投资者适当性管理制度有何意义？
（2）融资融券投资者适当性管理有哪些具体内容？
（3）发达国家资本市场投资者适当性管理规则有何特点？

(4)我国证券投资者适当性管理制度有哪些需要完善之处?

(5)进一步完善我国证券投资者适当性管理制度可采取哪些措施?

相关法律法规

《证券公司监督管理条例》

《证券公司融资融券业务管理办法》

《全国法院民商事审判工作会议纪要》

《中华人民共和国证券法》(2019年修订)

参考文献

董语眉.证券投资者适当性制度研究[D].长春:吉林大学,2019.

王宏宇,刘刊.证券投资咨询制度变革及路径选择研究[J].清华金融评论,2019(03):83-88.

魏毓杰.融资融券投资者适当性制度是否改善投资者风险控制[D].厦门:厦门大学,2018.

冯烨.证券投资者适当性制度研究[D].保定:河北大学,2020.